레몬쌤의 원서 뚫는 영단어

초판 1쇄 펴냄 2016년 12월 5일
　　 2쇄 펴냄 2019년 1월 31일

지은이 이혜영
펴낸이 고영은 박미숙

펴낸곳 뜨인돌출판(주) | 출판등록 1994.10.11.(제406-251002011000185호)
주소 10881 경기도 파주시 회동길 337-9
홈페이지 www.ddstone.com | 블로그 blog.naver.com/ddstone1994
페이스북 www.facebook.com/ddstone1994
대표전화 02-337-5252 | 팩스 031-947-5868

ⓒ 2016 이혜영

ISBN 978-89-5807-619-3 13740
CIP2016025576

DSL은 뜨인돌출판(주)의 어학 전문 브랜드입니다.

레몬쌤의
원서 뚫는 영단어

이혜영 지음

DSL

차례

프롤로그 ······ 06

1 기초

다니엘 스틸 단어   16

Day 1 ······ 22	Day 6 ······ 58
Day 2 ······ 28	Day 7 ······ 64
Day 3 ······ 35	Day 8 ······ 72
Day 4 ······ 44	Day 9 ······ 80
Day 5 ······ 51	

2 중급

시드니 셸던 단어   90

Day 10 ······ 96	Day 14 ······ 124
Day 11 ······ 103	Day 15 ······ 131
Day 12 ······ 110	Day 16 ······ 138
Day 13 ······ 117	

3 고급　존 그리샴 단어 ①　144

- Day 17 ······ 148
- Day 18 ······ 155
- Day 19 ······ 162
- Day 20 ······ 169
- Day 21 ······ 176
- Day 22 ······ 183
- Day 23 ······ 190
- Day 24 ······ 197

4 고급　존 그리샴 단어 ②　206

- Day 25 ······ 210
- Day 26 ······ 217
- Day 27 ······ 224
- Day 28 ······ 231
- Day 29 ······ 238
- Day 30 ······ 245
- Day 31 ······ 252
- Day 32 ······ 259

5 고급　존 그리샴 단어 ③　268

- Day 33 ······ 273
- Day 34 ······ 280
- Day 35 ······ 287
- Day 36 ······ 294
- Day 37 ······ 301
- Day 38 ······ 308
- Day 39 ······ 315
- Day 40 ······ 322

에필로그 ······ 329

언어 공부는 단어 공부

언어를 공부할 때 부딪히는 가장 큰 벽은 단어일 거예요. 문법의 중요성에 대해 말하자면 그것도 목청이 터질 일이지만 문법은 공부할 양이 얼마 되지 않아요. 단어가 머릿속에 많이 쌓이면 문법이 저절로 따라오는 경우도 있고요. 하지만 단어 공부는 얼마나 힘난한지요. 도대체 얼마나 외워야 할지 감이 안 오는 건 물론이고 아무리 외우고 또 외워도 끊임없이 외울 게 나오지요. 게다가 단어는 외우려고 작정을 하고 덤비면 뺀질이처럼, 미꾸라지처럼 끝없이 도망을 간답니다. 뺀질이, 미꾸라지들을 손에 넣으려면 인내심이 필요해요. 무엇보다 작전을 잘 세워야 하죠.

최고의 단어장은?

프랑스에서 살 때 아무리 해도 프랑스어가 해결되지 않아서 사전을 외우겠다고 덤빈 적이 있어요. 사전을 외우려고 하니 제게

가장 가까운 사람인 남편조차 처음에는 무모한 일을 한다며 염려했어요. 사실 그걸 하려던 저도 이게 과연 잘될까? 하는 마음이 컸어요. 사전 외우기를 시작한 건 확신이 있어서가 아니라요. 그 일 말고는 딱히 단어를 정복할 만한 다른 방도가 없었기 때문이었어요. 더 좋은 방법을 찾을 수가 없어서 무리인 줄 알면서도 시작한 일이었어요.

그런데 한때는 3년까지 각오했던 일이 6개월에 끝나더라고요. 그 6개월도 울고 불고 하며 헤매던 시간을 빼면 4개월 정도가 사전 공부하는 데 든 시간이었어요

그 뒤 20년 가까운 시간이 흘렀어요. 저는 아직도 사전보다 더 좋은 단어 공부 방법을 찾지 못했어요. 최고의 단어장은 사전이에요. 사전은 얼만큼의 단어를 외워야 할지 그리고 내가 공부해 놓은 단어가 얼만큼인지를 항상 그 자리에서 가만히 보여 준답니다. 내가 잊어버렸다 해도 사전에는 내가 공부했던 흔적이 남아 있어서 다시 되돌려야 할 것이 무엇인지 알려 주고 상기시켜 줘요.

사전 공부는 73개 언어 도전이라는, 저도 가끔 믿지 못할 무모한 일을 하게 하는 근원이랍니다.

사전으로 공부하는 법

제가 처음 사전을 공부할 때는 들입다 외우려고 하면서 무식(?)하게 공부했지만 여러분들은 경우가 달라요. 보다 효율적으로 사전을 공부할 수 있는 방법이 있어요.

그래도 사전을 다 보는 일이라 고단한 일이긴 하지만 지레 겁먹지는 마세요. 절대 단어들을 무작정 외우자는 게 아니에요. 그동안 알고 있던 단어들을 정리하고 단어의 구조를 들여다보고, 알아야 할 단어들을 모으자는 거예요.

무작정 책부터 먼저 읽다가 모르는 단어가 있어서 그때 그때 사전을 찾아 그 단어의 뜻을 알았다고 쳐요. 그럼 그 단어는 기억에서 금세 날아가 버려요. 사전을 찾은 기억도 희미해지고요.

사전을 통해서 일단 단어들에 익숙해진 다음에 그 단어들을 책을 통해 몇 번씩 보다 보면 그 단어들은 이제 절대로 잊어버릴 수 없는 '내 단어'가 된답니다. 사전에서 뜻을 봤지만 무엇을 의미하는지 애매한 단어도 책의 문장 안에서 만나면 의미가 명확하게 이해되면서 쉽게 외울 수 있어요. 단어는 책을 읽으면서 외우는 거예요.

사전만 들고 있으면 끝모를 것 같던 단어 공부가 최소한 끝은 보이는 단어 공부로 바뀐답니다. 그리고 한 걸음씩 나아가다 보면 그 길이 생각만큼 길지 않다는 걸 느낄 거예요.

그럼에도 단어장을 만든 이유

사전이라는 단어장에 집착을 하는 저는 수만 가지의 교재를 생각해 보았지만 단어장은 한 번도 생각해 보지 않았어요. 모든 단어장은 사전으로!!가 제 모토니까요. 어떤 단어장이든 시간이 지나면 잃어버리거나 잊어버리게 되어 있고 영어 실력은 내려가든 올라가든 어떤 식으로든 항상 변하기 때문에 그에 맞는 새로운 단어장이 항상 필요해요. 그에 맞는 단어장을 항상 만들 수도 없고. 그래서 사전만이 완벽한 단어장이라고 생각하고 있었어요.

그런데 아는 단어가 하나도 없으면 어떻게 사전을 칠하느냐는 질문을 많이 받았어요. 사전 공부법은 너무 어마어마하게 느껴져서 중간 단계가 있으면 좋겠다는 의견도 많았고요. 곰곰이 생각해 보니 단어장을 먼저 만드는 일도 괜찮겠다는 생각이 들었어요. 기본이 너무 부족해서 갈팡질팡하는 분들께도 그렇고, 제가 추천한 작가들인 다니엘 스틸부터 시드니 셸던, 존 그리샴을 거치는 분들께도 정리가 된 단어장이 있으면 좋을 거라고 생각했어요.

왜 다니엘 스틸, 시드니 셸던, 존 그리샴 단어인가?

한국어에서 느끼는 자유를 영어에서도 느끼고 싶다면 간단해요. 영어도 한국어만큼 써 주면 돼요. 하지만 불가능해요. 매일 미국인을 만날 수 있는 것도 아니고요. 지금까지 한국어를 쓰며 살아왔는데 그 세월만큼 영어를 써야 한다고 생각하면 아득해져요. 그래서 독서가 중요해요. 그 양을 비슷하게라도 채울 수 있는 방법은 책을 마구 읽는 것뿐이에요.

다니엘 스틸은 영어의 양을 채우기에 딱 맞아요. 문장이 평이해서 읽기가 편하고, 똑같은 단어를 무지하게 반복하여 단어 공부에 적합해요. 복선이나 암시 같은 게 없고 상식도 필요 없어요. 무엇보다 내용 자체가 어렵지 않아 단어만 알면 누구나 쉽게 읽을 수 있어요. 그래서 처음 영어 원서를 읽을 때 다니엘 스틸 작품으로 시작하면 좋아요. 다니엘 스틸은 언어의 레벨을 한꺼번에 몇 계단 높여 주는 천사예요. 사실은 굉장히 많은 분들이 다니엘 스틸 책을 읽을 수 있는 능력을 이미 가지고 있지만 무작정 읽기부터 시작하면 단어가 오락가락해서 진도가 쉽게 나가지 않아 좌절하는 경우가 많아요. 단어를 미리 쓰고, 사전에서 찾아서 색칠하며 정리하는 시간을 가져야 다니엘 스틸을 즐겁게, 수월하게 읽을 수 있어요.

하지만 다니엘 스틸은 막장 일일 드라마풍이 많아요. 그런 스타일을 좋아하지 않는 분들에게는 고역일 수 있어요. 취향에 관계없이 영어 실력을 쌓는다고 생각하고 읽어 줘야 해요.

시드니 셀던도 어학의 기초를 다지기에 좋은 책이에요. 다니엘 스틸이 잔잔하다면 시드니 셀던은 허리케인 급으로 휘몰아쳐서 다니엘 스틸이 지겨울 때 읽으면 좋아요. 존 그리샴은 급이 한층 높아요. 생활 영어로 마무리하지 않고 뉴스나 시사 프로를 이해하고 미국에서 시험도 치를 수 있는 보다 전문적인 영어로 발전시키고 싶다면 존 그리샴을 읽어야 해요.

본격적인 단어 공부를 시작하기 전에

단어 공부를 시작하기 전에 마음을 단단히 먹을 것을 부탁하고 싶어요. 단어를 주구장창 써야 하기 때문이에요. 사실 제 공부 방법은 비웃음을 사기에 딱 좋은 무식한 방법이에요. 하지만 딱 그만큼 중독성이 있어요. 누구보다도 제가 잘 알아요. 제 자신이 제가 만들어 놓은 방법에 빠져 매일 허우적대고 있으니까요. 시간이 걸리고 좀 멀어 보이지만 영어 공부의 양을 늘리는 데 이만큼 좋은 방법이 없어요. 이 방법에 한번 빠지면 영어 공부뿐 아니라 모든 일이 다 재미있어서 난리가 난다는 걸 누구보다도 제가 잘 알고 있어요.

미국에서 가르치는 일을 할 때 수강생 중 한 분이 제 공부법에 너무 빠져서 신나게 쓰다가 그만 손에 마비가 와서 911을 불러 병원 가셨던 사건이 있었어요. 하라는 숙제보다 더 하다가 사단이 났다는 그분의 자수에 가슴을 쓸어 내렸었지요. 그분은 공부를 그만두는 게 어떻겠느냐는 제 의견에 절대 그럴 수 없다며 다시는 제 숙제보다 더 하지 않겠다는 다짐을 하고 공부를 계속 하셨어요.

나름 긴 시간 가르치는 일을 하면서 쓰는 일이 고달파서 이런저런 시도를 많이 해 봤어요. 하지만 결국 항상 쓰는 일로 돌아왔어요. 다른 길은 없었어요. 다른 길을 찾을 시간에 어떻게 하면 몸 상태를 현명하게 조절을 하면서 무리가 안 가게 쓰느냐를 찾는 일이 더 나았어요. 공부를 하기 위해 손을 당연히 써야 하니 그만큼 철저하게 손을 아끼고 있어요.

단어를 주구장창 노트에 쓰고 있다면 너무 옛날식 공부 방법이라고, 그렇게 해서 언제 영어가 되겠냐고 주위에서 뭐라고 할지도 몰라요. 그것 때문에 좌절하지 않았으면 해요. 손으로 한 단어씩 쓰는 만큼 내 것이 쌓이고 있다는 사실에만 집중하시길요.

하루에 200개씩 40일 작전

 솔직히 단어 공부는 지루해요. 아무리 외워도 외운 단어로 당장 뭘 할 수 있는 게 아니라서 의욕을 잃고 늘어지기 쉬워요. 문법, 숙어, 상식, 독서 등 앞으로 영어 공부로 할 것도 많은데 단어에만 머물 수 없어요. 그렇다고 단어를 거치지 않고 다른 영어 공부부터 한다면 모래성을 쌓는 것과 같아서 금방 무너져 내릴 거예요. 그러니 빨리빨리 끝내는 게 중요해요. 그래서 긴장감 있게 단어 공부를 할 수 있도록 하루 목표량을 200여 개로 정했어요.

 하루의 양을 다 채우지 못해도 매일 빠뜨리지 않고 하는 것이 중요해요. 200개를 다 하지 못해도 적어도 하루에 1~2페이지라도 완성해야 해요. 물론 목표 시간 내에 끝내는 것이 제일 좋지만요. 단어 공부를 하면서 절대적으로 명심해야 할 것은 절대 외우려고 하면 안 된다는 거예요. 그게 스트레스가 되고 스트레스가 쌓이면 더 외우기가 힘드니까요. 쓰는 순간 일 초만 외우면 된다고 생각해 주세요.

레몬쌤의 사전 단어 공부법

❶ 하나의 색연필을 정해 사전에 A부터 Z까지 알거나 알 것 같은 단어에 색칠한다. 그 단어에 엮인 파생어도 다 칠한다. 아는 단어가 정리되어 확실해지고 파생어 색칠을 함으로 영어 단어의 구조가 좀 더 명확하게 보인다.

❷ ❶과 다른 색깔의 색연필로 사전에 A부터 Z까지 빨간색이나 별표로 표시된 중요 단어에 색칠한다.

❸ 노트에 A부터 Z까지 색칠한 단어를 영어만 1번씩 모두 쓴다. 다 쓰고 나면 맨 처음 단어부터 옆에 4번씩 더 쓴다.

❹ ❶.❷와 다른 색깔의 색연필로 원서 단어들을 사전에서 찾아 색칠한다.

❺ 색칠한 단어들을 골라 노트에 적고 반복해서 쓴다.

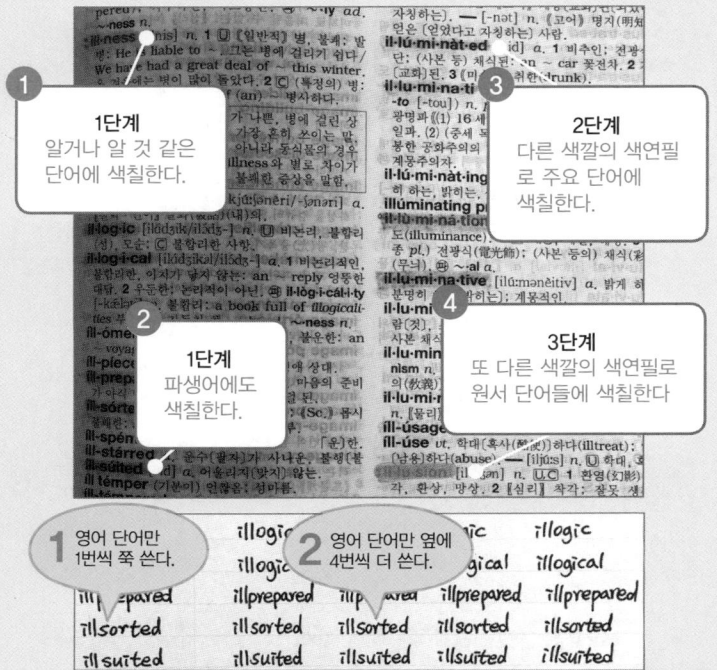

이 책의 특징과 구성

- 원서 읽기를 시작할 때 첫 책으로 적합한 다니엘 스틸부터 중급 과정으로 적합한 시드니 셸던, 영어 실력을 고급으로 끌어올려 줄 존 그리샴의 작품까지 읽을 수 있도록 단어들을 구성했습니다.

- 다니엘 스틸은 『Dating Game』, 시드니 셸던은 『Master of the Game』을 바탕으로 단어 목록을 선별했습니다.

- 『Dating Game』과 『Master of the Game』의 단어 목록은 원서에 쓰인 뜻 위주로 표기했습니다.

- 존 그리샴은 작품과 연관된 생활, 시사, 교양 부분에서 단어 목록을 선별했습니다.

- 하루에 200단어씩 40일 동안 공부할 수 있도록 구성했습니다.

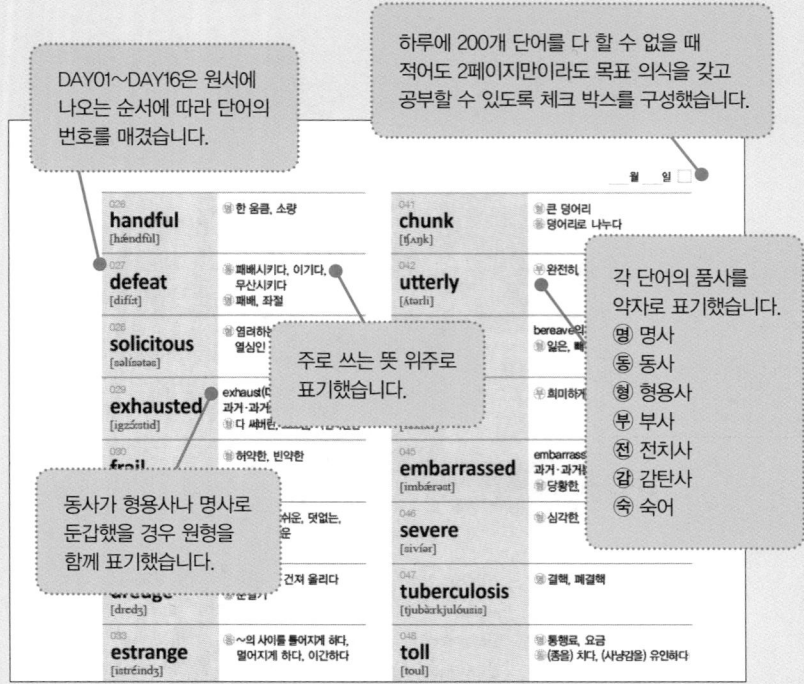

기초

1 다니엘 스틸
Danielle Steel
단어

1 <u>기초</u>
다니엘 스틸 단어

『Dating Game』은 전형적인 아침 드라마 스타일의 소설이에요. 여주인공이 20년 넘게 전업주부로 남편을 뒷바라지하고 자식을 키우며 행복하게 살고 있는데 어느 날 갑자기 남편이 '나 다른 여자를 사랑함, 떠나겠음, 잡지 말기 바람!' 하더니만 짐을 싸 가지고 나가면서 소설이 시작해요.

제가 이 책을 첫 번째 책으로 고른 이유는 믿고 있었던 일상에 배신을 당하고 자아를 찾아가는 과정이 가슴 뭉클하고, 여자도 경제적으로 당당하기 위하여 일을 가지고 있어야 하며, 자식의 인생에 너무 내 인생을 결부시키지 말며… 등등의 내용이 의미 있어서가 절대 아니에요!

단지 가볍게 읽혀서예요. 단어도 기본을 다지기에 딱 좋아요. 문장은 부담이 없어요. 소설 자체도 복선이나 암시 그런 것들이 거의 없어요.

어떤 언어든지 책을 읽는 순간은 두려울 수밖에 없어요. 섣부르게 덤볐다간 하얀 건 종이고 까만 건 글씨구나 하는 깨달음밖에 얻지 못해요. 그런 의미에서 다니엘 스틸은 책 읽기를 쉽게 해 주는 마법사예요. 다니엘 스틸만큼 쉬운 단어와 쉬운 문장, 쉬운 구조로 자분자분 이야기해 주는 작가는 드물어요. 다니엘 스틸을 만나면 외국어로 책을 읽는 즐거움을 바로 느낄 수 있어요. 그래서 다니엘 스틸 작품으로 시작하면 더 높은 단계로 수월하게 넘어갈 수 있지요. 작품도 어찌나 많은지! 영어 공부의 양을 채우기에 아주 적합해요.

일단 『Dating Game』으로 단어를 정리해 놓고 책을 읽기 시작하면 나머지 다니엘 스틸 책들은 따로 단어 공부를 할 필요 없이 그냥 읽기만 하면 돼요. 다니엘 스틸은 쓰던 단어를 계속 쓰는 경향이 짙은 작가예요. 물론 모든 작가들이 다 자기만의 색깔을 가지고 비슷한 단어들을 쓰겠지만 특히 다니엘 스틸은 쉽고 평범한 단어들로 책을 이끌어요. 그래서 영어 공부로 소설을 시작하기에 아주 딱 맞는 작가예요.

영어로 원서를 읽을 때 다니엘 스틸로 일단 기본을 잡고요. 시드니 셀던으로 중간을 다지고 존 그리샴으로 높은 수준까지 올라갈 거예요. 이 세 작가를 기본으로 해서 원서 읽기 실력을 단계적으로 쌓은 다음에 차차 각자 취향의 다른 문학 작품, 역사 책, 철학

책 등을 읽으면 원서 읽기가 완벽해져요.

간혹 다니엘 스틸이, 혹은 시드니 셀던이, 아니면 존 그리샴이 맞지 않아, 지루해 등등의 생각이 드실지도 몰라요. 그런데요, 우리는 지금 재미를 위해 책을 읽는 게 아니에요. 마음의 양식을 쌓기 위한 과정의 일환으로 읽는 것도 아니고요.

무조건! 양을 채우기 위해 읽는 거예요. 영어가 편안해지기 위해 갖추어야 할 단어의 양, 문장의 양, 숙어의 양 등을 책을 통해 메우는 거예요. 미국에서 태어나서 그곳에서 살면서 쌓은 영어의 양을 우리는 따라잡을 수가 없으니 책이라는 도구로 억지로 최선을 다해 양을 채우는 거라고 봐야겠지요.

다니엘 스틸, 시드니 셀던, 존 그리샴은 각자 다른 성향의 작가들이라 어느 하나는 취향에 맞을 거예요. 물론 다 맞으면 정말 좋고요. 그러나 거듭 말하지만 재미에 상관없이 무조건 읽겠다는 마음의 준비를 해야 해요.

자, 그럼 이제 『Dating Game』의 단어들을 시작해 볼까요? 거듭 말하지만 단어들을 외우자는 건 아니에요. 단어들과 악수하며 인사하는 과정이에요. 책을 읽으면서 단어들과 거듭 만나야 단어들과 친해질 수 있어요.

이 장은 『Dating Game』에 나오는 순서대로 단어 목록을 구성했어요. 그러니 나중에 책을 읽을 때 옆에 두고 읽으면 좋아요. 되도록 단어장보다는 본인이 직접 단어를 정리한 노트를 옆에 두고 읽을 것을 권해요.

『Dating Game』을 먼저 읽고 단어 공부한 뒤에 다시 한 번 읽는 방법도 괜찮아요. 단어 준비가 된 상태에서 책을 읽는 것과 그렇지 않은 상태에서 읽는 것의 차이를 확연히 느낄 수 있을 거예요.

참고로 Chapter 26은 원래 없어요.

 **레몬쌤의 Dating Game 단어 공부법**

❶ 하루 분량의 『Dating Game』 단어 전체를 영어 단어만 1번씩 노트에 옮겨 써 주세요.

❷ 노트를 보고 하루 분량의 단어 전체를 사전에서 찾아 색칠해 주세요.

❸ 노트에 영어 단어를 1번씩 더 쓰고 그 옆에 한글 뜻을 써 주세요.

❹ 한글 뜻 옆에 영어 단어를 2번씩 더 써 주세요.

〈노트 쓰는 방법〉

 ## 다니엘 스틸 독서 목록

1. Dating Game
2. Leap of Faith
3. Malice
4. The Promise
5. Silent Honor
6. The Gift
7. Echoes
8. Five Days in Paris
9. The Ranch
10. The Ring
11. Zoya
12. Full Circle
13. Kaleidoscope
14. Lightning
15. Special Delivery
16. His bright light
17. The House on Hope Street
18. Lone Eagle
19. The kiss
20. Sunset in St.Tropez
21. Second Chance

Tip

1~11번까지는 되도록 순서를 지켜 읽고 나머지 10권은 자유롭게 읽으세요. 재미있는 책, 내용이 늘어지는 책, 두꺼운 책, 얇은 책을 골고루 섞은 순서이니 순서를 지켜 읽으면 지루하지 않게 21권을 모두 읽을 수 있을 거예요.

Danielle Steel
DAY 01

Chapter 1

001	**balmy** [bá:mi]	형 향기로운, 은은한, 부드러운
002	**irresistible** [ìrizístəbl]	형 저항할 수 없는, 당연한, 압도적인
003	**vanish** [vǽniʃ]	동 사라지다, 자취를 감추다
004	**literally** [lítərəli]	부 글자 뜻 그대로, 정말로, 사실상
005	**stroll** [stroul]	동 산책하다, 방랑하다 / 명 산책, 방랑
006	**stretch** [stretʃ]	동 뻗다, 늘이다, 깔다, 왜곡하다 / 명 범위, 넓이
007	**redone** [ridÁn]	redo(다시 하다)의 과거분사 / 형 다시 되어진
008	**rare** [rέər]	형 드문, 진기한, 살짝 익힌
009	**caterer** [kéitərər]	명 요리 조달자, 연회 주선 담당자
010	**particular** [pərtíkjulər]	형 특별한, 특유의 / 명 상세한 사항
011	**indulge** [indÁldʒ]	동 만족시키다, 충족시키다
012	**myriad** [míriəd]	형 일만의, 무수한 / 명 무수한 사람(물건)
013	**flown** [floun]	fly(날다)의 과거분사 / 형 비행한, 보내진
014	**aspect** [ǽspekt]	명 양상, 모습, 외관, 국면, 정세
015	**land** [lænd]	명 뭍, 육지, 땅 / 동 착륙하다
016	**barely** [bέərli]	부 간신히, 가까스로, 거의 ~ 않다
017	**gofer** [góufər]	명 (비속어)잔심부름꾼
018	**admit** [ædmít]	동 인정하다, 허가하다, 넣다
019	**thrill** [θril]	동 몸이 떨리게 하다, 오싹하게 하다 / 명 흥분, 전율, 오싹함
020	**diaper** [dáiəpər]	명 마름모 무늬, 기저귀 / 동 기저귀를 채우다
021	**carpool** [ká:rpu:l]	명 승용차 함께 타기 / 동 카풀을 하다
022	**properly** [prápərli]	부 당연히, 적절히, 똑바로, 적당하게
023	**reliable** [riláiəbl]	형 의지가 되는, 믿음직한
024	**eclectic** [ikléktik]	형 취사선택하는, 절충하는 / 명 절충주의자
025	**assortment** [əsɔ́:rtmənt]	명 유별, 분류, 각종 구색
026	**peony** [pí:əni]	명 모란, 작약
027	**immaculate** [imǽkjulət]	형 티 없이 깨끗한, 결점이 없는, 청순한, 청렴한

028 **gleam** [gliːm]	명 섬광, 미광, 반짝임 동 반짝 빛나다, 언뜻 나타나다	043 **wintry** [wíntri]	형 겨울의, 황량한, 쌀쌀한
029 **provide** [prəváid]	동 주다, 공급하다	044 **dilemma** [dilémə]	명 진퇴양난, 궁지
030 **impeccable** [impékəbl]	형 죄를 범하지 않은, 완벽한	045 **figure** [fígjər]	명 숫자, 모양, 합계, 인물, 초상 동 계산하다, ~을 나타내다, 판단하다
031 **atmosphere** [ǽtməsfìər]	명 대기, 공기, 분위기	046 **splash** [splæʃ]	동 (물, 흙탕 등을)튀기다, (돈을)낭비하다 명 튀기는 소리
032 **flourish** [fləːriʃ]	동 번영하다, 활약하다, (칼을)휘두르다 명 과장된 동작, 미사여구	047 **entirely** [intáiərli]	부 아주, 완전히, 전부
033 **lucrative** [lúːkrətiv]	형 유리한, 수지 맞는	048 **unreservedly** [ʌ̀nrizə́ːrvidli]	부 거리낌없이, 숨김 없이, 무조건적으로
034 **decorator** [dékərèitər]	명 실내 장식자	049 **sadden** [sǽdn]	동 ~을 슬프게 하다
035 **tease** [tiːz]	동 지분거리다, 놀리다, 귀찮게 조르다 명 놀리는 사람, 괴롭히는 것	050 **underprivileged** [ʌ̀ndərprívəlidʒd]	형 특권이 적은, 혜택을 받지 못하는
036 **regret** [rigrét]	동 후회하다 명 유감, 후회	051 **productive** [prədʌ́ktiv]	형 생산적인, 건설적인
037 **competent** [kámpətənt]	형 적임의, 유능한, 적당한	052 **prospect** [명:práspekt, prɔ́s- 동:prəspékt, prɑ-]	명 조망, 전망, 경치, 가망성 동 답사하다, 조사하다
038 **devote** [divóut]	동 바치다, 내맡기다, 헌신하다	053 **vast** [væst]	형 광대한, 거대한
039 **orthodontist** [ɔ̀ːrθədántist]	명 치열 교정 의사	054 **attend** [əténd]	동 출석하다, ~을 수반하다, 시중들다, 왕진하다, 돌보다, 주의하다
040 **extensive** [iksténsiv]	형 광대한, 넓은, 막대한	055 **rupture** [rʌ́ptʃər]	명 파열, 파괴, 불화 동 찢다, 끊다
041 **snuggle** [snʌ́gl]	동 다가붙다, 바싹 당기다, 끌어 안다	056 **sophisticate** [səfístəkèit]	동 세련되게 만들다, 정교하게 하다, 궤변으로 속이다 명 세련된 사람, 세상일에 밝은 사람
042 **beneath** [biníːθ]	부 (바로)아래에, 아래쪽에 전 ~의 아래에, ~보다 낮은 곳에	057 **season** [síːzn]	명 계절, 제철 동 양념하다, 익숙하게 하다

058	**pull back**	숙 물러서다, 후퇴하다
059	**ignite** [ignáit]	동 불을 붙이다, 점화되다
060	**delight** [diláit]	동 기쁘게 하다, 즐겁게 하다 / 명 환희, 즐거움
061	**practical** [præktikəl]	형 실제의, 현실적인, 실용적인
062	**amuse** [əmjúːz]	동 즐겁게 하다
063	**quieter** [kwáiətər]	명 방음 장치 / quiet의 비교급 / 형 더 조용한
064	**commute** [kəmjúːt]	동 교환하다, 대체하다, 통근하다 / 명 통근, 통학
065	**consume** [kənsúːm]	동 소비하다, 소모하다
066	**demand** [dimǽnd]	동 요구하다 / 명 요구, 청구
067	**profound** [prəfáund]	형 깊은, 심오한
068	**diligence** [dílidʒəns]	명 근면, 노력, 공부
069	**admire** [ædmáiər]	동 존경하다, 칭찬하다
070	**workload** [wə́ːrkloud]	명 (사람,기계의)작업량, 표준 노동량
071	**invest** [invést]	동 투자하다, 쓰다, 소비하다
072	**interfere** [ìntərfíər]	동 간섭하다, 방해하다, 말참견하다
073	**seldom** [séldəm]	부 거의 ~않다, 좀처럼 ~않는
074	**unwind** [ʌnwáind]	동 (감은 것을)풀다, (엉긴 것을)풀다, ~의 긴장을 풀게 하다
075	**in stuck**	숙 곤경에 빠진, 열중한
076	**rigidly** [rídʒidli]	부 견고하게, 엄격하게
077	**enforce** [infɔ́ːrs]	동 (법률 등을)실시하다, 집행하다, 강요하다
078	**devoted** [divóutid]	devote(바치다)의 과거·과거분사 / 형 헌신적인, 충실한
079	**glance** [glæns]	동 흘끗 보다, 스치다 / 명 곁눈질, 번득임
080	**afterward** [ǽftərwərd]	부 뒤에, 나중에, 그후
081	**piercing** [píərsiŋ]	pierce(뚫다)의 현재분사·동명사 / 형 꿰뚫어 보는 듯한, 날카로운 / 명 (귀, 코 등에 끼우는)장신구
082	**bun** [bʌn]	명 롤빵, 트레머리
083	**athlete** [ǽθliːt]	명 운동선수
084	**wisely** [wáizli]	부 슬기롭게, 현명하게, 효율적으로
085	**kick up**	숙 차올리다, 소란을 일으키다
086	**magnet** [mǽgnit]	명 자석
087	**momentarily** [mòuməntérəli]	부 순간적으로, 덧없이, 곧

088	**sheepish** [ʃíːpiʃ]	형 (양처럼)기가 약한, 수줍어하는, 겁 많은
089	**dash** [dæʃ]	동 마구 칠하다, 돌진하다, 꺾다, 당황하게 하다 명 돌진, 충돌
090	**grin** [grin]	동 씩 웃다, 싱글거리다 명 (이를 드러낸)웃음
091	**unsupervised** [ʌ̀nsúːpərvàizd]	형 감시 받지 않은, 무감독의
092	**relent** [rilént]	동 상냥스러워지다, 누그러지다
093	**incident** [ínsədənt]	명 사건, 부수적인 것 형 일어나기 쉬운, ~에 부수하는
094	**suspect** [동:səspékt 명,형:sʌ́spekt]	동 의심하다, ~을 수상히 여기다 명 피의자 형 수상한
095	**meaning** [míːniŋ]	mean(의미하다)의 현재분사·동명사 명 의미, 뜻, 의도 형 의미가 있는
096	**meaningful** [míːniŋfəl]	형 의미심장한
097	**meaningfully** [míːniŋfəli]	부 의미심장하게
098	**curfew** [kə́ːrfjuː]	명 저녁종, 통행 금지
099	**heartily** [hɑ́ːrtili]	부 진심으로, 실컷
100	**rely on**	숙 의지하다, 신뢰하다
101	**nod** [nad]	동 끄덕이다, 꾸벅꾸벅 졸다 명 끄덕임, 졸음, 방심
102	**oblige** [əbláidʒ]	동 베풀다, 강요하다, ~하게 하다
103	**amnesty** [ǽmnəsti]	명 사면, 특사
104	**circumstance** [sə́ːrkəmstæns]	명 상황, 환경, 처지, 사건
105	**exhaust** [igzɔ́ːst]	동 다 써버리다, 고갈시키다, 기진맥진하게 만들다 명 배기 가스
106	**wipe out**	숙 녹초로 만들다, 닦다, 없애다
107	**merger** [mə́ːrdʒər]	명 합병, 합동
108	**rough** [rʌf]	형 거친, 고된, 대강의 동 거칠게 하다 명 초고, 밑그림 부 거칠게, 대강
109	**relieve** [rilíːv]	동 경감하다, 안도케 하다, 누그러뜨리다
110	**sip** [sip]	동 (술 등을)홀짝이다 명 한 모금
111	**inheritance** [inhérətəns]	명 상속, 유산
112	**admire** [ædmáiər]	동 칭찬하다, 감탄하다
113	**infertility** [ìnfəːrtíləti]	명 불모, 불임
114	**treatment** [tríːtmənt]	명 취급, 대우, 처리, 치료
115	**fate** [feit]	명 운명
116	**tailor** [téilər]	명 재단사 동 옷을 짓다, 맞추다
117	**strain** [strein]	명 긴장, 부담, 계통, 변종 동 잡아당기다, 긴장시키다, 거르다, 왜곡하다, 걸러지다

#	단어	뜻
118	**intention** [inténʃən]	명 의향, 의지, 의미, 취지
119	**tough** [tʌf]	형 강인한, 튼튼한, 끈기 있는, 곤란한
120	**sympathetically** [sìmpəθétikəli]	부 동정하여, 공감하여
121	**tense** [tens]	형 긴장한, 팽팽한 / 동 긴장시키다, 긴장하다 / 명 (동사의)시제
122	**assume** [əsúːm]	동 생각하다, 가정하다, (태도, 임무, 책임 등을) 취하다, 맡다
123	**obvious** [ábviəs]	형 명백한, 명확한
124	**initiate** [iníʃièit]	동 시작하다, 전수하다, 발의하다 / 형 초기의, 전수받은
125	**accordingly** [əkɔ́ːrdiŋli]	부 따라서, 그러므로
126	**stand up**	숙 일어서다, ~을 세우다
127	**subdue** [səbdjúː]	동 정복하다, 복종시키다, (분노 등을)억제하다
128	**loosen** [lúːsn]	동 풀다, 늦추다, 완화하다
129	**litigate** [lítəgèit]	동 제소하다, 소송하다
130	**litigator** [lítigèitər]	명 소송자, 기소자
131	**insecure** [ìnsikjúər]	형 불안정한, 위험에 처한
132	**neat** [niːt]	형 산뜻한, 깔끔한, 단정한
133	**pin** [pin]	명 핀, 못바늘, 쐐기, 비밀번호 / 동 고정시키다
134	**distract** [distrǽkt]	동 (마음, 주의 등을)빗나가게 하다, 흩뜨리다, 미혹케 하다, 위안을 주다
135	**presumably** [prizúːməbli]	부 추측상, 아마
136	**diagnose** [dáiəgnòus, -nòuz]	동 진단하다, 규명하다
137	**reassure** [rìːəʃúər]	동 재보증하다, 안심시키다
138	**agony** [ǽgəni]	명 고민, 고통
139	**bomb** [bam]	명 폭탄 / 동 폭격하다, 폭발하다
140	**overwhelm** [òuvərhwélm]	동 압도하다, 당황하게 하다
141	**overwhelming** [òuvərhwélmiŋ]	overwhelm의 현재분사·동명사 / 형 압도적인, 저항할 수 없는 / 명 압도적임
142	**pound** [paund]	명 파운드(화폐, 무게 단위) / 동 탕탕 치다, 사정없이 치다, 심하게 훈련시키다
143	**cushion** [kúʃən]	명 쿠션, 방석, 완충물 / 동 흡수하다, 완화하다
144	**decency** [díːsnsi]	명 품위, 체면, 예의
145	**insane** [inséin]	형 미친, 어리석은, 정신 이상의
146	**divorce** [divɔ́ːrs]	명 이혼 / 동 이혼하다
147	**bury** [béri]	동 묻다, 매장하다, 몰두하다

#	단어	뜻
148	**rotten** [rátn]	형 썩은, 더러운, 타락한
149	**trap** [træp]	명 덫, 올가미, 함정 동 가두다, 덫을 놓다
150	**shrill** [ʃril]	형 날카로운, 새된, 높은 동 새된 목소리를 내다
151	**enormous** [inɔ́:rməs]	형 막대한, 거대한
152	**tragedy** [trǽdʒədi]	명 비극, 불행, 재난
153	**occur** [əkə́:r]	동 (사건 등이)발생하다, 생기다
154	**at stake**	숙 위기에 처한, (돈, 목숨, 운명 등이)걸려 있는
155	**beat** [bi:t]	동 치다, 두드리다 명 때리기, 치는 소리, 박자
156	**decent** [dí:snt]	형 (복장, 집 등이)버젓한, 좋은, 품위 있는
157	**panic** [pǽnik]	명 공포, 공황 형 제정신을 잃게 하는 동 허둥대게 하다
158	**clutch** [klʌtʃ]	동 쥐다 명 움켜잡기 형 (핸드백 등이)손잡이 없는
159	**throat** [θrout]	명 목, 목구멍
160	**traumatic** [trɔmǽtik]	형 정신적 쇼크의, 상처 깊은, 외상 치료의
161	**cherish** [tʃériʃ]	동 소중히 하다, 귀여워하다, (소원 등을)품다
162	**distraught** [distrɔ́:t]	형 괴로운, 마음이 산란한
163	**deserve** [dizə́:rv]	동 할 만하다, ~할 가치가 있다
164	**entry** [éntri]	명 들어감, 입장, 참가, 입구
165	**mislead** [mìslí:d]	동 잘못 인도하다, 현혹시키다
166	**sway** [swei]	동 흔들리다, 기울다, 흔들리게 하다 명 동요, 지배력
167	**abandon** [əbǽndən]	동 버리다, 단념하다, 떠나다
168	**amaze** [əméiz]	동 깜짝 놀라게 하다
169	**naively** [nɑːíːvli]	부 천진난만하게, 순진하게, 단순히
170	**devastate** [dévəstèit]	동 유린하다, 황폐시키다
171	**furious** [fjúəriəs]	형 노발대발한, 격렬한
172	**frantic** [frǽntik]	형 광란의, 필사적인
173	**instinct** [ínstiŋkt]	명 본능, 타고난 소질, 직관
174	**instinctive** [instíŋktiv]	형 본능적인, 직감적인
175	**instinctively** [instíŋktivli]	부 본능적으로, 직감적으로
176	**grab** [græb]	동 움켜잡다, 붙잡다 명 붙잡음
177	**stiffly** [stífli]	부 딱딱하게, 완고하게

Danielle Steel
DAY 02

Chapter 2

178	**forlorn** [fərlɔ́:rn]	형 버려진, 고독한, 쓸쓸한, 희망 없는
179	**get rid of**	숙 제거하다, 없애다, 쫓아내다
180	**horrify** [hɔ́:rəfài, hár-]	동 소름 끼치게 하다, 무서워 떨게 하다
181	**indignity** [indígnəti]	명 모욕, 경멸, 무례, 냉대
182	**illegitimate** [ìlidʒítəmət]	형 불법의, 위법의, 사생아로 태어난
183	**despair** [dispέər]	명 절망, 자포자기 동 절망하다, 체념하다
184	**sacred** [séikrid]	형 신성한, 종교적인
185	**apparently** [əpǽrəntli, əpέər-]	부 명백히, 외관상으로
186	**stare** [stεər]	동 응시하다, 빤히 보다 명 응시
187	**evoke** [ivóuk]	동 (기억, 감정 등을) 불러일으키다
001	**utter** [ʌ́tər]	동 (목소리, 말 등을)내다, 발음하다, 말하다 형 전적인, 완전한, 철저한
002	**splendor** [spléndər]	명 빛남, 광채, 호화
003	**insult** [insʌ́lt]	동 모욕하다 명 모욕, 무례
004	**insultingly** [insʌ́ltiŋli]	부 모욕적으로, 무례하게
005	**surreal** [sərí:əl]	형 초현실적인, 기상천외의
006	**coherently** [kouhíərəntli]	부 (이야기가)조리 있게, 시종일관으로
007	**beaten** [bí:tn]	beat(이기다, 두드리다)의 과거분사 형 두들겨 맞은, 패배한
008	**streak** [stri:k]	명 줄, 선, 경향, 연속 동 줄무늬를 넣다
009	**frown** [fraun]	동 눈살을 찌푸리다, 얼굴을 찡그리다 명 언짢은 얼굴
010	**patch** [pætʃ]	명 헝겊 조각, 파편, 부분 동 헝겊 조각을 대다, 수습하다
011	**politely** [pəláitli]	부 정중하게, 예의 바르게
012	**mist** [mist]	명 안개 동 흐려지다, 안개가 끼다

013	**insanity** [insǽnəti]	명 광기, 미친 짓
014	**grim** [grim]	형 엄한, 모진, 무자비한
015	**stern** [stə:rn]	형 엄격한, 단호한, 엄숙한 / 명 선미, (동물의)엉덩이
016	**humiliation** [hju:mìliéiʃən]	명 창피 줌, 굴욕, 수치
017	**in the midst**	숙 ~의 한복판에서
018	**affair** [əfέər]	명 일, 사건, 관심사, 불륜
019	**preserver** [prizə́:rvər]	명 보존자, 보호자
020	**desperately** [déspərətli]	부 필사적으로, 지독하게
021	**bluntly** [blʌ́ntli]	부 무뚝뚝하게, 둔감하게, 쌀쌀하게
022	**drift** [drift]	명 표류, 동향 / 동 떠돌다, 옮기다
023	**chop** [tʃap]	동 팍팍 찍다, 자르다 / 명 절단
024	**liable** [láiəbl]	형 책임져야 할, 하기 쉬운
025	**remorseful** [rimɔ́:rsfəl]	형 몹시 후회하고 있는, 양심의 가책을 받는
026	**precisely** [prisáisli]	부 정밀하게, 엄밀하게
027	**fabulous** [fǽbjuləs]	형 전설적인, 황당무계한, 터무니없는
028	**stream** [stri:m]	명 시내, 개울, 흐름 / 동 흐르다, 흘러나오다
029	**ailing** [éiliŋ]	ail(괴롭히다)의 현재분사·동명사 / 형 괴롭히는 / 명 괴롭힘
030	**eerily** [íərili]	부 기분 나쁘게, 섬뜩하게
031	**pat** [pæt]	동 똑똑 두드리다, 가볍게 치다, (애정, 친의로)토닥거리다
032	**core** [kɔ:r]	명 핵심, 정수 / 형 핵심이 되는
033	**fiber** [fáibər]	명 섬유, 섬유질, 성격, 근성
034	**uncontrollably** [ʌ̀nkəntróuləbli]	부 제어할 수 없이, 걷잡을 수 없이

Chapter 3

001	**rattle** [rǽtl]	동 덜컥덜컥 소리 나다, 재잘거리다 / 명 달그닥 소리
002	**anguish** [ǽŋgwiʃ]	명 고통, 괴로움 / 동 괴롭히다, 괴로워하다
003	**wallow** [wálou]	동 뒹굴다, 탐닉하다, (주색에)빠지다 / 명 뒹굴기
004	**hook** [huk]	명 갈고리, 덫 / 동 구부리다, 끌어들이다, 갈고리로 걸다
005	**ruffle** [rʌ́fl]	동 헝클다, 물결을 일으키다, (북을)둥둥 울리다 / 명 잔물결, 주름 장식, 나직한 북 소리
006	**feather** [féðər]	명 깃털, 가벼운 것
007	**harsh** [hɑ:rʃ]	형 거친, 호된, 모진

#	단어	뜻
008	**stun** [stʌn]	동 기절시키다, 아찔하게 하다, 깜짝 놀라게 하다
009	**bar** [bɑːr]	명 막대기, 빗장, 술집
010	**cling** [kliŋ]	동 매달리다, 들러붙다, 집착하다
011	**hover** [hʌ́vər, hɑ́vər]	동 하늘을 떠다니다, 맴돌다
012	**choke** [tʃouk]	동 막다, 질식시키다, 숨막히게 하다
013	**suck** [sʌk]	동 빨다, 흡수하다 / 명 빨기, 빠는 소리
014	**moderately** [mɑ́dərətli]	부 적당하게, 삼가서, 알맞게
015	**dread** [dred]	동 (대단히)두려워하다, 무서워하다 / 명 공포, 불안
016	**burden** [bə́ːrdn]	명 짐, 부담감 / 동 무거운 짐을 지우다
017	**gratefully** [gréitfəli]	부 감사하여, 기꺼이
018	**tarnish** [tɑ́ːrniʃ]	동 흐리게 하다, 녹슬게 하다, 변색시키다
019	**stick** [stik]	명 막대기, 지팡이 / 동 찌르다, (핀으로)고정하다
020	**apologetically** [əpɑ̀lədʒétikli]	부 사죄하여, 변명으로
021	**insight** [ínsàit]	명 통찰력, 식견
022	**terminal** [tə́ːrmənl]	형 말단의, 종점인
023	**shriek** [ʃriːk]	명 날카로운 소리, 비명 / 동 악을 쓰며 말하다, 비명을 지르다
024	**gun** [gʌn]	명 무기, 대포, 총
025	**scary** [skɛ́əri]	형 잘 놀라는, 겁 많은
026	**deny** [dinái]	동 부정하다, 응하지 않다
027	**humiliate** [hjuːmílièit]	동 모욕하다, 창피를 주다
028	**disheartened** [dishɑ́ːrtnd]	dishearten(낙담하게 하다)의 과거·과거분사 / 형 낙담한, 실망한
029	**unfailing** [ʌnféiliŋ]	형 기대에 어긋나지 않는, 틀림없는
030	**fraction** [frǽkʃən]	명 분수, 부분, 파편
031	**dreadful** [drédfəl]	형 무서운, 두려운, 지독한
032	**nutcase** [nʌ́tkeis]	명 미치광이, 괴짜
033	**regency** [ríːdʒənsi]	명 섭정 / 형 섭정의
034	**fuming** [fjúːmiŋ]	fume(연기를 내뿜다)의 현재분사·동명사 / 형 화나는, 씩씩대는 / 명 화남
035	**grief** [griːf]	명 (깊은)슬픔, 비난, 고통, 재난
036	**sternly** [stə́ːrnli]	부 엄격하게, 단호하게
037	**weird** [wiərd]	형 이상한, 기묘한, 수상한, 섬뜩한

#	단어	뜻
038	**sting** [stiŋ]	동 쏘다, 찌르다, 괴롭히다 / 명 가시, 침
039	**sibling** [síbliŋ]	명 형제 자매
040	**faint** [feint]	형 희미한, 약한, 어지러운 / 동 기절하다 / 명 기절
041	**sane** [sein]	형 제정신의, 온전한, 건전한
042	**rational** [rǽʃənl]	형 합리적인, 이성적인, 논리적인
043	**accuse** [əkjúːz]	동 기소하다
044	**accusatory** [əkjúːzətɔ̀ːri]	형 비난의, 기소의, 문책하는
045	**surprisingly** [sərpráiziŋli]	부 놀랍게도, 뜻밖에도, 놀랄 만큼
046	**inquire** [inkwáiər]	동 문의하다, 조사하다
047	**punch** [pʌntʃ]	동 주먹으로 때리다, 구멍을 뚫다 / 명 주먹질, 박진감, 펀치
048	**fit** [fit]	형 꼭 맞는, 어울리는, 건강 / 동 맞추다, 들어맞다
049	**tactfully** [tǽktfəli]	부 빈틈없이, 약삭빠르게
050	**fish** [fiʃ]	명 물고기, 생선 / 동 낚시하다
051	**insensitive** [insénsətiv]	형 무감각한, 둔감한, 느낌이 없는
052	**cavalier** [kævəlíər]	명 기사, 예의 바른 신사 / 형 거만한, 무신경한
053	**hesitate** [hézətèit]	동 망설이다, 주저하다
054	**arouse** [əráuz]	동 불러일으키다, 깨우다, 자극하다
055	**suspicion** [səspíʃən]	명 의심, 혐의, 용의
056	**evasive** [ivéisiv]	형 회피하는, 얼버무리는, 모호한
057	**tragic** [trǽdʒik]	형 비극적인, 비참한
058	**soothe** [suːð]	동 진정시키다, 가라앉히다, 완화시키다
059	**undimmed** [ʌndímd]	형 어둡지 않은, 명백한, 뚜렷한
060	**pursue** [pərsúː]	동 추구하다, 추진하다, 쫓다, 계속하다
061	**loyally** [lɔ́iəli]	부 충성스럽게, 성실히, 충성을 다하여
062	**self-centered** [sèlf-séntərd]	형 자기중심의, 이기주의의
063	**drag** [dræg]	동 끌다, 힘들게 움직이다, 늑장부리다 / 명 지겨운 것, 방해물
064	**demon** [díːmən]	명 악마, 악의 화신
065	**somberly** [sámbərli]	부 음침하게, 칙칙하게
066	**dodge** [dadʒ]	동 기피하다, (재빨리)비키다 / 명 책략, 술수
067	**proper** [prápər]	형 적절한, 고유의, 올바른, 타당한

#	단어	품사/뜻
068	**upstanding** [ʌpstǽndiŋ]	형 직립한, 똑바로 서 있는, 늘씬한, 강직한
069	**abruptly** [əbrʌ́ptli]	부 갑작스럽게, 퉁명하게
070	**glum** [glʌm]	형 침울한, 뚱한, 기분이 좋지 않은
071	**trauma** [trɔ́ːmə]	명 정신적 충격, 외상, 마음의 상처

Chapter 4

#	단어	품사/뜻
001	**hoarse** [hɔːrs]	형 쉰 목소리의, 귀에 거슬리는
002	**groggy** [grɑ́gi]	형 비틀거리는, 흔들흔들하는, 불안정한
003	**discreetly** [diskríːtli]	부 신중히, 조심스럽게
004	**fear** [fiər]	명 우려, 두려움, 공포, 동 걱정하다
005	**exempt** [igzémpt]	동 면제하다, 형 면제된, 명 면제자
006	**gut** [gʌt]	동 게걸스럽게 먹다, 명 내장, 용기
007	**retreat** [ritríːt]	동 물러서다, 후퇴하다, 명 후퇴, 도피, 철회, 칩거
008	**sought** [sɔːt]	seek(찾다)의 과거·과거분사, 형 찾아지는, 원해지는
009	**doubt** [daut]	동 의심하다, 명 의심, 의혹
010	**psych** [saik]	동 ~을 불안하게 하다, 마음의 준비를 하다
011	**retain** [ritéin]	동 유지하다, 보유하다, 계속하다, 보관하다
012	**bode** [boud]	동 ~의 징조가 되다
013	**parachute** [pǽrəʃùːt]	명 낙하산
014	**bouquet** [boukéi]	명 부케, 꽃다발, 아첨하는 말
015	**intrude** [intrúːd]	동 침범하다, 방해하다, 개입하다, 강제하다
016	**seemingly** [síːmiŋli]	부 겉보기에는, 언뜻 보기에
017	**anxious** [ǽŋkʃəs]	형 하고 싶어하는, 불안한, 걱정스러운
018	**assured** [əʃúərd]	assure(보장하다)의 과거·과거분사, 형 보증된, 확실한, 자신이 있는
019	**seclusion** [siklúːʒən]	명 격리, 은퇴, 은둔
020	**pale** [peil]	동 창백해지다, 형 엷은, 연한, 안색이 안 좋은
021	**impeccably** [impékəbli]	부 나무랄 데 없을 정도로, 완벽하게
022	**ravage** [rǽvidʒ]	명 황폐, 파괴, 동 ~을 약탈하다
023	**conceal** [kənsíːl]	동 숨기다, 감추다
024	**distress** [distrés]	명 고통, 고난, 가난, 비난, 걱정거리, 동 괴롭히다
025	**poise** [pɔiz]	명 평형, 침착, 동 균형 잡히게 하다, ~의 자세를 취하다

026	**handful**	[hǽndfùl]	명 한 움큼, 소량
027	**defeat**	[difíːt]	동 패배시키다, 이기다, 무산시키다 / 명 패배, 좌절
028	**solicitous**	[səlísətəs]	형 염려하는, 걱정하는, 열심인
029	**exhausted**	[igzɔ́ːstid]	exhaust(다 써버리다)의 과거·과거분사 / 형 다 써버린, 소모된, 기진맥진한
030	**frail**	[freil]	형 허약한, 빈약한
031	**brittle**	[brítl]	형 부서지기 쉬운, 덧없는, 깨지기 쉬운
032	**dredge**	[dredʒ]	동 준설하다, 건져 올리다 / 명 준설기
033	**estrange**	[istréindʒ]	동 ~의 사이를 틀어지게 하다, 멀어지게 하다, 이간하다
034	**haunt**	[hɔːnt]	동 (귀신이)출몰하다, 계속 문제가 되다 / 명 자주 다니는 곳
035	**identity**	[aidéntəti]	명 신원, 신분, 일치, 주체성
036	**albeit**	[ɔːlbíːit]	접 ~이라 할지라도, 비록 ~이지만
037	**awkward**	[ɔ́ːkwərd]	형 어색한, 거북한, 서투른, 난처한, 곤란한
038	**constant**	[kánstənt]	형 지속적인, 계속되는, 끊임없는, 일정한, 부단한
039	**insist**	[insíst]	동 주장하다, 고집하다, 요구하다, 강요하다
040	**umbilical**	[ʌmbílikəl]	형 배꼽의, 중앙의, 밀접한 관계의
041	**chunk**	[tʃʌŋk]	형 큰 덩어리 / 동 덩어리로 나누다
042	**utterly**	[ʌ́tərli]	부 완전히, 철저히, 전혀
043	**bereft**	[biréft]	bereave(여의다)의 과거·과거분사 / 형 잃은, 빼앗긴
044	**faintly**	[féintli]	부 희미하게, 힘없이, 어렴풋이
045	**embarrassed**	[imbǽrəst]	embarrass(당황하게 하다)의 과거·과거분사 / 형 당황한, 부끄러운, 당혹스러운
046	**severe**	[sivíər]	형 심각한, 가차없는, 엄격한
047	**tuberculosis**	[tjubəːrkjulóusis]	명 결핵, 폐결핵
048	**toll**	[toul]	명 통행료, 요금 / 동 (종을)치다, (사냥감을)유인하다
049	**perfidy**	[pə́ːrfədi]	명 배신, 불성실
050	**visible**	[vízəbl]	형 (눈에)보이는, 명백한
051	**haunting**	[hɔ́ːntiŋ]	haunt(출몰하다)의 현재분사·동명사 / 형 자주 마음속에 떠오르는, 좀처럼 잊을 수 없는
052	**brutal**	[brúːtl]	형 잔인한, 악랄한, 사나운
053	**fumble**	[fʌ́mbl]	동 더듬거리다, 더듬더듬 말하다 / 명 실수, 더듬거리기
054	**startle**	[stáːrtl]	동 깜짝 놀라다, 펄쩍 뛰다
055	**shrink**	[ʃriŋk]	동 줄어들다, 감소하다, 위축되다, 축소되다 / 명 정신과 의사, 심리학자

056 **chronic** [kránik]	형 만성의, 고질의, 상습적인
057 **immeasurably** [iméʒərəbli]	부 헤아릴 수 없을 정도로, 광대하게
058 **fold** [fould]	동 접다, 포개다, 개다 명 주름, 접은 부분
059 **slip** [slip]	동 미끄러지다, 벗겨지다, (기회 등이)지나가 버리다 명 하락, 실수
060 **esteem** [istíːm]	동 존경하다, 평가하다, 존중하다 명 (대단한)존경
061 **psyche** [sáiki]	명 마음, 정신, 프시케(그리스신화에 나오는 사랑의 신 에로스의 부인)
062 **ass** [æs]	명 당나귀, (비속어)바보, 고집쟁이
063 **drool** [druːl]	동 침 흘리다, 시시한 말을 하다
064 **suicide** [sjúːəsàid]	명 자살, 자살 행위 형 자살의 동 자살하다
065 **suicidal** [sùːəsáidl]	형 자살하려는, 자포자기의
066 **definitely** [défənitli]	부 분명히, 확실하게
067 **doldrums** [dóuldrəmz]	명 우울, 의기소침, 적도 무풍대
068 **center** [séntər]	명 가운데, 도심 형 중심의 동 집중하다
069 **pathetic** [pəθétik]	형 불쌍한, 한심한, 슬픈
070 **breed** [briːd]	동 (동물이)새끼를 낳다, 기르다, ~을 야기하다 명 품종, 유형
071 **damn** [dæm]	감 (비속어)빌어먹을 동 저주하다, 비난하다
072 **strung** [strʌŋ]	string(끈으로 묶다)의 과거·과거분사 형 흥분한, 극도로 예민한, 현을 팽팽하게 맨
073 **exorcist** [éksɔːrsist]	명 퇴마사, 구마품
074 **doorstep** [dɔ́ːrstep]	명 문 앞, 현관의 계단

Danielle Steel
DAY 03

Chapter 5

001 cozy [kóuzi] — 형 아늑한, 기분 좋은, 안락한

002 manicured [mǽnikjùərd] — manicure(손톱 손질을 하다)의 과거·과거분사 형 (손톱이)손질된, (잔디 등이)짧게 깎인

003 quaint [kweint] — 형 기묘한, 독특한, 이상한

004 intellectual [ìntəléktʃuəl] — 형 지적인, 지능적인, 총명한 명 지식인

005 fairly [fέərli] — 부 공평하게, 정정당당하게, 올바르게

006 matron [méitrən] — 명 나이 지긋한 부인, 여사, 양호 교사

007 psychiatrist [sikáiətrist] — 명 정신과 의사

008 sanctum [sǽŋktəm] — 명 성소, 거룩한 곳, 밀실

009 airy [έəri] — 형 바람이 잘 통하는, 비현실적인, 공상적인

010 beige [beiʒ] — 명 베이지색 형 베이지색의

011 intrigue [intríːg] — 동 음모를 꾸미다, 호기심을 돋우다 명 음모, 술책, (연극의)줄거리, 구성

012 straightforwardness [strèitfɔ́ːrwərdnis] — 명 똑바름, 정직함, 솔직함

013 pretension [priténʃən] — 명 권리, 요구, 주장, 구실, 가식, 허식

014 lackluster [lǽklʌstər] — 형 빛이 없는, 흐리멍덩한, 게슴츠레한

015 recognize [rékəgnàiz] — 동 인정하다, 인식하다, 알아보다, 깨닫다

016 piecemeal [píːsmìːl] — 형 조금씩의, 단편적인

017 verbatim [vərbéitim] — 형 정확히 말 그대로의 부 말대로

018 drain [drein] — 동 배출시키다, 배수를 하다, 소모시키다, 흘러나가다 명 하수구, 배수관, 유출, 소비

019 lance [læns] — 명 창, 작살 동 절개하다

020 hash [hæʃ] — 명 해시(다진 고기와 채소 요리), 뒤범벅, 혼란 동 다지다, 저미다

021 objective [əbdʒéktiv] — 형 객관적인, 물질적인, 목적의 명 목표, 목적

022 crisis [kráisis] — 명 위기, 난국, 결정적 단계

023 halfway [hǽfwéi] — 형 절반의, 중간의, 불충분한

024 root [ruːt] — 명 뿌리, 근본, 원인, 기초 동 뿌리내리게 하다, 정착시키다

025 confidante [kánfədænt] — confidant의 여성형 명 막역한 친구, 측근

026 prior [práiər] — 형 이전의, 앞의, 기존의, 우선하는

027 prompt [prampt] — 형 즉각적인 동 촉발하다, 유도하다 명 자극, 촉진, 대사 알려주기 부 정확히, 꼭

028	**dust** [dʌst]	명 먼지, 티끌 / 동 먼지를 털다
029	**tide** [taid]	명 조수(밀물과 썰물), 풍조, 흐름, 흥망
030	**duffel** [dʌfəl]	명 거친 천, 캠핑 의류와 장비
031	**resist** [rizíst]	동 저항하다, 참다, 반대하다, 잘 견디다
032	**nurture** [nə́:rtʃər]	동 양육하다, 영양분을 주다, 교육하다 / 명 양육, 교육, 영양, 음식
033	**avoid** [əvɔ́id]	동 피하다, 막다, 예방하다
034	**respectable** [rispéktəbl]	형 존경할 만한, 훌륭한, 고상한
035	**generous** [dʒénərəs]	형 관대한, 후한, 너그러운, 마음이 넓은
036	**conscience** [kánʃəns]	명 양심, 도덕심, 의식
037	**twinkle** [twíŋkl]	동 반짝반짝 빛나다
038	**threw** [θru:]	throw(던지다)의 과거 / 동 던졌다, 시구를 했다
039	**warn** [wɔ:rn]	동 경고하다, 조심시키다, 충고하다
040	**mischief** [místʃif]	명 장난, 장난기, 피해
041	**delighted** [diláitid]	delight(기쁨을 주다)의 과거·과거분사 / 형 기쁜, 즐거워하는
042	**curious** [kjúəriəs]	형 궁금한, 신기한, 호기심이 강한
043	**enthusiastic** [inθù:ziǽstik]	형 열정적인, 열렬한
044	**trot** [trat]	동 (말 등이)속보로 가다, 구보하다, 빨리 걷다 / 명 빠른 걸음
045	**notion** [nóuʃən]	명 개념, 생각
046	**blithely** [bláiðli]	부 태평스럽게, 쾌활하게, 행복하게
047	**valiantly** [vǽljəntli]	부 용감히, 씩씩하게
048	**disrupt** [disrʌ́pt]	동 방해하다, 무너뜨리다, 중단시키다, 혼란에 빠뜨리다
049	**cautiously** [kɔ́:ʃəsli]	부 주의 깊게, 신중하게
050	**uncertain** [ʌnsə́:rtn]	형 불확실한, 의심스러운
051	**shift** [ʃift]	동 옮기다, 바꾸다, 서두르다 / 명 변경, 전환, 교대 근무
052	**fallback** [fɔ́:lbæk]	명 대비책
053	**hesitantly** [hézətəntli]	부 주저하면서, 말을 더듬으며, 망설이면서
054	**thoughtfully** [θɔ́:tfəli]	부 사려 깊게, 친절하게, 생각이 깊게
055	**drastic** [drǽstik]	형 철저한, 맹렬한, 격렬한
056	**lack** [læk]	동 ~이 없다, 모자라다 / 명 부족, 결핍, 부재
057	**destination** [dèstənéiʃən]	명 목적지, 도착지, 행선지

058 **brace** [breis]	명 버팀대, 치아 교정기 동 대비하다, 버티다, 떠받치다, 강요하다
059 **whistle** [hwísl]	명 휘파람, 경적, 호각 동 휘파람을 불다

Chapter 6

001 **treasure** [tréʒər]	명 보물 동 소중히 하다
002 **ache** [eik]	명 통증 동 아프다, ~하고 싶어 못 견디다
003 **gait** [geit]	명 걷는 모양, 걸음걸이
004 **determine** [ditə́:rmin]	동 결심하게 하다, 결심하다, 결정하다, 측정하다, 예정하다
005 **scarcely** [skéərsli]	부 거의, 겨우, 가까스로
006 **enormity** [inɔ́:rməti]	명 (크기, 정도 등이)거대함, 엄청남, 극악무도한 범죄
007 **daunt** [dɔ:nt]	동 겁먹게 하다, 으르다
008 **daunting** [dɔ́:ntiŋ]	daunt의 현재분사·동명사 형 힘든, 어려운 명 겁먹게 함
009 **prefer** [prifə́:r]	동 선호하다, 좋아하다
010 **preferred** [pri:fə́:rd]	prefer의 과거·과거분사 형 선호되는, 우선의, 발탁된
011 **steel** [sti:l]	명 철강, 강철, 제강 동 마음을 단단히 먹다
012 **propriety** [prəpráiəti]	명 예의 바름, 적당, 타당
013 **dimension** [diménʃən]	명 부피, 규모, 중요성
014 **engage** [ingéidʒ]	동 약속하다, 약혼하다, 보증하다, 고용하다
015 **absurd** [æbsə́:rd, æbzə́:rd]	형 말도 안되는, 터무니없는, 황당한 명 불합리, 부조리
016 **irreversibly** [ìrivə́:rsəbli]	부 돌이킬 수 없을 정도로, 뒤집을 수 없이
017 **dare** [dɛər]	동 감히 ~하다, ~에 도전하다 명 도전
018 **daring** [dɛ́əriŋ]	dare의 현재분사·동명사 형 대담한, 용감한 명 대담함
019 **hurt** [hə:rt]	동 다치게 하다, 아프다 명 상처, 부상 형 다친
020 **hurting** [hə́:rtiŋ]	hurt의 현재분사·동명사 동 다치게 하는, (비속어)비참한 명 다치게 함
021 **healthier** [hélθiər]	healthy의 비교급 형 더 건강한, 더 튼튼한
022 **turf** [tə:rf]	명 잔디, 경마, 영역 동 잔디로 덮다
023 **lick** [lik]	동 핥다, 혀를 날름거리다 명 핥기, 조금
024 **wound** [전/:wu:nd /후:waind]	명 부상, 상처 동 상처를 입히다/ wind(감다)의 과거 동 감았다, 돌렸다
025 **increasingly** [inkrí:siŋli]	부 점점, 더욱더
026 **squirm** [skwə:rm]	동 우물쭈물하다, 꿈틀거리다
027 **proximity** [praksíməti]	명 근접, 가까움, 접근

028	**fathom** [fǽðəm]	명 패덤(물의 깊이 측정 단위, 약 1.8m) / 동 깊이를 재다, 헤아리다
029	**broader** [brɔ́ːdər]	broad의 비교급 / 형 더 폭이 넓은, 더 광대한
030	**spat** [전/:spæt /후:spǽt]	명 입씨름, 각반, 굴의 알 / spit(뱉다)의 과거·과거분사 / 형 토해진, 뱉어진
031	**pretend** [priténd]	동 ~인 척하다, 가장하다 / 형 가짜의
032	**excruciate** [ikskrúːʃièit]	동 몹시 고통을 주다, 괴롭히다
033	**excruciatingly** [ikskrúːʃièitiŋli]	부 몹시 고통스럽게, 극심하게
034	**mercifully** [mə́ːrsifəli]	부 자비롭게, 관대히
035	**perspiring** [pərspáiəriŋ]	perspire(땀을 흘리다)의 현재분사·동명사 / 형 땀을 흘리는 명 땀을 흘림
036	**downhill** [명:dàunhíl 부,형:dáunhil]	명 내리받이, 활강 스키 / 형 내리막의, 활강의 / 부 비탈 아래로
037	**wholesome** [hóulsəm]	형 건강에 좋은, 위생적인, 건전한
038	**emotional** [imóuʃənəl]	형 감정적인, 감정의
039	**bulletin** [búlitən]	명 게시, 고시, 공보, 회보, 작은 신문
040	**flier** [fláiər]	명 나는 것, 비행사, 비행기, 광고 쪽지, 전단
041	**generously** [dʒénərəsli]	부 관대하게, 풍부하게
042	**trivia** [tríviə]	명 하찮은 것
043	**irrelevant** [iréləvənt]	형 관계가 없는, 부적절한, 무의미한
044	**disintegrate** [disíntəgrèit]	동 붕괴하다, 분해하다, 붕괴되다
045	**attic** [ǽtik]	명 다락방 / 형 아테네식의, 고전적인
046	**somber** [sámbər]	형 수수한, 어두컴컴한, 침울한
047	**awfully** [ɔ́ːfəli]	부 무섭게, 두렵게, 아주, 무척
048	**dignity** [dígnəti]	명 존엄, 품위, 위엄

Chapter 7

001	**stick around**	숙 곁에서 꼼짝 않고 기다리다
002	**head down**	숙 아래로 향하다
003	**be willing to**	숙 기꺼이 ~하다
004	**disastrous** [dizǽstrəs]	형 처참한, 재난의
005	**brilliantly** [bríljəntli]	부 반짝반짝하게, 훌륭하게
006	**embarrass** [imbǽrəs]	동 당황하게 하다, 난처하게 하다
007	**bustling** [básliŋ]	bustle(서두르다)의 현재분사·동명사 / 형 부산한, 분주한 명 분주함
008	**provincial** [prəvínʃəl]	형 지방의, 시골의, 시야가 좁은, 편협한

009 **bohemian** [bouhíːmiən]	명 보헤미안인, 자유분방한 사람(예술가) 형 보헤미아의, 자유분방한
010 **suburb** [sʌ́bəːrb]	명 교외, 외곽, 근교
011 **looser** [luːsər]	loose의 비교급 형 더 느슨한
012 **scurry** [skə́ːri]	동 종종걸음으로 가다 명 종종걸음
013 **fixture** [fíkstʃər]	명 정착물, 비품, 설비, 내부 시설
014 **coil** [kɔil]	명 사리, 소용돌이, 코일 동 사리를 틀다, 고리를 이루다, 감기다
015 **drape** [dreip]	동 주름을 잡아 덮다, (팔, 다리 등)을 늘어뜨리다 명 주름 잡힌 휘장, 옷의 주름
016 **lit** [lit]	light(불을 켜다)의 과거·과거분사 형 불을 켠, 비춘
017 **fascinate** [fǽsənèit]	동 매혹시키다, 흥미를 끌다
018 **swirl** [swəːrl]	동 소용돌이치다, 현기증이 나다 명 소용돌이
019 **relax** [rilǽks]	동 늦추다, 완화하다, 긴장을 풀다, 쉽게 하다
020 **relaxed** [ilǽkst]	relax의 과거·과거분사 형 누그러진, 완화된, 편한
021 **poised** [pɔizd]	poise(균형 잡히게 하다)의 과거·과거분사 형 침착한, 균형 잡힌
022 **gorgeous** [gɔ́ːrdʒəs]	형 멋진, 예쁜, 우아한, 화려한
023 **feature** [fíːtʃər]	명 용모, 특징, 특색 동 ~이 특징이다, 주연으로 출연하다
024 **intriguing** [intríːgiŋ]	intrigue(음모를 꾸미다)의 현재분사·동명사 형 음모를 꾸미는, 호기심을 돋우는 명 음모를 꾸밈
025 **subside** [səbsáid]	동 가라앉다, 침전하다, 잠잠해지다, 진정되다
026 **subsidy** [sʌ́bsədi]	명 보조금, 장려금, 기부금
027 **fridge** [fridʒ]	명 냉장고
028 **vaguely** [véigli]	부 막연히, 어렴풋이, 애매하게
029 **bolster** [bóulstər]	명 덧베개, 채우는 것 동 덧베개를 받치다, 기운 나게 하다, 후원하다
030 **worn** [wɔːrn]	wear(입다)의 과거분사 형 입던, 낡은, 지쳐 버린
031 **halter** [hɔ́ːltər]	명 고삐, 홀터(여성용 상의의 일종) 동 굴레를 씌우다
032 **subtlety** [sʌ́tlti]	명 예민함, 정교함, 교활함, 난해함, 불가사의
033 **strife** [straif]	명 분쟁, 갈등, 싸움
034 **peer** [píər]	명 동료, 대등한 사람 동 자세히 보다, 응시하다
035 **glint** [glint]	동 반짝거리다, 빛나다 명 반짝임
036 **convince** [kənvíns]	동 설득하다, 확신시키다, 납득시키다
037 **commune** [kəmjúːn]	동 이야기하다, 친하게 교제하다
038 **martial** [máːrʃəl]	형 전쟁의, 호전적인, 군인다운

#	단어	뜻
039	**credible** [krédəbl]	형 신뢰할 수 있는, 확실한, 믿을 수 있는
040	**exotic-looking** [igzátik-lúkiŋ]	형 이국풍으로, 이국적으로
041	**slope** [sloup]	명 경사면, 비탈, 스키장, 기울기 / 동 경사지다
042	**exotically** [igzátikəli]	부 이국적으로
043	**physique** [fizíːk]	명 체격, 몸매, 지형
044	**enthrall** [inθrɔ́ːl]	동 ~의 마음을 사로잡다, ~을 노예로 삼다
045	**panicked** [pǽnikid]	panic(두렵게 하다)의 과거·과거분사 / 형 당황한, 겁 많은, 공황의
046	**oblivious** [əblíviəs]	형 ~을 깨닫지 못하는, 잘 잊어버리는, 부주의한
047	**attempt** [ətémpt]	명 시도 / 동 시도하다, 꾀하다
048	**blank** [blæŋk]	형 비어 있는, 멍한, 백지의 / 명 빈 칸
049	**regularly** [régjulərli]	부 정기적으로, 규칙적으로, 주기적으로
050	**macrobiotic** [mǽkroubaiátik]	형 장수식의, 자연식의
051	**relief** [rilíːf]	명 안도, 경감, 제거, 구제, 교체, 돋을새김, 뚜렷함
052	**rhapsodic** [ræpsádik]	형 랩소디의, 열광적인, 과장된
053	**sense** [sens]	명 감각, 직감, 의식 / 동 느끼다, 감지하다
054	**herbal** [ə́ːrbəl]	형 약초의, 초본의
055	**enema** [énəmə]	명 관장, 관장제
056	**collapse** [kəlǽps]	동 붕괴하다, 무너지다, 망하다, 쓰러지다
057	**certainly** [sə́ːrtnli]	부 확실히, 반드시
058	**fascinating** [fǽsənèitiŋ]	fascinate(매혹하다)의 현재분사·동명사 / 형 매혹적인, 황홀케 하는 / 명 매혹적임
059	**weirdo** [wíərdou]	명 기인, 괴짜
060	**reassuring** [rìːəʃúəriŋ]	reassure(안심시키다)의 현재분사·동명사 / 형 안심시키는 / 명 안심시킴
061	**limited** [límitid]	limit(제한하다)의 과거·과거분사 / 형 한정된, 편협한
062	**lobby** [lábi]	명 로비(입구의 넓은 방), 압력 단체 / 동 로비 운동을 하다
063	**convert** [kənvə́ːrt]	동 변환시키다, 개조하다, 개종시키다
064	**conservative** [kənsə́ːrvətiv]	형 보수적인, 신중한, 보존력 있는 / 명 보수주의자
065	**constantly** [kánstəntli]	부 계속, 끊임없이
066	**shame** [ʃeim]	명 수치심, 창피 / 동 창피하게 하다
067	**uproot** [ʌpruːt]	동 뿌리째 뽑다, 근절하다
068	**tempting** [témptiŋ]	tempt(유혹하다)의 현재분사·동명사 / 유혹하는, 부추기는 / 명 유혹함

#	단어	뜻
069	**confess** [kənfés]	동 고백하다, 자백하다, 시인하다, 인정하다, 실토하다
070	**examine** [igzǽmin]	동 조사하다, 검사하다, 시험하다, 심문하다, 진찰하다
071	**firm** [fə:rm]	형 굳은, 견고한 / 명 회사, 상사
072	**gaze** [geiz]	동 지켜보다, 응시하다 / 명 시선, 응시
073	**stubbornly** [stʌ́bərnli]	부 완고하게
074	**version** [və́:rʒən]	명 번역, 번역물, ~화, 의견, 소견, 설명
075	**enthusiasm** [inθú:ziæzm]	명 열정, 열광, 열망
076	**duly** [djú:li]	부 정식으로, 정당하게, 적절히
077	**roll** [roul]	동 구르다, 회전하다, 진행하다 / 명 두루마리
078	**harmless** [há:rmlis]	형 무해한, 순진한, 악의 없는
079	**departure** [dipá:rtʃər]	명 출발, 이탈, 사임
080	**engulf** [ingʌ́lf]	동 휩싸다, 삼키다, 사로잡다

Chapter 8

#	단어	뜻
001	**nonexistent** [nanigzístənt]	형 존재하지 않는
002	**relentlessly** [riléntlisli]	부 냉혹하게, 잔인하게, 가차 없이
003	**stubborn** [stʌ́bərn]	형 고집 센, 완고한, 끈질긴
004	**regularity** [règjulǽrəti]	명 질서, 규칙적임, 조화가 이루어져 있음
005	**bond** [band, bɔnd]	명 묶는 것, 증서, 유대, 채권
006	**depend** [dipénd]	동 ~에 달려 있다, 의지하다
007	**pursuit** [pərsú:t]	명 추구, 추격, 수행
008	**pout** [paut]	동 입을 삐죽거리다, 토라지다
009	**assignment** [əsáinmənt]	명 과제, 숙제, 임무, 배치
010	**baffle** [bǽfl]	동 (계획, 노력 등을)좌절시키다, 당황하게 하다, 방해하다
011	**strike a chord**	숙 심금을 울리다, 마음을 움직이다
012	**victoriously** [viktɔ́:riəsli]	부 의기양양하게
013	**ridiculous** [ridíkjuləs]	형 우스운, 어리석은, 엉뚱한
014	**gliding** [gláidiŋ]	glide(활주하다)의 현재분사·동명사 / 형 활공의, 미끄러지는 / 명 미끄러짐, 활주함
015	**spin** [spin]	동 (실을)잣다, 돌리다, 회전시키다 / 명 회전, 돌기
016	**pastime** [pǽstàim]	명 오락, 취미, 여가, 기분전환
017	**vastly** [vǽstli]	부 광대하게, 막대하게, 매우

#	Word	뜻
018	**newfound** [nuːfaund]	형 새로 발견된, 최근에 입수된
019	**expertise** [èkspərtíːz]	명 전문가의 의견(판단), 전문 지식
020	**admiringly** [ædmáiəriŋli]	부 감탄하여
021	**hardly** [háːrdli]	부 거의 ~아니다, ~하기 어렵다
022	**underscore** [ʌ́ndərskɔ̀ːr]	동 밑줄을 치다, 강조하다 / 명 밑줄 표시
023	**agonize** [ǽɡənàiz]	동 번민하다, 괴로워하다
024	**festive** [féstiv]	형 축제의, 흥거운
025	**mature** [mətjúər]	형 익은, 성숙한, 어른스러운 / 동 다 자라다, 성숙하다, 발달하다
026	**noticeably** [nóutisəbli]	부 두드러지게, 현저하게, 주목할 만하게
027	**monopolize** [mənápəlàiz]	동 독점하다
028	**scene** [siːn]	명 (연극의)무대 장면, (영화)세트, 광경, 현장
029	**at ease**	숙 편하게, 자유스럽게
030	**stiffer** [stifər]	stiff의 비교급 / 형 더 뻣뻣한, 더 완강한
031	**drumroll** [drʌ́mròul]	명 드럼롤, 드럼의 연타
032	**remotely** [rimóutli]	부 멀리서, 희미하게
033	**fait accompli** [fɛtakɔ́pli]	명 (프랑스어)기정사실
034	**chalk** [tʃɔːk]	명 분필, 초크
035	**crest** [krest]	명 볏, 투구, 꼭대기 / 동 꼭대기 장식을 달다, 최고 수위에 달하다
036	**crestfallen** [kréstfɔːlən]	형 풀이 죽은, 머리를 푹 숙인, 볏이 처진
037	**owe** [ou]	동 빚지다, 신세 지다, ~의 은혜를 입고 있다
038	**grateful** [gréitfəl]	형 감사하는, 고마운
039	**sensitivity** [sènsətívəti]	명 감수성, 감도, 민감도
040	**justify** [dʒʌ́stəfài]	동 정당화하다, 입증하다
041	**excuse** [ikskjúːz]	명 변명, 이유, 구실 / 동 용서하다, 봐주다
042	**anxiousness** [ǽŋkʃəsnis]	명 불안, 염려, 열망
043	**adore** [ədɔ́ːr]	동 아주 좋아하다, 존경하다, 숭배하다, 흠모하다
044	**adorable** [ədɔ́ːrəbl]	형 숭배할 만한, 귀여운, 사랑스러운
045	**reduce** [ridjúːs]	동 줄이다, 감소시키다, 줄어들다, 축소하다, 낮추다
046	**hysteric** [histérik]	명 히스테리 환자, 병적 흥분, 광란
047	**lap** [læp]	명 무릎, 책임, 단계, 핥아먹음 / 동 싸다, 입히다, 감다, 핥다, 물결치다

#	단어	뜻
048	**flew** [fluː]	fly(날다)의 과거 / 동 날았다
049	**blow one's nose**	숙 코를 풀다
050	**stunned** [stʌnd]	stun(기절시키다)의 과거·과거분사 / 형 아찔해진, 감동받은
051	**naïve** [nɑːíːv]	형 순진한, 고지식한
052	**innocent** [ínəsənt]	형 죄 없는, 순수한, 선량한, 단순한
053	**dismissively** [dismísivli]	부 거부하여, 건방지게
054	**casual** [kǽʒuəl]	형 우연한, 건성의, 무심한 / 명 평상복, 임시 노동자
055	**towheaded** [touhédid]	형 머리털이 담황색인
056	**squirming** [skwə́ːrmiŋ]	squirm(꿈틀거리다)의 현재분사·동명사 / 형 꿈틀거리는, 머뭇거리는 / 명 꿈틀거림
057	**resemblance** [rizémbləns]	명 유사, 닮음
058	**strike** [straik]	동 공격하다, 치다, 파업하다 / 명 타격, 파업
059	**striking** [stráikiŋ]	strike의 현재분사·동명사 / 형 현저한, 타격의, 파업 중인 / 명 두드러짐, 타격함, 파업함
060	**compliment** [kámpləmənt, kɔ́m-]	동 칭찬하다 / 명 찬사
061	**casually** [kǽʒuəli]	부 우연히, 아무 생각 없이, 불쑥
062	**be aware of**	숙 ~을 알아차리다, 알다
063	**fateful** [féitfəl]	형 불길한, 운명을 결정하는, 치명적인
064	**splendid** [spléndid]	형 화려한, 훌륭한, 멋진, 눈부신, 뛰어난
065	**nanny** [nǽni]	명 유모, 할머니
066	**rapid** [rǽpid]	형 빠른, 급속한, 급격한, 신속한, 가파른
067	**stride** [straid]	동 큰 걸음으로 걷다, 활보하다 / 명 걸음, 활보, 진전
068	**hasty** [héisti]	형 성급한, 서두르는
069	**upset** [동:ʌpsét 형:ʌ́psèt]	동 뒤집어 엎다, 엉망으로 만들다, 당황케 하다 / 형 뒤집힌, 혼란한, 당황한
070	**behave** [bihéiv]	동 행동하다, 처신하다, 작용하다
071	**bite** [bait]	동 물다, 자극하다 / 명 물기, 한 입
072	**swallow** [swálou]	동 꿀꺽 삼키다, 먹어 치우다, 그대로 빨아들이다 / 명 제비
073	**rift** [rift]	명 틈, 불화 / 동 찢다, 가르다
074	**dissuade** [diswéid]	동 설득하여 단념시키다
075	**hail** [heil]	명 싸락눈, 외치는 소리, ~출신 / 동 큰소리로 부르다, 퍼붓다, 환호하다
076	**cab** [kæb]	명 택시
077	**succumb** [səkʌ́m]	동 굴복하다, 압도되다

Danielle Steel
DAY 04

078 **cowardice** [káuərdis]	명 겁, 비겁, 소심함
079 **nonetheless** [nʌ̀nðəlés]	부 그럼에도 불구하고
080 **sped** [sped]	speed(속력을 내다)의 과거·과거분사 형 빨라진
081 **tousle** [táuzl]	명 헝클어진 머리 동 거칠게 다루다
082 **force** [fɔːrs]	명 힘, 폭력, 영향력, 무력 동 강요하다, 억지로 시키다, 강탈하다
083 **illusion** [ilúːʒən]	동 착각, 환상

Chapter 9

001 **glaze** [gleiz]	동 판유리를 끼우다, ~에 유약을 바르다, (눈이)흐려지다 명 유약, 윤내기
002 **phantom** [fǽntəm]	명 환영, 유령, 망상 형 환영의, 유령의
003 **drifting** [driftiŋ]	drift(떠다니다)의 현재분사·동명사 형 떠내려 가는 명 떠다님
004 **assess** [əsés]	동 평가하다, 사정하다, 부과하다
005 **harbor** [háːrbər]	동 정박하다, 품다 명 피난처, 항구
006 **doom** [duːm]	명 운명, 숙명, 불운, 파멸, 죽음 동 운명을 정하다, 선고하다
007 **bet** [bet]	동 내기하다, 주장하다, 단언하다 명 내기
008 **ought to**	숙 ~해야만 하다, ~하기로 되어 있다
009 **mantra** [mǽntrə]	명 주문, 만트라, 기도
010 **recluse** [rékluːs, riklúːs]	형 속세를 떠난, 은둔한, 쓸쓸한 명 은둔자, 속세를 떠난 사람
011 **firmly** [fə́ːrmli]	부 확고하게, 강하게, 자신 있게
012 **glare** [glɛər]	동 노려보다, 눈부시게 빛나다 명 눈부신 빛, 날카로운 눈매

013 **scowl** [skaul]	동 노려보다, 쏘아보다 명 노려봄, 찌푸린 얼굴	028 **offer** [ɔ́:fər]	동 제공하다, 제안하다 명 제의, 제안
014 **impending** [impéndiŋ]	impend(임박하다)의 현재분사·동명사 형 임박한 명 임박함	029 **voodoo** [vú:du:]	명 부두교, 사술 동 부두교의 주술을 쓰다
015 **blurt** [blə:rt]	동 불쑥 말하다, 무심결에 입밖에 내다	030 **sheepishly** [ʃí:piʃli]	부 기가 약하여, 수줍게, 겁 많게
016 **providence** [právədəns]	명 섭리, 신의 뜻	031 **cornrow** [kɔ:rnròu]	명 머리칼을 가늘고 단단 하게 세 가닥으로 땋아 붙인 흑인의 머리형
017 **aromatherapist** [əròuməθérəpist]	명 방향요법사	032 **tiny** [táini]	형 작은, 조그마한, 유아의
018 **harm** [hɑ:rm]	동 해치다, 손상시키다, 훼손하다 명 손해, 손상	033 **woven** [wóuvən]	weave(엮다)의 과거분사 형 짜인, 엮인
019 **sanity** [sǽnəti]	명 제정신, 건전함, 온전함	034 **skepticism** [sképtəsìzm]	명 회의론, 무신론
020 **antidepressant** [æntidiprésnt, -tai-]	명 항우울약, 항우울제	035 **seance** [séiɑ:ns]	명 회의, 집회, 강령술 모임
021 **medication** [mèdəkéiʃən]	명 약물, 약물 치료	036 **wand** [wand]	명 지휘봉, 마술사의 지팡이
022 **alternative** [ɔ:ltə́:rnətiv, æltə́:rnətiv]	명 대안, 대체 형 대안의, 대체 가능한	037 **block** [blak]	동 막다, 방해하다, 폐쇄하다 명 큰 덩이, 받침, 장애
023 **ethereal** [iθíəriəl]	형 가뿐한, 천상의	038 **blockage** [blákidʒ]	명 봉쇄, 방해, 반응 억제
024 **irritate** [írətèit]	동 초조하게 하다, 노하게 하다, 자극하다, 무효로 하다	039 **lodge** [ladʒ]	명 오두막집, 산막 동 묵게 하다, 하숙시키다, 수용하다
025 **aromatherapy** [əròuməθérəpi]	명 방향 요법	040 **kidney** [kídni]	명 신장, 콩팥
026 **cancellation** [kænsəléiʃən]	명 취소, 말소, 해제	041 **extremely** [ikstrí:mli]	부 매우, 극도로, 굉장히, 지나치게
027 **providentially** [pràvədénʃəli]	부 섭리에 의하여, 운 좋게도	042 **bitter** [bítər]	형 (맛이)쓴, 괴로운, (바람, 추위 등이)지독한

043 **victorious** [viktɔ́:riəs]	형 승리의, 우승의, 이긴
044 **intestine** [intéstin]	명 장, 창자
045 **vegan** [védʒən]	명 철저한 채식주의자
046 **colonic** [koulánik]	형 결장의, 결장 세척의
047 **contemplate** [kántəmplèit]	동 고려하다, 심사숙고하다
048 **thereafter** [ðɛərǽftər]	부 그 후, 차후, 그러고 나서
049 **despite** [dispáit]	전 ~임에도 불구하고
050 **basted** [beistid]	baste(양념장을 바르다, 시침질하다)의 과거·과거분사 형 버터를 바른, 시침질된
051 **cluck** [klʌk]	동 암탉이 꼬꼬 울다, 혀를 차다 명 암탉 우는 소리
052 **alleged** [əlédʒd, -dʒid]	allege(주장하다)의 과거·과거분사 형 주장된, 혐의가 있는
053 **melt** [melt]	동 녹다, 용해하다, (마음, 감정 등이)누그러지다
054 **blade** [bleid]	명 (칼 등의)날, (풀의)잎
055 **rip** [rip]	동 쪼개다, 째다, 찢다
056 **cupping** [kʌ́piŋ]	명 (부항으로)피를 빨아내기, 흡각법
057 **toxin** [táksin]	명 독소, 독성 물질
058 **suction** [sʌ́kʃən]	명 빨아들이기, 흡인
059 **popping** [papiŋ]	pop(튀어나오다)의 현재분사·동명사 형 튀어나오는 명 튀어나옴
060 **knead** [ni:d]	동 주무르다, 반죽하다, 개다
061 **buttock** [bʌ́tək]	명 궁둥이, 둔부
062 **rock** [rak]	명 바위, 암석 동 흔들다
063 **beyond bearing**	숙 도저히 참을 수 없는
064 **trick** [trik]	명 속임수, 묘기, 책략, 기술, 장난 동 속이다
065 **sole** [soul]	형 유일한, 독점적인 명 발바닥, (신발의)밑창 동 밑창을 갈다
066 **torture** [tɔ́:rtʃər]	동 고통을 주다, 괴롭히다 명 고문
067 **sear** [siər]	동 태우다, 그을리다, 무감각하게 하다, 시들게 하다
068 **pungent** [pʌ́ndʒənt]	형 신랄한, 얼얼한, 날카로운, 톡 쏘는
069 **votive** [vóutiv]	형 맹세에 따라 바쳐진, 봉헌의
070 **purity** [pjúərəti]	명 청정, 깨끗함
071 **flame** [fleim]	명 불꽃, 화염, 노여움 동 타오르다, 불태우다
072 **wreak** [ri:k]	동 (벌, 복수 등을)가하다, (화 등을)터뜨리다, 초래하다

073 **havoc** [hǽvək]	명 파괴, 재앙, 황폐	088 **bathe** [beið]	동 목욕시키다, 씻다
074 **permeate** [pə́:rmièit]	동 스며들다, 침투하다, 투과하다	089 **dutifully** [djú:tifəli]	부 충실하게
075 **arsenic** [ɑ́:rsənik]	명 비소 형 비소의, 비소를 함유한	090 **bruise** [bru:z]	명 멍, 상처, 타박상 동 타박상을 입히다, 의기소침하게 만들다
076 **clove** [klouv]	명 정향, 정향나무, (마늘 등의)한 쪽 동 cleave(쪼개다)의 과거	091 **symmetrical** [simétrikəl]	형 대칭적인, 균형 잡힌
077 **sect** [sekt]	명 종파, 파벌, 교파	092 **confirm** [kənfə́:rm]	동 확실히 하다, 확인하다, 승인하다
078 **concentrate** [kɑ́nsəntrèit]	동 집중하다, 한 점에 모으다, 농축되다	093 **masochism** [mǽsəkìzm]	명 마조히즘, 피학대 음란증
079 **incense** [ínsens]	명 향, 아첨 동 ~을 몹시 화나게 하다	094 **rolfing** [rɔ́:lfiŋ, rɔ́:f-]	rolf(롤핑하다)의 현재분사·동명사 명 롤핑(근육을 마사지 하는 물리 요법) 롤핑하는
080 **fascination** [fæsənéiʃən]	명 매혹, 집착, 흥미	095 **smugly** [smʌ́gli]	부 잘난 체하며, 독선적으로
081 **sneeze** [sni:z]	동 재채기하다	096 **detest** [ditést]	동 혐오하다, 매우 싫어하다
082 **concede** [kənsí:d]	동 인정하다, 시인하다, ~의 패배를 인정하다	097 **sly** [slai]	형 교활한, 음흉한, 은밀한
083 **allergic** [ələ́:rdʒik]	형 알레르기의	098 **determination** [ditə̀:rmənéiʃən]	명 결심, 결정
084 **slap** [slæp]	동 찰싹 때리다, 혹평하다 명 찰싹 때리기, 모욕	099 **shot** [ʃat]	shoot(발사하다, 던지다)의 과거·과거분사 형 발사된, 던져진
085 **swung** [swʌŋ]	swing(흔들리다)의 과거·과거분사 형 흔들린	100 **meant** [ment]	mean(의미하다)의 과거·과거분사 형 의도된, 의미된
086 **faucet** [fɔ́:sit]	명 수도꼭지	101 **vow** [vau]	동 맹세하다, 서약하다 명 맹세, 서약
087 **overpowering** [òuvərpáuəriŋ]	overpower(압도하다)의 현재분사·동명사 형 압도하는 명 압도함	102 **smithereens** [smìðərí:nz]	명 작은 파편

Chapter 10

001	**raging** [réidʒiŋ]	rage(몹시 화내다)의 현재분사·동명사 / 형 사납게 날뛰는, 격렬한 / 명 몹시 화냄
002	**regimen** [rédʒəmən]	명 섭생, 식이요법, 지배, 통치
003	**decline** [dikláin]	동 내리막이 되다, 쇠하다, 감소하다 / 명 경사, 쇠퇴, 하락
004	**sincere** [sinsíər]	형 성실한, 충심으로의
005	**nuisance** [njúːsns]	명 폐단, 불쾌, 귀찮은 사람, 해
006	**don** [dan]	명 우두머리 / 동 (옷 모자 등을)걸치다, 입다
007	**mitten** [mítn]	명 벙어리 장갑
008	**windshield** [wíndʃiːld]	명 방풍 유리, 바람막이 유리
009	**odd** [ad]	형 이상한, 특이한, 홀수의, 별난
010	**remedy** [rémədi]	명 치료, 치료약, 구제책 / 동 치료하다, 구제하다, 개선하다
011	**inspection** [inspékʃən]	명 조사, 검사, 점검, 검열
012	**bald** [bɔːld]	형 대머리의, 머리가 벗겨진
013	**unaware** [ʌnəwéər]	형 알지 못하는, 눈치채지 못하는
014	**mercy** [mə́ːrsi]	명 자비, 연민, 인정
015	**addition** [ədíʃən]	명 추가, 덧셈, 부가
016	**plaid** [plæd]	명 격자무늬, 격자무늬 천 / 형 격자무늬의
017	**loudest** [laudəst]	loud의 최상급 / 형 최고로 시끄러운, 최고로 성가신
018	**inspire** [inspáiər]	동 영감을 주다, 고무하다, 격려하다, 고취하다
019	**mishandle** [mìshǽndl]	동 거칠게 다루다, 학대하다, 서툴게 다루다
020	**lewd** [luːd]	형 음란한, 외설스러운, 추잡한
021	**inappropriate** [inəpróupriət]	형 부적당한, 어울리지 않는
022	**scotch** [skatʃ]	명 스카치위스키, 괴목, 상처 / 동 중단시키다, 상처를 입히다 / 형 스코틀랜드의
023	**hasten** [héisn]	동 서두르다, 촉진하다, 재촉하다
024	**fragile** [frǽdʒəl]	형 (물건 등이)망가지기 쉬운, 무른, 허약한
025	**subtle** [sʌ́tl]	형 미묘한, 포착하기 힘든, 난해한, 엷은, 희박한
026	**wilder** [wíldər]	wild의 비교급 / 형 더 황량한, 더 야생의
027	**lewder** [luːdər]	lewd의 비교급 / 형 더 음란한, 더 추잡한
028	**profusely** [prəfjúːsli]	부 풍부하게, 지나치게
029	**swore** [swɔːr]	swear(맹세하다)의 과거 / 동 맹세했다

030 degrade [digréid]	동 ~의 지위를 낮추다, 격하하다, 타락시키다
031 consort [kánsɔːrt, kɔ́n-]	명 (국왕, 여왕 등의)배우자, 일치, 조화 동 교제하다, 일치하다
032 leer [liər]	동 곁눈질하다, 추파를 던지다 명 곁눈질
033 wanly [wánli]	부 창백하게, 병약하게
034 brandy [brǽndi]	명 브랜디(술의 종류)
035 incredibly [inkrédəbli]	부 믿을 수 없을 만큼, 엄청나게
036 expectantly [ikspéktəntli]	부 기대하여
037 pointedly [pɔ́intidli]	부 날카롭게, 신랄하게
038 look daggers at	숙 노려보다, 도끼눈을 뜨다
039 swig [swig]	동 꿀꺽꿀꺽 마시다 명 꿀꺽꿀꺽 마시기
040 frustrated [frʌ́streitid]	frustrate(좌절시키다)의 과거·과거분사 형 좌절된, 실망한
041 compartment [kəmpáːrtmənt]	명 칸막이, 구획
042 glee [gliː]	명 기쁨, 즐거움, 환희
043 meticulous [mətíkjuləs]	형 세심한, 꼼꼼한, 소심한
044 fodder [fádər]	명 꼴, 사료, 별 가치 없는 물건 동 꼴을 주다

045 ditch [ditʃ]	명 도랑, 개천, 수로 동 ~에 도랑을 파다, 버리다
046 heavily [hévili]	부 무겁게, 육중하게, 침울하여, 짙게, 빽빽하게, 심하게
047 strewn [struːn]	strew(흩뿌리다)의 과거분사 중 하나 형 흩뿌려진
048 shovel [ʃʌ́vəl]	명 삽 동 삽질하다

Chapter 11

001 storm [stɔːrm]	명 폭풍우, 모진 비바람 동 습격하다
002 amazement [əméizmənt]	명 깜짝 놀람, 경악
003 jerk [dʒəːrk]	명 급격한 움직임, 갑자기 잡아 당기는 일, (비속어)바보, 멍청이 동 갑자기 잡아당기다
004 pat [pæt]	동 두드리다, 토닥거리다, 쓰다듬다
005 goddamned [gádǽmd]	형 (비속어)빌어먹을
006 cure [kjuər]	명 치료, 치유 동 치료하다, 해결하다
007 impetus [ímpətəs]	명 자극, 추동력, 힘
008 afoot [əfút]	형 진행 중인, 계획되어, 도보로, 일어서서
009 solemn [sáləm]	형 엄숙한, 장엄한, 근엄한, 진지한
010 glance [glæns]	동 흘끗 보다, 훑어보다, 스치다 명 흘끗 보기

49

011 **prosperous** [práspərəs]	형 번영하는, 부유한		002 **roam** [roum]	동 (건들건들)거닐다, 방랑하다
012 **naked** [néikid]	형 벌거벗은, 나체의, 적나라한, 무방비로		003 **well-manicured** [wel-mǽnikjùərd]	형 손톱이 잘 손질된, (잔디, 생울타리가)잘 깎인
013 **superstitious** [sùːpərstíʃəs]	형 미신적인, 미신에 사로잡힌		004 **sizable** [sáizəbl]	형 꽤 큰, 상당한 크기의, 넓은
014 **attendant** [əténdənt]	명 승무원, 간호인, 수행인, 참석자 / 형 수행의, 출석한		005 **disaster** [dizǽstər]	명 재난, 재해, 참사, 큰 불행
015 **subdue** [səbdjúː]	동 가라앉히다, 제압하다, 억제하다, 완화하다		006 **sadden** [sǽdn]	동 ~을 슬프게 하다, ~을 칙칙한 색으로 하다
016 **creep** [kriːp]	동 기다, 포복하다, 살금살금 걷다 / 명 포복, 비열한 사람		007 **farewell** [fɛərwél]	명 작별 인사 / 형 고별의, 작별의 / 감 안녕
017 **cheaters** [tʃíːtərz]	명 속이는 사람들		008 **severely** [sivíərli]	부 호되게, 가혹하게, 엄격하게, 간소하게
018 **likelihood** [láiklihùd]	명 가능성, 기회, 가망		009 **object** [명:ábdʒikt, -ʒekt, ɔb- 동:əbdʒékt]	명 물건, 대상, 목적, 목적어 / 동 반대하다
019 **proverbial** [prəvə́ːrbiəl]	형 속담의, 소문난, 유명한		010 **on the contrary**	숙 이에 반하여, 도리어
020 **haystack** [héistæk]	명 건초 더미		011 **woo** [wuː]	동 구애하다, 구혼하다, 호소하다
021 **neatly** [níːtli]	부 깔끔하게, 적절히		012 **genuinely** [dʒénjuinli]	부 성실하게, 순수하게, 진실로
022 **braid** [breid]	동 머리를 땋다, 짜다, 꼬다 / 명 노끈, 꼰 끈		013 **broadly** [brɔ́ːdli]	부 폭넓게, 광범위하게, 대략적으로
023 **empathy** [émpəθi]	명 감정 이입, 공감		014 **reflection** [riflékʃən]	명 반영, 반성, 반사, 심사숙고
			015 **giddy** [gídi]	형 현기증이 나는, 어지러운

Chapter 12

001 **substantial** [səbstǽnʃəl]	형 (양, 크기 등이)상당한, 실제적인, 견고한, 본질적인, 중요한

Danielle Steel
DAY 05

Chapter 13

001 adequate [ǽdikwət] — 형 적당한, 충분한, 어울리는

002 armload [ά:rmlòud] — 명 한 아름, 한 팔로 가질 수 있는 분량

003 scheme [ski:m] — 명 계획, 음모, 조직, 설계, 도표, 개요

004 mourn [mɔ:rn] — 동 슬퍼하다, 한탄하다, 애도하다

005 line up — 숙 일렬로 늘어서다, 정렬시키다

006 starlet [stά:rlit] — 명 작은 별, 신출내기 스타

007 agenda [ədʒéndə] — 명 의사 일정, 의제, 안건

008 accountant [əkáuntənt] — 명 회계사

009 dull [dʌl] — 형 무딘, 둔감한, 활기 없는

010 immature [ìmətʃúər] — 형 미숙한, 미성년의, 미완성의

011 econ [íkan] — 명 경제, 경제학

012 qualify [kwάləfài] — 동 자격을 갖추다, 제한하다

013 amusing [əmjú:ziŋ] — amuse(즐겁게 하다)의 현재분사·동명사 / 형 재미있는, 즐거운 명 즐겁게 함

014 generosity [dʒènərάsəti] — 명 관대함

015 consideration [kənsìdəréiʃən] — 명 고려, 고찰, 고려의 대상

016 autonomy [ɔ:tάnəmi] — 명 자율성, 자주성

017 aspiration [æspəréiʃən] — 명 열망, 대망, 포부

018 prove [pru:v] — 동 증명하다, 입증하다, 밝혀지다

019 foible [fɔ́ibl] — 명 결점, 약점, 사소한 약점

020 test [test] — 명 시험, 실험, 검사 동 조사하다

021 hygienist [haidʒí:nist] — 명 위생학자, 치과 위생사

022 serum [síərəm] — 명 혈청, 유장, 장액

023 belonging [bilɔ́:ŋiŋ, -lάŋ-] — 명 소지품, 부속물, 속성

024 ordinary [ɔ́:rdənèri] — 형 일반적인, 평범한, 보통의, 일상적인

025 pensively [pénsivli] — 부 생각에 잠긴 듯이, 구슬프게

026 samovar [sǽməvά:r] — 명 사모바르(러시아의 차 끓이는 주전자)

027 indeed [indí:d] — 형 정말은, 사실은 부 정말로, 사실

028	**accommodate** [əkámədèit]	동 ~의 편의를 도모하다, 돌보다, 숙박처를 제공하다, 적응하다
029	**exquisite** [ikskwízit, ékskwizit]	형 정교한, 절묘한, 우아한
030	**gourd** [gɔːrd]	명 호리병박
031	**orchid** [ɔ́ːrkid]	명 난초, 난과 식물
032	**sprig** [sprig]	명 잔가지, 아들, 자손, ~ 출신
033	**awe** [ɔː]	명 경외, 두려움 동 ~을 두려워하게 하다, 위압하다, 경외하게 하다
034	**freak** [friːk]	명 이상한 현상, 변종, 변덕, 괴짜 형 기이한, 별난
035	**clockwork** [klɑkwəːrk]	명 시계 장치, 태엽 장치
036	**hefty** [héfti]	형 무거운, 강한, 압도적인, 풍부한
037	**apology** [əpάlədʒi]	명 사과, 사죄, 변명
038	**tasteful** [téistfl]	형 풍류가 있는, 점잖은, 취미가 고상한, 멋있는
039	**skimp** [skimp]	동 (돈, 음식 등을)찔끔찔끔 주다 인색하게 굴다, 바싹 줄이다
040	**admiration** [ædməréiʃən]	명 존경, 감탄, 칭찬, 찬양
041	**riot** [ráiət]	명 폭동, 모임, 집합, 아주 재미있는 사람
042	**outrageous** [autréidʒəs]	형 난폭한, 무법한, 터무니없는
043	**caution** [kɔ́ːʃən]	명 주의, 경고, 조심, 경계
044	**workforce** [wə́ːrkfɔːrs]	명 노동력, 노동 인구, 모든 직원
045	**triplets** [tríplits]	명 세 개 한 벌, 세 쌍둥이
046	**tyrant** [táiərənt]	명 독재자, 폭군
047	**decent** [díːsnt]	형 제대로 된, 품위 있는, 좋은, 상당한
048	**wardrobe** [wɔ́ːrdroub]	명 의상, 옷장
049	**encouragingly** [inkə́ːridʒiŋli]	부 고무적으로
050	**jot** [dʒɑt]	명 아주 조금 동 간단히 적다
051	**float** [flout]	동 떠오르다, 떠다니다, 표류하다
052	**elaborate** [ilǽbərət]	동 정성 들여 만들다, 힘들게 고치다 형 정교한, 공들인
053	**desperate** [déspərət]	형 절망적인, 극단적인, 절실한
054	**unimaginative** [ʌ̀nimǽdʒinətiv]	형 상상력이 없는, 시적이 아닌, 산문적인
055	**representative** [rèprizéntətiv]	형 대표적인, 전형적인, 대리하는, 표시하는 명 대표자, 대의원
056	**denial** [dináiəl]	명 부인, 부정, 거부
057	**maternity** [mətə́ːrnəti]	명 모성, 어머니임, 어머니가 됨

058 otherwise [ʌðərwàiz]	뷔 그렇지 않으면	010 recital [risáitl]	몡 독주회, 연주회, 낭송
059 enthusiastically [inθùːziǽstikəli]	뷔 열심히, 열광적으로	011 tough [tʌf]	혱 강인한, 힘든, 어려운, 거친
060 fluke [fluːk]	몡 어쩌다 들어맞음, 요행	012 opulent [ápjulənt]	혱 부유한, 호화로운, 풍부한
061 destiny [déstəni]	몡 운명, 숙명	013 approval [əprúːvəl]	몡 승인, 동의, 허가, 찬성
062 pan out	숙 전개되다, 진행되다	014 manic [mǽnik]	혱 정신 없는, 미친 듯한 몡 미치광이, 편집광
		015 obsessive [əbsésiv]	혱 사로잡힌, 강박관념의, 붙어 떨어지지 않는

Chapter 14

001 brass [brǽs]	몡 놋쇠, 금관 악기 혱 놋쇠로 만든, 금관 악기의	016 rag [rǽg]	몡 넝마, 누더기, 장난, 석회암 동 너덜거리게 만들다 꾸짖다, 놀리다
002 trim [trim]	동 ~을 정돈하다, 손질하다, 장식하다, 잘라내다 몡 다듬기 혱 날씬한	017 ragged [rǽgid]	rag의 과거·과거분사 혱 너덜거리는, 다 해진
003 reveal [rivíːl]	동 드러내다, 누설하다, 알리다	018 distracted [distrǽktid]	distract(산만하게 하다)의 과거·과거분사 혱 산만해진, 괴로운
004 flight [flait]	몡 날기, 비상, 비행	019 stern [stəːrn]	혱 엄중한, 엄격한, 엄숙한, 단호한, 준엄한
005 upward [ʌ́pwərd]	혱 올라가는, 증가하는, 위쪽으로	020 spank [spǽŋk]	동 찰싹 때리다
006 strikingly [stráikiŋli]	뷔 현저하게, 두드러지게, 눈에 띄게	021 strangle [strǽŋgl]	동 교살하다, 목을 조르다
007 rapid-fire [rǽpidfáiə]	혱 속사의, 연이은	022 wag [wǽg]	동 (꼬리 등을)흔들어 움직이다, 흔들다
008 sum up	숙 압축해서 보여 주다, 요약하다	023 explode [iksplóud]	동 폭발하다, 터지다
009 gory [góːri]	혱 잔학한, 피투성이의	024 piss [pis]	동 소변 보다

025	**flinch** [flintʃ]	동 주춤하다, 겁내다, 움찔하다
026	**mere** [miər]	형 단순한, ~에 불과한
027	**salute** [səlúːt]	동 경례하다, 경의를 표하다
028	**crane** [krein]	명 크레인, 학, 두루미
029	**mock-severe** [mɑk-sivíər]	형 장난스러우면서도 엄한
030	**wedlock** [wédlàk]	명 결혼 생활, 혼인
031	**meek** [miːk]	형 유순한, 온순한, 미약한
032	**stretch** [stretʃ]	동 뻗치다, 늘이다, 깔다, 왜곡하다, 확대 해석하다
033	**contrite** [kəntráit]	형 죄를 깊이 뉘우치고 있는, 회개한
034	**tied** [taid]	tie(묶다)의 과거·과거분사 형 묶인
035	**swatch** [swɑtʃ]	명 견본, 천 조각
036	**considerably** [kənsídərəbli]	부 상당히, 많이, 현저히
037	**cork** [kɔːrk]	명 코르크, 마개
038	**rev** [rev]	명 (엔진, 레코드 등의)회전 동 ~의 회전 속도를 바꾸다, 고속으로 바꾸다
039	**beam** [biːm]	명 들보, 저울, 광선 동 빛나다, 발신하다
040	**furious** [fjúəriəs]	형 격노한, 격렬한
041	**rebound** [ribáund]	동 (공 등이)되튀다, 되돌아오다 명 되튐, 반동
042	**incredible** [inkrédəbl]	형 엄청난, 믿을 수 없는, 놀라운
043	**lurch** [ləːrtʃ]	명 갑자기 기울어짐, 비틀거림 동 기울어지다, 비틀거리다
044	**obviously** [ábviəsli]	부 명백하게, 분명히, 두드러지게
045	**capable** [kéipəbl]	형 유능한, 능력 있는
046	**tentatively** [téntətivli]	부 시험적으로, 임시로
047	**engaged** [ingéidʒd]	engage(약속하다)의 과거·과거분사 형 약속이 있는, 활동 중인, 약혼 중인
048	**herculean** [hə̀ːrkjulíːən]	형 거대한, 초인적인, 엄청나게 힘든
049	**reassuringly** [rìːəʃúəriŋli]	부 안심시키며, 마음 든든하게
050	**resources** [ríːsɔːrsiz]	명 자원, 수단, 연구력
051	**screw** [skruː]	명 나사, 틀기 동 나사로 죄다
052	**work one's butt off**	숙 죽어라 일하다
053	**improvise** [ímprəvàiz]	동 즉석에서 하다, 임시 변통으로 마련하다
054	**imposing** [impóuziŋ]	impose(강요하다)의 현재분사·동명사 형 위압하는, 당당한, 인상적인

055	**exquisitely** [ikskwízitli, ékskwizitli]	閠 절묘하게, 정교하게, 우아하게
056	**entire** [intáiər]	휑 전체의, 완전한
057	**lacquer** [lǽkər]	명 래커(광택제), 칠기, 옻
058	**engrave** [ingréiv]	동 새기다, 조각하다, 명심하다
059	**ingenious** [indʒíːnjəs]	형 재치있는, 독창적인, 교묘한
060	**favor** [féivər]	명 호의, 은혜 / 동 호의를 보이다, 찬성하다
061	**tug** [tʌg]	동 잡아당기다
062	**tuck** [tʌk]	명 (옷의)단, 주름 겹단 / 동 챙겨 넣다, (옷자락 등을) 걷어 올리다
063	**tweak** [twiːk]	명 비틀기, 홱 잡아당기기, (마음의)동요 / 동 잡아당기다, 비틀다
064	**overlook** [óuvərluk]	동 간과하다, 내려다보다, 눈감아 주다
065	**appropriate** [əpróupriət]	동 도용하다, 훔치다 / 형 적당한, 특유한, 고유한
066	**forage** [fɔ́ːridʒ]	명 사료, 꼴 / 동 먹이를 찾아다니다
067	**tremendous** [triméndəs]	형 엄청난, 무서운, 무시무시한, 거대한
068	**accomplishment** [əkámpliʃmənt, əkʌ́mpliʃmənt]	명 성취, 업적, 완성
069	**distinguish** [distíŋgwiʃ]	동 구별하다, 구분하다, 눈에 띄게 하다
070	**resourceful** [risɔ́ːrsfəl]	형 자원이 풍부한, 재치 있는, 기략이 풍부한
071	**souffle** [suːfléi]	명 수플레(거품 낸 달걀 흰자와 여러 재료를 섞어 구운 것)
072	**corps** [kɔːr]	명 단체, 부대
073	**competence** [kámpətəns]	명 적성, 자격, 능력
074	**rueful** [rúːfəl]	형 후회하는, 가엾은, 슬픔에 잠긴
075	**contraction** [kəntrǽkʃən]	명 수축, 위축, 침체, 축약
076	**slid** [slid]	slide(미끄러지다)의 과거·과거분사 / 형 미끄러진
077	**sake** [seik]	명 위함, 이익, 목적
078	**acutely** [əkjúːtli]	부 격심하게, 날카롭게, 예민하게

Chapter 15

001	**rope** [roup]	명 줄, 요령 / 동 묶다
002	**whirlwind** [hwə́ːrlwind]	명 회오리바람, 급격한 행동, 격렬한 감정
003	**spearhead** [spíərhed]	명 창끝, 선봉, 공격 최전선 / 동 ~의 선두에 서다
004	**slightly** [sláitli]	부 약간, 조금, 가볍게
005	**rough** [rʌf]	형 거친, 힘든, 대강의

006	**rate** [reit]	명 요금, 비율, 속도, 가격 동 평가되다
007	**weakness** [wíːknis]	명 약점, 부진, 허약
008	**palest** [peilist]	pale의 최상급 형 가장 창백한, 가장 엷은
009	**metamorphose** [mètəmɔ́ːrfouz]	동 변형시키다, 변태시키다, 변화시키다
010	**mitzvah** [mítsvə]	명 유대교 계율, 선행, 덕행
011	**utmost** [ʌ́tmoust]	형 최대한의, 극도의
012	**showy** [ʃóui]	형 화려한, 현란한, 허세 부리는
013	**woodwork** [wúdwəːrk]	명 목공품, 목세공, 목조 부분
014	**puppeteer** [pʌ̀pətíər]	명 꼭두각시 부리는 사람
015	**mime** [maim]	명 무언극 동 무언극을 하다
016	**seam** [siːm]	명 (천의)솔기, 이음매, 접합선
017	**blandly** [blǽndli]	부 온화하게, 침착하게
018	**polite** [pəláit]	형 예의 바른, 공손한, 정중한
019	**dazzling** [dǽzliŋ]	dazzle(눈부시게 하다)의 현재분사·동명사 형 눈부신, 현혹적인 명 눈부심
020	**slipper** [slípər]	명 실내화
021	**drift** [drift]	동 표류하다, 떠내려 보내다 명 표류, 흐름, 동향
022	**apologize** [əpálədʒàiz]	동 사과하다, 사죄하다
023	**pop** [pap]	명 팝, 가요 형 대중의 동 튀어나오다, 펑 소리 나다
024	**mingle** [míŋgl]	동 어울리다, 섞이다
025	**efficient** [ifíʃənt]	형 효율적인, 유능한, 능률적인
026	**adept** [형ːədépt 명ːǽdept]	형 숙련된, 정통한 명 숙련가
027	**mischievously** [místʃəvəsli]	부 해롭게, 장난스럽게
028	**mock** [mɑk]	동 조롱하다, 흉내내다 형 거짓된, 가짜의
029	**horror** [hɔ́ːrər, hárər]	명 공포, 무서움
030	**godson** [gɑ́dsʌn]	명 (천주교에서의)대자
031	**adoringly** [ədɔ́ːriŋli]	부 숭배하여, 흠모하여
032	**moan** [moun]	동 신음하다, 불평하다 명 신음, 불평
033	**bent** [bent]	bend(구부리다)의 과거·과거분사 형 굽은, 열중한 명 경향, 좋아함
034	**splash** [splæʃ]	동 (물 등을)튀기다, 첨벙첨벙 나아가다 명 물 튀기는 소리
035	**vomit** [vámit]	동 토하다, 게우다 명 토사물

036	**gobble** [gάbl]	명 칠면조의 울음소리 동 게걸스럽게 먹다
037	**mortally** [mɔ́ːrtəli]	부 치명적으로, 죽을 정도로, 몹시
038	**horrify** [hɔ́ːrəfài, hάr-]	동 무서워하게 하다, ~을 오싹하게 하다
039	**interrupt** [ìntərʌ́pt]	동 방해하다, 중단하다, 끼어들다, 가로막다
040	**obstetrician** [ὰbstitríʃən]	명 산부인과 의사
041	**squeeze** [skwiːz]	동 짜내다, 압박하다, 꽉 쥐다
042	**chrissake** [krάisseik]	감 제발 부탁인데
043	**weakly** [wíːkli]	부 나약하게
044	**ward** [wɔːrd]	명 (선거)구, 병동, 감방
045	**rearview** [ríərvjuː]	형 뒤를 보는
046	**outskirt** [άutskɚːrt]	명 변두리, 교외
048	**recklessly** [réklisli]	부 무모하게, 무분별하게
049	**feebly** [fíːbli]	부 나약하게, 무기력하게
050	**screech** [skriːtʃ]	명 비명, 삐걱거리는 소리, 날카로운 소리
051	**halt** [hɔːlt]	동 멈춰 서다, 중지하다, 막다 명 중단
052	**slot** [slɑt]	명 (무엇을 끼우는)홈, 가늘고 긴 구멍 동 (구멍에)넣다, 끼우다
053	**reserve** [rizɚ́ːrv]	동 비축하다, 준비해 두다, 보유하다
054	**staccato** [stəkάːtou]	형 스타카토의, 스타카토로, 단음적인
055	**gurney** [gɚ́ːrni]	명 바퀴가 달린 들것
056	**sob** [sɑb]	동 흐느끼다, 훌쩍거리다
057	**howl** [haul]	동 (개, 이리 등이)울부짖다 명 울부짖는 소리
058	**primeval** [praimíːvəl]	형 원시의, 고대의, 원시적인
059	**gamely** [géimli]	부 용감하게, 싸움닭처럼
060	**woozy** [wúːzi]	형 머리가 띵한, 토할 것 같은, 멍한
061	**midwifery** [mídwàifəri]	명 산파술, 조산술
062	**brochure** [brouʃúər]	명 소책자, 안내서, 브로셔
063	**solemnly** [sάləmli]	부 진지하게
064	**yawn** [jɔːn]	동 하품하다 명 하품
065	**sleepily** [slíːpili]	부 졸리게, 활기 없게
066	**giggle** [gígl]	동 낄낄 웃다, 키득거리다

Danielle Steel
DAY 06

Chapter 16

001	**roar** [rɔːr]	동 (짐승 등이) 으르렁거리다, 포효하다, 고함치다 / 명 으르렁거림, 고함
002	**tweed** [twiːd]	명 트위드(다른 색의 올이 섞인 두꺼운 모직)
003	**rugged** [rʌ́gid]	형 험악한, 튼튼한, 거친
004	**internist** [íntəːrnist]	명 내과 전문 의사, 일반 개업 의사
005	**specialize** [spéʃəlàiz]	동 전문으로 다루다, 전공하다, 상세히 말하다
006	**greatly** [gréitli]	부 크게, 대단하게, 위대하게
007	**flu** [fluː]	명 독감, 감기, 인플루엔자
008	**mutual** [mjúːtʃuəl]	형 상호적인, 서로의, 공동의
009	**affection** [əfékʃən]	명 애정, 사랑, 호의, 감동
010	**reel** [riːl]	명 (실 등을 감는) 얼레, 릴 / 동 비틀거리다
011	**inquisitive** [inkwízətiv]	형 호기심 많은, 묻기를 좋아하는
012	**compete** [kəmpíːt]	동 경쟁하다, 겨루다
013	**rotten** [rátn]	형 썩은, 부패한, 냄새 고약한
014	**grieve** [griːv]	동 슬프게 하다, 비탄에 젖게 하다, 슬퍼하다
015	**humiliating** [hjuːmílièitiŋ]	humiliate(창피를 주다)의 현재분사·동명사 / 형 치욕적인 / 명 치욕적임
016	**decisive** [disáisiv]	형 결정적인, 단호한
017	**dump** [dʌmp]	동 털썩 떨어뜨리다, 내버리다, 내치다 / 명 쓰레기장
018	**multiaddicted** [mʌtiədíktid]	형 여러 가지 마약을 하는
019	**hallucinating** [həlúːsənèitiŋ]	hallucinate(환각을 일으키게 하다)의 현재분사·동명사 / 형 환각의 / 명 환각을 일으킴
020	**Quaalude** [kwéiluːd]	명 퀘일루드(항정신성 약품의 상표명)
021	**lulu** [lúːluː]	명 뛰어난 사람, 일품, 미인
022	**straightforward** [streitfɔ́ːrwərd]	형 직접의, 솔직한, 똑바로
023	**kinky** [kíŋki]	형 비꼬인, 비틀린, 곱슬머리의, 변태적인
024	**cooperating** [kouápərèitiŋ]	cooperate(협력하다)의 현재분사·동명사 / 형 협력하는 / 명 협력함
025	**starve** [stɑːrv]	동 굶주리다, 절망하다
026	**starving** [stáːrviŋ]	starve의 현재분사·동명사 / 형 몹시 배고픈 / 명 굶주림
027	**describe** [diskráib]	동 묘사하다, 설명하다, 표현하다, 기술하다, 그리다

028 **conceptual** [kənséptʃuəl]	형 개념의, 개념상의		014 **lousy** [láuzi]	형 이 투성이의, 불결한, 더러운
			015 **supreme** [səprí:m]	형 최고의, 궁극의

Chapter 17

001 **briskly** [brískli]	부 활발히, 기운차게, 활발하게		016 **bitch** [bitʃ]	명 (비속어)개, 이리, 여우 등의 암컷
002 **circuitous** [sərkjú:ətəs]	형 우회의, 완곡한, 에움길의		017 **slut** [slʌt]	명 (비속어)단정치 못한 여자, 허튼 계집, 매춘부
003 **route** [ru:t, raut]	명 도로, 길, 통로 동 (경유하여)보내다		018 **smatter** [smǽtər]	동 아는 척하다, 겉핥기로 알다 명 수박 겉핥기, 피상적 지식
004 **plummet** [plʌ́mit]	동 수직으로 떨어지다, 뛰어들다, 갑자기 내려가다		019 **conceive** [kənsí:v]	동 (감정, 의견 등을)마음에 품다, 착상하다, 고안하다, 이해하다
005 **businesslike** [bíznislaik]	형 사무적인, 신속한		020 **exotic** [igzátik]	형 이국적인, 이국풍의, 외국의
006 **stew** [stju:]	명 스튜(찌개 비슷한 요리) 동 뭉근한 불로 끓이다, 속타게 하다		021 **nun** [nʌn]	명 수녀
007 **spun** [spʌ́n]	spin(~을 잣다, 회전시키다)의 과거·과거분사 형 섬유로 만들어진, 지쳐 빠진		022 **hence** [hens]	부 그러므로, 앞으로
008 **beware** [biwéər]	동 조심하다, 경계하다, 주의하다		023 **device** [diváis]	명 장치, 기기, 기구
009 **temp** [temp]	명 임시직원 동 임시직으로 일하다		024 **bourgeois** [búərʒwɑ:]	명 중산층 형 중산층의, 속물적인
010 **kidnap** [kídnæp]	동 납치하다, 유괴하다		025 **dumb** [dʌm]	형 (비속어)멍청한, 바보 같은, 벙어리의
011 **leaflet** [lí:flit]	명 전단지, 인쇄물		026 **hairdo** [héərdù:]	명 (여자의)머리 모양
012 **wince** [wins]	동 주춤하다, 질리다, 움츠리다		027 **behalf** [bihǽf]	명 이익, ~의 편, 지지
013 **burn** [bə:rn]	동 타다, 태우다 명 화상, 덴 상처		028 **anticipation** [æntìsəpéiʃən]	명 기대, 예상, 예감

029	**swamp** [swamp]	명 늪 / 동 쇄도하다, 뒤덮다
030	**leeway** [líːwei]	명 풍압, 기준, 여유
031	**plaintively** [pléintivli]	부 구슬프게, 애처롭게
032	**chastely** [tʃéistli]	부 정숙하게, 순결하게, 고상하게
033	**couch** [kautʃ]	명 긴 의자, 소파
034	**definite** [défənit]	형 명확한, 분명한
035	**drily** [dráili]	부 냉담하게, 무미건조하게, 공정히
036	**spare** [spɛər]	동 절약하다, 할애하다 / 형 예비의, 남은
037	**Grammy** [grǽmi]	명 그래미상(미국의 음악상)
038	**candidly** [kǽndidli]	부 솔직하게, 숨김없이
039	**sheer** [ʃiər]	형 (천이)얇은, 순수한, 단순한
040	**glamorous** [glǽmərəs]	형 매혹적인, 매력이 넘치는
041	**enthuse** [inθúːz]	동 열중하다, 열광시키다, ~을 열중하게 하다
042	**rule** [ruːl]	명 규칙, 규정, 법칙 / 동 통치하다, 규정하다
043	**relieve** [rilíːv]	동 완화시키다, 안도하다, 풀다, 경감하다
044	**indebt** [indét]	동 ~에게 빚을 지게 하다, ~에게 은혜를 입히다
045	**weed** [wiːd]	명 잡초 / 동 잡초를 제거하다
046	**breathe** [briːð]	동 숨쉬다, 호흡하다

Chapter 18

001	**sleek** [sliːk]	형 (머리칼이)매끄러운, 윤기 있는, 단정한 / 동 매끈하게 하다
002	**limo** [límou]	명 리무진, 대형 고급 승용차
003	**scrape** [skreip]	동 긁다, 닦다, 벗기다, 문지르다 / 명 상처
004	**objection** [əbdʒékʃən]	명 반대, 이의, 거부
005	**waddle** [wádl]	동 비척비척 걷다, 어기적어기적 걷다
006	**shyly** [ʃáili]	부 부끄러워, 수줍어서
007	**knot** [nat]	명 매듭, 마디 / 동 (매듭을)묶다
008	**seldom** [séldəm]	부 거의 ~않다, 좀처럼, 드물게
009	**verse** [vəːrs]	명 절, 시, 운문 / 동 정통하다
010	**astound** [əstáund]	동 깜짝 놀라게 하다
011	**spree** [spriː]	명 연희, 흥청거림, 주연

| 월 일 |

012	**spoil**	[spɔil]	동 망쳐 놓다, 못쓰게 만들다, 버릇없이 기르다
013	**rode**	[roud]	ride(타다, 승마하다)의 과거 동 탔다, 탑승했다
014	**lizard**	[lízərd]	명 도마뱀, 리저드 곶(영국 최남단 지역)
015	**exclaim**	[ikskléim]	동 외치다, 주장하다
016	**spontaneous**	[spɑntéiniəs]	형 자발적인, 자연스러운, 야생의
017	**accustomed**	[əkʌ́stəmd]	accustom(익히다)의 과거·과거분사 형 익숙한, 적응된, 습관의
018	**extravagant**	[ikstrǽvəgənt]	형 낭비하는, 사치스러운, 터무니없는
019	**prize**	[praiz]	명 상, 상금, 상품
020	**possession**	[pəzéʃən]	명 소유, 점유, 소지품
021	**intent**	[intént]	명 의향, 목적, 취지 형 열심인, 꾀하는, 집중된
022	**investment**	[invéstmənt]	명 투자, 출자
023	**bone**	[boun]	명 뼈, 해골
024	**restrain**	[ristréin]	동 제지하다, 억누르다, 구속하다, 감금하다
025	**spender**	[spéndər]	명 소비하는 사람, 낭비자
026	**clung**	[klʌŋ]	cling(들러붙다, 매달리다)의 과거·과거분사 형 매달려진
027	**figure**	[fígjər]	명 숫자, 합계, 모양, 인물, 초상, 상징, 도안 동 숫자로 표시하다, 판단하다
028	**rhinestone**	[ráinstòun]	명 라인석(수정의 일종, 모조 다이아몬드)
029	**chignon**	[ʃíːnjan]	명 여자 뒷머리에 말아 올린 쪽
030	**glide**	[glaid]	명 활주, 미끄러지기 동 미끄러지다
031	**wend**	[wend]	동 (고어)행차하다, 가다
032	**dim**	[dim]	형 어두운, 희미한, 우둔한 동 조명을 줄이다
033	**star-studded**	[staːr-stʌ́did]	형 별이 총총한, (인기 배우가)많이 출연한
034	**hospitable**	[háspitəbl]	형 친절한, 환영 받는, 쾌적한
035	**colonic**	[koulánik]	형 결장의
036	**good-naturedly**	[gúd-néitʃərdli]	부 착하게, 온후하게, 친절하게
037	**commitment**	[kəmítmənt]	명 공약, 약속, 헌신, 관련, 의무, 열심
038	**mislead**	[mislíd]	동 잘못된 방향으로 이끌다, 혼동을 주다, 속이다
039	**scar**	[skɑːr]	명 상처, 흉터, 자국
040	**thinly**	[θínli]	부 얇게, 가늘게, 희박하게
041	**venom**	[vénəm]	명 독, 독액, 앙심, 원한

042 **ground rule**	명 행동 원칙, 사회의 기본적인 틀
043 **lock** [lɑk]	동 잠그다, 갇히다, 고정시키다 / 명 자물쇠
044 **greasy** [gríːsi, -zi]	형 기름진, 기름투성이의, 번드르한, 매끄러운
045 **unaffected** [ʌ̀nəféktid]	형 진실한, 꾸밈없는, 변하지 않는, 영향을 받지 않는
046 **eccentric** [ikséntrik]	형 보통과 다른, 중심을 벗어난
047 **zany** [zéini]	명 어릿광대, 바보 / 형 어릿광대 같은
048 **phony** [fóuni]	형 가짜의, 엉터리의 / 명 가짜, 엉터리, 사기꾼
049 **condescending** [kɑ̀ndəséndiŋ]	condescend(생색내다)의 현재분사·동명사 / 형 생색내는, 겸손한 / 명 생색냄
050 **irritated** [íritèitid]	irritate(자극하다)의 과거·과거분사 / 형 자극된, 염증을 일으킨, 따끔따끔한
051 **steam** [stiːm]	명 증기, 스팀, 김, 원기 / 동 찌다, 증기를 뿜다
052 **untrained** [ʌ̀ntréind]	형 훈련받지 않은, 미숙한, 연습을 쌓지 않은
053 **grit** [grit]	명 잔모래, 왕모래, 자갈, 근성, 용기, 담력 / 동 악물다, 모래알로 문지르다
054 **ambitious** [æmbíʃəs]	형 야심 있는, 의욕적인
055 **latch** [lætʃ]	명 걸쇠, 빗장 / 동 ~에 걸쇠를 걸다
056 **arrogant** [ǽrəɡənt]	형 오만한, 거만한
057 **pompous** [pámpəs]	형 거만한, 건방진, 젠체하는, 호화로운, 성대한
058 **narcissistic** [nàːrsístik]	형 자기애의, 자기도취적인, 나르시시즘의
059 **prerequisite** [priːrékwəzit]	형 미리 필요한, 없어서는 안 될, 필수의
060 **keep track of**	숙 ~에 대해 계속 파악하고 있다
061 **vanish** [vǽniʃ]	동 사라지다, 자취를 감추다
062 **experiment** [ikspérəmənt]	명 실험, 시도, 시험
063 **instinct** [ínstiŋkt]	명 본능, 직감, 직관
064 **repertoire** [répərtwɑ̀ːr]	명 상연 목록
065 **further** [fə́ːrðər]	부 더 멀리, 게다가 / 형 더 먼, 그 이상의
066 **dire** [dáiər]	형 무서운, 긴급한, 극심한
067 **budding** [bʌ́diŋ]	bud(싹 틔우다)의 현재분사·동명사 / 형 싹 틔우는 / 명 싹 틔움

Chapter 19

001 **hearty** [hɑ́ːrti]	형 진심의, 친절한, 기운찬
002 **racy** [réisi]	형 활기 있는, 시원시원한, 짜릿한
003 **regretfully** [riɡrétfəli]	부 유감스럽게도, 애석하게도

___월 ___일 ☐

004 **rape** [reip]	명 강탈, 약탈, 강간 동 강간하다		020 **breast** [brest]	명 가슴, 유방
005 **grumpy** [grʌ́mpi]	형 기분이 언짢은, 심술이 난, 심술궂은		021 **caress** [kərés]	명 애무, 포옹 동 ~을 애무하다
006 **loath** [louθ]	형 지긋지긋한, 싫어하는, 질색하는		022 **spell** [spel]	동 철자를 쓰다, ~와 교대하다 명 마법, 기간
007 **canal** [kənǽl]	명 운하, 수로, 체내의 관		023 **struggle** [strʌ́gl]	동 투쟁하다, 분투하다, 애쓰다, 명 싸움
008 **nauseous** [nɔ́ːʃəs]	형 구역질나는, 기분 나쁜, 불쾌한		024 **fairy tale** [féəri teil]	명 동화, 옛날이야기
009 **annoy** [ənɔ́i]	동 짜증나게 하다, 괴롭히다		025 **attentive** [əténtiv]	형 주의 깊은, 세심한, 친절한
010 **suspicious** [səspíʃəs]	형 의심스러운, 수상한		026 **conscientious** [kɑ́nʃiénʃəs]	형 양심적인, 성실한, 꼼꼼한
011 **bracelet** [bréislit]	명 팔찌, 수갑		027 **snuggle** [snʌ́gl]	동 다가들다, 다가붙다, 바싹 당기다, 끌어안다
012 **promiscuous** [prəmískjuəs]	형 난잡한, 혼잡한, 마구잡이의		028 **extraordinarily** [ikstrɔ́ːrdənérəli]	부 대단하게, 엄청나게
014 **planet** [plǽnit]	명 행성, 혹성, 유성		029 **prop** [prɑ́p]	명 지주, 버팀목 동 (지주로)~을 받치다, ~에 지주를 대다
015 **granite** [grǽnit]	명 화강암		030 **trace** [treis]	동 추적하다, 유래하다, 선 긋다 명 추적, 자취
016 **masculine** [mǽskjulin]	형 남성의, 힘센, 용감한		031 **nipple** [nípl]	명 젖꼭지, 유두
017 **wonder** [wʌ́ndər]	동 궁금하다, 놀라다 명 경외, 이상한 일, 불가사의		032 **monogamous** [mənǽgəməs]	형 일부일처의
018 **chilly** [tʃíli]	형 차가운, 껄끄러운, 냉정한		033 **occur** [əkə́ːr]	동 발생하다, 일어나다, 생기다, 나타나다
019 **nestle** [nésl]	동 깃들이다, 몸을 편히 가누다		034 **dawn** [dɔːn]	명 새벽 동 날이 새다, 밝아오다, (일이)점점 분명해지다

Danielle Steel
DAY 07

035 **leash** [liːʃ]	명 가죽끈, 밧줄, 구속
036 **premature** [priːmətʃúər]	형 시기상조의, 이른, 조기의, 조산의
037 **ramrod** [rǽmrɑːd]	명 탄약 재는 쇠꼬챙이 형 딱딱한, 강직한
038 **noble** [nóubl]	형 고귀한, 귀족의, 값비싼
039 **practically** [prǽktikəliː]	형 사실상, 실질적으로, 실용적으로
040 **exclusively** [iksklúːsivli]	부 독점적으로, ~만을 위해, 전용의, 전적으로
041 **integrity** [intégrəti]	명 도덕성, 진실성, 고결함, 온전함
042 **ultimate** [ʎltəmət]	형 궁극적인, 최종의, 최고의, 근본적인

Chapter 20

001 **puff** [pʌf]	명 훅 불기, 불룩한 부분, 분첩 동 (숨을)훅 불다, (연기를)내뿜다, 부풀게 하다
002 **chip** [tʃip]	명 (포커)칩, 조각, 흠 동 깨지다, 빠지다
003 **sleazy** [slíːzi]	형 하찮은, 싸구려의, 얄팍한
004 **bullshit** [búlʃit]	명 (비속어)헛소리
005 **convincing** [kənvínsiŋ]	convince(설득하다)의 현재분사·동명사 형 설득력 있는, 납득이 가는 명 설득력 있음
006 **lust** [lʌst]	명 욕망, 정욕, 갈망
007 **trade** [treid]	명 무역, 거래, 통상 동 교역하다
008 **wart** [wɔːrt]	명 사마귀, 흠, 결점
009 **condemn** [kəndém]	동 ~을 옳지 않다고 보다, 비난하다, (형을)선고하다
010 **pit** [pit]	명 (땅의)구덩이, 채취장, 함정 동 구멍을 내다, 움푹 들어가게 하다
011 **unscathed** [ʌnskéiðd]	형 상처가 없는, 다치지 않은
012 **throat** [θrout]	명 목, 인후, 숨통

013 **complicated** [kámpləkèitid]	complicate(복잡하게 만들다)의 과거·과거분사 / 형 복잡한, 난해한	004 **hideous** [hídiəs]	형 무시무시한, 소름 끼치는, 섬뜩한
014 **wrap up**	숙 옷을 따뜻하게 챙겨 입다	005 **clay** [klei]	명 진흙, 점토
015 **lighten** [láitn]	동 밝게 하다, 비추다 / 가볍게 하다	006 **vague** [veig]	형 모호한, 애매한, 희미한
016 **chagrin** [ʃəgrín]	명 원통함, 분함, 통탄	007 **rhapsodize** [rǽpsədàiz]	동 열정적으로 이야기하다
017 **ambition** [æmbíʃən]	명 야심, 야망	008 **burst** [bəːrst]	동 터지다, 터뜨리다, 폭발하다, 분출하다, 무너지다
018 **phobic** [fóubik]	형 공포증의 / 명 공포증이 있는 사람	009 **undesirable** [ʌ̀ndizáiərəbl]	형 탐탁지 않은, 바람직하지 못한
019 **depressed** [diprést]	depress(우울하게 하다)의 과거·과거분사 / 형 우울한, 풀이 죽은, 불경기의	010 **circuit** [sə́ːrkit]	명 순회, 회전, 우회, 주위, 범위
020 **bash** [bæʃ]	동 강타하다, 후려갈기다, 쳐부수다, 충돌하다	011 **stagger** [stǽgər]	동 비틀거리다, 주저하다, 깜짝 놀라게 하다
021 **cheat** [tʃiːt]	동 속이다, 바람피우다 / 명 부정행위, 커닝, 사기꾼	012 **nail** [neil]	명 손톱, 발톱, 못
022 **bummer** [bʌ́mər]	명 건달, 부랑자, 게으름뱅이	013 **scourge** [skəːrdʒ]	명 하늘의 응징, 천벌, 두통거리 / 동 괴롭히다
023 **chide** [tʃaid]	동 꾸짖다, 잔소리하다	014 **recoil** [rikɔ́il]	동 후퇴하다, 주춤하다, 움찔하다, 되튀다 / 명 반동

Chapter 21

001 **turquoise** [tə́ːrkwɔiz]	명 터키석, 청록색	015 **racial** [réiʃəl]	형 인종의, 종족의
002 **bleak** [bliːk]	형 황량한, 쓸쓸한, 냉혹한, 차가운	016 **slur** [sləːr]	동 분명하지 않게 발음하다, 대충 훑어보다
003 **void** [vɔid]	형 빈, 공허한, 쓸모없는	017 **evil** [íːvəl]	형 사악한, 나쁜 / 명 악, 악마
		018 **spit** [spit]	동 (침, 음식, 피 등을)뱉다, 토해 내다

019	**Jew** [dʒu:]	명 유대인, 이스라엘인
020	**rifle** [ráifl]	명 라이플총, 소총 / 동 소총으로 쏘다, 강탈하다
021	**phallic** [fǽlik]	형 음경의, 남근 숭배의
022	**penis** [pí:nis]	명 음경, 남근, 페니스
023	**hysterically** [histérikəli]	부 병적으로 흥분하여, 히스테리의
024	**nicotine** [níkətìn]	명 니코틴
025	**ranch** [ræntʃ]	명 (큰)목장, 관광 목장 / 동 목장을 경영하다
026	**paralyze** [pǽrəlàiz]	동 마비시키다, 쓸모없게 만들다, 저해하다
027	**astonishment** [əstániʃmənt]	명 경악, 놀람
028	**bland** [blænd]	형 (기후가)온화한, 침착한, 순한
029	**concoction** [kankákʃən]	명 혼합, 조합, 날조, 꾸며낸 이야기
030	**fart** [fɑ:rt]	명 (비속어)방귀, 시원찮은 놈 / 동 방귀 뀌다
031	**fondness** [fándnis]	명 자애, 기호, 취미, 귀여워함
032	**trap** [træp]	명 덫, 함정, 올가미 / 동 가두다
033	**avenue** [ǽvənjù:]	명 가로수길, 큰길
034	**belief** [bilí:f]	명 믿음, 신념, 생각, 소신
035	**Neanderthal** [niǽndərθɔ̀:l]	형 네안데르탈인의, 구석기 시대 사람 같은
036	**dick** [dik]	명 맹세, 선언, (비속어)형사, 탐정 / 동 빈둥거리다, 일을 엉망으로 만들다
037	**goddamn** [gádd ǽm]	감 (비속어)제기랄, 빌어먹을
038	**expressive** [iksprésiv]	형 의미심장한, 표현하는, 나타내는
039	**skeptical** [sképtikəl]	형 회의적인, 의심하는, 믿지 않는
040	**blind** [blaind]	형 눈먼, 맹목적인, 맹인의
041	**psychotic** [saikátik]	형 정신병의 / 명 정신병자
042	**immediately** [imí:diətli]	부 즉시, 바로, 당장
043	**wimp** [wimp]	명 겁쟁이, 소릅자
044	**fag** [fæg]	동 열심히 일하다, 공부하다, 혹사하다
045	**burp** [bə:rp]	동 트림하다, 트림을 시키다 / 명 트림
047	**chiropractor** [káirəpræktər]	명 척주 지압 요법사, 지압사
048	**declare** [diklέər]	동 선언하다, 발표하다 / 명 주장
049	**cough** [kɔ:f]	동 기침하다 / 명 기침

050 **bastard** [bǽstərd]	명 서자, 사생아, (비속어)나쁜 놈	011 **hell** [hel]	명 지옥, 곤경
051 **march** [mɑːrtʃ]	명 3월, 행진, 시위, 경계 동 행진하다, 진행하다	012 **budge** [bʌdʒ]	명 어린 양의 모피 동 몸을 움직이다, 조금 움직이다
052 **slam** [slæm]	동 (문 등을)탕 닫다, 세게 던지다, 혹평하다	013 **mutter** [mʌ́tər]	동 중얼거리다, 투덜거리다 명 중얼거림, 투덜거림
053 **cubbyhole** [kʌ́bihòul]	명 아늑하고 기분 좋은 곳, 비좁은 방	014 **sullen** [sʌ́lən]	형 뚱한, 무뚝뚝한, 음침한
		015 **tragedy** [trǽdʒədi]	명 비극, 참사, 불행, 재난
Chapter 22		016 **conspiratorial** [kənspirətɔ́ːriəl]	형 공모의, 음모의
001 **enormously** [inɔ́ːrməsli]	부 막대하게, 터무니없이, 비상하게	017 **picnic** [píknik]	명 소풍, 피크닉
002 **ecstatic** [ekstǽtik]	형 황홀한, 무아지경의, 기뻐 날뛰는	018 **be fond of**	숙 ~을 좋아하다, ~이 좋다
003 **astronomical** [æstrənámikəl]	형 천문학의, 방대한	019 **unattractive** [ʌ̀nətrǽktiv]	형 매력 없는, 흥미 없는, 남의 이목을 끌지 못하는
004 **respite** [réspit]	명 유예, 집행유예, 휴식, 중간 휴식	020 **animated** [ǽnəmèitid]	animate(생기를 주다)의 과거·과거분사 형 생기 있는, 싱싱한
005 **mammoth** [mǽməθ]	명 매머드 형 거대한, 매머드와 같은	021 **plot** [plat]	명 음모, (비밀)계획, 책략, 줄거리 동 모의하다
006 **weigh** [wei]	동 무게를 달다, 숙고하다	022 **codependent** [kòudipéndənt]	형 종속적 관계가 되는 명 종속적 관계의 사람
007 **chew** [tʃuː]	동 ~을 씹다, 씹어서 으깨다 명 씹기	023 **entitle** [intáitl]	동 자격을 주다, 제목을 붙이다
008 **motherly** [mʌ́ðərli]	부 어머니 같은, 자애로운, 어머니답게	024 **depart** [dipáːrt]	동 출발하다, 떠나다, 벗어나다
009 **furthermore** [fə́ːrðərmɔ̀ːr]	부 게다가, 더욱이, 뿐만 아니라	025 **volunteer** [vàləntíər]	동 봉사하다, 자원하다, 지원하다 명 자원 봉사자
010 **sociopath** [sóusiəpæ̀θ]	명 반사회적 인격장애자		

#	단어	뜻
026	**nonplus** [nɑnplʌ́s]	동 어찌 할 바를 모르게 하다 명 당혹, 당황
027	**anxiously** [ǽŋkʃəsli]	부 걱정스럽게, 애타게
028	**civilized** [sívəlàizd]	civilize(교화하다)의 과거·과거분사 형 문명화된, 개화된
029	**gear** [giər]	동 준비하다, 맞추다 명 장비, 기어, 복장
030	**ample** [ǽmpl]	형 풍부한, 충분한, 넓은
031	**uptight** [ʌ́ptàit]	형 긴장한, 딱딱한, 초조한
032	**obsess** [əbsés]	동 ~에 사로잡히다, 늘러붙다, 붙어 다니다
033	**Prozac** [próuzæk]	명 (약 이름)우울증 치료제
034	**damp** [dæmp]	형 축축한, 눅눅한, 의기소침한
035	**harass** [hərǽs, hǽrəs]	동 괴롭히다, ~을 침략하다, 성가시게 하다
036	**toe** [tou]	명 발가락, 발끝
037	**steer** [stiər]	동 조종하다, 돌리다, 이끌다, 나아가게 하다
038	**loss** [lɔːs]	명 손실, 손해, 분실, 패배
039	**solvent** [sálvənt]	명 용제, 용매 형 지급 능력이 있는, 용해력이 있는
040	**sidewalk** [saidwɔːk]	명 (포장된)보도, 인도
041	**flood** [flʌd]	명 홍수, 범람, 쇄도 동 침수하다
042	**flaw** [flɔː]	명 결함, 흠, 돌풍
043	**flawless** [flɔ́ːlis]	형 완벽한, 흠이 없는
044	**stem** [stem]	명 줄기, 대
045	**awkwardly** [ɔ́ːkwərdli]	부 서투르게, 섣부르게, 어색하게
046	**immense** [iméns]	형 막대한, 거대한, 무한한
047	**leery** [líəri]	형 의심 많은, 교활한, 조심스러운
048	**pact** [pækt]	명 조약, 협정, 계약
049	**perceive** [pərsíːv]	동 지각하다, 인지하다, ~로 생각하다
050	**uphill** [ʌ̀phíl]	형 언덕 위의, 오르막의
051	**neutral** [njúːtrəl]	형 중립의, 공평한
052	**sympathetic** [sìmpəθétik]	형 동정적인, 공감하는, 호의적인
053	**addicted** [ədíktid]	addict(중독시키다)의 과거·과거분사 형 중독된, 푹 빠진
054	**associate** [əsóuʃièit, əsóusièit]	동 연상하다, 관련시키다 명 동료
055	**phase** [feiz]	명 단계, 국면 동 단계적으로 하다

#	단어	뜻
056	**outrank** [àutrǽŋk]	동 ~의 윗자리에 있다, ~보다 중요하다
057	**hitch** [hitʃ]	동 매다, 걸다, 와락 잡아당기다, 얻어 타다 / 명 홱 잡아당김, 급정지
058	**confident** [kánfədənt]	형 자신 있는, 확신하는
059	**wacky** [wǽki]	형 별난, 터무니없는, 미친 듯한
060	**ramble** [rǽmbl]	명 산책, 소요 / 동 산책하다, 거닐다
061	**tend** [tend]	동 (방향이)향하다, 경향이 있다, 돌보다, 간호하다
062	**architect** [ɑ́ːrkətèkt]	명 건축가, 설계자
063	**asparagus** [əspǽrəgəs]	명 아스파라거스
064	**fluted** [flúːtid]	flute(홈을 파다)의 과거·과거분사 / 형 세로 홈이 새겨진, 피리 소리의
065	**shudder** [ʃʌ́dər]	동 떨다, 몸서리치다 / 명 전율
066	**fade** [feid]	동 사라지다, 색이 바래다, 흐려지다, 쇠퇴하다, 시들다
067	**straw** [strɔː]	명 빨대, 짚, 밀짚 / 형 짚의, 하찮은, 가짜의
068	**mop** [mɑp]	동 닦다, 대걸레로 닦다 / 명 대걸레
069	**recede** [risíːd]	동 물러나다, 퇴각하다, 몸을 빼다, 수축하다
070	**brain** [brein]	명 뇌, 두뇌, 머리
071	**sailing** [séiliŋ]	sail(항해하다)의 현재분사·동명사 / 명 출항, 항해 / 형 항해하는
072	**constructive** [kənstrʌ́ktiv]	형 건설적인, 구조상의
073	**crew** [kruː]	명 탑승원, 승무원, 동료
074	**chronicle** [kránikl]	명 연대기, 역사 기록 / 동 연대기로 기록하다
075	**ban** [bæn]	명 금지령, 금지, 반대, 비난 / 동 금지하다
076	**profoundly** [prəfáundli]	부 깊은 곳에서, 간절히, 충심으로
077	**buoy** [búːi, bɔi]	명 부표, 찌 / 동 뜨게 하다, (희망, 용기)지속하게 하다
078	**contrary** [kántreri]	형 반대의, 정반대의
079	**sadder** [sǽdər]	sad의 비교급 / 형 더 슬픈
080	**buoyant** [bɔ́iənt]	형 잘 뜨는, 쾌활한, 부력 있는
081	**absent** [ǽbsənt]	형 결석한, 없는, 불참한, 결여된
082	**reappear** [rìːəpíər]	동 재현하다, 다시 나타나다
083	**envy** [énvi]	동 부러워하다, 질투하다 / 명 질투, 선망
084	**disrespectful** [dìsrispéktfl]	형 경의를 표하지 않는, 실례되는, 예절이 없는
085	**adage** [ǽdidʒ]	명 속담, 격언

#	단어	뜻
086	**passionate** [pǽʃənət]	형 열정적인, 격렬한
087	**lonelier** [lóunliər]	lonely의 비교급 / 형 더 외로운, 더 쓸쓸한
088	**gruffly** [grʌ́fli]	부 퉁명스럽게
089	**still** [stil]	부 여전히 / 형 고요한, 정지한 / 명 스틸(영화의 한 장면) / 동 정지하다
090	**machinery** [məʃíːnəri]	명 기계류, 기계 장치
091	**intense** [inténs]	형 강렬한, 심한, 집중적인, 거센
092	**thus** [ðʌs]	부 따라서, 그래서, 이와 같이
093	**reluctant** [rilʌ́ktənt]	형 꺼리는, 주저하는, 내키지 않는, 망설이는
094	**stack** [stæk]	명 더미, 한 무더기 / 동 쌓다
095	**crush** [krʌʃ]	동 반하다, 으깨다, 부서지다 / 명 눌러 부수기, 홀딱 반함
096	**stand for**	숙 ~을 나타내다, 대표하다, ~을 뜻하다, 찬성하다
097	**afraid** [əfréid]	형 두려워하여, 염려하여
098	**benevolently** [bənévələntli]	부 호의적으로, 친절하게, 자선적으로
099	**compatible** [kəmpǽtəbl]	형 양립하는, 조화되는
100	**represent** [rèprizént]	동 대표하다, 나타내다, 보여주다, 상징하다, 대변하다
101	**spike** [spaik]	명 못, (운동화 밑의)스파이크
102	**gulp** [gʌlp]	동 꿀꺽 삼키다, 억누르다 / 명 꿀꺽꿀꺽 삼킴
103	**cradle** [kréidl]	명 요람, 아기 침대
104	**orphan** [ɔ́ːrfən]	명 고아
105	**flatter** [flǽtər]	동 아첨하다, 치켜세우다, 우쭐해 하다 / 명 평평하게 펴는 망치
106	**distressing** [distrésiŋ]	distress(괴롭히다)의 현재분사·동명사 / 형 괴롭히는, 비참한 / 명 괴롭힘
107	**disappointed** [dìsəpɔ́intid]	disappoint(실망하다)의 과거·과거분사 / 형 실망한, 낙담한
108	**minus** [máinəs]	명 빼기 부호 / 전 ~을 뺀, 영하의 / 형 부정적인, 0보다 작은
109	**shield** [ʃiːld]	동 보호하다, 감싸다 / 명 방패
110	**libido** [libíːdou]	명 성욕, 성적 충동
111	**presence** [prézns]	명 존재, 주둔, 영향력, 출석
112	**palpable** [pǽlpəbl]	형 명백한, 만질 수 있는
113	**epiphany** [ipífəni]	명 예수 공현, 예수 공현 축일
114	**lithe** [laið]	형 나긋나긋한, 유연한, 뼈가 연한
115	**enticingly** [intáisiŋli]	부 유혹적으로

#	단어	뜻
116	**emerge** [imə́:rdʒ]	동 떠오르다, 나타나다, (어려움에서)벗어나다, 명백해지다
117	**crisp** [krisp]	형 바삭바삭한, 힘찬, 또렷또렷한
118	**fuss** [fʌs]	명 소란, 야단법석, 논쟁, 불편함 / 동 법석을 떨다
119	**peel** [pi:l]	동 껍질을 벗기다, 벗겨지다, 옷을 벗다, 이탈하다 / 명 껍질
120	**entangle** [intǽŋgl]	동 헝클어뜨리다, 뒤얽히게 하다, 혼란스럽게 하다
121	**rigid** [rídʒid]	형 엄격한, 경직된, 융통성이 없는, 굳어진
122	**hoarsely** [hɔ́:rsli]	부 쉰 목소리로
123	**crawl** [krɔ:l]	동 기다, 기어가다 / 명 기어가기, 서행
124	**womb** [wu:m]	명 자궁
125	**shimmer** [ʃímər]	명 미광 / 동 희미하게 빛나다, 어른거리다
126	**opt** [ɑpt]	동 선택하다, 고르다, 채택하다
127	**immensely** [iménsli]	부 광대하게, 몹시, 매우
128	**rejection** [ridʒékʃən]	명 거부 반응, 거부, 거절
129	**hastily** [héistili]	부 성급하게, 서둘러서
130	**imprint** [ímprint]	동 찍다, 인쇄하다, 누르다, 각인하다 / 명 자국
131	**benignly** [bináinli]	부 자비롭게, 친절하게, 온화하게
132	**reclaim** [rikléim]	동 ~을 개간하다, 매립하다, 되찾다
133	**woodenly** [wúdənli]	부 나무로 되어, 생기 없게, 무뚝뚝하게, 어색하게
134	**ember** [émbər]	명 붉은 석탄, 여운, 타고 남은 불
135	**despair** [dispéər]	명 절망, 좌절, 실망, 단념

Danielle Steel
DAY 08

Chapter 23

001 intrusive [intrúːsiv] — 형 끼어드는, 침입적인, 강요하는

002 oddly [ádli] — 부 기묘하게, 기이하게, 이상하게

003 suit [suːt] — 명 소송, 청원, (옷의)한 벌 / 동 어울리다, 괜찮다

004 flourish [fləˊːriʃ] — 동 번창하다, 활약하다, 성장하다, 무성하다

005 mincemeat [mínsmìt] — 명 파이 속(다진 고기에 사과, 건포도, 향료 등을 넣은 것)

006 boundary [báundəri] — 명 경계, 한계

007 candid [kǽndid] — 형 솔직한, 숨김없는, 노골적인, 공정한, 공평한

008 thrill [θril] — 명 스릴, 전율 / 동 몸이 떨리게 하다, 오싹하게 하다

009 muse [mjuːz] — 동 명상하다, 심사숙고하다, 생각에 잠기다

010 wounded [wúːndid] — wound(상처를 입히다)의 과거·과거분사 / 형 상처를 입은, 부상당한

011 dear [diər] — 형 친애하는, 귀여운, 비싼, 귀중한

012 thorn [θɔːrn] — 명 가시, 고통을 주는 것

013 paw [pɔː] — 명 (동물의)발

014 cynical [sínikəl] — 형 냉소적인, 빈정대는, 비꼬는

015 theoretically [θìːərétikəli] — 부 이론적으로는, 이론상

016 swear [swɛər] — 동 맹세하다, 단언하다, 욕하다

017 vapor [véipər] — 명 증기 / 동 증발하다

018 pipe [paip] — 명 파이프, 관, 담뱃대

019 delude [dilúːd] — 동 속이다, 착각하게 하다, 현혹하다

020 psychic [sáikik] — 형 정신적인 / 명 영매, 무당

021 digest [didʒést, dai-] — 동 소화하다, 이해하다, 요약하다

022 enmesh [inméʃ] — 동 말려들게 하다, 그물에 걸다, 빠뜨리다

023 moderate [mádərət] — 형 온건한, 적당한, 삼가는 / 동 완화하다, 누그러뜨리다

024 threaten [θrétn] — 동 협박하다, 위협하다

025 devour [diváuər] — 동 먹어 치우다, 집어삼키다, 게걸스럽게 먹다

026 slew [sluː] — 명 대량, 많음, 비틀림, 늪 / 동 비틀다, 회전하다

027 Siamese [sàiəmíːz] — 형 샴(태국의 옛이름)의

#	단어	뜻
028	**nightmarish** [náitmeəriʃ]	형 악몽 같은
029	**insane** [inséin]	형 미친, 정신 이상의, 비상식적인, 미친 듯한
030	**nudity** [njúːdəti]	명 벌거숭이, 적나라, 노출
031	**suspiciously** [səspíʃəsli]	부 수상쩍은 듯이, 의심스러운 듯이, 미심쩍은 눈으로
032	**psycho** [sáikou]	명 정신병자, 사이코
033	**drip** [drip]	동 똑똑 떨어지다, 물이 새다 명 물방울
034	**sensibly** [sénsəbli]	부 분별 있게, 현명하게, 재치 있게
035	**tweedy** [twíːdi]	형 트위드의, 트위드를 입는, 싹싹한
036	**approximately** [əpráksəmətli]	부 대략, 대강, 얼추
037	**cross-dress** [krɔ́s-drés]	동 이성의 옷을 입다
038	**brick** [brik]	명 벽돌, 블록 동 벽돌로 둘러싸다
039	**residence** [rézədəns]	명 주택, 저택, 거주지
040	**unpretentious** [ʌ̀nprinténʃəs]	형 수수한, 겉을 꾸미지 않는, 자만하지 않는
041	**rare** [rɛər]	형 희귀한, 드문, 보기 드문, 설구워진
042	**gem** [dʒem]	명 보석, 보물
043	**grin** [grin]	동 씩 웃다 명 웃음, 미소
044	**wax** [wæks]	명 밀랍, 왁스
045	**poetic** [pouétik]	형 시적인
046	**chemistry** [kéməstri]	명 화학, 화학적 성질
047	**vibe** [váib]	동 영향을 주다, 영향을 잘 받다, ~에 발산시키다 명 분위기, 낌새
048	**crucial** [krúːʃəl]	형 결정적인, 중대한
049	**board** [bɔːrd]	명 널빤지, 판자, 위원회, 이사회 동 탑승하다
050	**drawing** [drɔ́ːiŋ]	draw(그리다)의 현재분사·동명사 명 그림, 도면, 데생 형 그리는
051	**burnt** [bəːrnt]	burn(타다)의 과거·과거분사 형 불에 탄, 그을은, 덴
052	**episode** [épəsòud]	명 ~회, 에피소드, 사건
053	**heartache** [háːrteik]	명 마음의 고통
054	**porcelain** [pɔ́ːrsəlin]	명 자기, 자기 제품
055	**decade** [dékeid, dikéid]	명 십 년
056	**portrait** [pɔ́ːrtrit]	명 초상화
057	**title** [táitl]	명 제목, 우승, 명칭, 표제

#	단어	뜻
058	**tantrum** [tǽntrəm]	명 울화, 역정
059	**chauffeur** [ʃóufər, ʃoufə́:r, ʃoufə́:z]	명 고용 운전사 동 기사를 하다
060	**sufficient** [səfíʃənt]	형 충분한, 만족스러운
061	**homage** [hámidʒ]	명 존경, 경의
062	**break** [breik]	동 깨뜨리다, 어기다 명 휴식 시간
063	**spiky** [spáiki]	형 끝이 뾰족한, 못투성이의, 대못이 있는
064	**impish** [ímpiʃ]	형 꼬마 도깨비의, 장난꾸러기의, 개구쟁이의
065	**chuckle** [tʃʌ́kl]	동 낄낄거리며 웃다, 만족한 미소를 짓다
066	**range** [reindʒ]	동 줄 세우다, 정렬시키다, 분류하다 명 범위, 한도, 등급
067	**threesome** [θríːsəm]	명 3인조, 3개 한 벌, 3인조 경기
068	**vast** [væst]	형 광대한, 방대한, 거대한, 막대한
069	**amusement** [əmjúːzmənt]	명 즐거움, 오락, 재미, 놀이
070	**mythology** [miθálədʒi]	명 신화, 신화집
071	**subtitle** [sʌ́btaitl]	명 (책 등의)부제
072	**coherent** [kouhíərənt]	형 논리적인, 일관성 있는, 응집성의
073	**demeanor** [dimíːnər]	명 품행, 태도, 행실
074	**infinitely** [ínfənitli]	부 무한히, 한없이, 크게
075	**personification** [pəːrsánəfikéiʃən]	명 의인화, 의인법
076	**Parisian** [pəríʒən]	형 파리의, 파리 사람의 명 파리 사람
077	**proceed** [prəsíːd]	동 나아가다, 가다, 계속하여 행하다, 처리하다
078	**precision** [prisíʒən]	명 정밀, 정확, 꼼꼼함
079	**alert** [ələ́ːrt]	동 주의하다, 집중하다 명 경계, 알림 형 기민한
080	**corn** [kɔːrn]	명 옥수수
081	**amenable** [əmíːnəbl]	형 순종하는, 잘 받아들이는
082	**merci** [mersi]	감 (프랑스어)감사합니다.
083	**perfunctorily** [pərfʌ́ŋktərəli]	부 건성으로, 형식적으로, 기계적으로
084	**regime** [reiʒíːm]	명 정권, 체제
085	**blew** [bluː]	blow(바람 불다)의 과거 동 불었다
086	**inadvertently** [inədvə́ːrtntli]	부 무심코, 우연히, 실수로
087	**ashtray** [ǽʃtrei]	명 재떨이

#	단어	뜻
088	**relay** [ríːlei]	동 전달하다, 중계하다 명 계주, 중계
089	**gesticulate** [dʒestíkjulèit]	동 몸짓으로 이야기하다, ~을 몸짓으로 전달하다
090	**exclamation** [èksklaméiʃən]	명 외침, 감탄, 절규
091	**command** [kəmǽnd]	명 명령, 사령부 동 지휘하다, 명령하다, 차지하고 있다, 지배하다
092	**ecstatically** [ekstǽtikəli]	부 황홀해 하며, 열광하여
093	**pose** [pouz]	명 자세, 포즈 동 자세를 취하다, 제기하다, 심문하다
094	**outrageously** [autréiʒəsli]	부 무도하게, 불법으로, 터무니없이
095	**contagious** [kəntéidʒəs]	형 전염성의, 전파하는 전염성 있는
096	**alternate** [ɔ́ːltərnèit, ǽl-, ɔ́ːl-]	형 번갈아 하는, 교체하는 동 번갈아 일어나다, 교대하다
097	**terribly** [térəbli]	부 매우, 정말, 지독하게, 심각하게
098	**visceral** [vísərəl]	형 내장의, 본능적인
099	**cautious** [kɔ́ːʃəs]	형 신중한, 조심스러운, 주의를 기울이는
100	**vibrant** [váibrənt]	형 진동하는, 진동하여 소리를 내는, 생생한
101	**shaken** [ʃéikən]	shake(흔들다)의 과거분사 형 흔들린, 놀란, 동요한, 충격적인
102	**flirtatious** [fləːrtéiʃəs]	형 시시덕거리는, 경박한, 바람난
103	**berserk** [bərsə́ːrk, -zə́ːrk]	형 광포한, 맹렬한
104	**emanate** [émənèit]	동 발산하다, 나오다, 퍼지다
105	**crouch** [krautʃ]	동 숙이다, 구부리다
106	**staircase** [stɛ́ərkèis]	명 계단
107	**inch** [intʃ]	명 인치(길이 단위, 2.54cm), 조금
108	**vicinity** [visínəti]	명 인근, 주변, 가까운 곳
109	**flown** [floun]	fly(날다)의 과거분사 형 비행한, 보내진
110	**Versailles** [vɛərsái]	명 베르사유
111	**starry** [stáːri]	형 별이 많은, 별의, 별 모양의
112	**straggler** [strǽglər]	명 배회자, 부랑자, 낙오자
113	**retrieve** [ritríːv]	동 만회하다, 회수하다, 보상하다
114	**valet** [vǽlei]	명 시종, 대리 주차
115	**enchanted** [intʃǽntid]	enchant(황홀하게 만들다)의 과거·과거분사 형 매혹된, 마법에 걸린
116	**jubilant** [dʒúːbələnt]	형 매우 기뻐하는, 환희에 찬, 기쁨에 넘치는
117	**elf** [elf]	명 요정, 꼬마, 장난꾸러기

#	단어	뜻
118	**wiry** [wáiəri]	형 철사 모양의, 철사의, 마르고 강인한
119	**distinct** [distíŋkt]	형 뚜렷한, 독특한, 다른
120	**embrace** [imbréis]	동 포옹하다, 받아들이다, 포옹하다, ~을 포함하다
121	**across** [əkrɔ́ːs, əkrás]	부 건너서, 가로질러 전 ~을 건너서, ~의 맞은편으로
122	**mannerism** [mǽnərizm]	명 버릇, 틀에 박힌 수법
123	**lapse** [læps]	명 실수, 잘못, (시간의)경과 동 소멸되다
124	**stare** [stɛər]	동 쳐다보다, 바라보다, 응시하다, 노려보다, 뚫어지게 보다

Chapter 24

#	단어	뜻
001	**grab** [græb]	동 움켜잡다, 잡아채다 명 움켜잡기
002	**recover** [rikʌ́vər]	동 회복하다, 회수하다, 되찾다, 찾아내다, 복구하다
003	**antithesis** [æntíθəsis]	명 대조, 대립, 정반대
004	**artifice** [áːrtəfis]	명 교묘한 솜씨, 책략, 술책
005	**unfailingly** [ʌnféiliŋli]	부 틀림없이, 정확하게, 충실히
006	**clarify** [klǽrəfái]	동 명백히 하다, 밝히다, 분명해지다
007	**tourism** [túərizm]	명 관광 여행
008	**undeniably** [ʌ̀ndináiəbli]	부 부인할 수 없게, 명백하게
009	**decently** [díːsntli]	부 알맞게, 예의 바르게, 상당하게
010	**bistro** [bístrou]	명 작은 술집
011	**ruefully** [rúːfəli]	부 슬픈 듯이, 가엾게, 애처롭게
012	**drop off**	숙 내려 주다, 깜빡 잠이 들다
013	**haunted** [hɔ́ːntid]	haunt(귀신이 나타나다)의 과거·과거분사 형 사로잡힌, 고뇌에 시달리는, 귀신 붙은
014	**daze** [deiz]	동 당황하게 하다, 멍해지게 하다 명 멍한 상태, 현혹
015	**aphrodisiac** [æ̀frədíziæk]	형 성욕을 일으키는 명 최음제, 미약
016	**malaise** [mæléiz]	명 불쾌, 침체, 몸이 불편한 상태
017	**raw** [rɔː]	형 익히지 않은, 날것의, 노골적인
018	**bear** [bɛər]	명 곰 동 지탱하다, 참다, 나르다, 몸에 지니다, (열매)맺다
019	**swept** [swept]	sweep(쓸다)의 과거·과거분사 형 휩싸인, 쓸린
020	**tidal** [táidl]	형 조수의, 주기적인, 조수에 의해 생기는
021	**pound** [paund]	명 파운드(화폐, 무게 단위), 울타리 동 마구 치다, 두드리다
022	**nod** [nɑd]	동 끄덕이다, 목례하다

023 **dismay** [disméi]	명 실망, 당황, 경악 동 실망시키다, 당황하게 하다
024 **current** [kə́:rənt]	형 현재의, 지금의, 통용되는 명 흐름, 해류, 기류
025 **voltage** [vóultidʒ]	명 전압
026 **solely** [sóulli]	부 오로지, 혼자서
027 **hottie** [háti]	명 (비속어)성적 매력이 있는 사람, 탕파
028 **self-indulgence** [sélf-indʌ́ldʒəns]	명 방종, 제멋대로 굶
029 **bedpost** [bédpoust]	명 침대 기둥, 침대 다리
030 **libertine** [líbərtì:n]	명 방탕자, 난봉꾼
031 **hormone** [hɔ́:rmòun]	명 호르몬
032 **harness** [há:rnis]	명 마구, 장비, 갑옷
033 **muzzle** [mʌ́zl]	명 (동물의)입, 코 부분, 입 마개, 재갈, 총구, 포구
034 **glue** [glu:]	동 붙이다 명 풀, 접착제
035 **deposit** [dipázit]	동 아래에 놓다, 두다, 맡기다, 예금하다 명 부착물, 맡기기, 예금
036 **writhe** [raið]	동 몸부림치다, 몸을 비틀다, 고민하다
037 **arch** [ɑ:rtʃ]	명 아치, 아치형 구조물
038 **thrown** [θroun]	throw(던지다)의 과거분사 형 던져진
039 **backward** [bǽkwərd]	부 뒤로, 거꾸로 형 과거의, 뒤떨어진, 소극적인

Chapter 25

001 **luxuriate** [lʌgʒúərièit]	동 번성하다, 무성하다, 호사하다
002 **blissfully** [blísfəli]	부 행복에 넘쳐서, 정말 행복하게
003 **torrid** [tɔ́:rid]	형 타는 듯이 뜨거운, 작열하는, 건조한
004 **interlude** [íntərlù:d]	명 막간, 사이에 생긴 일
005 **extort** [ikstɔ́:rt]	동 강탈하다, 강요하다, 빼앗다
006 **modesty** [mádəsti]	명 겸손, 정숙함, 소박함
007 **qualm** [kwɑ:m]	명 현기증, 구역질, 불안, 걱정, (양심의)가책
008 **innocently** [ínəsəntli]	부 순진하게, 결백하게
009 **string** [striŋ]	명 끈, 줄 동 끈으로 묶다 형 현악기의
010 **bread** [bred]	명 빵, 생계
011 **entirely** [intáiərli]	부 아주, 완전히, 오로지
012 **unduly** [ʌndúli]	부 지나치게, 과도하게, 심하게

013	**react** [riǽkt]	동 반응하다, 대응하다, 대처하다, 반발하다
014	**dishonest** [disánist]	형 부정직한, 부정한, 눈속임의, 불성실한
015	**obtain** [əbtéin]	동 얻다, 손에 넣다, 획득하다
016	**bull** [bul]	명 황소, 허튼 소리 형 대형의
017	**pretense** [priténs, príːtens]	명 구실, 핑계, 허영, 겉치레
018	**count** [kaunt]	동 세다, 계산하다 명 셈, 계산
019	**circle** [sə́ːrkl]	명 원, 사회, 집단
020	**sniff** [snif]	명 훌쩍거리기, 냄새 맡기 동 코를 훌쩍거리다
021	**concern** [kənsə́ːrn]	명 우려, 걱정, 관심
022	**evaporate** [ivǽpərèit]	동 증발하다, 사라지다
023	**upside down**	숙 거꾸로 된, 엉망이 된
024	**audition** [ɔːdíʃən]	명 심사, 오디션 동 오디션을 하다
025	**sport** [spɔːrt]	명 스포츠, 경기, 운동회, 운동, 종목
026	**savor** [séivər]	명 맛, 풍미 동 맛이 나다
027	**squaw** [skwɔː]	명 (비속어)북미 원주민 여자, 아내
028	**sedately** [sidéitli]	부 침착하게, 차분하게
029	**ghastly** [gǽstli]	형 무시무시한, 섬뜩한, 지독한
030	**intertwine** [ìntərtwáin]	동 뒤얽히게 하다, 꼬이게 하다
031	**regard** [rigáːrd]	동 간주하다, 주목해서 보다, ~로 여기다 명 관심, 고려
032	**consequence** [kánsəkwèns]	명 결과, 중요성, 결말
033	**irk** [əːrk]	동 짜증나게 하다
034	**irresponsible** [ìrispánsəbl]	형 무책임한, 책임감이 없는
035	**manipulate** [mənípjulèit]	동 조작하다, 속이다, 조종하다, 다루다
036	**transcend** [trænsénd]	동 초월하다, ~을 능가하다, 넘다
037	**ultimately** [ʌ́ltəmətli]	부 궁극적으로, 마침내, 결국, 최후로
038	**juvenile** [dʒúːvənl]	형 나이 어린, 미성년의, 아이다운
039	**offensive** [əfénsiv]	형 모욕적인, 불쾌한 명 공격
040	**obligation** [ɑ̀bləgéiʃən]	명 의무, 채무, 채권, 계약
041	**avant-garde** [əvʌ̀nt-gáːrd]	명 전위파 형 전위적인, 아방가르드의
042	**elitism** [ilíːtizm, eilíːt-]	명 엘리트 의식, 정예주의

043 **reverse** [rivə́:rs]	동 뒤집다, 바꾸다, 파기하다, 되돌리다 형 반대의
044 **commit** [kəmít]	동 위임하다, 맡기다, (죄, 과실)범하다
045 **subtract** [səbtrǽkt]	동 빼다, 공제하다
046 **discount** [명:dískaunt 동:diskáunt]	명 할인, 값 깎기 동 무시하다, 할인하다
047 **patina** [pǽtənə]	명 녹청, 고색, 얕고 큰 접시
048 **erase** [iréis]	동 지우다, 없애다, 되돌리다
049 **charming** [tʃá:rmiŋ]	charm(매혹하다)의 현재분사·동명사 형 매력적인, 멋진 명 매혹적임
050 **with ease**	숙 쉽게
051 **cruel** [krú:əl]	형 잔인한, 잔혹한, 모진, 무참한
052 **cavort** [kəvɔ́:rt]	동 (말 등이)날뛰다, 껑충거리다
053 **pelt** [pelt]	동 ~에 내던지다, 연타하다, 욕을 퍼붓다
054 **strewn** [strú:n]	strew(흩뿌리다)의 과거분사 형 흩뿌려진
055 **consternation** [kànstərnéiʃən]	명 깜짝 놀람, 대경실색, 경악
056 **implication** [ìmplikéiʃən]	명 (뜻의)내포, 함축, 암시, 연루, 관련
057 **travesty** [trǽvəsti]	명 서투른 모방, 가짜
058 **taint** [teint]	동 더럽히다 명 감염, 얼룩
059 **misery** [mízəri]	명 고통, 비참, 불행, 어려움
060 **devastated** [dévəstèitid]	devastate(파괴하다)의 과거·과거분사 형 완전히 파괴된, 큰 충격을 받은
061 **drum** [drʌm]	명 드럼, 북
062 **twilight** [twáilàit]	명 황혼, 석양, 쇠퇴기
063 **erupt** [irʌ́pt]	동 분출하다, 터뜨리다, 폭발하다
064 **wound up**	숙 ~에 이르렀다, 결말이 났다
065 **duck** [dʌk]	명 오리
066 **cannonball** [kǽnənbɔ̀:l]	명 포탄, 특급, 무릎 안고 다이빙 동 빨리 달리다, 무릎 안고 다이빙하다

Danielle Steel
DAY 09

Chapter 27

001 numb [nʌm]
형 감각을 잃은, 망연자실한
동 감각을 잃게 하다, 멍하게 하다

002 utter [ʌ́tər]
동 말하다
형 무조건의, 완전한, 철저한

003 console [kənsóul]
동 위로하다, 위안을 주다

004 arduous [ɑ́ːrdʒuəs]
형 힘드는, 고된, 분투적인

005 tolerate [tɑ́lərèit]
동 참다, 견디다, 용인하다

006 reprisal [ripráizəl]
명 보복, 앙갚음

007 intrusion [intrúːʒən]
명 강요, 방해, 침입

008 wounds [wúndz]
명 상처, 부상
전 ~의 밑에, ~의 아래에

009 torpedo [tɔːrpíːdou]
명 어뢰
동 ~을 어뢰로 공격하다

010 train [trein]
명 기차, 열차
동 훈련하다, 교육하다, 연습하다

011 delicious [dilíʃəs]
형 맛있는, 맛 좋은, 달콤한, 즐거운

012 taffeta [tǽfitə]
명 태피터, 호박단(직물의 이름)

013 bridesmaids [bráidzmèidz]
명 신부 들러리

014 inflict [inflíkt]
동 (타격, 상처, 고통을)주다, 가하다

015 prison [prízn]
명 감옥, 교도소, 형무소

016 envision [invíʒən]
동 상상하다, 마음에 그리다, 계획하다

017 conclusion [kənklúːʒən]
명 결론, 마무리, 체결, (최종)판단

018 inquiry [inkwáiəri, inkwəri]
명 조사, 문의, 수사

Chapter 28

001 taste [teist]
명 미각, 경험, 취미, 입맛
동 맛보다, 시식하다, 경험하다

002 seclude [siklúːd]
동 분리하다, 격리하다, 추방하다

003 fairy [féəri]
명 요정, 남자 동성애자

004 ephemeral [ifémərəl]
형 단명하는, 덧없는

005 veil [veil]
명 베일, 덮개, 구실
동 베일을 쓰다

006 affect [əfékt]
동 영향을 주다, 작용하다, 감염시키다, ~인 체하다

007 breathtaking [bréθteikiŋ]
형 움찔 놀랄 만한, 아슬아슬한

008 underneath [ʌ̀ndərníːθ]
부 아래에 형 아래의
명 밑, 아래쪽
전 ~의 밑에, ~의 아래에

009 **emotion** [imóuʃən]	명 감정, 기분, 감동, 감성, 정서
010 **awry** [ərái]	형 구부러진, 비뚤어진, 뒤틀어진 부 빗나가, 어긋나
011 **transport** [trænspɔ́:rt]	동 운송하다, 이동하다
012 **dignify** [dígnəfài]	동 ~에 위엄을 주다, 위엄을 갖추다, ~을 고귀하게 하다
013 **vulnerable** [vʌ́lnərəbl]	형 상처를 입기 쉬운, 비난 받기 쉬운
014 **pew** [pju:]	명 교회의 기다란 신도석, 교회 가족석
015 **stiffen** [stífən]	동 경직되다, 강경하다, 격화되다
016 **row** [rou]	명 열, 줄, 말다툼 동 노 젓다, 말싸움을 하다
017 **aisle** [ail]	명 (좌석 사이, 건물, 열차 등의) 통로, 복도
018 **groom** [gru:m]	명 신랑 동 ~의 털을 깨끗이 하다, 깔끔하게 다듬다
019 **instant** [ínstənt]	형 즉시의, 긴급한 명 순간, 찰나, 인스턴트 식품
020 **vestibule** [véstəbjù:l]	명 현관, 문간방, 연결 통로
021 **insignificant** [ìnsignífikənt]	형 미미한, 중요하지 않은
022 **mesmerize** [mézməràiz]	동 매혹하다, ~에 최면술을 걸다, ~을 매료하다
023 **embark** [imbá:rk]	동 탑승하다, 시작하다, 배를 타다
024 **abundance** [əbʌ́ndəns]	명 풍부, 대량
025 **wove** [wouv]	weave(짜다, 엮다)의 과거·과거분사 형 짜여진
026 **crack** [kræk]	동 깨지다, 깨뜨리다, 갈라지다, 부수다 명 금, 균열 형 정예의
027 **cultivate** [kʌ́ltəvèit]	동 (땅을)갈다, 경작하다, 재배하다, (사람을)교화하다
028 **solve** [salv]	동 해결하다, 풀다
029 **inattentive** [ìnəténtiv]	형 부주의한, 태만한
030 **seatmate** [sí:tmèit]	명 동석자, 옆에 앉은 사람
031 **solicitously** [səlísətəsli]	부 염려스럽게, 걱정하여, 열망하여
032 **reclusive** [riklú:siv]	형 은둔한, 속세를 떠난, 쓸쓸한
033 **manuscript** [mǽnjuskrìpt]	명 원고, 필사본 형 원고의, 필사의
034 **rude** [ru:d]	형 무례한, 거친
035 **tenth** [tenθ]	형 제10의 명 열 번째, 10분의 1
036 **bridal** [bráidl]	형 신부의, 결혼식의, 혼례의
037 **illustrious** [ilʌ́striəs]	형 걸출한, 저명한, 뛰어난
038 **apologetic** [əpàlədʒétik]	형 변명의, 해명의, 사과의

039	fondly	[fάndli]	부 상냥하게, 사랑스럽게, 애정을 가지고
040	low-key	[lóu-kí]	형 삼가는 투의, 저자세의
041	political	[pəlítikəl]	형 정치의, 정치적인
042	superficial	[sùːpərfíʃəl]	형 피상적인, 표면상의, 천박한
043	arena	[əríːnə]	명 원형 경기장, 무대
044	out of steam		숙 활력을 잃은, 기력을 잃은
045	civilize	[sívəlàiz]	동 개화하다, 교화하다
046	acknowledge	[æknάlidʒ, əknάlidʒ]	동 ~을 인정하다, 알다, 확인하다, 감사하다, 승인하다
047	amicable	[ǽmikəbl]	형 우호적인, 평화적인, 타협적인
048	latter	[lǽtər]	형 후자의, 하반기의, 후반의
049	debutante	[débjutάːnt]	명 첫 무대를 밟는 여배우, 상류 사교계 아가씨
050	easygoing	[íːzigóuiŋ]	형 태평한, 게으른, 안이한
051	coast	[koust]	명 해안, 연안, 해변 동 (중력으로)미끄러져 내리다
052	pepper	[pépər]	명 고추, 후추 동 후추를 치다
053	annoyance	[ənɔ́iəns]	명 성가심, 짜증
054	insuperable	[insúːpərəbl]	형 정복할 수 없는, 무적의, 극복할 수 없는
055	aversion	[əvə́ːrʒən]	명 혐오, 반감, 아주 싫은 것
056	scold	[skould]	동 꾸짖다, 잔소리하다
057	smug	[smʌg]	형 자기 만족의, 잘난 체하는, 독선적인
058	groan	[groun]	동 신음하다, 괴로워하다, 불평하다
059	emphatically	[imfǽtikəli]	부 강조하여, 단호하게, 결단코
060	sissy	[sísi]	명 소녀, 자매 형 계집애 같은
061	exhaust	[igzɔ́ːst]	동 다 써버리다, 고갈시키다, 지치게 하다
062	preserve	[prizə́ːrv]	동 보존하다, 지키다, 보호하다
063	aim	[eim]	명 목표, 목적, 조준 동 목표하다, 조준하다
064	hurl	[həːrl]	동 ~을 세게 던지다, 부딪치다, 덤벼들다
065	reflex	[ríːfleks]	형 반사의, 되돌아 오는 명 반사, 반작용, 반영
066	lovingly	[lʌ́viŋli]	부 애정을 기울여
067	bachelor	[bǽtʃələr]	명 미혼 남자, 학사, 독신자
068	shrug	[ʃrʌg]	동 (어깨를)으쓱하다

069 **alligator** [ǽligèitər]	명 악어
070 **drown** [draun]	동 익사하다, (물에)잠기게 하다, 몰두시키다, (소리를)삼켜 버리다
071 **infinitesimally** [ìnfinətésəməli]	부 매우 작게, 미량으로
072 **slim** [slim]	형 호리호리한, 홀쭉한, 가는, 얼마 안 되는, 불충분한, 교활한
073 **reward** [riwɔ́:rd]	명 보수, 보상, 상금 동 보답하다
074 **prick** [prik]	동 찌르다, 옮겨 심다

Chapter 29

001 **motherly-looking** [mʌ́ðərli-lúkiŋ]	형 어머니처럼 보이는, 상냥해 보이는
002 **astute** [əstjú:t]	형 기민한, 빈틈없는, 약삭빠른
003 **hostile** [hástl]	형 적의 있는, 적개심에 불타는, 반대의
004 **indifferent** [indífərənt]	형 무관심한, 중요치 않은, 개의치 않는
005 **override** [òuvərráid]	동 무효로 하다, ~을 짓밟다, ~을 타고 넘다
006 **peculiar** [pikjú:ljər]	형 특이한, 특유한, 특별한
007 **diaper** [dáiəpər]	명 마름모 무늬 천, 기저귀
008 **consolation** [kànsəléiʃən]	명 위로, 위안
009 **affluent** [ǽfluənt]	형 부유한, 유복한, 풍부한
010 **comparison** [kəmpǽrisn]	명 비교, 대조
011 **domestic** [dəméstik]	형 국내의, 가정의, 자국의, 국산의
012 **undertake** [ʌ̀ndərtéik]	동 ~을 떠맡다, 책임을 지다, 보살펴 주다
013 **rivalry** [ráivəlri]	명 경쟁, 대항, 대립 관계
014 **gynecologist** [gài-nikálədʒist]	명 부인과 의사, 부인과 전문의
015 **curtly** [kə́:rtli]	부 무뚝뚝하게, 간략하게
016 **humble** [hʌ́mbl]	형 천한, 시시한, 겸손한
017 **at stake**	숙 (돈, 목숨, 운명이)걸리어, 문제가 되어
018 **lean** [li:n]	동 기울다, 기대다 형 군살이 없는, 호리호리한 명 경사, 살코기
019 **acrimonious** [ækrəmóuniəs]	형 신랄한, 매서운, 호된
020 **dying** [dáiiŋ]	die(죽다)의 현재분사·동명사 형 죽어가는, 사라지려는, 죽음의 명 사망
021 **have an affair**	숙 ~와 관계를 갖다, 바람 피우다
022 **uproar** [ʌ́prɔ:r]	명 소동, 소란, 소음
023 **frighteningly** [fráitniŋli]	부 무섭게

024 calm [kɑːm]	동 진정시키다 형 차분한, 침착한, 고요한
025 cryptically [kríptikəli]	부 수수께끼같이, 아리송하게

Chapter 30

001 tumor [tjúːmər]	명 종양, 종기
002 fertilization [fəːrtəlizéiʃən]	명 수정, 다산화, 비옥화
003 ally [əlái]	명 동맹, 협력, 연합 동 ~을 지지하다
004 worthwhile [wə̀ːrθwáil]	형 가치 있는, ~할 만한
005 deafen [défən]	동 ~의 귀를 먹게 하다, ~의 귀를 소음으로 먹먹하게 하다, 안 들리게 하다
006 contribute [kəntríbjuːt]	동 기여하다, 공헌하다, 기부하다, 제공하다
007 squad [skwad]	명 팀, 분대, 선수단
008 in the meantime	숙 그동안, 그 사이에
009 perspective [pərspéktiv]	명 시각, 관점, 견해, 전망, 원근법
010 confidence [kánfədəns]	명 자신감, 신뢰, 신임, 확신, 신용
011 cowardly [káuərdli]	형 비겁한, 비열한 부 비겁하게
012 turbulent [tə́ːrbjulənt]	형 사나운, 폭풍우의, 험한

Chapter 31

001 modify [mádəfài]	동 변경하다, 변형하다, 조절하다
002 courtesy [kə́ːrtəsi]	명 예의, 정중함, 호의 형 의례적인, 무료의, 정중한
003 psychiatric [sikiǽtrik, sài-]	형 정신의학의, 정신과의
004 jolt [dʒoult]	동 충격을 주다, 덜컹거리다 명 급격한 동요, 정신적 쇼크
005 fascinated [fǽsənèitid]	fascinate(매혹하다)의 과거·과거분사 형 매혹된
006 fulfill [fulfíl]	동 이행하다, 이루다, 충족시키다, 완수하다
007 abusive [əbjúːsiv]	형 욕설을 퍼붓는, 학대하는, 악용하는
008 fragment [frǽgmənt]	명 파편, 조각 동 산산이 부수다, 부서지다
009 slate [sleit]	명 석판, 슬레이트 동 혹평하다
010 cope with	숙 ~에 대처하다, 극복하다, ~을 처리하다
011 godsend [gádsènd]	명 뜻밖의 행운, 하나님의 선물, 횡재
012 sonogram [sánəgræm]	명 초음파 사진
013 confide [kənfáid]	동 비밀을 털어놓다, 신뢰하다
014 rely on	숙 의지하다, 신뢰하다

015	**traffic** [trǽfik]	명 교통, 왕래, 장사, 매매
016	**predict** [pridíkt]	동 예측하다, 전망하다, 예상하다, 예보하다
017	**notable** [nóutəbl]	형 주목할 만한, 유명한, 두드러진, 뛰어난
018	**hay fever**	명 꽃가루 알레르기
019	**assure** [əʃúər]	동 보증하다, 납득하다, 확신하다
020	**queasy** [kwíːzi]	형 구역질 나는, 역겨운, 불안한, 소심한
021	**exultation** [èɡzʌltéiʃən]	명 몹시 기뻐함, 환희
022	**fare** [fɛər]	명 운임, 요금
023	**gratitude** [ɡrǽtətjùːd]	명 감사, 고마움
024	**fervently** [fə́ːrvəntli]	부 열심히, 열렬하게
025	**rummage** [rʌ́midʒ]	동 샅샅이 뒤지다, ~을 찾아내다
026	**frantically** [frǽntikəli]	부 미친 듯이, 미쳐서
027	**pediatrician** [piːdiətríʃən]	명 소아과 의사
028	**ominously** [ɑ́mənəsli]	부 불길하게, 부정적인, 음산한

Chapter 32

001	**beleaguer** [bilíːɡər]	동 포위하다, 괴롭히다, 공격하다
002	**hatch** [hætʃ]	동 (알이)부화하다, (음모를)꾸미다 / 명 (배, 비행기 등의)승강구, 화물 출입구
003	**optimistic** [ɑ̀ptəmístik]	형 낙관적인, 긍정적인
004	**protease** [próutièis]	명 프로테아제, 단백질 분해 효소
005	**transcriptase** [trænskrípteiz]	명 전사효소
006	**inhibitor** [inhíbitər]	명 반응 억제제, 억제 유전자
007	**rocky** [rɑ́ki]	형 바위가 많은, 장애가 많은, 불안정한
008	**formula** [fɔ́ːrmjulə]	명 공식, 방식, 유동식
009	**inconvenience** [ìnkənvíːnjəns]	명 불편, 성가심 / 동 불편하게 하다
010	**wicked** [wíkid]	형 악한, 사악한, 심술궂은
011	**fitful** [fítfəl]	형 발작적인, 단속적인, 일정치 않은, 변덕스런
012	**bassinet** [bæsənét]	명 덮개가 달린 요람, 유모차, 중세의 둥근 투구
013	**bow** [bau, bou]	동 절하다, 허리를 굽히다 / 명 활, 절, 경례, 이물, 뱃머리
014	**booty** [búːti]	명 전리품, 약탈물

015 layette [leiét]	명 갓난아기 용품
016 unload [ʌ̀nlóud]	동 (짐을)내리다, (근심을)덜다
017 promptly [prámptli]	부 신속히, 즉시
018 Tuscany [tʌ́skəni]	명 토스카나(이탈리아 중부의 주)
019 inevitably [inévitəbli]	부 불가피하게, 필연적으로
020 extent [ikstént]	명 넓이, 크기, 정도, 범위
021 ax [æks]	명 도끼, 처형, 감원 동 도끼로 자르다
022 grind [graind]	동 (맷돌로)갈다, 으깨다, 이를 갈다, 문지르다 명 따분한 일
023 incoherent [ìnkouhíərənt]	형 (논리적으로)일관치 않은, 뒤죽박죽인, 모순된
024 struck [strʌk]	strike(치다, 파업하다)의 과거·과거분사 형 파업으로 폐쇄된
025 joyous [dʒɔ́iəs]	형 즐거운
026 jangle [dʒǽŋgl]	동 쨍그랑거리다, 거슬리게 하다 명 거슬리는 소리, 말다툼
027 animatedly [ǽnəmèitidli]	부 생기 발랄하게, 활발하게
028 radical [rǽdikəl]	형 근본적인, 급진적인
029 sculptor [skʌ́lptər]	명 조각가, 조각사

030 tedious [tíːdiəs]	형 지루한, 장황한
032 dominatrix [dɑ̀mənéitriks]	명 지배하려는 여자

Chapter 33

001 loud [laud]	형 (소리가)큰, 시끄러운, 부 큰 소리로
002 epidural anesthesia	명 경막 외 마취
003 wail [weil]	동 울부짖다, ~을 크게 비탄하다 명 통곡
004 cord [kɔːrd]	명 줄, 끈
005 relinquish [rilíŋkwiʃ]	동 포기하다, 양도하다, 그만두다
006 fuzz [fʌz]	명 솜털, 잔털, 경찰관
007 glucose [glúːkous]	명 포도당, 글루코오스, 물엿
008 lactate [lǽkteit]	동 젖을 분비하다, 수유하다
009 grumble [grʌ́mbl]	동 불평하다 명 불만
010 heal [hiːl]	동 치료하다, 낫게 하다
011 awestruck [ɔ́ːstrʌk]	형 두려워진, 위엄에 눌린
012 solidify [səlídəfài]	동 응고하다, 굳어지다, 응고시키다

013	**wear off**	점점 줄어들다, 작아지다, 점차 사라지다
014	**spirit** [spírit]	정신, 영혼, 마음
015	**bundle** [bʌ́ndl]	끼워 팔다, 껴입다, 묶다 / 묶음, 보따리
016	**intently** [inténtli]	집중하여, 열심히, 골똘하게

Chapter 34

001	**rave** [reiv]	헛소리를 하다, 고함치다, 사납게 날뛰다
002	**chin** [tʃin]	턱
003	**stork** [stɔːrk]	황새
004	**downy** [dáuni]	솜털 같은, 폭신한, 온화한
005	**insanely** [inséinli]	미친 듯이
006	**murmur** [mə́ːrmə(r)]	중얼거리다 / 잡음, 중얼거림, 속삭임
007	**tougher** [tʌ́fər]	tough의 비교급 / 더 강인한, 더 튼튼한
008	**gun-shy** [gʌn-ʃái]	(사냥개나 말 등이)총소리에 놀라는, 잘 무서워하는
009	**sneak** [sniːk]	몰래 움직이다, 살금살금 움직이다, 가만히 나오다
010	**stick out**	튀어나오다, 내밀다, 두드러지다, 눈에 띄다

011	**patriotic** [pèitriátic]	애국적인, 애국의
012	**epidemic** [èpədémik]	유행병, 전염병

Chapter 35

001	**stroller** [stróulər]	어슬렁거리는 사람, 방랑자, 순회 공연자
002	**chastity** [tʃǽstəti]	순결, 고상함, 정숙함
003	**bangle** [bǽngl]	팔찌, 발목 장식, 장식 고리
004	**loneliness** [lóunlinis]	고독, 쓸쓸함, 적막
005	**cuddle** [kʌ́dl]	꼭 껴안다, 포옹하다
006	**heartfelt** [háːrtfelt]	(말,행위 등이)마음으로부터의, 진심에서의
007	**assumption** [əsʌ́mpʃən]	인수, 장악, 수락, 취임, 추정
008	**yacht** [jat]	요트
009	**oval** [óuvəl]	달걀 모양의, 타원형의 / 달걀 모양, 타원체
010	**lid** [lid]	뚜껑, 눈꺼풀
011	**infinite** [ínfənət]	무한한

중급

2 시드니 셀던
Sidney Sheldon
단어

2 중급
시드니 셸던 단어

  수많은 언어의 수많은 단어들을 만나는 저는 늘 머리가 뜨거워요. 하지만 모든 것은 다 지나가게 되어 있다는 것을 확실히 알고 있기에 조바심 내지 않아요. 예전에 스페인어와 이탈리아어를 공부할 때 단어들이 너무 헷갈려서 둘 중 하나는 포기해야 하나 심각하게 고민한 적이 있었어요. 이탈리아어에 집중하다 보니 이미 자신 있다고 생각했던 스페인어가 어수선해졌거든요.

  그런데 공부를 멈추지 않고 계속 하다 보니 어느 순간 스페인어는 스페인어대로 이탈리아어는 이탈리아어대로 정리가 되었어요. 그때 모든 건 시간이 해결해 준다는 것을 확실히 깨달았어요.

  지금은 훨씬 더 많은 종류의 단어들을 한꺼번에 공부하고 있지만 그저 묵묵히 하다 보면 모든 것은 시간이 해결해 준다는 것을 알고 있기 때문에 스트레스는 없어요. 스트레스 받지 말고 그저 하루하루 열심히 하다 보면 어느새 단어의 늪에서 빠져 나와 있을 거예요.

단어를 쓰다 보면 이게 외워지기는 하는 건지, 어느 세월에 다 할 수 있다는 건지 의구심이 들어서 진도가 잘 안 나갈 거예요. 어서 빨리 책을 읽어야 하는데, 라는 조급한 마음 때문에 단어를 쓰는 펜을 여러 번 놓고 싶을 거예요. 하지만 이게 고비예요. 쓰긴 쓰지만 못 외워도 상관없다는 마음으로 써야 해요. 어차피 단어는 못 외우는 거예요. 단어를 외우는 건 책을 읽으면서 해결할 수 있어요. 절대 초조해하지 말고 시간의 힘을, 손의 힘을 믿고 한 걸음씩 천천히 가면 돼요.

영어를 잘하려면 단어의 힘이 꼭 필요해요. 앞으로 수많은 책을 읽어야 하는데 책을 읽는 가장 큰 목적은 단어의 힘을 키우기 위한 거예요. 문법 실력이 아무리 뛰어나도 단어가 저절로 늘지는 않지만 단어 실력이 뛰어나면 문법이나 숙어 실력은 저절로 좋아지기도 하거든요.

영어에 재능이 없다고 생각하시나요? 영어는 재능으로 하는 게 아니에요. 열심히 했는데도 늘지 않았다고 하는 분들은 사실은 열심히 하지 않았거나, 실력이 늘었는데도 본인이 느끼지 못하거나, 또는 공부 방법이 효율적이지 못했거나, 이 세 경우 중에 하나랍니다. 하지만 어학은 어찌 됐던 하기만 하면 무조건 쌓이고 남는 공부예요. 지금 하나하나 쓰고 있는 단어가 나중에 보면 무척 많이 쌓여서 큰 힘이 될 거예요.

　영어는 무조건 시간을 들여서 하면 잘할 수 있다는 확신을 가지고 단어 쓰는 이 지겨운 시간을 지나가 보세요. 완벽한 미국 사람이 되겠다는 욕심만 포기해 주세요. 영어가 편안해질 정도로만 하자! 라고 현실적으로 목표를 잡으면 꿈은 반드시 이루어져요.

　이제 시드니 셀던의 『Master of the game』 속 단어들을 공부할 텐데요. 다니엘 스틸이 아침 드라마 같다면 시드니 셀던의 책은 한 편의 영화 같아요. 정말 흥미진진해요. 책을 빠르게 읽기 위한 연습으로 딱 알맞아요. 다니엘 스틸과 시드니 셀던까지는 금방 지나가요. 하지만 존 그리샴은 조금 각오를 하셔야 해요. 존 그리샴 정도는 읽어야 어디 가서 영어로 뭔가를 할 수 있어요. 사실 다니엘 스틸과 시드니 셀던의 작품은 존 그리샴 책을 읽기 위한 준비 과정이라고도 할 수 있어요. 하지만 지레 겁먹지는 마세요. 다니엘 스틸과 시드니 셀던 책의 단어들을 넘었다면 존 그리샴도 할 수 있어요. 그리고 존 그리샴 단어를 마치고 나면 영어의 한 고비를 다 넘었다는 성취감이 들 거예요.

　다니엘 스틸과 시드니 셀던 책들은 절대 단어가 어려운 책이 아니지만 제가 드린 단어 목록을 보다 보면 이런 단어까지 알아야 하나 하는 생각이 들 수도 있어요. 하지만 우리는 단어들을 외우는 것이 목적이 아니니까요. 목록에 나오는 난해하다 싶은 단어들은 절대 대세에 영향을 미치지 않아요. 외우실 필요가 없어요. 너무 외우려 하지 말고 많이 보다가 익숙해지겠지 하는 마음으로 그냥 가볍게, 하지만 좀 많이 봐 주면 돼요.

다니엘 스틸 책에서 쉬운 문장들을 수없이 보면서 기초를 닦는 게 목표였다면 시드니 셀던의 책에서는 본격적으로 독서 속도를 올리는 연습을 하는 거예요. 시드니 셀던은 빨리 읽기에 딱이거든요. 듣기가 되는 순간은 미국 사람이 말하는 속도와 내가 알아듣는 속도가 일치하는 순간이에요. 문장 하나하나의 정확한 이해도 중요하지만 조금 놓치는 부분이 있더라도 전체적인 흐름을 잡아서 속도를 맞추는 일이 가장 중요해요.

그러니 책을 읽을 때도 절대 100% 이해하려고 하지 말고 일부는 포기해 주세요. 절대 질질 끌면 안 돼요. 모르겠다 싶은 건 그냥 넘겨야 해요. 책에서 해결하지 못한 것들은 문법, 숙어, 상식 등으로 따로 공부해야 해요. 한 방에 이것저것 다 얻으려고 하면 안 돼요.

레몬쌤의 Master of the game 단어 공부법

❶ 하루 분량의 『Master of the game』 단어 전체를 사전에서 찾아 색칠해 주세요. 『Dating Game』을 색칠할 때 쓴 색연필과 다른 색을 선택해 주세요.

❷ 색칠을 다 한 다음에 하루 분량의 단어 전체를 영어 단어만 노트에 1번씩 써 주세요.

❸ 노트에 영어 단어만 3번씩 더 써 주세요.

❹ 목록 처음부터 끝까지 영어 단어와 한글 뜻을 1번씩 더 써 주세요. 영어 단어를 총 5번 쓴 다음 그 옆에 한글 뜻을 쓰는 거예요.

〈노트 쓰는 방법〉

 ## 시드니 셸던 독서 목록

1. Master of the Game
2. If Tomorrow Comes
3. Rage of Angels
4. The Stars Shine Down
5. Nothing lasts forever
6. Tell Me Your Dreams
7. The Naked Face
8. The Other Side of Midnight
9. A stranger in the Mirror
10. Bloodline
11. Windmills of the Gods
12. The Sands of Time
13. Memories of Midnight
14. The Doomsday Conspiracy
15. Morning, Noon and Night
16. The Best Laid Plans
17. The sky is Falling
18. Are You Afraid of the Dark?

> **Tip**
> 1~6번까지는 순서를 지켜 읽고 나머지 12권은 자유롭게 읽으세요. 시드니 셸던의 책은 빨리 읽기에 적합하니 읽는 속도를 올리는 연습을 해 보면 좋아요.

Sidney Sheldon
DAY 10

Chapter 1

001 **amid** [əmíd]	전 ~의 한복판에서, ~의 사이에, ~한창때에	013 **dissolve** [dizálv]	동 녹이다, 해산하다, 해소하다, 없애다
002 **Scottish** [skátiʃ]	형 스코틀랜드(어, 인)의	014 **sprawl** [sprɔ:l]	동 큰 대자로 드러눕다, 보기 흉하게 벌리다, 불규칙하게 퍼지다
003 **obliterate** [əblítərèit]	동 (흔적을)지우다, ~을 제거하다	015 **lad** [læd]	명 젊은이, 친구, 소년
004 **Afrikaner** [æfriká:nər]	명 남아프리카 태생의 백인	016 **fair-haired** [feər-heərd]	형 금발의
005 **scorch** [skɔ:rtʃ]	동 그슬리다, 시들게 하다, 초토화하다 명 그을린 자국	017 **startling** [stá:rtliŋ]	startle(깜짝 놀라게 하다)의 현재분사·동명사 형 깜짝 놀라는 명 놀래킴
006 **slag** [slæg]	명 광재, 화산암 찌꺼기, 슬래그	018 **ingenuous** [indʒénjuəs]	형 천진난만한, 순진한, 솔직한
007 **smash** [smæʃ]	동 산산이 부수다, 강타하다 명 박살, 충돌	019 **eagerness** [í:gərnis]	명 열의, 열망
008 **tin** [tin]	명 주석, 양철, 통조림	020 **endearing** [indíəriŋ]	endear(사랑받게 하다)의 현재분사·동명사 형 사랑스러운 명 사랑스러움
009 **hut** [hʌt]	명 오두막	021 **disposition** [dìspəzíʃən]	명 기질, 처분, 성향, 생각
010 **frenzy** [frénzi]	명 열광, 광란, 광란 발작	022 **give up**	숙 포기하다
011 **artillery** [ɑ:rtíləri]	명 대포, 포병대	023 **desolate** [désələt déz-]	형 황량한, 황폐한, 외로운, 고독한 동 황폐케 하다
012 **celestial** [səléstʃəl]	형 하늘의, 천상계의, 천국의	024 **meager** [mí:gər]	형 빈약한, 메마른, 결핍한
		025 **sunup** [sʌ́nəp]	명 해돋이
		026 **wondrous** [wʌ́ndrəs]	형 놀라운, 경이로운
		027 **daft** [dæft]	형 미친 듯한, 어리석은

028	**nae** [nei]	부 (스코틀랜드 영어)no, not
029	**retort** [ritɔ́ːrt]	동 대꾸하다, 반박하다
030	**platter** [plǽtər]	명 대형 접시, 여러 음식을 차려 놓은 요리
031	**pouch** [pautʃ]	명 작은 주머니, 우편낭
032	**dainty** [déinti]	형 고상한, 우아한, 맛있는, 앙증맞은
033	**alight** [əláit]	동 내리다, 내려앉다 / 형 불타는, 빛나는
034	**carriage** [kǽridʒ]	명 마차, 운반차, 객차
035	**cornucopia** [kɔ̀ːrnjukóupiə]	명 (그리스신화)풍요의 뿔, 풍부, 풍요
036	**apothecary** [əpáθəkèri]	명 약제사, 약국
037	**cram** [kræm]	동 밀어 넣다
038	**dock** [dak]	동 (배를)부두에 대다 / 명 부두, 선창, 격납고, 화물의 적하장
039	**glimpse** [glimps]	명 힐끗 보기 / 동 힐끗 보다
040	**exposition** [èkspəzíʃən]	명 전시, 진열, 박람회
041	**innovation** [ìnəvéiʃən]	동 새 기틀, 신제도, 혁신
042	**equator** [ikwéitər]	명 적도
043	**leper** [lépər]	명 문둥이, 나병 환자, 세상에서 버림받은 사람
044	**wharf** [hwɔːrf]	명 선창, 부두
045	**horde** [hɔːrd]	명 큰 무리, 유목민 무리, 떼
046	**overrun** [òuvərrʌ́n]	동 침략하다, ~을 초과하다, 급속히 퍼지다
047	**tout** [taut]	동 강매하다, 성가시게 권유하다, 손님을 끌다
048	**half-caste** [hæf-kæst]	명 혼혈아
049	**vendor** [véndər]	명 노점, 상인, 행상인
050	**ware** [wɛər]	명 상품, 용품, 도자기류
051	**vainly** [véinli]	부 헛되이, 자만하여, 공연히
052	**canteen** [kæntíːn]	명 물통, 군인매점, 간이식당
053	**galvanize** [gǽlvənàiz]	동 ~을 아연 도금하다, 전류를 통하여 자극하다, 자극시키다
054	**abut** [əbʌ́t]	동 인접하다
055	**greengrocer** [gríngrousər]	명 청과물 상인, 청과상, 채소 장수
056	**tumble-down** [tʌ́mbəl-dàun]	형 허물어질 것 같은, 황폐한
057	**tobacconist** [təbǽkənist]	명 담배 가게, 담배 장수

058	**throng** [θrɔːŋ]	동 모여들다, 붐비다, 쇄도하다 / 명 군중
059	**clad** [klæd]	형 ~을 입은, ~이 덮인
060	**conic** [kánik]	형 원뿔의, 원뿔 모양의
061	**broad-brimmed** [brɔ́d-brímd]	형 챙이 넓은
062	**stout** [staut]	형 튼튼한, 뚱뚱한, 굵직한, 커다란
063	**attire** [ətáiər]	명 의상, 옷, 복장
064	**bonnet** [bánit]	명 보닛(여자나 어린이용 모자) / 동 ~에 모자를 씌우다
065	**washerwoman** [wɑ́ʃərwùmən]	명 직업적인 세탁부, 여자 세탁부
066	**boardinghouse** [bɔ́ːrdiŋhàus]	명 하숙집, 기숙사
067	**landlady** [lǽndlèɪdi]	명 여자 집주인, 여주인
068	**dumpy** [dʌ́mpi]	형 우울한, 언짢은, 굵고 짧은, 땅딸막한
069	**ample-bosomed** [ǽmpl-búzəmd]	형 풍만한 가슴의
070	**coy** [kɔi]	형 수줍어하는, 숨기는, 부끄러워하는
071	**landward** [lǽndwərd]	형 육지 쪽에, 내륙으로, 육지 쪽에 있는
072	**peaked** [piːkt]	peak(뾰족해지다)의 과거·과거분사 / 형 챙이 있는, 뾰족한, 봉오리가 있는
073	**vendetta** [vendétə]	명 항쟁, 피의 복수, 상호 복수
074	**swarm** [swɔːrm]	명 떼, 군중 / 동 무리 지어 다니다
075	**primitive** [prímətiv]	형 원시의, 옛날의, 초기의
076	**inadequate** [inǽdikwət]	형 부적절한, 부족한 / 명 사회적 부적격자
077	**odoriferous** [òudərífərəs]	형 향기로운, 구린, 냄새 나는
078	**noxious** [nɑ́kʃəs]	형 유해한, 불건전한, 몸에 해로운
079	**leftover** [léftòuvər]	명 나머지, 남은 것, 찌꺼기 / 형 먹다 남은
080	**squirrel** [skwə́ːrəl]	명 다람쥐
081	**cock-a-leekie** [kàkəlíːki]	명 (스코틀랜드식)부추를 넣은 닭고기 스프
082	**bap** [bæp]	명 작은 롤빵, 부드러운 롤빵
083	**grubstake** [grʌ́bstèik]	명 (광맥 발견시)시굴자에게 주는 금품
084	**solitude** [sɑ́lətjùːd]	명 고독, 외로움, 쓸쓸한 곳
085	**depot** [díːpou]	명 창고, 보급소
086	**besiege** [bisíːdʒ]	동 포위하다, ~에 몰려들다
087	**burly** [bə́ːrli]	형 억센, 퉁명스러운, 건장한

088	**mob** [mɑb]	명 폭도, 집단, 군중 / 동 떼 지어 몰려들다
089	**grunt** [grʌnt]	동 꿀꿀거리다, 불평하다
090	**heathen** [híːðən]	명 이교도, 이방인, 교양 없는 사람
091	**livery stable**	명 돈을 내고 말이나 탈것을 맡기거나 빌리는 곳
092	**impulse** [ímpʌls]	명 충동, 자극, 원동력, 욕망
093	**dogcart** [dɔ́(ː)gkɑ̀ːrt]	명 (예전에 좌석 밑에 사냥개를 넣었던)2륜 마차
094	**surge** [səːrdʒ]	명 큰 파도, 들끓음, 동요 / 동 (파도 등)이다, 밀려들다
095	**cramped** [kræmpt]	cramp(막다)의 과거·과거분사 / 형 비좁은, 갑갑한, 경련하는
096	**fetch** [fetʃ]	동 가지고 오다, 데리고 오다, 한숨 쉬다
097	**swede** [swiːd]	명 스웨덴인, 스웨덴 순무
098	**bullock** [búlək]	명 거세한 소 / 동 쉴 새 없이 일하다
099	**roomy** [rúːmi]	형 널찍한, 광대한, 헐렁한
100	**ward off**	숙 비키다, 피하다, 물리치다
101	**mule** [mjuːl]	명 노새, 고집쟁이
102	**refreshment** [rifréʃmənt]	명 다과, 간식
103	**gallop** [gǽləp]	동 (말 등이)질주하다 / 명 질주, (말의)전속력
104	**rut** [rʌt]	명 바퀴 자국, 관습 / 동 바퀴 자국을 내다
105	**hoof** [huf, huːf]	명 발굽 / 동 터벅터벅 걷다
106	**bumpy** [bʌ́mpi]	형 울퉁불퉁한, 평탄치 않은, 덜컹거리는
107	**plunge** [plʌndʒ]	동 감소하다, 급락하다, 추락하다, 뛰어들다 / 명 낙하, 급락
108	**batter** [bǽtər]	동 연달아 치다, 난타하다, 강타하다
109	**doze off**	숙 꾸벅꾸벅 졸다
110	**jar** [dʒɑːr]	동 삐걱삐걱 소리 내다, 불쾌한 소리를 내다 / 명 병, 단지, 항아리
111	**wilderness** [wíldərnis]	명 황야, 황무지
112	**monstrous** [mɑ́nstrəs]	형 거대한, 무서운, 소름 끼치는
113	**veld** [velt, felt]	명 (남아프리카의)초원
114	**pitiless** [pítilis]	숙 매정한, 인정사정 없는, 무자비한
115	**smother** [smʌ́ðər]	동 은폐하다, 질식시키다
116	**haze** [heiz]	명 아지랑이, 안개, 희부연 것 / 동 괴롭히다
117	**slog** [slɑg]	동 강타하다, 터벅터벅 걷다, 묵묵히 하다 / 명 강타, 고투

118	**sjambok** [ʃæmbák, -bʌ́k]	명 코뿔소 가죽 채찍
119	**whip** [hwip]	명 다수당의 원내대표, 채찍 동 때리다, 휘몰아치다, 휘저어 거품을 내다
120	**thong** [θɔːŋ]	명 가죽 끈
121	**laden** [léidn]	lade(짐을 싣다)의 과거분사 동 짐을 실은, 괴로워하는
122	**hemp** [hemp]	명 대마, 삼, 인도대마
123	**Belfast** [bélfæst]	고 벨파스트(북아일랜드의 수도)
124	**monotony** [mənátəni]	명 단조로움, 단음, 한결같음
125	**scrub** [skrʌ́b]	동 닦다, 문지르다, 씻다 명 문질러 닦기, 관목 숲
126	**redd** [red]	동 정돈하다, 치우다, 해결하다
127	**ripple** [rípl]	명 영향, 잔물결 동 잔물결이 일다, 주름이 생기다
128	**weary** [wíəri]	형 지친, 싫증 나는, 지루한
129	**bloodshot** [blʌ́dʃɑt]	형 (눈이)충혈된, 핏발이 선
130	**panorama** [pæ̀nərǽmə]	명 파노라마, 전경, 연달아 나타나는 광경
131	**kaffir** [kǽfər]	명 (비속어)깜둥이
132	**prospector** [prάspektər, prəspék-]	명 탐사자, 시굴자, 답사자
133	**shack** [ʃæk]	명 오두막집, 판잣집 동 동거하다
134	**billiard** [bíljərd]	형 당구의, 당구에 사용하는
135	**boisterous** [bɔ́istərəs]	형 떠들썩한, 난폭하고 시끄러운, 야단법석인
136	**stifling** [stáifliŋ]	stifle(숨차다)의 현재분사·동명사 형 숨이 가쁜, 답답한 명 숨참, 숨가쁨
137	**cot** [kɑt]	명 간이 침대, 어린이용 침대, 오두막집
138	**ravenous** [rǽvənəs]	형 탐욕스러운, 걸신 들린, 몹시 굶주린
139	**snook** [snuːk]	명 농어 류의 물고기 동 냄새를 킁킁 맡다
140	**pike** [paik]	명 강꼬치고기, 창, 유료 도로, 뾰족한 봉우리, 새우형 다이빙 자세 동 급히 가다
141	**resemble** [rizémbl]	동 ~와 닮다, 유사하다
142	**mutton** [mʌ́tn]	명 양고기, 양
143	**haunch** [hɔːntʃ]	명 둔부, 궁둥이, 허리
144	**feverish** [fíːvəriʃ]	형 열성의, 열이 있는, 흥분하고 있는
145	**uppermost** [ʌ́pərmoust]	형 최고의, 최우위의
146	**lode** [loud]	명 광맥, 통로, 수로
147	**basin** [béisn]	명 대야, 세면기, 저울접시, 작은 연못, 분지

#	단어	뜻
148	**barren** [bǽrən]	형 메마른, 불모의, 불임의
149	**shrub** [ʃrʌb]	명 관목
150	**riverbank** [rívərbæŋk]	명 강기슭, 하천 제방, 강둑
151	**mesh** [meʃ]	명 그물망, 올가미 동 딱 들어맞다, 맞물리다
152	**rickety** [ríkiti]	형 쓰러질 듯한, 흔들흔들 하는, 관절이 약한
153	**makeshift** [méɪkʃɪft]	명 임시변통의 것, 대용품, 미봉책 형 임시변통의
154	**apparatus** [æpərétəs, æpəréitəs]	명 장치, 기구, 기관
155	**corduroy** [kɔ́ːrdərɔ̀i]	명 코르덴, 코듀로이, 코르덴 신사복
156	**boulder** [bóuldər]	명 둥근 돌, 바위
157	**gravel** [grǽvəl]	명 자갈 동 어리둥절하게 하다
158	**sieve** [siv]	명 체, 여과기 동 체로 거르다, 체로 치다
159	**pebble** [pébl]	명 조약돌, 자갈, 수정
160	**improvised** [ímprəvàizd]	improvise(즉흥으로 하다)의 과거·과거분사 형 임시변통의, 즉흥의
161	**chum** [tʃʌm]	명 친구, 동창, 밑밥 동 친한 친구가 되다, 밑밥을 뿌리다
162	**broil** [brɔil]	명 굽기, 구운 고기, 싸움 동 굽다, 뜨겁게 하다, 싸우다
163	**drench** [drentʃ]	동 ~을 흠뻑 적시다, ~을 물에 담그다
164	**stink** [stiŋk]	명 악취, 고약한 냄새 동 악취를 풍기다
165	**sanitary** [sǽnətèri]	형 위생적인, 청결한
166	**hellhole** [hélhoul]	명 기분 나쁜 장소, 악명 높은 장소
167	**carcass** [káːrkəs]	명 시체, 짐승의 몸통, 잔해
168	**slaughter** [slɔ́ːtər]	명 도살, 학살, 살육 동 도살하다
169	**rot** [rɑt]	동 썩다, 부패하다, 못쓰게 되다, 나빠지다
170	**trench** [trentʃ]	명 참호, 깊은 도랑, 협곡
171	**lavatory** [lǽvətɔ̀ːri]	명 화장실, 변기, 세면대
172	**rust** [rʌst]	동 녹슬다, 부식하다, 무뎌지다 명 녹
173	**soot** [sut]	명 그을음, 검댕 동 검댕으로 더럽히다
174	**aquiline** [ǽkwəlàin]	형 매부리코의, 독수리의
175	**aloof** [əlúːf]	형 냉담한, 초연한, 떨어져서
176	**crate** [kreit]	명 (대형) 나무 상자 동 나무 상자에 담다
177	**tribe** [traib]	명 부족, 집단

#	단어	뜻
178	**uppity** [ʌ́pəti]	형 거만한, 주제넘은, 건방진
179	**odor** [óudər]	명 냄새, 악취, 향기
180	**implement** [ímpləmənt]	동 시행하다 명 연장, 도구, 용구, 장신구
181	**crock** [krak]	명 항아리, 검댕, 늙은 말
182	**gunpowder** [gʌ́npàudər]	명 화약
183	**crockery** [krákəri]	명 도기, 질그릇, 오지그릇
184	**haberdashery** [hǽbərdæ̀ʃəri]	명 잡화 장신구점, 남성복 매장
185	**saddlery** [sǽdləri]	명 마구 제조업, 마구류, 마구 수리점
186	**sheep-dip** [ʃíːp-dìp]	명 양을 씻기는 약물
187	**stationery** [stéiʃənèri]	명 문방구, 문구
188	**wary** [wɛ́əri]	형 조심하는, 신중한, 조심성 있는
189	**choosy** [tʃúːzi]	형 까다로운, 가리는, 괴팍스러운
190	**scavenge** [skǽvindʒ]	동 쓰레기 더미를 뒤지다
191	**euphoria** [juːfɔ́ːriə]	명 행복감, 도취감
192	**saloon** [səlúːn]	명 술집, 객실, 응접실
193	**decrepit** [dikrépit]	형 노쇠한, 병약한, 노후한
194	**mining** [máiniŋ]	mine(채굴하다)의 현재분사·동명사 명 채광, 채굴, 지뢰 부설 형 채굴하는
195	**lye** [lai]	명 잿물, 가성 알칼리 용액, 세제
196	**threadbare** [θrédbɛr]	형 닳아빠진, 초라한, 빈약한
197	**galvanized iron**	명 함석
198	**peg** [peg]	명 못, 쐐기, 말뚝 동 (못 등으로)고정하다, 겨누다, 꾸준히 일하다

Sidney Sheldon
DAY 11

Chapter 1

201 grime [graim]
명 때, 더러움
동 더럽히다

202 sundowner [sʌ́ndàunər]
명 저녁때 일을 파하고 마시는 술, 부랑자

203 shandygaff [ʃǽndigæ̀f]
명 섄디개프 (맥주와 진저비어의 혼합주)

204 hightail [háitèil]
동 급히 도망치다, 급히 달리다

205 pinch [pintʃ]
동 꼬집다, 꽉 죄다, 괴롭히다
명 꼬집기, 한 번 집기, 압박

206 bulbous [bʌ́lbəs]
형 둥글납작한, 구근의

207 earnestly [ə́ːrnistli]
부 진지하게, 진정으로

208 quarter [kwɔ́ːrtər]
명 분기, 1/4, 25센트, 막사

209 provision [prəvíʒən]
명 조항, 규정, 단서, 준비, 식량, 양식

210 plank [plæŋk]
명 판자, 널빤지

211 frugal [frúːgəl]
형 검소한, 절약하는, 간소한

212 turnip [tə́ːrnip]
명 순무

213 incomprehensible [ìnkɑmprihénsəbl]
형 이해할 수 없는, 불가해한, 무한한

214 arsenical [ɑːrsénikəl]
명 비소 화합물
형 비소의, 비소를 함유한

215 biltong [bíltɔ̀ːŋ, -tɑ̀ŋ]
명 육포

216 readiness [rédinis]
명 준비, 신속

217 stow [stou]
동 (짐을)넣다, 채워 넣다, 가득 채우다

218 consult [kənsʌ́lt]
동 상담하다, 진찰받다, 상의하다

219 grudging [grʌ́dʒiŋ]
grudge(아까워하다)의 현재분사·동명사 형 인색한, 본의 아닌
명 인색함

220 tether [téðər]
명 밧줄, 한계, 범위
동 밧줄로 매다

221 rein [rein]
명 고삐, 통제, 구속
동 고삐를 죄다

222 pitch [pitʃ]
동 던지다, (텐트)치다
명 던짐, 가락, 음률의 높이

223 nightfall [náitfɔ̀ːl]
명 해 질 녘, 일몰, 황혼

224 jerky [dʒə́ːrki]
명 육포, 말린 고기
형 덜컥거리는, 갑자기 확 움직이는

225 fang [fæŋ]
명 (뱀, 개 등의)송곳니

Chapter 2

001 claw [klɔː]
명 발톱, 집게발
동 할퀴다, 쥐어뜯다

002	**snug** [snʌg]	형 아늑한, 포근한 / 명 (여관이나 술집 등의) 작은 방
003	**vulture** [vʌ́ltʃər]	명 독수리, 콘도르, 탐욕스런 사람
004	**trek** [trek]	동 여행하다, 전진하다 / 명 오지 여행
005	**brisk** [brisk]	형 활발한, 기운찬, 원기 있는
006	**monotonous** [mənátənəs]	형 단조로운, 지루한
007	**eerie** [íəri]	형 무시무시한, 기분 나쁜, 으스스한
008	**nocturnal** [naktə́:rnl]	형 야행성의, 야간의
009	**cub** [kʌb]	명 (곰, 사자, 여우 등의)새끼, 애송이, 신참, 생도
010	**impala** [impǽlə]	명 임팔라(아프리카 양의 일종)
011	**reckless** [réklis]	형 무모한, 무분별한, 부주의한
012	**delirious** [dilíəriəs]	형 (고열 등으로)정신 착란의, 열광적인
013	**thud** [θʌd]	명 털썩 소리, 쾅 소리, 쿵 소리 / 동 ~을 탁 치다, 쿵 떨어지다
014	**crucible** [krú:səbl]	명 도가니, 용광로
015	**tepid** [tépid]	형 미지근한, 미온의, 열정이 없는
016	**recollection** [rèkəlékʃən]	명 기억, 회상
017	**predawn** [pri:dɔ́:n]	명 새벽 전 / 형 새벽 전의
018	**stumble** [stʌ́mbl]	동 비틀거리다, 넘어지다, 발부리에 걸리다
019	**ooze** [u:z]	동 새다, 스며 나오다 / 명 부드러운 진흙, 분비
020	**sera** [síərə]	명 serum(혈청)의 복수형
021	**deliriously** [dilíəriəsli]	부 정신이 착란하여, 열광하여, 무아지경으로
022	**buxom** [bʌ́ksəm]	형 살집이 좋고 매력적인, 유방이 풍만한, 포동포동한
023	**croak** [krouk]	동 침울한 소리로 말하다, 개골개골 울다 / 명 개골개골 우는 소리
024	**swathe** [swað]	동 (붕대로)감다, 싸다 / 명 띠 모양의 장소
025	**intensity** [inténsəti]	명 강렬함, 격렬함, 세기
026	**flimsy** [flímzi]	형 약한, 얇은, 뻔한, 허술한, 가는
027	**disgruntle** [disgrʌ́ntl]	동 ~에 불만을 품게 하다, ~을 언짢게 하다, 기분 상하게 하다
028	**back-breaking** [bæk-bréikiŋ]	형 (체력을)소모시키는, 매우 힘이 드는
029	**squat** [skwat]	동 웅크리다, 쪼그리다, (남의 땅에)무단으로 살다 / 명 무단 점유 건물
030	**sift** [sift]	동 ~을 체로 치다, 분류하다, 조사하다
031	**bleary** [blíəri]	형 눈이 흐린, 분명치 않은, 지친

#	단어	뜻
032	**loadstar** [lóudstɑ̀ːr]	몡 북극성, 지침
033	**pickax** [píkæks]	몡 곡괭이 / 동 곡괭이로 파다
034	**set off**	숙 출발하다
035	**lever** [lévər]	몡 지레, 수단
036	**laborious** [ləbɔ́ːriəs]	형 열심히 일하는, 힘이 드는, 어려운, 고된
037	**dusk** [dʌsk]	몡 해 질 녘, 황혼
038	**diamondiferous** [dàiəməndífərəs]	형 (광산이)다이아몬드가 나오는
039	**glowing** [glóuiŋ]	glow(타다, 빨개지다)의 현재분사·동명사 / 형 타는 듯이, 열렬한, 극찬하는 / 몡 빨개짐
040	**glisten** [glísn]	동 반짝반짝 빛나다, 번쩍거리다 / 몡 반짝임
041	**flatten out**	숙 평평하게 하다
042	**crude** [kruːd]	형 천연 그대로의, 조잡한, 거친
043	**shack** [ʃæk]	몡 판잣집, 오두막집

Chapter 3~4

#	단어	뜻
001	**eddy** [édi]	몡 소용돌이
002	**blasted** [blǽstid]	blast(폭파하다)의 과거·과거분사 / 형 시든, 해를 입은, (비속어)빌어먹을
003	**ineffable** [inéfəbl]	형 말로 표현할 수 없는, 형언할 수 없는
004	**trepidation** [trèpədéiʃən]	몡 전율, 공포, 동요
005	**assayer** [æséiər]	몡 분석자, 시금자
006	**clutter** [klʌ́tər]	동 어지르다, 소란을 피우다
007	**penniless** [pénilis]	형 무일푼의, 빈털터리의, 극빈의
008	**jubilation** [dʒùːbəléiʃən]	몡 환희, 환호, 축하
009	**passer-by** [pǽsər-bai]	몡 행인, 지나가는 사람
010	**hypnotize** [hípnətàiz]	동 ~에 최면을 걸다, ~을 매료하다
011	**chamois** [ʃǽmi]	몡 샤모아, (양, 사슴, 염소의)가죽
012	**stake out**	숙 (용의자를)감시하다, (경찰관을 특정 지역에) 배치하다
013	**doorway** [dɔ́ːrwèi]	몡 문간, 출입구
014	**meekly** [míːkli]	부 온순하게, 순종하여
015	**bewilderment** [biwíldərmənt]	몡 당황, 난처, 놀람
016	**outfit** [áutfit]	동 채비하다, 준비하다, 공급하다 / 몡 채비, 준비
017	**rage** [reidʒ]	몡 격노, 분노

018 **quibbling** [kwíbliŋ]	quibble(투덜대다)의 현재분사·동명사 ⑱둘러대는, 투덜대는 ⑲투덜댐
019 **quits** [kwits]	⑱비긴, 피장파장의
020 **burr** [bəːr]	⑲거친(사투리가 강한) 발음, (기계가)윙윙하는 소리
021 **addle** [ǽdl]	⑳(머리를)혼란시키다
022 **fling** [fliŋ]	⑳던지다, 내던지다, 퍼붓다, 버리다
023 **overhear** [òuvərhíər]	⑳우연히 듣다, 엿듣다, 도청하다
024 **corrugate** [kɔ́ːrəgèit, kɑ́r-]	⑳주름을 잡다, 주름지다, 물결 모양으로 만들다
025 **anew** [ənjúː]	㉿다시 한 번, 신규로, 새로이
026 **hazy** [héizi]	⑱안개가 낀, 흐릿한, 아련한, 몽롱한
027 **trackless** [trǽklis]	⑱발자국이 없는, 길이 없는
028 **billycan** [bílikæ̀n]	⑲야영용 주전자
029 **avenger** [əvéndʒər]	⑲복수하는 사람, 원수를 갚는 사람
030 **puncture** [pʌ́ŋktʃər]	⑲찌르기, 구멍 뚫기, ⑳~에 구멍을 뚫다, ~을 상하게 하다
031 **scavenger** [skǽvindʒər]	⑲썩은 고기를 먹는 동물, 도로 청소부, 청소 도구
032 **aflame** [əfléim]	⑱불타는, 이글거리는

033 **stab** [stæb]	⑳~을 찌르다, 심히 해치다 ⑲찌르기, 찔린 상처
034 **excruciating** [ikskrúːʃièitiŋ]	excruciate(몹시 괴롭히다)의 현재분사·동명사 ⑱몹시 괴롭히는 ⑲괴롭힘
035 **shaft** [ʃæft]	⑲화살대, 자루, 손잡이, 화살, 나무줄기
036 **feral** [fíərəl]	⑱야생의, 길들여지지 않은, 잔인한
037 **jackal** [dʒǽkəl]	⑲자칼
038 **fetid** [fétid]	⑱악취가 나는, 냄새가 고약한
039 **flay** [flei]	⑳(동물의)가죽을 벗기다, 후려치다
040 **beak** [biːk]	⑲(새의)부리
041 **ruff** [rʌf]	⑲주름 깃, (새, 짐승 등의)목둘레 깃
042 **foul** [faul]	⑱구린내 나는, 불결한 ⑲반칙, 파울
043 **carrion** [kǽriən]	⑲짐승의 썩은 고기, 부패, 오물
044 **delirium** [dilíəriəm]	⑲일시적 정신 착란, 무아지경, 열광
045 **flap** [flæp]	⑲덮개, 펄럭거림 ⑳펄럭이다, 나부끼다, 퍼덕거리다
046 **flounce** [flauns]	⑲(치마 등의)주름 장식 ⑳뛰어 나가다
047 **uitlander** [éitlæ̀ndər]	⑲외국인, 남아프리카 거주 영국인

#	단어	뜻
048	**enslave** [insléiv]	동 노예로 만들다, 예속시키다, ~을 포로로 하다
049	**erode** [iróud]	동 침식하다, 부식하다, 부식되다
050	**subservient** [səbsə́ːrviənt]	형 복종하는, 종속하는, 비굴한, 아첨하는
051	**cunning** [kániŋ]	형 교활한, 교묘한, 노련한 / 명 교활, 간사, 약삭빠름
052	**lore** [lɔːr]	명 지식, 교훈, 민간 전승
053	**comet** [kámit]	명 혜성
054	**blizzard** [blízərd]	명 눈보라, 폭설
055	**cattle** [kǽtl]	명 소
056	**destine** [déstin]	동 미리 정해 두다, 따로 두다, 운명 짓다
057	**allot** [əlát]	동 할당하다, 배당하다, 쓰다, 충당하다
058	**lean-to** [líːn-túː]	명 (큰 건물 등에 지붕을)붙여 지은 별채
059	**rap** [ræp]	동 똑똑 두드리다, 지껄이다, 비난하다 / 명 랩(음악)
060	**vengeance** [véndʒəns]	명 복수, 원수 갚기, 앙갚음
061	**repress** [riprés]	동 억누르다, 진압하다, 억제하다
062	**unkempt** [ʌnkémpt]	형 흐트러진, 어질러진, 단정하지 못한, 세련되지 않은
063	**ridge** [ridʒ]	명 산등성이, 용마루, 기압 마루
064	**sunken** [sʌ́ŋkən]	sink(침몰하다)의 과거분사 / 형 침몰된, 가라앉은
065	**livid** [lívid]	형 검푸른, 격노한, 납빛의
066	**shipyard** [ʃípjàrd]	명 조선소
067	**shantytown** [ʃǽntitàun]	명 판자촌, 변두리의 빈민가
068	**rusty** [rʌ́sti]	형 녹슨, 무디어진, 쓸모없게 된, 구식의, 예전 같지 않은
069	**foreman** [fɔ́ːrmən]	명 우두머리, 직공장, 감독
070	**stevedore** [stíːvədɔ̀ːr]	명 하역 인부, 부두 인부 / 동 뱃짐을 싣다, 내리다
071	**fanatic** [fənǽtik]	명 광신자, 열광적인 애호가
072	**schism** [sízm]	명 분열, 분파, 분리
073	**herd** [həːrd]	명 짐승의 떼, 군중 / 동 떼를 이루다, 떼 짓다
074	**conclave** [kánkleiv]	명 비밀 회의, 추기경의 교황 선거 회의, 교황 선거 비밀 회의
075	**ghetto** [gétou]	명 유대인 거주 구역, 소수 민족의 빈민가, 흑인가
076	**in reserve**	숙 예비의, 따로 둔, 남겨 둔
077	**prey** [prei]	명 먹이, 밥, 희생물, 약탈물 / 동 잡아먹다, 희생물로 하다

078	**virile** [vírəl]	형 씩씩한, 남성적인, 성년 남자의
079	**scorn** [skɔːrn]	명 경멸, 모욕, 냉소 동 깔보다, 비웃다
080	**cringe** [krindʒ]	동 움츠리다, 위축되다 명 비굴, 위축, 아첨
081	**reverence** [révərəns]	명 공경, 숭배, 경례, 공손한 태도
082	**upturn** [ʌ́ptərn]	동 ~을 뒤집다, ~을 뒤엎다, 올리다 명 상승, 격변
083	**reef** [riːf]	명 산호초, 암초
084	**visualize** [víʒuəlàiz]	동 시각화하다, 마음에 떠올리다, 구체화하다
085	**cartographer** [kɑːrtɑ́grəfər]	명 지도 제작자, 제도사
086	**impede** [impíːd]	동 방해하다, 지체시키다, 훼방 놓다
087	**barbed** [bɑːrbd]	barb(가시를 달다)의 과거·과거분사 형 가시가 돋친, 신랄한
088	**manned** [mænd]	man(사람을 배치하다)의 과거·과거분사 형 사람이 하는, 유인의
089	**watchtower** [wɑ́tʃtàuər]	명 망루, 등대, 망대
090	**raft** [ræft]	명 뗏목 동 뗏목으로 가다
091	**paddle** [pǽdl]	명 노, 물갈퀴 동 물을 헤치고 나아가다, 노로 젓다
092	**persuasive** [pərswéisiv]	형 설득력 있는 명 유인, 동기
093	**simplicity** [simplísəti]	명 단순, 간단, 꾸밈없음, 간이, 무지
094	**disembark** [dìsembɑ́ːrk]	동 양륙하다, 내리다, 상륙시키다
095	**pristine** [prístiːn]	형 초기의, 원시 시대의, 본래의
096	**launch** [lɔːntʃ]	동 ~을 물에 띄우다, 내보내다, 착수하다 명 발표, 개시, 대형 보트
097	**constable** [kɑ́nstəbl]	명 치안담당관, 경관, 순경
098	**florid** [flɔ́ːrid]	형 화려한, 불그레한, 혈색이 좋은
099	**heavy-set** [hèvi-sét]	형 체격이 좋은, 옹골찬
100	**telltale** [téltèil]	명 고자쟁이, 표시, (시계 등)정보 제공 장치
101	**tippler** [típlər]	명 술을 홀짝홀짝 마시는 사람, 술고래
102	**dubious** [djúːbiəs]	형 의심스러운, 반신반의하는, 모호한
103	**planking** [plǽŋkiŋ]	명 널빤지, 마루청
104	**lash** [læʃ]	동 후려치다, 묶다, 매다 명 채찍질, 비난, 끈, 속눈썹
105	**mast** [mæst]	명 돛대, 깃대, 꼭대기
106	**crease** [kriːs]	명 접은 자국, 주름 동 주름지게 하다
107	**guano** [gwɑ́ːnou]	명 구아노(바닷새의 똥, 비료)

#	단어	뜻
108	**in vain**	숙 헛되이, 헛된, 효과 없이
109	**strenuous** [strénjuəs]	형 격렬한, 불굴의, 활기찬
110	**nagging** [nǽgiŋ]	nag(잔소리하다)의 현재분사·동명사 형 끊임없이 잔소리하는 명 성가신 잔소리
111	**compass** [kʌ́mpəs]	명 나침반, 컴퍼스
112	**yaw** [jɔː]	동 (배가)한쪽으로 흔들리다
113	**cormorant** [kɔ́ːrmərənt]	명 가마우지, 대식가, 탐욕스러운 사람
114	**linger** [líŋɡər]	동 꾸물거리다, 떠나기를 망설이다, 지루하게 계속되다
115	**fin** [fin]	명 지느러미, (차량, 항공 등에서)지느러미 기능을 하는 것
116	**skim** [skim]	동 걷어 내다, 스쳐 지나가다, 스치듯 날리다 명 스침, 소득 은닉
117	**nudge** [nʌdʒ]	동 팔꿈치로 살짝 찌르다, 살살 밀다
118	**capsize** [kǽpsaiz]	동 전복시키다, 뒤집다
119	**tilt** [tilt]	동 기울이다, 경사지게 하다, 돌격하다, 공격하다
120	**precarious** [prikɛ́əriəsv]	형 남에게 의지할 수밖에 없는, 불안정한, 위태로운
121	**angle** [ǽŋgl]	명 각도, 관점, 모서리, 양상, 국면
122	**heel over**	숙 (배가)한쪽으로 기울다
123	**sickening** [síkəniŋ]	sicken(병들게 하다)의 현재분사·동명사 형 병들게 하는, 넌더리 나게 하는 명 병들게 함
124	**thrash** [θræʃ]	동 세게 때리다, 철저하게 패배시키다, 뒹굴다, 몸부림치다
125	**circumference** [sərkʌ́mfərəns]	명 원주, 주변, 외주
126	**acrid** [ǽkrid]	형 신랄한, 매운, 얼얼한
127	**stench** [stentʃ]	명 악취, 기미, 김새
128	**noisome** [nɔ́isəm]	형 불쾌한 냄새가 나는, 구린, 유해한
129	**corpse** [kɔːrps]	명 시체, 송장, 효력을 잃은 것
130	**smudge** [smʌdʒ]	명 얼룩, 더러움 동 얼룩지게 하다
131	**parapet** [pǽrəpit]	명 난간, 흉벽, 흉장
132	**outsmart** [àutsmáːrt]	동 ~보다 한 수 앞서다, 자승자박하다

Sidney Sheldon
DAY 12

Chapter 3~4

133 hoist [hɔist]
- 동 끌어올리다, 게양하다
- 명 끌어올리기, 게양

134 overhead [부:óuvərhéd 형.명:óuvərhèd]
- 부 머리 위에, 하늘 높이
- 형 머리 위의
- 명 천장, 간접비

135 whitecap [wáitkæp]
- 명 흰 물결, 흰 파도, 물마루

136 afar [əfáːr]
- 부 멀리서, 멀리에, 멀리

137 swell [swel]
- 동 팽창하다, 부풀다, 넘실거리다, 증가시키다
- 명 팽창, 큰 파도

138 comber [kóumər]
- 명 빗질하는 사람, 밀려오는 파도

139 momentum [mouméntəm]
- 명 운동량, 기세, (일의)탄력

140 hurtle [hə́ːrtl]
- 동 충돌하다, 소리 내며 나아가다, ~을 세게 던지다
- 명 충돌, 돌진

141 seethe [siːð]
- 동 데치다, 삶다, 물거품이 일다

142 maelstrom [méilstrəm]
- 명 큰 소용돌이, 대혼란, 노르웨이 북서안 앞바다의 소용돌이

143 loom [luːm]
- 동 불안하게 다가오다, 어렴풋이 보이다, 불쑥 나타나다

144 clarity [klǽrəti]
- 명 명쾌함, 투명, 맑음

145 jag [dʒæg]
- 명 뾰족한 모서리, (톱니처럼)깔쭉깔쭉함

146 geyser [gáizər]
- 동 분출하다
- 명 간헐천, 간헐 온천

147 intact [intǽkt]
- 형 손상되지 않은, 온전한, 원래대로의

148 propel [prəpél]
- 동 추진하다, ~을 나아가게 하다, 촉구하다

149 razor-sharp [réizər-ʃɑrp]
- 형 아주 날카로운, 예리한

150 wrench [rentʃ]
- 동 ~을 비틀다, 잡아떼다, 접질리다, 왜곡하다

151 catapult [kǽtəpʌlt]
- 명 투석기, 새총
- 동 내던지다

152 shred [ʃred]
- 명 조각, 단편
- 동 갈기갈기 찢다

Chapter 5

001 foothill [fúthìl]
- 명 산기슭의 작은 언덕, 언덕

002 purple [pə́ːrpl]
- 명 자주색, 보라색
- 형 보라색의

003 escarpment [iskáːrpmənt]
- 명 급경사면, 벼랑, 급경사지

004 kloof [kluːf]
- 명 깊은 계곡, 협곡

005 canyon [kǽnjən]
- 명 협곡

006 caldron [kɔ́ːldrən]
- 명 가마솥, 큰 냄비

#	단어	뜻
007	**resigned** [rizáind]	resign(사직하다)의 과거·과거분사 형 단념한, 순종하는, 퇴직한
008	**reproach** [ripróutʃ]	동 비난하다, 꾸짖다 명 비난, 질책
009	**plaster** [plǽstər]	명 회반죽, 깁스 동 회반죽을 바르다, 딱 들러붙게 하다
010	**skull** [skʌl]	명 두개골, 머리뼈
011	**sop** [sɑp]	동 흠뻑 젖게 하다, 빨아들이다, 스며들다 명 뇌물, 흠뻑 젖은 것
012	**tattered** [tǽtərd]	tatter(해지게 하다)의 과거·과거분사 형 넝마의, 붕괴한
013	**resume** [rizúːm]	명 이력서 동 재개하다, 다시 시작하다, 되찾다
014	**mindless** [máindlis]	형 아무 생각이 없는, 무심한
015	**as though**	숙 마치 ~인 것처럼
016	**dune** [djuːn]	명 모래 언덕, 사구
017	**impenetrable** [impénətrəbl]	형 헤아릴 수 없는, 둔감한, 꿰뚫을 수 없는
018	**westerly** [wéstərli]	형 서쪽의, 서쪽으로 향하는 명 서풍
019	**menace** [ménis]	동 위협하다, 협박하다 명 위협적인 존재, 협박
020	**exultant** [igzʌ́ltənt]	형 크게 기뻐하는, 승리에 도취한
021	**muffle** [mʌ́fl]	동 싸다, 덮다, 몸을 의복으로 감싸다
022	**ricochet** [ríkəʃéi]	동 (~에 맞고)튀어나오다, 스쳐 나오다 명 물수제비 뜨기
023	**disembody** [dìsembádi]	동 영혼을 육체에서 분리시키다
024	**distribute** [distríbjuːt]	동 배포하다, 공급하다, 나눠 주다, 분배하다
025	**confront** [kənfrʌ́nt]	동 직면하다, 맞서다, 대항하다, 마주하다
026	**pry** [prai]	동 엿보다, 탐색하다, ~을 지레로 들어 올리다
027	**whimper** [hwímpər]	동 흐느껴 울다, 울먹이다 명 흐느껴 우는 소리
028	**throb** [θrɑb]	동 욱신(지끈)거리다, 두근두근하다, 감동하다 명 맥박, 진동
029	**automaton** [ɔːtámətàn]	명 자동 장치, 자동 인형
030	**odyssey** [ádəsi]	명 오디세이(호머의 대서사시), 장기간의 모험
031	**dissipate** [dísəpèit]	동 소멸시키다, 낭비하다
032	**incredulous** [inkrédʒuləs]	형 의심 많은, 믿으려 하지 않는
033	**petrify** [pétrəfài]	동 석화하다, 망연자실하게 하다, ~을 굳어지게 하다
034	**disreputable** [disrépjutəbl]	형 평판이 나쁜, 창피한, 초라한
035	**restricted** [ristríktid]	restrict(제한하다)의 과거·과거분사 형 제한된, 한정된
036	**beckon** [békən]	동 신호하다, 지시하다, 유인하다, 부추기다

Chapter 6~11

#	단어	뜻
001	**cravat** [krəvǽt]	명 넥타이, 삼각근, 남성용 스카프
002	**acquire** [əkwáiər]	동 손에 넣다, 얻다, 취득하다
003	**deferential** [dèfərénʃəl]	형 공손한, 정중한, 경의를 표하는
004	**flicker** [flíkər]	동 깜박이다, 나부끼게 하다 / 명 깜박임
005	**idealistic** [aidì:əlístik]	형 이상주의적인, 관념론적인, 이상주의의
006	**immoral** [imɔ́:rəl]	형 비도덕적, 부도덕한, 부당한
007	**sustain** [səstéin]	동 유지하다, 떠받치다, 부양하다, (손해를)입다, 지지하다
008	**sage** [seidʒ]	형 현명한, 슬기로운 / 명 세이지(식물)
009	**uneventful** [ʌnivéntfəl]	형 무사 평온한, 평범한, 사건이 없는
010	**ornate** [ɔ:rnéit]	형 화려하게 장식한, 화려한, 매우 수사적인
011	**patronize** [péitrənàiz]	동 후원하다, 애용하다, 보호하다
012	**clasp** [klæsp]	동 ~을 걸쇠로 채우다, 꽉 쥐다, 고정시키다 / 명 걸쇠, 움켜잡기
013	**smolder** [smóuldər]	동 연기가 나다, 그을다 / 명 연기 남
014	**scrutiny** [skrú:təni]	명 정밀한 조사, 찬찬히 쳐다보기
015	**drone** [droun]	명 무인 비행기, 게으름뱅이, 단조로운 소리, 수벌 / 동 윙윙거리다
016	**imposition** [ìmpəzíʃən]	명 부담, 부과, 짐
017	**ironclad** [áiərnklæ̀d]	형 철갑의, 장갑의, 대단히 엄한
018	**tongue-tie** [tʌ́ŋ-tài]	명 짧은 혀 / 동 ~의 말문을 막히게 하다
019	**corrupt** [kərʌ́pt]	형 부패한, 부정한, 타락한, 손상된 / 동 타락시키다
020	**oppressive** [əprésiv]	형 압제적인, 가혹한, 포학한
021	**rebellious** [ribéljəs]	형 반항적인, 거부하는, 반체제의
022	**entwine** [intwáin]	동 휘감기게 하다, 꼬다, 휘감기다
023	**whirlpool** [wə́:rlpù:l]	명 소용돌이, 혼란, 소란
024	**construct** [kənstrʌ́kt]	동 건설하다, 만들다, 세우다, 구성하다
025	**timber** [tímbər]	명 목재
026	**thatch** [θætʃ]	명 지붕 이는 재료, 초가 지붕 / 동 짚으로 이다
027	**heath** [hi:θ]	명 히스(진달랫과의 관목), 황야, 황무지
028	**keenly** [kí:nli]	부 날카롭게, 강렬하게, 예민하게
029	**entrepreneur** [à:ntrəprənə́:r]	명 기업가, 흥행주, 청부인

#	단어	뜻
030	**fled** [fled]	flee(달아나다, 피하다)의 과거·과거분사 / 혱 피하게 된
031	**boomtown** [búːmtàun]	명 신흥 도시
032	**radiance** [réidiəns, -ənsi]	명 광휘, 찬란한 빛
033	**banquet** [bǽŋkwit]	명 연회, 축하연
034	**undo** [ʌndúː]	동 원래대로 돌리다, 취소하다, 몰락시키다, 풀다
035	**bodice** [bάdis]	명 보디스(장식이 달린 베스트), 코르셋
036	**tremulous** [trémjuləs]	혱 떠는, 전율하는, 떨리는
037	**soaring** [sɔ́ːriŋ]	soar(급등하다)의 현재분사·동명사 / 혱 급상승하는 명 급상승함
038	**dapple** [dǽpl]	명 얼룩무늬, 반점 / 동 얼룩지게 하다
039	**frontier** [frʌntíər]	명 국경 지방, 변경 지대
040	**pulpit** [púlpit]	명 설교단, 성직자, 목사
041	**deacon** [díːkən]	명 집사, 부제, 최하급 성직자
042	**brimstone** [brímstòun]	명 (지옥 불의)유황
043	**rapt** [ræpt]	혱 골몰한, 몰두해 있는, 황홀한
044	**whiplash** [wíplæʃ]	명 채찍끈, 자극, 편달
045	**reconcile** [rékənsàil]	동 화해하다, 조화시키다, 화합하다, 조정하다
046	**tentative** [téntətiv]	혱 시험적인, 일시적인, 망설이는
047	**strip** [strip]	동 박탈하다, 벗기다, 없애다 / 명 길고 가느다란 물건이나 땅
048	**stutter** [stʌ́tər]	동 더듬거리며 말하다, 더듬는 듯한 소리를 내다 / 명 말 더듬기
049	**conflicting** [kənflíktiŋ]	conflict(상충하다)의 현재분사·동명사 / 혱 상충하는 명 상충함
050	**bairn** [bεərn]	명 (스코틀랜드 영어)어린이
051	**bewilder** [biwíldər]	동 당황케 하다, 어쩔 줄 모르게 하다
052	**grudge** [grʌdʒ]	명 원한, 뒤끝 / 동 나쁘게 생각하다
053	**throe** [θróu]	명 심한 고통, 진통
054	**stock-still** [stάk-stíl]	혱 전혀 움직이지 않는
055	**publicly** [pʌ́blikli]	부 공개적으로, 공식적으로, 공공연하게, 공적으로
056	**pillory** [píləri]	동 강력히 비판하다, 웃음거리로 만들다 / 명 형틀, 웃음거리
057	**exile** [égzail]	명 망명, 추방, 도피
058	**upbringing** [ʌ́pbrìŋiŋ]	명 양육, 교육
059	**erection** [irékʃən]	명 직립, 건설, 조립

060 **derision** [dirízən]	명 조롱, 조소, 경멸	075 **thoroughfare** [θə́:roufɛər]	명 주요 도로, 주요 거리, 통행, 수로
061 **depravity** [diprǽvəti]	명 악행, 부패 행위, 비행	076 **uninhibited** [ʌninhíbitid]	형 억제되지 않은, 속박 받지 않은, 무제한의
062 **forsake** [fərséik]	동 버리다, 그만두다	077 **short-change** [ʃɔ́:rt-tʃéindʒ]	동 ~에게 거스름돈을 덜 주다, 속이다
063 **taper** [téipər]	동 끝이 점점 가늘어지다, 차차 약해지다	078 **robust** [roubÁst]	형 튼튼한, 강건한, 건장한
064 **wick** [wik]	명 (등잔, 양초의)심지	079 **withdrawn** [wiðdrɔ́:n, wiθ-]	withdraw(철수하다)의 과거분사 형 고립한, 세상과 등진
065 **catastrophe** [kətǽstrəfi]	명 대참사, 재난, 비극적 결말	080 **patron** [péitrən]	명 후원자, 고객, 경영자
066 **befall** [bifɔ́:l]	동 일어나다, 생기다, 들이닥치다	081 **deliberately** [dilíbərətli]	부 일부러, 고의로, 신중히
067 **coach** [koutʃ]	명 감독, 코치, 보통석, 대형 4륜 마차 동 지도하다	082 **atremble** [ətrémbl]	형 덜덜 떨면서
068 **bolt** [boult]	명 빗장, 번개, 나사못 동 빗장을 지르다, 벗어나다	083 **savage** [sǽvidʒ]	형 야만적인, 잔인한, 무자비한
069 **self-conscious** [self-kánʃəs]	형 수줍어하는, 남의 이목을 의식하는	084 **reverie** [révəri]	명 환상, 몽상, 망상
070 **proposition** [pràpəzíʃən]	명 제의, 건의, 제안	085 **elixir** [ilíksər]	명 만능약, 알콜성 강장제
071 **prostitution** [pràstətjú:ʃən]	명 매춘, 변절, 악용	086 **lifeblood** [láifblÀd]	명 혈액, 활력의 근원
072 **haphazard** [hæphǽzərd]	형 되는 대로의, 우연한, 무계획적인	087 **insinuatingly** [insínjuèitiŋli]	부 암시하여, 아첨하여
073 **brothel** [brÁθəl]	명 매춘굴, 매음굴	088 **contempt** [kəntémpt]	명 경멸, 모욕, 무시
074 **barmaid** [bá:rmèid]	명 여자 바텐더, 술집 여자	089 **turmoil** [tə́:rmoil]	명 소란, 혼란, 소동

#	단어	뜻
090	**crumble** [krʌ́mbl]	동 바스러지다, 가루가 되다 / 명 크럼블(디저트의 한 종류)
091	**lodging** [lɑ́dʒiŋ]	lodge(묵게 하다)의 현재분사·동명사 / 형 묵게 하는 명 숙박, 하숙
092	**iniquity** [iníkwəti]	명 부정, 불법, 사악
093	**heap** [hi:p]	동 ~을 쌓아올리다, 축적하다 / 명 더미, 퇴적물
094	**parishioner** [pəríʃənər]	명 교구민
095	**pariah** [pəráiə]	명 부랑자, 천민, 따돌림을 받는 사람
096	**deteriorate** [ditíəriərèit]	동 악화되다, 나쁘게 하다, 악화시키다
097	**inept** [inépt]	형 서투른, 부적당한, 부적절한
098	**transaction** [trænsǽkʃən]	명 거래, 처리, 취급
099	**enterprise** [éntərpràiz]	명 기업, 사업
100	**summon** [sʌ́mən]	동 소환하다, 불러내다, 소집하다
101	**appraise** [əpréiz]	동 평가하다, 감정하다, 값을 매기다
102	**blatant** [bléitənt]	형 뻔뻔스러운, 야한, 시끄러운
103	**furtive** [fə́rtiv]	형 은밀한, 몰래 하는, 교활한
104	**flung** [flʌŋ]	fling(거칠게 내던지다)의 과거·과거분사 / 형 거칠게 내던져진
105	**flatiron** [flǽtàiərn]	명 다리미, 인두
106	**confinement** [kənfáinmənt]	명 감금, 밀폐, 속박, 억제, 출산
107	**bend down**	숙 몸을 구부리다
108	**hour after hour**	숙 언제나, 매 시간
109	**in store**	숙 비축하여, 준비하여
110	**streamer** [strí:mər]	명 흐르는 것, 펄럭이는 장식, 장식 리본
111	**tutelage** [tjú:təlidʒ]	명 후견, 보호, 감독
112	**fleshy** [fléʃi]	형 살찐, 비만의, (과실)다육질의
113	**carp** [kɑ:rp]	동 허물을 들추다, 나무라다 / 명 잉어
114	**tipsy** [típsi]	형 취해서 비틀거리는, 거나하게 취한, 기우뚱한
115	**stilted** [stíltid]	형 과장된, 거드름 피우는, 으스대는
116	**bawdy** [bɔ́:di]	형 음란한, 음탕한
117	**first-hand** [fə:rst-hǽnd]	형 직접 얻은
118	**gaffe** [gæf]	명 과실, 실수, 실패
119	**bootee** [bu:tí:]	명 여성용 반장화, 털실로 짠 아기 신발

#	단어	뜻
120	**cloak** [klouk]	명 (소매가 없는)망토, 가리는 것 동 덮다, 가리다
121	**sterling** [stə́:rliŋ]	형 (금, 은 등이)법정 순도의, 진짜의, 가치 있는 명 (영국)파운드화
122	**celluloid** [séljəlɔ̀id]	명 셀룰로이드, 영화
123	**christening** [krísəniŋ]	christen(세례를 주다)의 현재분사 · 동명사 명 명명식 형 세례를 주는, 이름을 붙이는
124	**bottle up**	숙 ~을 병에 밀봉하다, 감정을 억누르다, 포위하다
125	**composure** [kəmpóuʒər]	명 침착, 냉정, 평정
126	**rise(get) to one's feet**	숙 일어서다
127	**clumsy** [klʌ́mzi]	형 서투른, 볼품없는, 눈치 없는
128	**shuffle** [ʃʌ́fl]	동 발을 끌며 걷다, 뒤섞다, 발을 끌며 ~짧은 스텝으로 춤추다, 발뺌하다
129	**mettle** [métl]	명 기질, 성미, 기개
130	**collateral** [kəlǽtərəl]	명 담보물 형 나란한, 부수적인, 부차적인
131	**pounce** [pauns]	동 구멍을 뚫다, 갑자기 덤벼들다
132	**foreclose** [fɔrklóuz]	동 내쫓다, 배척하다, 저당권을 행사하다
133	**writ** [rit]	명 영장, 문서, 공식 서한
134	**confiscate** [kánfəskèit]	동 몰수하다, 압수하다, 징발하다
135	**marshal** [mɑ́:rʃəl]	명 육군 원수, 연방보안관, 집행관, 경찰관
136	**evict** [ivíkt]	동 퇴거시키다, 쫓아내다
137	**wind-swept** [wínd-swept]	형 바람에 흐트러진
138	**protrude** [proutrú:d]	동 튀어나오다, 돌출되다, 내밀다
139	**clod** [klad]	명 (흙)덩어리
140	**filthy** [fílθi]	형 더러운, 불결한, 부도덕한
141	**unsanitary** [ʌ̀nsǽnəteri]	형 비위생적인, 불결한, 건강에 좋지 않은
142	**reed** [ri:d]	명 갈대
143	**cane** [kein]	명 지팡이, 설탕수수, 막대기
144	**brocade** [broukéid]	명 양단(무늬를 놓고 두껍게 짠 비단)

Sidney Sheldon
DAY 13

Chapter 6~11

145	**avert** [əvə́:rt]	동 돌리다, 비키다, 피하다
146	**lush** [lʌʃ]	형 푸른, 싱싱한, 풍부한
147	**formidable** [fɔ́:rmidəbl]	형 엄청난, 강력한, 가공할 만한, 위협적인
148	**radius** [réidiəs]	명 반지름, 반경
149	**agitation** [ædʒitéiʃən]	명 동요, 불안, 흥분
150	**hapless** [hǽplis]	형 불행한, 불운한
151	**vigor** [vígər]	명 활력, 활기, 박력
152	**plateau** [plætóu]	명 고원, 장식 쟁반, 정체기 / 동 안정 수준이 되다
153	**decanter** [dikǽntər]	명 디캔터(포도주를 따르는 데 쓰는 유리병)
154	**snifter** [sníftər]	명 한 모금, 브랜디 잔
155	**coo** [ku:]	동 정답게 속삭이다, 구구구 울다
156	**trespass** [tréspəs]	동 침해하다, 침입하다, 폐를 끼치다, 죄를 범하다 / 명 무단 침입
157	**fist** [fist]	명 주먹, 철권
158	**initiative** [iníʃiətiv]	명 주도, 새로운 계획, 결단력, 진취성
159	**revolting** [rivóultiŋ]	revolt(역겹게 하다)의 현재분사·동명사 / 형 역겹게 하는, 반란의 / 명 역겹게 함
160	**dismissal** [dismísəl]	명 해산, 해고, 퇴거
161	**stalk** [stɔ:k]	명 줄기 / 동 접근하다, 쫓아다니며 괴롭히다
162	**resolve** [rizálv]	동 해결하다, 결의하다, 대책을 마련하다
163	**undergo** [ʌndərgóu]	동 경험하다, 겪다, 견디다
164	**transformation** [trænsfərméiʃən]	명 변형, 변화, 변질
165	**outcast** [áutkæst]	명 버림받은 사람, 추방자
166	**arbiter** [á:rbətər]	명 중재인, 판정자
167	**fawn** [fɔ:n]	명 새끼 사슴 / 형 엷은 황갈색의 / 동 아첨하다
168	**straighten out**	숙 똑바르게 하다, ~을 명료하게 하다, 정리하다
169	**goliath** [gəláiəθ]	명 골리앗, 거인
170	**porcine** [pɔ́:rsain]	형 돼지의, 돼지 비슷한, 탐욕스러운
171	**boast** [boust]	동 뽐내다, 자랑하다, 소유하다 / 명 뽐냄, 자랑

#	단어	뜻
172	**agility** [ədʒíləti]	몡 민첩함
173	**simmer** [símər]	동 부글부글 끓다, 투덜투덜 성내다 / 몡 부글부글 끓는 상태
174	**mill** [mil]	몡 방앗간, 제분소, 공장
175	**inordinate** [inɔ́ːrdənət]	형 과도한, 지나친, 불규칙한
176	**marvel** [máːrvəl]	동 놀라다, 경탄하다 / 몡 놀람, 경악, 경이
177	**overt** [ouvə́ːrt]	형 공공연한, 명백한, 분명한
178	**tickle** [tíkl]	동 간지럼을 태우다 / 몡 간지럽히기
179	**full-fledged** [ful-flédʒd]	형 깃털이 다 난, 자격이 충분한, 완전한
180	**conglomerate** [형,몡:kənɡlámərət 동:-rèit]	형 밀집하여 뭉친 / 몡 복합 기업, 역암 / 동 모아서 굳히다, 결합하다
181	**heady** [hédi]	형 자극적인, 흥분시키는, 의기양양한
182	**surrogate** [sə́ːrəɡèit, sʌ́r-]	몡 대용물, 대리인, 대리 / 형 대리의 / 동 대리시키다
183	**firmament** [fə́ːrməmənt]	몡 하늘, 창공
184	**constellation** [kànstəléiʃən]	몡 성좌, 별자리, (기라성 같은 사람들의)무리
185	**riverbed** [rívərbèd]	몡 강바닥, 하상, 강둑
186	**pulverize** [pʌ́lvəràiz]	동 ~을 가루로 만들다, 분쇄하다, 부수다
187	**hoove** [huːv]	몡 (가축의)고창증
188	**disturbed** [distə́ːrbd]	disturb(방해하다)의 과거·과거분사 / 형 흐트러진, 정신적 장애가 있는
189	**preeminent** [priémnnt]	형 탁월한, 발군의, 현저한
190	**privately** [práivitli]	부 개인적으로, 사적으로
191	**dire** [daiər]	형 무서운, 비참한, 긴박한, 극단적인
192	**defiant** [difáiənt]	형 반항적인, 도전적인, 시비조의
193	**derisive** [diráisiv]	형 조롱하는, 조소하는, 비웃는
194	**flaunt** [flɔːnt]	동 과시하다, 휘날리다
195	**torch** [tɔːrtʃ]	몡 횃불, 손전등
196	**handcuff** [hǽndkʌ̀f]	몡 수갑, 쇠고랑 / 동 수갑을 채우다, 구속하다
197	**blazing** [bléiziŋ]	blaze(활활 타다)의 현재분사·동명사 / 형 불타는, 불타는 듯 선명한 / 몡 활활 탐
198	**possessed** [pəzést]	possess(소유하다)의 과거·과거분사 / 형 사로잡힌, 홀린, 미친
199	**verge** [vəːrdʒ]	몡 가장자리, 경계, 변두리
200	**contort** [kəntɔ́ːrt]	동 ~을 비틀다, 일그러지다, 곡해하다
201	**grotesque** [ɡroutésk]	형 기이한, 괴상한, 터무니없는

#	단어	뜻
202	**slobber** [slábər]	동 우는 소리를 하다, 군침을 흘리다
203	**sanatorium** [sænətɔ́:riəm]	명 요양소, 휴양지, 보양지
204	**skeletal** [skélitl]	형 해골의, 골격의, 해골 같은
205	**mopping-up** [mápiŋ-ʌ̀p]	형 마무리의, 소탕의
206	**deplorable** [diplɔ́:rəbl]	형 비통한, 비참한, 지독한
207	**harrowing** [hǽrouiŋ]	harrow(약탈하다)의 현재분사·동명사 형 끔찍한, 가슴이 찢어질 듯한 명 약탈
208	**combustion** [kəmbʌ́stʃən]	명 연소, 산화, 발화
209	**intractable** [intrǽktəbl]	형 고집 센, 처리하기 어려운, 고치기 어려운

Chapter 12

#	단어	뜻
001	**paddy wagon**	명 죄수 호송차
002	**wavy** [wéivi]	형 물결치는, 굽이치는
003	**superintendent** [sù:pərinténdənt]	명 관리자, 지도 감독자
004	**shiver** [ʃívər]	동 떨다, 전율하다 명 오한, 전율
005	**methodical** [məθádikəl]	형 조직적인, 질서 있는, 꼼꼼한
006	**yank** [jæŋk]	동 홱 잡아당기다, 쫓아내다
007	**vault** [vɔ:lt]	명 둥근 천장, 저장소, 금고실 동 뛰어넘다
008	**safe-deposit** [séif-dipàzit]	명 대여 금고
010	**seep** [si:p]	동 새다, 스며 나오다, 스며들다
011	**wry** [rai]	형 뒤틀린, 찡그린, 심술궂은
012	**alley** [ǽli]	명 골목, 볼링장, 통로
013	**apprehensive** [æprihénsiv]	형 염려하는, 불안한, 걱정하는
014	**in one's wits**	숙 제정신으로
015	**shunt** [ʃʌnt]	동 회피하다, 옆으로 돌리다
016	**disturb** [distə́:rb]	동 방해하다, 혼란시키다, 어지럽히다, 불안하게 하다
017	**ancestral** [ænséstrəl]	형 조상의, 대대로 내려오는, 선구가 되는
018	**rally** [rǽli]	명 집회, 시합, 경주 동 집결하다
019	**sentence** [séntəns]	명 문장, 의견, 판결 동 판결을 내리다, 형을 선고하다
020	**compromise** [kámprəmàiz]	명 타협, 양보 동 타협하다, 절충시키다
021	**ablaze** [əbléiz]	형 타서, 흥분하여, 타올라서
022	**reverberate** [rivə́:rbərèit]	동 반사하다, 반향하다, 울려 퍼지다

023	**frock** [frɑk]	명 드레스, 가운, 수도복, 군복, 작업복
024	**mollify** [máləfài]	동 달래다, 진정시키다
025	**willful** [wílfəl]	형 계획적인, 옹고집의
026	**discard** [diskɑ́ːrd]	동 버리다, 폐기하다, 해고하다 명 버린 패
027	**bribe** [braib]	동 뇌물을 주다, 금품을 제공하다, 매수하다 명 뇌물
028	**sway** [swei]	동 흔들다, 영향을 주다, 동요하다 명 흔들림
029	**headmistress** [hedmístrəs]	명 여자 교장
030	**rebel** [rebəl]	명 반군, 반역자 동 반항하다, 반역하다
031	**stoop** [stuːp]	동 굽히다, 구부리다
032	**grimly** [grímli]	부 잔인하게, 엄하게, 무섭게
033	**gangling** [gǽŋgliŋ]	형 키다리의, 호리호리한
034	**gravely** [gréivli]	부 엄숙히, 장엄하게, 진지하게
035	**miniature** [míniətʃər]	형 소형의, 축소된 명 세밀화, 축소 모형
036	**disciple** [disáipl]	명 제자, 문하생, 신봉자
037	**impose** [impóuz]	동 부과하다, 적용하다, 시행하다, 강요하다
038	**miner** [máinər]	명 광부
039	**spirited** [spíritid]	spirit(북돋다)의 과거·과거분사 형 활발한, 힘찬, 용기 있는
040	**flatly** [flǽtli]	부 평평하게, 수평으로, 단호하게, 명백히
041	**trout** [traut]	명 송어
042	**riffraff** [rífræf]	하층민, 하층 계급, 하찮은 사람들
043	**battlement** [bǽtlmənt]	명 총안이 있는 흉벽
044	**glittering** [glítəriŋ]	glitter(빛나다)의 현재분사·동명사 형 반짝반짝 빛나는 명 반짝반짝 빛남

Chapter 13

001	**identical** [aidéntikəl]	형 동일한, 똑같은, 일치하는
002	**knickers** [níkərz]	명 (무릎 길이의 여성용) 속바지
003	**decorum** [dikɔ́ːrəm]	명 단정, 예의 바름, 예절
004	**unrepentant** [ʌ̀nripéntənt]	형 완고한, 뉘우치지 않은, 고집 센
005	**incline** [inkláin]	동 기울이다, 숙이다, 굽히다 명 경사
006	**fornicate** [fɔ́ːrnəkèit]	형 아치형의, 활 모양의 동 간통하다
007	**gloomily** [glúːmili]	부 어둡게, 침울하게, 침침하게

#	단어	뜻
008	**gallows** [gǽlouz]	명 교수대, 교수형
009	**reprieve** [riprí:v]	동 형 집행을 유예하다 / 명 형 집행의 유예, 일시적 경감
010	**slop** [slap]	동 흘리다, 엎지르다 / 명 구정물, (물기가 있는) 음식물 찌꺼기
011	**inflame** [infléim]	동 자극하다, 타오르다, 타오르게 하다
012	**scoff** [skɔ:f]	명 비웃음, 조롱 / 동 비웃다, 조소하다
013	**haughtily** [hɔ́:tili]	부 거만하게, 오만하게, 건방지게
014	**up to date**	숙 현대식의, 최신의
015	**wayward** [wéiwərd]	형 변덕스러운, 흔들리는, 고집 센
016	**agape** [명:ɑ:gá:pei, 형,부:əgéip]	명 아가페적 사랑 / 형 입을 벌린, 기가 막힌 / 부 아연실색하여
017	**contemptuously** [kəntémptʃuəsli]	부 경멸적으로, 거만하게
018	**zoon** [zóuan]	명 (동물의)개체
019	**rugby** [rʌ́gbi]	명 럭비, 영국 중부에 있는 도시의 이름
020	**revelation** [rèvəléiʃən]	명 폭로, 적발, 계시
021	**sensuality** [sènʃuǽləti]	명 관능성, 호색, 음란
022	**gush** [gʌʃ]	동 (액체가)솟구치다, 마구 지껄이다 / 명 분출, 솟구침
023	**alluvial** [əlú:viəl]	명 충적토, 충적 / 형 충적토의
024	**abrasion** [əbréiʒən]	명 마모, 침식, 찰과상
025	**dodecahedron** [doudèkəhí:drən]	명 12면체
026	**octahedron** [ὰktəhí:drən]	명 8면체
027	**glassy** [glǽsi]	형 유리 같은, 투명한, 매끄러운, 흐릿한
028	**scholastic** [skəlǽstik]	형 학교의, 학자의, 중등 학교의
029	**eligible** [élidʒəbl]	형 자격이 있는, 권한이 있는, 가능한
030	**accentuate** [ækséntʃuèit]	동 ~을 강조하다, 악센트를 붙이다
031	**bosom** [búzəm]	명 가슴, 품, 흉부
032	**precede** [prisí:d]	동 ~에 앞서다
033	**emaciate** [iméiʃièit]	동 ~을 야위게 하다, 약하게 하다
034	**figment** [fígmənt]	명 상상, 허구, 꾸며낸 것, 공상
035	**valedictorian** [vælədiktɔ́:riən]	명 졸업생 대표(졸업식에서 고별 연설하는)
036	**pirate** [páiərət]	명 해적, 불법 복제

Chapter 14

001	**administration** [ədmìnistréiʃən]	명 정부, 행정, 정권, 관리, 경영
002	**resolute** [rézəlùːt]	형 단호한, 결의에 찬, 의지가 굳은
003	**impulsive** [impʌ́lsiv]	형 충동적인, 즉흥적인
004	**covertly** [kʌ́vərtli]	부 은연중에, 몰래
005	**take advantage of**	숙 이용하다, 속이다, ~을 이용하다
006	**bizarre** [bizɑ́ːr]	형 기괴한, 별난, 괴상한
007	**array** [əréi]	동 정렬시키다, 배치하다 / 명 배열, 집합체
008	**subsidiary** [səbsídièri]	형 보조의, 부수적인 / 명 자회사, 보조자
009	**franchise** [frǽntʃaiz]	명 독점 판매권, 특권, 투표권 / 동 ~에게 사용권을 허가하다
010	**coffer** [kɔ́ːfər]	명 금고, 재원, 상자
011	**adjoining** [ədʒɔ́iniŋ]	adjoin(인접하다)의 현재분사·동명사 / 형 접해 있는 / 명 인접함
012	**rawboned** [rɔ́ːbóund]	형 뼈만 앙상한, 피골이 상접한
013	**poll tax**	명 인두세
014	**ritual** [rítʃuəl]	명 제사, 의식, 절차
015	**barrier** [bǽriər]	명 장벽, 장애물, 장애
016	**penetrate** [pénətrèit]	동 침투하다, 파고들다, 관통하다
017	**vessel** [vésəl]	명 선박, 배, 혈관, 물관
018	**ferry** [féri]	명 나루터, 선착장, 연락선 / 동 배로 건네 주다
019	**lighthouse** [láithàus]	명 등대
020	**burial ground**	명 묘지
021	**tombstone** [túːmstòun]	명 묘석, 묘비
022	**epitaph** [épitæf]	명 비명, 비문, 묘비명
023	**slumber** [slʌ́mbər]	명 선잠, 잠 / 동 잠자다
024	**sleigh** [slei]	명 썰매 / 동 썰매로 가다, 썰매에 타다
025	**shingle** [ʃíŋgl]	명 조약돌, 자갈, 지붕널, 널판지 지붕
026	**delphinium** [delfíniəm]	명 참제비고깔(식물), 짙은 청색
027	**reckon** [rékən]	동 전망하다, 계산하다, 간주하다
028	**purse** [pəːrs]	명 지갑, 핸드백 / 동 오므리다
029	**butler** [bʌ́tlər]	명 하인 우두머리, 집사, 식당 지배인, 주방장

Chapter 15

001 hectic [héktik] — 형 열광적인, 격앙된, 소모성의

002 delegate [déligət, -gèit] — 명 대표 / 동 대표자로 임명하다, (권한 등을)위임하다

003 subordinate [səbɔ́ːrdənət] — 형 하위의, 하급의 / 동 ~을 아래에 놓다, 하위에 두다

004 rockshaft [rákʃæft] — 명 요축, 흔들축

005 consistency [kənsístəns(i)] — 명 일관성, 농도, 밀도

006 carat [kǽrət] — 명 캐럿(보석류의 무게 단위, 약 200mg)

007 intoxicating [intáksikèitiŋ] — intoxicate(취하게 하다)의 현재분사·동명사 / 형 취하게 하는, 열중케 하는 / 명 취하게 함

008 bewitching [biwítʃiŋ] — bewitch(홀리다)의 현재분사·동명사 / 형 매혹적인 / 명 매혹적임

009 ensemble [ɑːnsɑ́ːmbl] — 명 총체, 한 벌의 여성복, 앙상블, 합주

010 shrew [ʃruː] — 명 바가지 긁는 여자, 잔소리가 심한 여자

011 thaw [θɔː] — 동 녹다, 완화하다 / 명 해빙기

012 patent [pǽtnt] — 명 특허

013 tomboy [támbɔi] — 명 말괄량이

014 cataclysmic [kætəklízmik] — 형 대변동의, 대격동의

015 indispensable [ìndispénsəbl] — 형 필수적인, 불가결한, 꼭 필요한

Chapter 16

001 equivalent [ikwívələnt] — 형 해당하는, 맞먹는, 동등한, 상당하는, 등가의

002 thrust [θrʌst] — 동 ~을 밀다, 밀어내다, 떠밀기다, 찌르다 / 명 밀기, 찌르기, 요점

003 ecstasy [ékstəsi] — 명 무아의 경지, 황홀경, 도취, 엑스터시(마약의 일종)

004 carve [kɑːrv] — 동 조각하다, 자르다, 개척하다

005 flair [flɛər] — 명 천부적인 재능, 재주, 직감

006 echelon [éʃəlán] — 명 계급, 군대, 계층, 지위

007 condescension [kándəsénʃən] — 명 겸손, 공손, 정중, 오만

008 maneuver [mənúːvər] — 명 책략 / 동 ~을 교묘히 다루다, 조종하다

009 machination [mækənéiʃən] — 명 음모, 모략, 모의하기

010 outwit [àutwít] — 동 ~을 계략으로 앞서다, ~보다 한 수 위이다

011 conform [kənfɔ́ːrm] — 동 일치하다, 따르다

012 lounging [láundʒiŋ] — lounge(느긋하게 있다)의 현재분사·동명사 / 형 편하게 입는, 기운 없는 / 명 느긋함

Sidney Sheldon
DAY 14

Chapter 16

013 assassin [əsǽsn] — 명 암살자, 자객, 더럽히는 사람

014 slay [slei] — 동 ~을 죽이다, 살해하다

015 cricket [kríkit] — 명 귀뚜라미, 크리켓(스포츠)

016 archduke [ɑ́ːrtʃdjúːk] — 명 대공

017 instigate [ínstəgèit] — 동 부추기다, 선동하다

018 assassinate [əsǽsənèit] — 동 암살하다, 살해하다

019 warfare [wɔ́ːrfɛ̀ər] — 명 전쟁, 전투, 싸움, 투쟁

020 ammunition [æmjəníʃən] — 명 탄약, 무기, 명분

021 ninny [níni] — 명 (비속어)바보, 멍청이

022 chasm [kǽzm] — 명 깊이 갈라진 틈, 간격, 작은 협곡

023 headstrong [hédstrɔ̀(ː)ŋ] — 형 고집 센, 완고한

024 enlist [inlíst] — 동 입대하다, 협력하다, 참가하다

025 cadence [kéidns] — 명 억양, 리듬, 운율

026 tatter [tǽtər] — 명 넝마, 누더기 / 동 너덜너덜하게 해지다

027 superiority [səpìəriɔ́ːrəti] — 명 우월, 우수

028 confer [kənfɔ́ːr] — 동 수여하다, 협의하다, 상담하다

029 pledge [pledʒ] — 명 서약, 담보, 저당 / 동 약속하다, 맹세하다

030 standstill [stǽndstìl] — 명 정지, 휴지, 꽉 막힘

031 dugout [dʌ́gàut] — 명 방공호, 대피호

032 vermin [vɔ́ːrmin] — 명 해충, 사회의 해충, 인간 쓰레기

033 infest [infést] — 동 만연하다, 횡행하다, ~에 출몰하다

034 mobilize [móubəlàiz] — 동 (군대, 함대 등을)동원하다, 전시 체제로 편성하다

035 expeditionary [èkspədíʃənèri] — 형 원정의, 탐험의

036 chintz [tʃints] — 명 사라사 무명(커튼, 가구 커버용)

037 sconce [skans] — 명 돌출 촛대, 보루, 오두막 / 동 ~에 보루를 구축하다

038 awning [ɔ́ːniŋ] — 명 차양, 비 막이, 천막

039 munition [mjuːníʃən] — 명 군수품, 군용품 / 동 군수품을 공급하다

#	단어	뜻
040	**armament** [ɑ́:rməmənt]	명 군비, 군대, 군사력
041	**merchandise** [mə́:rtʃəndàiz]	명 상품, 물품 / 동 (광고하여)판매하다

Chapter 17

#	단어	뜻
001	**diversify** [divə́:rsəfài]	동 ~을 다양화하다, 다각화하다, 여러 가지로 변화시키다
002	**timberland** [tímbərlænd]	명 목재용 삼림지
003	**matrix** [méitriks]	명 모체, 행렬, 모형
004	**headquarter** [hédkwɔ̀rtər]	동 본부를 설치하다
005	**riveter** [rívitər]	명 리벳(못의 일종)공, 리벳 박는 기계
006	**skyscraper** [skáiskrèipər]	명 고층 건물, 고층 빌딩, 마천루
007	**compulsion** [kəmpʌ́lʃən]	명 강제, 강박, 충동
008	**goodwill** [gúdwíl]	명 친선, 선의, 영업권
009	**shackle** [ʃǽkl]	명 족쇄, 수갑, 속박 / 동 족쇄를 채우다, 속박하다
010	**unwell** [ʌnwél]	형 몸이 좋지 않은, 편찮은, 기분이 나쁜
011	**pang** [pæŋ]	명 양심의 가책, 고통
012	**trophy** [tróufi]	명 트로피, 우승컵, 전리품
013	**consuming** [kənsjú:miŋ]	consume(소비하다)의 현재분사·동명사 / 소비하는, 온 마음을 바치는 / 명 소비
014	**segregationist** [sègrigéiʃənist]	명 분리주의자, 인종차별주의자
015	**enlightened** [inláitnd]	enlighten(교화하다)의 과거·과거분사 / 형 계발된, 잘 알고 있는, 정통한
016	**coalition** [kòuəlíʃən]	명 연합, 연대, 단체, 동맹, 통합
017	**colored** [kʌ́lərd]	color(색칠하다)의 과거·과거분사 / 형 채색된, 물든, 유색인종의
018	**forged pass**	명 위조 통행증
019	**janitor** [dʒǽnitər]	명 수위, 잡역부, 관리인
020	**guerrilla** [gərílə]	명 게릴라, 유격대
021	**triumphant** [traiʌ́mfənt]	형 의기양양한, 성공한, 승리를 거둔
022	**if only**	숙 ~하기만 하면, ~이면 좋을 텐데
023	**serene** [sərí:n]	형 고요한, 조용한, 맑게 갠
024	**goad** [goud]	명 막대기, 자극 / 동 자극하다, 괴롭히다
025	**pasture** [pǽstʃər]	명 목장, 목초지 / 동 방목하다
026	**hourglass** [áuərglæ̀s]	명 모래 시계
027	**stammer** [stǽmər]	동 말을 더듬다 / 명 말 더듬기

#	단어	뜻
028	**manifestation** [mænəfistéiʃən]	명 명시, 표명, 현시
029	**cope** [koup]	동 대처하다, 맞서다, 겨루다
030	**live up to**	숙 ~에 부끄럽지 않은 생활을 하다
031	**appalling** [əpɔ́:liŋ]	appall(오싹하게 하다)의 현재분사·동명사 형 오싹해지는, 지독한 명 오싹함
032	**studious** [stjú:diəs]	형 열심인, 면학하는, 학구적인
033	**ambiguous** [æmbíɡjuəs]	형 두 가지 이상의 뜻이 있는, 애매모호한
034	**flagrant** [fléiɡrənt]	형 악명 높은, 극악한, 명백한
035	**filmy** [fílmi]	형 얇은 막으로 덮인, 흐린, 매우 얇은
036	**negligee** [nèɡlizéi]	명 평상복, 실내복, 네글리제
037	**revise** [riváiz]	동 개정하다, 수정하다, 변경하다
038	**hold out**	숙 지속하다
039	**endearment** [indíərmənt]	명 친애, 애무, 애정
040	**speculation** [spèkjuléiʃən]	명 투기, 추측, 의견, 고찰
041	**enigma** [əníɡmə]	명 수수께끼, 불가해한 것,
042	**superb** [supə́:rb]	형 훌륭한, 최고의
043	**heave** [hi:v]	동 한숨을 내쉬다, 몸을 일으키다
044	**masterpiece** [mǽstərpis]	명 걸작, 명작, 대표작
045	**ambivalent** [æmbívələnt]	형 반대 감정이 양립하는, 이중 의식의
046	**broach** [broutʃ]	동 ~에 구멍을 뚫다 명 꼬챙이, 쇠꼬챙이
047	**chatelaine** [ʃǽtəlèin]	명 여자 성주, 대저택의 안주인
048	**stud** [stʌd]	명 장식 단추, 못, 종마
049	**ruthless** [rú:θlis]	형 무자비한, 무정한, 냉혹한
050	**resurrection** [rèzərékʃən]	명 부활, 되살아남
051	**superintend** [sùpərinténd]	동 감독하다, 지시하다
052	**itinerary** [aitínərèri]	명 일정, 여행, 예약, 여정
053	**get along**	숙 떠나다, 사이좋게 지내다
054	**inconceivable** [ìnkənsí:vəbl]	형 상상도 할 수 없는, 생각조차 못 하는
055	**daub** [dɔ:b]	동 칠하다, ~에 바르다, ~을 더럽히다
056	**arsenal** [á:rsənl]	명 무기고, 군수품의 비축
057	**Juggernaut** [dʒʌ́ɡərnɔ:t]	명 크리슈나(인도신화의 신), 신상, 불가항력

058 **defiance** [difáiəns]	명 도전, 반항, 무시		

059 **concentration camp**	명 강제 수용소
060 **exterminate** [ikstə́ːrmənèit]	동 몰살하다
061 **propaganda** [pràpəgǽndə]	명 선전
062 **prominent** [prámənənt]	형 유명한, 두드러진, 탁월한, 뛰어난,
063 **merchant** [məːrtʃənt]	명 상인, 무역상 형 상선의, 무역상의, 상업의
064 **smuggle** [smʌ́gl]	동 밀수입하다, 밀수출하다, 밀입국시키다
065 **refugee** [rèfjudʒíː]	명 난민, 망명자, 이탈자
066 **debilitate** [dibílətèit]	동 ~을 약화시키다
067 **hammer blow**	명 망치질, 맹타
068 **squadron** [skwádrən]	명 비행 중대, 소함대, 단체
069 **abyss** [əbís]	명 심연, 나락, 혼돈
070 **unconditional** [ʌ̀nkəndíʃənəl]	형 무조건의, 무제한의, 절대적인
071 **maturity** [mətjúərəti]	명 성숙, 만기

Chapter 18

001 **loot** [luːt]	동 약탈하다 명 전리품, 약탈품
002 **prestigious** [prestídʒəs]	형 일류의, 명성 있는, 유명한
003 **submit** [səbmít]	동 제출하다, 제시하다, 복종하다, 굴복하다
004 **concierge** [kànsiéərʒ]	명 수위, 관리인, 안내인
005 **amateurish** [ǽmətʃúəriʃ]	형 아마추어 같은, 미숙한, 직업적이 아닌
006 **dilettante** [dìlitáːnti]	명 아마추어 평론가, 예술 애호가
007 **barbarian** [bɑːrbéəriən]	명 야만인
008 **Greek statuary**	명 그리스 조소상
009 **eliminate** [ilímənèit]	동 없애다, 제거하다, 무시하다
010 **anatomy** [ənǽtəmi]	명 해부학, 해부, 구조
011 **ligament** [lígəmənt]	명 (관절의)인대, 유대, 결속력
012 **arcane** [ɑːrkéin]	형 비밀의, 불가사의한, 애매한
013 **aperitif** [ɑːpèrətíːf]	명 (식욕을 돋우기 위해 마시는)반주
014 **gnarled** [nɑːrld]	gnarl(비틀다)의 과거·과거분사 형 울퉁불퉁한, 쭈글쭈글한

#	단어	뜻
015	**clubfoot** [klʌ́bfùt]	몡 내반족, 만곡족(날 때부터 기형으로 굽은 다리)
016	**dismember** [dismémbər]	동 (사지를)절단하다, 분해하다
017	**cordial** [kɔ́ːrdʒəl]	형 따뜻한, 정중한, 진심의
018	**dreary** [drí(ə)ri]	형 음울한, 지루한, 쓸쓸한, 황량한
019	**windowsill** [wíndousìl]	몡 창턱, 창의 아래틀
020	**lavish** [lǽviʃ]	동 아낌없이 주다 / 형 낭비하는, 사치스러운
021	**gland** [glǽnd]	몡 (생리학의)선, 샘
022	**brunette** [bruːnét]	몡 흑갈색 머리의 백인 여성
023	**acne** [ǽkni]	몡 여드름, 좌창
024	**willowy** [wíloui]	형 버드나무 같은, 가냘픈, 유연한
025	**ribald** [ríbəld]	형 상스러운, 야비한
026	**fluster** [flʌ́stər]	동 혼란시키다 / 몡 당황, 혼란
027	**queer** [kwiər]	형 괴상한, 동성애의
028	**tapering** [téipəriŋ]	taper(점차 가늘어지다)의 현재분사·동명사 / 형 끝이 가늘어지는 / 몡 끝이 가늘어짐
029	**loin** [lɔin]	몡 음부, 허리 부분, 요부
030	**quixotic** [kwiksátik]	형 돈키호테식인, 공상적인, 비현실적인
031	**intimacy** [íntəməsi]	몡 친밀, 친교, 친함
032	**hostel** [hástl]	몡 호스텔, 숙박 시설
033	**meadow** [médou]	몡 초원, 목초지
034	**elation** [iléiʃən]	몡 의기양양함, 우쭐댐, 흔쾌한 기분
035	**protuberant** [proutjúːbərənt]	형 돌출한, 두드러진, 융기한
036	**hazel** [héizəl]	몡 개암나무, 개암나무 열매, 담갈색
037	**proprietor** [prəpráiətər]	몡 소유자, 소유주, 소유경영인
038	**critic** [krítik]	몡 비평가, 평론가, 비판하는 사람
039	**crucify** [krúːsəfài]	동 십자가에 못박다, 억누르다, 학대하다
040	**ferocious** [fəróuʃəs]	형 사나운, 포악한, 잔인한
041	**quip** [kwip]	몡 빈정거리는 말, 신랄한 말, 경구
042	**mordant** [mɔ́ːrdənt]	형 신랄한, 통렬한, 비꼬는
043	**sideboard** [sáidbɔ̀ːrd]	몡 찬장, 식기대
044	**effusive** [ifjúːsiv]	형 과장된, 넘쳐 흐르는, 심정을 토로하는

#	단어	뜻
045	**discerning** [disə́:rniŋ, -zə́:rn-]	discern(파악하다)의 현재분사·동명사 형 안목이 있는 명 알아봄
046	**derogatory** [dirágətɔ̀:ri]	형 경멸적인, 손상시키는, 손상하는
047	**aspiring** [əspáiəriŋ]	aspire(염원하다)의 현재분사·동명사 형 포부를 가진, 상승하는 명 열망함
048	**arty** [á:rti]	형 예술가인 체하는, 지나치게 꾸민
049	**nibble** [níbl]	동 조금씩 먹다, 약간 관심을 보이다 명 한 입
050	**bustle up**	숙 법석을 떨다, 서두르다
051	**immortality** [ìmɔ:rtǽləti]	명 불후, 영원, 불사
052	**mane** [mein]	명 갈기, 길고 숱이 많은 머리털, 후두부 깃털
053	**forelock** [fɔ́:rlák]	명 앞머리, 앞갈기, 쐐기
054	**babble** [bǽbl]	명 허튼 소리, (아기의)옹알이 동 웅얼거리다, (물이) 졸졸 흐르다

Chapter 19

#	단어	뜻
001	**treadmill** [trédmil]	명 런닝머신, 쳇바퀴, 반복
002	**clique** [kli:k]	명 파벌, 도당, 패거리
003	**realm** [relm]	명 영역, 왕국, 범주, 국토
004	**impostor** [impástər]	명 사기꾼, 협잡꾼, 사칭자
005	**derring-do** [dériŋ-du:]	명 대담한 행위
006	**segregation** [sègrigéiʃən]	명 차별, 분리, 격리
007	**migration** [maigréiʃən]	명 이동, 이주
008	**sabotage** [sǽbətà:ʒ]	명 사보타주(고의적인 파괴), 방해 행위 동 ~을 파괴하다
009	**amorphous** [əmɔ́:rfəs]	형 일정한 모양이 없는, 특성이 없는, 애매한
010	**accumulate** [əkjú:mjulèit]	동 축적하다, 누적하다, 늘다, 모으다
011	**layout** [léiaut]	명 배치, 설계, 펼치기

Chapter 20

#	단어	뜻
001	**conciliatory** [kənsíliətɔ̀:ri]	형 달래는, 회유하는
002	**overture** [óuvərtʃər, -tʃùər]	명 서곡, 교섭의 개시 동 제의하다, 말을 꺼내다
003	**insular** [ínsələr]	형 섬의, 섬나라 근성의, 편협한
004	**outlaw** [áutlɔ̀:]	동 불법화하다, 금지하다 명 무법자, 추방자, 범법자
005	**communism** [kámjunìzm]	명 공산주의
006	**prestige** [prestí:ʒ]	명 명성, 위신, 품격
007	**designate** [dézignèit]	동 지정하다, 지명하다, 선정하다

#	단어	뜻
008	**manacle** [mǽnəkl]	동 ~을 속박하다, ~에게 수갑을 채우다 / 명 수갑, 구속
009	**partition** [pɑːrtíʃən]	명 칸막이, 분할, 구획
010	**fertile** [fə́ːrtl]	형 비옥한, 가임의, 다산의
011	**bowel** [báuəl]	명 내장, 창자, 장
012	**coup** [kuː]	명 대성공, 쿠데타, 일격
013	**take over**	숙 인수하다, 인계받다
014	**petrochemical** [pètroukémikəl]	명 석유 화학 제품 / 형 석유 화학의
015	**widower** [wídouər]	명 홀아비
016	**executive** [igzékjutiv]	명 임원(이사, 중역), 경영자, 책임자 / 형 행정의, 경영의
017	**ruddy** [rʌ́di]	형 불그레한, 혈색이 좋은
018	**cajole** [kədʒóul]	동 감언이설로 속이다, 아첨하다
019	**punctilious** [pʌŋktíliəs]	형 꼼꼼한, 딱딱한, 격식을 차리는
020	**debonair** [dèbənéər]	형 공손한, 명랑한, 사근사근한
021	**charismatic** [kærizmǽtik]	형 카리스마적인
022	**corporate** [kɔ́ːrpərət]	형 기업의, 회사의, 법인 조직의
023	**perfunctory** [pərfʌ́ŋktəri]	형 형식적인, 피상적인, 겉치레의
024	**imperative** [impérətiv]	형 부득이한, 긴급한, 권위 있는
025	**cartel** [kɑːrtél]	명 기업 연합, 담합, 카르텔
026	**skyrocket** [skáirɑːkɪt]	명 불꽃, 봉화 / 동 (물가 등이)치솟다, 급상승하다
027	**predatory** [prédətɔːri]	형 약탈하는
028	**fleck** [flek]	명 얼룩, 반점, 주근깨
029	**adroit** [ədrɔ́it]	형 능숙한, 교묘한, 솜씨 있는
030	**hogtie** [hɔ́ːgtài]	동 ~의 두 손발을 묶다, ~을 방해하다
031	**disapprove** [dìsəprúːv]	동 비난하다
032	**despise** [dispáiz]	동 경멸하다, 멸시하다
033	**bait** [beit]	명 미끼, 유혹 / 동 미끼를 놓다, 화를 돋우다
034	**induce** [indjúːs]	동 유도하다, 유치하다, 유발하다, 유인하다,
035	**single-minded** [síŋgl-máindid]	형 일편단심의, 성실한, 한가지 목표에만 골몰하는

Sidney Sheldon
DAY 15

Chapter 20

036 earshot [íərʃàt] — 명 목소리가 들리는 곳

037 out of earshot — 숙 소리가 들리지 않는 곳에

038 folio [fóuliòu] — 명 2절판의 책, 페이지수를 매긴 한 장

039 camouflage [kǽməflàːʒ] — 명 위장, 속임수 / 동 위장하다, 감추다

040 creak [kriːk] — 동 삐걱거리다 / 명 삐걱거리는 소리

041 invade [invéid] — 동 침략하다, 침입하다, 침해하다

042 radiate [réidièit] — 동 (빛, 열 등을)발하다, 사출하다, 사방으로 퍼지다

043 gang up on — 숙 패거리를 지어 공격하다

044 seduce [sidjúːs] — 동 유혹하다, 부추기다, 꾀다

045 implant [implǽnt, -pláːnt] — 동 이식하다, 심다

046 complication [kàmpləkéiʃən] — 명 분규, 복잡, 합병증

047 deceit [disíːt] — 명 책략, 사기, 속임

048 up front — 숙 맨 앞줄에 나와, 선불로, 정직한

049 maillot [mɑːjóu] — 명 여성용 원피스 수영복, 메리야스 내의

050 slender [sléndər] — 형 호리호리한, 날씬한, 가는

051 light-hearted [láit-hàːrtid] — 형 근심 없는, 즐거운

052 rebellion [ribéljən] — 명 반란, 반항, 폭동, 반역

053 petty [péti] — 형 사소한, 보잘것없는, 인색한

054 devious [díːviəs] — 형 꾸불꾸불한, 바른길을 벗어난, 일탈적인

055 simultaneously [sàiməltéiniəsli] — 부 동시에, 일제히

056 dispense [dispéns] — 동 나오다, 조제하다, 분배하다

057 conspicuous [kənspíkjuəs] — 형 눈에 띄는, 두드러지는

058 perverse [pərvə́ːrs] — 형 성질이 비뚤어진, 고집 부리는, 정도를 벗어난

059 onlooker [áːnlùkər] — 명 방관자, 구경꾼

060 orgy [ɔ́ːrdʒi] — 명 흥청망청 놀고 마시기, 주지육림

061 dispel [dispél] — 동 ~을 쫓아버리다, 없애다, 떨쳐버리다

062 hysterectomy [hìstəréktəmi] — 명 자궁 절제, 자궁 적출

Chapter 21

001 **absorbed** [æbsɔ́:rbd, æbzɔ́:rbd]	absorb(흡수하다)의 과거·과거분사 휑 흡수된, ~에 몰두한	
002 **breach** [bri:tʃ]	몡 위반, 파손, 틈, 누출 동 어기다	
003 **mumps** [mʌmps]	몡 볼거리, 유행성 이하선염	
004 **whooping cough**	몡 백일해	
005 **tonsil** [tánsil]	몡 편도선	
006 **hospitalize** [háspitəlàiz]	동 ~을 입원시키다, 병원 치료하다	
007 **black out**	숙 등화관제하다, 의식(기억)을 잃다	
008 **adolescent** [ædəlésnt]	몡 청소년, 청년	
009 **glandular** [glǽndʒulər]	휑 선의, 선 같은, 선이 있는	
010 **cerebral** [sərí:brəl, sérə-]	휑 뇌의, 지적인, 대뇌의	
011 **aneurysm** [ǽnjərìzm]	몡 동맥류, 이상 비대	
012 **blur** [blə:r]	동 흐리게 하다, 흐릿해지다	
013 **fatal** [féitl]	휑 치명적인, 죽음에 이르는	
014 **alarmist** [əlá:rmist]	몡 공연히 소란을 피우는 사람, 기우가 심한 사람	
015 **abortion** [əbɔ́:rʃən]	몡 낙태, 유산	
016 **antagonistic** [æntægənístik]	휑 대립하는, 반대의,	
017 **erratic** [irǽtik]	휑 변덕스러운, 별난	
018 **blood transfusion**	몡 수혈	
019 **cerebral hemorrhage**	몡 뇌출혈, 뇌일혈	
020 **lapel** [ləpél]	몡 접은 깃, 접은 옷깃	
021 **revolver** [riválvər]	몡 리볼버(회전식 연발 권총), 회전 장치	
022 **trigger** [trígər]	동 유발하다, 일으키다, 몡 방아쇠, 계기, 동기	

Chapter 22

001 **primogeniture** [pràimoudʒénitʃər]	몡 장자의 신분, 장자 상속권	
002 **in dispute**	숙 논쟁 중인, 미해결인, 논쟁 중의	
003 **substantiate** [səbstǽnʃièit]	동 ~을 구체화하다, ~을 확증하다, 입증하다	
004 **brusque** [brʌsk]	휑 무뚝뚝한, 퉁명스러운	
005 **slashing** [slǽʃiŋ]	slash(베다)의 현재분사·동명사 휑 마구 베는, 맹렬한 몡 베기	
006 **thready** [θrédi]	휑 실 같은, 약한, 가냘픈	

Chapter 23

001 **recuperate** [rikjú:pərèit]	동	회복하다, 되찾다, 건강을 되찾게 하다
002 **asylum** [əsáiləm]	명	망명, 피난처, 보호소
003 **homicidal** [hάməsáidl]	형	살인의
004 **schizophrenic** [skìtsəfrénik]	형 조현병의 명 조현병 환자	
005 **paranoiac** [pærənóiæk]	형 편집증의 명 편집증 환자	
006 **restraint** [ristréint]	명	억제, 제지, 구속
007 **padded cell**	명	벽면에 부상 방지용 쿠션을 댄 방
008 **dysfunction** [disfʌ́ŋkʃən]	명	기능 장애, 고장, 역기능
009 **torment** [tɔːrmént]	동	육체적 고통을 주다, 괴롭히다
010 **scaredy-cat** [skéərdi-kæt]	명	겁쟁이, 소심한 사람
011 **blister** [blístər]	명 물집 동 물집이 생기다, 물집을 만들다	
012 **confine** [kənfáin]	동	국한하다, 가두다, 제한하다
013 **lobotomy** [ləbάtəmi]	명	대뇌 전두엽의 백질 절제 수술
014 **aggression** [əgréʃən]	명	공격, 공격성, 침략

Chapter 24

001 **accident-prone** [ǽksidənt-pròun]	형	사고를 당하기 쉬운
002 **intervention** [ìntərvénʃən]	명	개입, 간섭, 중재
003 **revel** [révəl]	동	흥청대다, 크게 즐기다
004 **invariably** [invέəriəbli]	부	반드시, 언제나, 변함없이, 불가피하게
005 **tacit** [tǽsit]	형	무언의, 암묵의, 잠잠한
006 **attrition** [ətríʃən]	명	마찰, 감소, 마멸
007 **admonition** [ædməníʃən]	명	충고, 경고, 훈계
008 **rudder** [rʌ́dər]	명	키, 방향타
009 **luff** [lʌ́f]	동	뱃머리를 바람 불어 오는 쪽으로 돌리다
010 **overboard** [óuvərbɔːrd]	부	배 밖으로, 배에서 물 속으로
011 **compassionate** [kəmpǽʃənət]	형	인정 많은, 가엾게 여기는, 동정적인
012 **pejorative** [pidʒɔ́ːrətiv]	형	경멸적인
013 **resentment** [rizéntmənt]	명	분노, 적의
014 **affectionate** [əfékʃənət]	형	다정한, 애정 어린

015 discourse [díːskɔːrs 동:diskɔ́ːrs]	명 담론, 담화 동 담화하다
016 inexplicable [inéksplikəbl]	형 설명할 수 없는, 해석할 수 없는
017 infirmary [infə́ːrməri]	명 양호실, 병원, 진료소, 의무실
018 concussion [kənkʌ́ʃən]	명 진동, 충격, 진탕
019 corral [kərǽl]	명 가축우리 동 우리에 넣다
020 prank [præŋk]	명 농담, 장난 동 ~을 꾸며대다
021 cinch [sintʃ]	명 쉬운 일, 확실한 일, 꽉 잡기
022 on the verge of	숙 바야흐로 ~하려고 하여, ~하기 직전에
023 twitch [twitʃ]	동 홱 잡아당기다, ~을 낚아채다 명 경련, 갑작스런 느낌
024 ungrammatical [ʌ̀ŋgrəmǽtikəl]	형 문법에 어긋나는, 관용적이 아닌
025 venomous [vénəməs]	형 독을 분비하는, 독이 있는, 해를 주는

Chapter 25

001 indiscriminate [ìndiskrímənət]	형 무차별의, 닥치는 대로의, 분간 없는
002 precaution [prikɔ́ːʃən]	명 예방책, 조심, 경계
003 gloat [glout]	동 흡족해 하다, 고소해 하다 명 흡족해 함
004 wither [wíðər]	동 시들다, 쇠퇴하다, 활기를 잃다, 위축시키다
005 divine [diváin]	형 신 같은, 거룩한, 멋진
006 nourish [nə́ːriʃ]	동 영양분을 공급하다, 육성하다, 풍요롭게 하다
007 libidinous [libídənəs]	형 선정적인, 호색의, 육욕적인
008 demented [diméntid]	dement(미치게 하다)의 과거·과거분사 형 머리가 돈, 실성한
009 quaveringly [kwéivəriŋli]	부 흔들려서, 진동하여, 부들부들 떨며
010 persist [pərsíst]	동 계속 ~하다, 지속하다, 관철하다
011 sordid [sɔ́ːrdid]	형 야비한, 더러운, 답답한
012 appall [əpɔ́ːl]	형 ~을 오싹하게 하다, 질리게 하다, 놀라게 하다
013 jeopardize [dʒépərdàiz]	동 위태롭게 하다, 위험에 빠뜨리다
014 flabby [flǽbi]	형 축 늘어진, 무른, 무른 근육을 가진
015 crepey [kréipiː]	형 주름이 많은, 곱슬곱슬한
016 vintage [víntidʒ]	명 포도 수확기, 포도주 생산 년도
017 decidedly [disáididli]	부 명백히, 명확하게, 단연
018 nymphet [nimfét]	명 조숙한 소녀(성적으로 눈뜬)

#	단어	뜻
019	**assignation** [æsignéiʃən]	명 할당, 양도, 밀회
020	**susceptible** [səséptəbl]	형 영향을 받기 쉬운, 허용하는, 감염되기 쉬운
021	**despicable** [déspikəbl, dispíkəbl]	형 비열한, 야비한, 경멸스런
022	**villain** [vílən]	명 악당, 악한, 악역
023	**deceitful** [disíːtfəl]	형 기만적인, 사기의
024	**weariness** [wíərinis]	명 피로, 싫증, 지루함
025	**disinherit** [dìsinhérit]	동 ~의 상속권을 빼앗다, ~에게서 유산을 빼앗다, ~에서 기득권을 빼앗다
026	**futility** [fjuːtíləti]	명 쓸모없음, 하찮음
027	**mold** [mould]	명 곰팡이, 부식토
028	**bedrock** [bédrɑːk]	명 기반암, 최하점, 기본원리 / 형 근저의, 최저의
029	**immutable** [imjúːtəbl]	형 불변의, 바꿀 수 없는, 변경할 수 없는
030	**senile** [síːnail]	형 고령의, 노인의, 망령 든
031	**undermine** [ʌ̀ndərmáin]	동 ~의 밑을 파다, 은밀히 해치다, 침식하다

Chapter 26

#	단어	뜻
001	**exhilarating** [igzíləreitiŋ]	exhilarate(기쁘게 하다)의 현재분사·동명사 / 형 들뜨게 하는 / 명 아주 기쁘게 함
002	**irrevocable** [irévəkəbl]	형 취소할 수 없는, 돌이킬 수 없는, 폐기할 수 없는
003	**executor** [igzékjutər]	명 집행자, 유언 집행자, 수행자
004	**discretion** [diskréʃən]	명 결정권, 분별, 재량, 신중
005	**apiece** [əpíːs]	부 하나씩, 따로따로, 한 사람마다
006	**stipulation** [stìpjuléiʃən]	명 조건, 계약, 약정
007	**trickle** [tríkl]	동 똑똑 떨어지다, 드문드문 오다 / 명 똑똑 떨어짐, 물방울
008	**nook** [nuk]	명 구석, 은신처, 벽지
009	**euphemistic** [jùːfəmístik]	형 완곡 어법의, 완곡한
010	**vicious** [víʃəs]	형 잔인한, 사악한, 부도덕한
011	**demure** [dimjúər]	형 품위 있는, 침착한, 성실한
012	**rapport** [ræpɔ́ːr]	명 관계, 협조, 일치
013	**suitor** [súːtər]	명 구혼자, 타기업 인수를 원하는 기업, 탄원자
014	**leaf through**	숙 책장을 급히 넘기다
015	**pawn** [pɔːn]	명 저당물, 담보물 / 동 저당 잡히다
016	**watchword** [wɑ́ːtʃwəːrd]	명 암호, 군호, 표어

017	**bid** [bid]	동 / 명	입찰하다, 인사하다, 명령하다 / 입찰 가격, 시도
018	**infatuate** [infǽtʃuèit, -tju-]	동	열중하게 하다, 얼빠지게 하다
019	**freshen up**	숙	새롭게 하다, 되살리다
020	**dub** [dʌb]	동	~라 부르다, 별명을 붙이다
021	**appellation** [æpəléiʃən]	명	명칭, 호칭, 통칭
022	**deride** [diráid]	동	조소하다, ~을 비웃다
023	**crescent** [krésnt]	명	초승달 모양, 초승달
024	**airborne** [έrbɔ:rn]	형 / 명	공기로 운반되는, 하늘에 떠 있는 / 공수 부대
025	**magnetism** [mǽgnətìzm]	명	자성, 매력, 자기
026	**clench** [klentʃ]	동 / 명	꽉 쥐다, 단단히 고정시키다 / 꽉 쥠
027	**stark** [stɑːrk]	형 / 부	삭막한, 황량한, 냉혹한, 완전한 / 완전히
028	**aghast** [əgǽst]	형	깜짝 놀라, 혼비백산하여, 대경 실색한
029	**discolor** [diskʌ́lər]	동	~을 변색시키다, ~의 색을 더럽히다
030	**lessen** [lésn]	동	줄이다, 완화하다, 감소하다
031	**straddle** [strǽdl]	동 / 명	~을 다리를 벌리고 건너다, ~에 걸쳐 있다 / 다리를 벌린 폭
032	**insatiable** [inséiʃəbl]	형	만족할 줄 모르는, 탐욕스러운
033	**segment** [ségmənt]	명 / 동	부분, 분절, 마디 / 분할하다
034	**so-called** [sóu-kɔ́:ld]	형	소위, 이른바
035	**fountainhead** [fáuntnhed]	명	수원, 원천, 근원
036	**socialite** [sóuʃəlàit]	명	명사, 사교계 명사
037	**milieu** [miljú]	명	환경, 주위, 사회적 환경
038	**raucous** [rɔ́:kəs]	형	목쉰 소리의, 귀에 거슬리는
039	**bray** [brei]	동 / 명	빻다 / 나귀의 울음 소리, 귀에 거슬리는 울음 소리
040	**pillar** [pílər]	명	기둥, 지주, 원칙, 중요한 역할
041	**drachma** [drǽkmə]	명	그리스 화폐, 은화
042	**brokerage** [bróukəridʒ]	명	중매업, 중개업, 중개 수수료
043	**deliberate** [dilíbərət]	형 / 동	신중한, 고의적인 / 숙고하다
044	**evade** [ivéid]	동	회피하다, 피하다, 면하다
045	**bore** [bɔːr]	동	지루하게 하다, 따분하게 하다, 땅굴을 파다, 구멍을 뚫다
046	**leaky** [líːki]	형	잘 새는, 비밀을 누설하기 쉬운

Chapter 27~28

001	**diadem** [dáiədèm]	명 왕관, 왕권
002	**engraver** [ingréivər]	명 조각공, 도장 파는 사람, 조각가
003	**copywriter** [kápiràitər]	명 광고 문안가, 원고를 쓰는 사람
004	**indignation** [ìndignéiʃən]	명 분노, 분개
005	**consensus** [kənsénsəs]	명 합의, 의견, 일치
006	**tubby** [tʌ́bi]	형 땅딸막한, 통 모양인, 뚱뚱한
007	**chattel** [tʃǽtl]	명 (재산)동산
008	**obsequious** [əbsíːkwiəs]	형 아첨하는, 알랑거리는, 아부하는
009	**vindictive** [vindíktiv]	형 앙심을 품은, 보복적인, 집념이 강한
010	**smoke-filled room**	명 (정치적인 협상이 이루어지는)비밀 회의실, 막후 협상실
011	**chain-smoke** [tʃéinsmòuk]	동 줄담배를 피우다
012	**rust-colored** [rʌ́st-kʌ́lərd]	형 적갈색의, 녹빛의
013	**acquaint** [əkwéint]	동 익히다, 숙지하다, 남에게 알리다
014	**lay off**	숙 해고하다, 그만두다
015	**fouled-up** [fáuld-ʌ́p]	형 혼란한, 무질서한
016	**tongue-lash** [tʌŋ-læʃ]	동 호되게 꾸짖다, 크게 나무라다
017	**slap down**	숙 ~을 몹시 꾸짖다
018	**pandemonium** [pændəmóuniəm]	명 복마전, 대혼란, 아수라장
019	**culprit** [kʌ́lprit]	명 죄인, 미결수, 범죄자
020	**shabby** [ʃǽbi]	형 초라한, 낡은, 허름한, 보잘것없는
021	**unstable** [ʌnstéibl]	형 안정되지 않은, 흔들리기 쉬운, 마음이 변하기 쉬운
022	**groin** [grɔin]	명 사타구니, 서혜부
023	**tumescent** [tjuːmésnt]	형 커진, 붓는, 부어 오르는
024	**chic** [ʃiːk]	형 멋진, 세련된, 맵시 있는
025	**gall** [gɔːl]	명 담즙, 뻔뻔스러움, 찰과상 동 속 태우다, 문질러 벗기다
026	**dissipated** [dísəpèitid]	dissipate(낭비하다)의 과거·과거분사 형 낭비된, 방탕한
027	**obscure** [əbskjúər]	형 잘 알려져 있지 않은, 모호한 동 흐리게 하다, 모호하게 하다
028	**ingenuity** [ìndʒənjúːəti]	명 기발한 재주, 독창성, 창의력
029	**spellbind** [spélbàind]	동 주문으로 얽어 매다, ~을 매혹하다, 황홀하게 하다

Sidney Sheldon
DAY 16

Chapter 29~30

001	**exhale** [ekshéil]	동 발산하다, 내쉬다, 숨을 내쉬다
002	**crevice** [krévis]	명 갈라진 틈, 찢어진 틈, 균열
003	**frustration** [frʌstréiʃən]	명 좌절, 실패, 욕구불만
004	**anonymous** [ənánəməs]	형 익명의, 이름을 밝히지 않은, 미상의
005	**masochist** [mǽsəkìst]	명 피학대 음란증 환자, 마조히스트
006	**infraction** [infrǽkʃən]	명 위반, 침해
007	**fester** [féstər]	동 곪다, 짓무르다
008	**antagonize** [æntǽgənàiz]	동 대항하다, 적대하다, 반대하다
009	**captivate** [kǽptəvèit]	동 ~을 매혹하다, 마음을 사로잡다
010	**kowtow** [káutáu]	동 머리를 조아리다, 아첨하다
011	**sire** [saiər]	명 종마, (짐승의)아비
012	**frisson** [fri:sɔ́ːŋ]	명 (프랑스어)떨림, 전율, 스릴
013	**access card**	명 출입 카드
014	**stint** [stint]	동 ~을 제한하다, 줄이다, 중지하다
015	**ardent** [áːrdnt]	형 열렬한, 열심인, 불타는
016	**mutilate** [mjúːtəlèit]	동 절단하다, 팔다리를 절단하다, 불구로 만들다
017	**coordinate** [kouɔ́ːrdənət]	명 좌표 형 동등한 동 대등하게 하다, 조정하다
018	**prodigal** [prádigəl]	형 낭비하는, 방탕한, 풍부한
019	**demur** [dimə́ːr]	동 반대하다, 이의를 제기하다, 항변하다
020	**inflection** [inflékʃən]	명 억양, 굴절, 어형 변화
021	**dominate** [dámənèit]	동 ~을 지배하다, 장악하다, 압도하다, 점령하다
022	**astride** [əstráid]	전 부 ~에 걸터앉아, 양쪽으로 두 다리를 벌려
023	**anesthesiologist** [ænəsθiːziálədʒist]	명 마취과 의사
024	**glib** [glib]	형 입이 가벼운, 입심 좋은
025	**disfigurement** [disfígjərmənt]	명 외관 손상, 꼴사나움
026	**hit-and-run** [hít-æn-rʌ̀n]	형 뺑소니에 의한
027	**snort** [snɔːrt]	동 콧방귀를 뀌다, 콧김을 뿜다

028 **fracture** [fræktʃər]	명 골절, 좌상, 갈라진 틈 동 골절이 되다, 부수다		

Chapter 31~32

028 **fracture** [fræktʃər]	명 골절, 좌상, 갈라진 틈 동 골절이 되다, 부수다	001 **perilous** [pérələs]	형 위험한, 모험적인
029 **zygoma** [zaigóumə, zig-]	명 광대뼈, 협골궁, 관골	002 **ingratiating** [ingréiʃièitiŋ]	ingratiate(환심을 사다)의 현재분사·동명사 형 환심을 사려는 명 환심을 삼
030 **blowout** [blóuàut]	명 (자동차 바퀴의)펑크	003 **clean-cut** [klín-kʌt]	형 윤곽이 뚜렷한, 맵시 있는, 명확한
031 **impinge** [impíndʒ]	동 악영향을 미치다, 침범하다, 충돌하다	004 **quarterback** [kwɔ́rtərbæ̀k]	명 (미식축구에서)쿼터백 동 지휘하다
032 **posterior** [pastíəriər]	명 엉덩이, 둔부 형 뒤의	005 **notation** [noutéiʃən]	명 표시법, 기록, 각서, 메모하기
033 **ponderingly** [pándəriŋli]	부 숙고하여	006 **dowager** [dáuədʒər]	명 귀족 미망인, 부와 기품을 겸비한 여성
034 **vagary** [vəgéəri, véigəri]	명 엉뚱한 짓, 변덕	007 **bravado** [brəvá:dou]	명 허세, 허장성세
035 **conspiracy** [kənspírəsi]	명 음모, 공모, 공동 모의	008 **abhor** [æbhɔ́r]	동 혐오하다, 싫어하다, 증오하다
036 **assault** [əsɔ́:lt]	명 폭행, 공격, 비난, 습격	009 **butchery** [bútʃəri]	명 도살업, 학살, 도살장
037 **unprepossessing** [ʌ̀nprí:pzésiŋ]	형 호감을 주지 않는, 애교 없는	010 **vouch** [vautʃ]	동 보증하다, 단언하다, 인용하다
038 **sparse** [spɑ:rs]	형 부족한, 희박한, 빈약한	011 **self-esteem** [sélf-istí:m]	명 자존, 자부심, 자만
039 **myopic** [maiápik]	형 근시의, 근시안의	012 **negligible** [néglidʒəbl]	형 하찮은, 무시해도 좋은, 무시할 만한
040 **blink** [bliŋk]	동 눈을 깜박이다, 흘끗 보다, 모른 체하다 명 눈을 깜빡임	013 **domineering** [dàməníəriŋ]	domineer(압제하다)의 현재분사·동명사 형 횡포한, 오만한, 지배하는 명 압제함
041 **deform** [difɔ́:rm]	동 ~을 변형시키다, ~을 기형으로 만들다	014 **bully** [búli]	명 왕따, 폭력, 불량배, 따돌림 동 괴롭히다
042 **deficiency** [difíʃənsi]	명 부족, 결함		

015 **sublimate** [sʌ́bləmèit]	동 고상하게 하다, 순화시키다
016 **embolden** [imbóuldən]	동 격려하다, ~에게 용기를 주다
017 **megalomaniac** [mègəlouméiniæk]	명 과대 망상증 환자
018 **testify** [téstəfài]	동 증언하다, 표명하다, 증명하다
019 **homicide** [hɑ́məsàid]	명 살인, 살인범
020 **unravel** [ʌnrǽvəl]	동 풀다, ~을 해명하다, 해결하다
021 **psychopath** [sáikəpæθ]	명 정신병자, 변질자

Chapter 33~37

001 **tenacious** [tənéiʃəs]	형 집요한, 완강한, 단단히 잡고 있는, 꽉 누른
002 **artery** [ɑ́ːrtəri]	명 동맥
003 **hindrance** [híndrəns]	명 장애, 방해
004 **exuberant** [igzúːbərənt]	형 무성한, 풍부한, 생기 넘치는
005 **adrift** [ədríft]	형 표류하는, 정처 없는
006 **eminent** [émənənt]	형 저명한, 탁월한, 고위의
007 **jib** [dʒib]	명 뱃머리의 삼각형 돛

008 **scan** [skæn]	동 ~을 자세히 조사하다, 대충 훑어보다
009 **lee** [liː]	명 바람이 없는 곳, 바람이 불어가는 쪽, 보호, 비호
010 **white-hot** [wait-hɑ́t]	형 아주 뜨거운, 백열의, 열렬한
011 **spurt** [spəːrt]	동 분출하다, 뿜어 내다 / 명 분출
012 **detain** [ditéin]	동 지체하게 하다, 감금하다, 붙들다
013 **moor** [muər]	동 고정시키다, 정박시키다 / 명 황야, 무어인
014 **tomcat** [tɑ́mkæt]	명 수고양이, 여자 꽁무니를 쫓아다니는 남자
015 **lieutenant** [luténənt]	명 (육·해·공군의)중위·소위
016 **morgue** [mɔːrg]	명 시체 공시장, 시체 안치소, 영안실
017 **vamoose** [væmúːs]	동 얼른 떠나다, 달아나다, 도망치다
018 **commentator** [kɑ́məntèitər]	명 주석자, 방송 해설가, 시사 해설가
019 **speculate** [spékjulèit]	동 추측하다, 분석하다, 예상하다, 짐작하다
020 **amnesia** [æmníːʒə]	명 기억 상실, 건망증
021 **breakwater** [bréikwɔ̀ːtər]	명 방파제
022 **tenor** [ténər]	명 방침, 경향, 취지, (음악)테너

#	단어	뜻
023	**perplex** [pərpléks]	동 당혹하게 하다, 혼란시키다
024	**jurisdiction** [dʒùərisdíkʃən]	명 사법권, 재판권, 지배권
025	**curio** [kjúəriòu]	명 골동품, 진품, 미술품
026	**front page**	명 책의 속표지, 신문 제1면
027	**opiate** [óupiət]	명 아편제, 마취제, 진정제
028	**forensic** [fərénsik]	형 법정의, 변론의, 토론의
029	**beefy** [bí:fi]	형 근육이 발달한, 살집이 좋은, 살찐
030	**cockamamie** [kákəméimi:]	형 터무니없는
031	**recurrent** [rikə́:rənt]	형 재발하는, 빈발하는, 되풀이되는
032	**perennial** [pəréniəl]	명 다년생 식물 / 형 영구적인, 다년생의
033	**nonentity** [nɑ:néntəti]	명 보잘 것 없는 사람, 상상의 물건
034	**sultry** [sʌ́ltri]	형 무더운, 격정적인, 선정적인
035	**inquest** [ínkwest]	명 심리, 판결
036	**chamber** [tʃéimbər]	명 방, 침실, 셋방, 공무집행실, 회의장 / 동 방에 가두다, 장전하다
037	**annulment** [ənʌ́lmənt]	명 취소, 폐지, 무효 선언
038	**verdict** [vɔ́:rdikt]	명 판결, 심판, 결정, 의견
039	**jury** [dʒúəri]	명 배심원, 심사위원
040	**assailant** [əséilənt]	명 공격자, 가해자
041	**statute** [stǽtʃu:t]	명 법규, 법령, 성문법
042	**stethoscope** [stéθəskòup]	명 청진기 / 동 ~을 청진기로 진찰하다
043	**escapade** [éskəpèid]	명 분별없는 행위, 엉뚱한 장난, 도피
044	**replenish** [riplénɪʃ]	동 보충하다, 보급하다, 다시 채우다
045	**placate** [pléikeit]	동 달래다, 위로하다, 진정시키다
046	**ingratitude** [ingrǽtətjù:d]	명 배은망덕, 고마움을 모름
047	**glower** [gláuər]	동 노려보다, 쏘아보다 / 명 기분 언짢은 얼굴
048	**manipulator** [mənípjulèitər]	명 조종자, 조작자, 속이는 사람
049	**bumbling** [bʌ́mbliŋ]	bumble(갈팡질팡하다)의 현재분사·동명사 / 형 갈팡질팡하는 / 명 갈팡질팡함
050	**milquetoast** [mílktòust]	명 겁쟁이, 소심한 사람
051	**hypodermic** [hàipədɔ́:rmik]	형 피하 주사의, 피하의 / 명 피하 주사
052	**cuckold** [kʌ́kəld]	명 부정한 아내의 남편 / 동 (아내가)바람피우다

053 **indomitable** [indάmətəbl]	형 꿋꿋한, 굴하지 않은
054 **bestow** [bistóu]	동 수여하다, 주다, 이용하다
055 **peremptory** [pərémptəri]	형 단호한, 독단적인, 결정적인

고급

3 존 그리샴
John Grisham

단어 ①

3 고급 존 그리샴 단어①

드디어 존 그리샴 단어의 시작이에요. 존 그리샴 단어는 절대 만만하지 않아요. 마음의 준비가 필요해요. 너무 엄포를 놓았나요? 겁먹지는 마세요. 오르지 못할 산은 절대 아니니까요. 꼭 올라야 하냐고 묻는다면, 이거 하나는 확실하게 말씀드릴 수 있어요. 존 그리샴을 잘 넘기면 영어의 새로운 장이 열려요. 새로운 세상을 만나실 거예요. 기대해 주세요. 존 그리샴 단어 목록은 사실 존 그리샴만의 목록은 아니에요. 존 그리샴 정도의 책을 읽기 위해 필요한 전반적인 단어를 모았어요. 이 단어들은 미드를 볼 때도 유용할 거예요.

그래서 존 그리샴 단어는 책에 나오는 순서가 아닌 ABC 순으로 배열을 했어요. 하루 분량씩 나눠 정리했으니 지겹지는 않을 거예요.

자, 그럼 함께 존 그리샴 단어를 공부해 볼까요?

존 그리샴 단어는 5번 이상은 써야 해요. 그런데 단어를 5번 이상 쓴다고 해서 바로 외워지는 건 아니에요. 힘들고 지난한 과정이겠지요. 외워지기는커녕 익숙해질 거라는 기대도 접으세요. 그냥 구경만 하고 있구나 하고 생각하고 편안한 마음으로 해 주세요. 이 과정을 거쳐야 단어의 기본이 마무리돼요. 이렇게 고생했는데 겨우 기본이라고? 하는 생각이 들겠지만 기본 맞아요. 이 정도 단어는 들고 있어야 뭘 좀 해 볼 수 있어요. 우리는 큰 영어를 만드는 중이니까요.

존 그리샴 단어만 넘으면 다 수월해져요. 존 그리샴이 제일 어렵거든요. 단어는 존 그리샴이 마지막 고비라고 생각해 주세요. 이 고비만 잘 넘기면 돼요. 존 그리샴 단어들은 사람을 지치게 해요. 혹시 지치지 않는다면 로또 맞은 거예요.

쓰다가 지쳐서 힘들고 어지러울 수도 있을 거예요. 하지만 좌절하지 말고 아! 나는 잘하고 있구나! 이렇게 생각해 주세요. 꾸준히 하루하루 해 나가다 보면 언젠간 반드시 끝이 난답니다.

레몬쌤의 존 그리샴 단어 공부법 ①

❶ 하루 분량의 존 그리샴 단어 전체를 노트에 영어 단어만 1번씩 써 주세요.

❷ 아는 단어와 모르는 단어를 구분하고 사전을 펼쳐서 모르는 단어에 색연필로 색칠을 해 주세요. 알 듯 모를 듯한 단어는 모르는 단어로 간주해 주세요.

❸ 노트에 모르는 단어들의 뜻을 써 주세요.

❹ 뜻을 다 쓴 뒤 영어 단어만 2번씩 써 주세요.

❺ 다시 영어 단어만 2번씩 더 써 주세요.

〈노트 쓰는 방법〉

 ## 존 그리샴 독서 목록

1. The Testament
2. The Street Lawyer
3. The Client
4. The Chamber
5. The Rainmaker
6. A Time to Kill
7. The Firm
8. The Pelican Brief
9. The Runaway Jury
10. The Partner
11. The Brethren
12. A Painted House
13. Skipping Christmas
14. The Summons
15. The King of Torts
16. The Bleachers
17. The Last Juror
18. The Broker
19. The Innocent Man

Tip

1~5번까지는 순서를 지켜 읽고 나머지 14권은 자유롭게 읽으세요. 존 그리샴 독서 목록은 단어 공부를 병행하면서 읽어도 좋아요.

John Grisham
DAY 17

Chapter 1

001 **abandonment** [əbǽndənmənt]	명 포기, 유기, 버림
002 **absence of**	숙 ~의 없음, ~의 부재
003 **accomplice** [əkámplis]	명 공범, 협력자, 조수
004 **acronym** [ǽkrənim]	명 머리글자, 약성어
005 **adjutant** [ǽdʒətənt]	명 (군대)부관, 조수
006 **adversely** [ædvə́ːrsli]	부 불리하게, 반대로, 불운하게
007 **agile** [ǽdʒəl]	형 민첩한, 명민한, 기민한
008 **allay** [əléi]	동 가라앉히다, 진정시키다, 누그러뜨리다
009 **ambidextrous** [æmbidékstrəs]	형 양손잡이의, 손재주가 비상한
010 **anathema** [ənǽθəmə]	명 저주, 파문, 증오
011 **anthology** [ænθάlədʒi]	명 명시 선집, 명문집
012 **apparent** [əpǽrənt, əpέər-]	형 분명한, 명백한, ~인 것처럼 보이는
013 **approve** [əprúːv]	동 승인하다, 찬성하다, 동의하다, 인정하다
014 **arrange** [əréindʒ]	동 준비하다, 정리하다, 배치하다, 계획하다
015 **assail** [əséil]	동 공격하다, 괴롭히다, 습격하다
016 **atrophy** [ǽtrəfi]	명 위축, 쇠약 동 위축되다
017 **author** [ɔ́ːθər]	명 작가, 저자, 필자, 저술가
018 **avowal** [əváuəl]	명 공언, 자백, 시인
019 **back** [bæk]	명 등, 뒤 동 돌아가다, 후퇴하다
020 **beneficent** [bənéfəsənt]	형 도움을 주는, 인정 많은, 친절한
021 **beguile** [bigáil]	동 달래다, 속이다, 현혹시키다, 기만하다
022 **bequeath** [bikwíːð -kwíːθ]	동 전하다, 유언으로 증여하다, 남기다
023 **blessed** [blésid]	bless(축복을 빌다)의 과거·과거분사 형 신성한, 축복받은, 행복한
024 **brackish** [brǽkiʃ]	형 소금기 있는
025 **buoyantly** [bɔ́iəntli]	부 경기가 좋아서, 뜨기 쉬운, 물체를 뜨게 하는, 쾌활하게
026 **cabal** [kəbǽl]	명 도당, 음모
027 **capitalist** [kǽpitlist]	명 자본주의자, 자본가, 부자

028 **cede** [siːd]	동 양도하다, 포기하다, 인도하다	043 **critique** [kritíːk]	명 비평, 평론 동 비평하다
029 **chary** [tʃɛ́əri]	형 주의 깊은, 조심하는, 신중한, 삼가는	044 **dactylic** [dæktílik]	형 (영시에서)강약약격의 명 강약약격의 변주
030 **circumvent** [sə̀ːrkəmvént]	동 ~을 피하다, ~을 우회하다, ~을 포위하다	045 **decimate** [désəmèit]	동 대량으로 죽이다
031 **coalesce** [kòuəlés]	동 합체하다, 연합하다, 합동하다	046 **defenseless** [difénslis]	형 무방비의, 방어할 수 없는
032 **colloquially** [kəlóukwiəli]	부 구어로, 구어체로	047 **delectable** [diléktəbl]	형 즐거운, 맛있는, 아주 맛있어 보이는
033 **communicable** [kəmjúːnəkəbl]	형 (정보, 사상 등이)쉽게 전달되는, 전염성인, 이야기하기 좋아하는	048 **demise** [dimáiz]	명 사망, 소멸, 몰락 동 양도하다
034 **complexity** [kəmpléksəti]	명 복잡함, 난이도	049 **deprecate** [déprikèit]	동 비난하다, 반대하다
035 **conciliate** [kənsílièit]	동 ~을 달래다, ~을 회유하다, 조정하다	050 **desire** [dizáiər]	동 원하다, 바라다 명 욕망, 요구
036 **conflagration** [kɑ̀nfləgréiʃən]	명 큰 화재	051 **detonate** [détənèit]	동 폭발시키다, 폭발하다, ~을 촉발시키다
037 **connoisseur** [kɑ̀nəsə́ːr]	명 (예술품 등의)감정가, 전문가	052 **diagnosable** [dàiəgnóusəbl]	형 진단할 수 있는
038 **consummate** [kɑ́nsəmèit, kɔ́n-]	형 완벽한, 능숙한 동 (결혼식 후)첫날밤을 치르다, 완벽하게 하다	053 **dilute** [dilúːt]	동 묽게 하다, 희석하다 형 희석된, 묽은
039 **continuation** [kəntìnjuéiʃən]	명 연속, 지속, 계속함	054 **disclaim** [diskléim]	동 거부하다, 부인하다, 권리를 포기하다
040 **convention** [kənvénʃən]	명 (정치적, 종교적)집회, 대회, 협약, 관습	055 **disdain** [disdéin]	동 경멸하다, 무시하다 명 업신여김, 무시
041 **corequisite** [kourékwizit]	명 공통 필수 과목	056 **disinterested** [disíntərèstid]	disinterest(무관심하게 하다)의 과거·과거분사 형 공평한, 사심이 없는
042 **cover** [kʌ́vər]	동 덮다, 다루다, 이동하다, 대신하다, 보장하다 명 덮개, 은신처, 표지, 위장	057 **disprove** [disprúːv]	동 ~의 오류를 입증하다, 반증하다

#	단어	품사	뜻
058	**distinction** [distíŋkʃən]	명	구별, 차이, 탁월함, 우등
059	**dizziness** [dízinis]	명	현기증, 아찔함
060	**dramatic** [drəmǽtik]	형	극적인, 급격한, 인상적인, 연극의
061	**eager** [íːgər]	형	갈망하는, 열망하는
062	**effectiveness** [iféktivnis]	명	효과적임, 유효성
063	**elimination** [ilìmənéiʃən]	명	제거, 삭제, 예선
064	**embody** [imbádi]	동	구체화하다, 구현하다
065	**endorse** [indɔ́ːrs]	동	지지하다, 보증하다, 광고하다, (수표 등에) 이서하다
066	**ensconce** [inskáns]	동	~을 안전하게 숨기다, 자리잡다
067	**environmentalism** [invàiərənméntəlìzm]	명	환경 보호주의, 환경 결정론, 환경 보전 운동
068	**eradication** [irædəkéiʃən]	명	근절, 박멸
069	**ethical** [éθikəl]	형	윤리의, 도덕의
070	**excavate** [ékskəvèit]	동	~을 파다, 파서 만들다, ~을 발굴하다
071	**exhilarate** [igzíləreit]	동	기쁘게 만들다, 들뜨게 하다, 고무하다
072	**expertly** [ékspəːrtli]	부	능숙하게, 숙련가답게
073	**extroverted** [ékstrəvɔ́ːrtid]	형	외향적인, 사교적인
074	**fable** [féibl]	명	우화, 꾸며낸 이야기
075	**famous** [féiməs]	형	유명한, 뛰어난, 훌륭한, 멋진
076	**feasible** [fíːzəbl]	형	실행할 수 있는, 실현 가능한, 그럴 듯한
077	**feud** [fjuːd]	명	불화, 싸움, 반목
078	**fleet** [fliːt]	명	함대, 선단, 비행대
079	**foolhardy** [fúːlhɑːrdi]	형	무모한, 터무니없는
080	**formality** [fɔːrmǽləti]	명	의례, 형식상의 절차, 격식
081	**fraternal** [frətə́ːrnl]	형	우애의, 형제의
082	**gala** [géilə]	명	경축 행사, 축제, (수영의)운동 경기
		형	축제의, 특별한 행사의
083	**ghoul** [guːl]	명	사람 시체를 먹는 귀신, 무덤 도굴꾼
084	**gracefully** [gréisfəli]	부	우아하게, 정숙하게, 기품 있게
085	**grope** [group]	동	~을 손으로 더듬다, 모색하다
086	**hamper** [hǽmpər]	동	방해하다, 제한하다
		명	방해물, 큰 바구니
087	**hearth** [hɑːrθ]	명	난로, 화로, 가정

088	**hesitant** [hézətənt]	형 머뭇거리는, 망설이는, 우유부단한
089	**holographic** [hàləgræfik]	형 홀로그램의, 자필인
090	**hypocritical** [hìpəkrítikəl]	형 위선의, 위선적인
091	**ignore** [ignɔ́:r]	명 무시하다, 모르는 체하다, 간과하다, 묵살하다
092	**imminent** [ímənənt]	형 당장이라도 닥칠 듯한, 임박한, 절박한
093	**impertinence** [impə́:rtənəns(i)]	명 건방짐, 주제넘음, 뻔뻔함, 무례한 행위
094	**imprecation** [ìmprikéiʃən]	명 저주, 욕
095	**inadvertent** [ìnədvə́:rtnt]	형 부주의한, 고의가 아닌, 우연한
096	**incite** [insáit]	명 자극하다, 선동하다, 유발하다
097	**indecipherable** [ìndisáifərəbl]	형 해독할 수 없는, 이해할 수 없는
098	**individualistic** [ìndəvìdʒuəlístik]	형 개인주의적인, 개성적인
099	**inexhaustible** [ìnigzɔ́:stəbl]	형 무궁무진한, 끈기 있는, 지칠 줄 모르는
100	**infuriated** [infjúərièitid]	infuriate(화나게 하다)의 과거·과거분사 형 격노한
101	**innuendo** [ìnjuéndou]	명 풍자, 암시, 빈정거림
102	**inspired** [inspáiərd]	inspire(고무하다)의 과거·과거분사 형 영감을 받은, 탁월한, 직관적인
103	**insurmountable** [ìnsərmáuntəbl]	형 능가할 수 없는, 넘을 수 없는, 이겨낼 수 없는
104	**interlocutory** [ìntərlákjutɔ̀:ri]	형 대화의, 문답의, 회화체의
105	**intricacy** [íntrikəsi]	명 복잡, 복잡한 사항
106	**inveterate** [invétərət]	형 뿌리 깊은, 상습적인, 만성의
107	**irrelevantly** [iréləvəntli]	부 엉뚱하게, 부적절하게, 시대에 뒤져
108	**jovially** [dʒóuviəli]	부 명랑하게, 쾌활하게
109	**laconic** [ləkánik]	형 간결한, 할 말만 하는, 함축성 있는
110	**layer** [léiər]	명 층, 겹 동 ~을 겹겹이 놓다, ~을 층지게 하다
111	**liability** [làiəbíləti]	명 의무, 책임, 부채
112	**litigation** [lìtəgéiʃən]	명 소송, 기소, 고소
113	**lucid** [lú:sid]	형 명쾌한, 명료한, 빛나는, 맑은, 투명한
114	**majority** [mədʒɔ́:rəti]	명 다수, 대부분
115	**marginally** [má:rdʒinli]	부 미미하게, 가까스로
116	**measure** [méʒər]	명 대책, 조치, 동 측정하다, 평가하다, 법안
117	**milestone** [máilstoun]	명 획기적인 사건, 이정표, 중요한 시점

118	**misappropriation** [misəpròupriéiʃən]	명 착복, 횡령, 남용
119	**mix up**	숙 ~을 잘 섞다
120	**mood** [muːd]	명 기분, 분위기, 감정, 심리 상태
121	**muffin** [mʌ́fin]	명 컵 모양의 작은 빵(미), 둥글납작한 빵(영)
122	**mystery** [místəri]	명 미스터리, 신비, 수수께끼
123	**neglect** [niglékt]	동 무시하다, 게을리하다, 방치하다 명 무시, 태만, 부주의
124	**nonchalance** [nànʃəláːns]	명 무관심, 냉담
125	**numerous** [njúːmərəs]	형 수많은, 다양한, 다수의
126	**obsolete** [ɑ̀bsəlíːt]	형 시대에 뒤진, 구식의, 쓸모없게 된
127	**old-fashioned** [ould-fǽʃənd]	형 구식의, 촌스러운, 보수적인
128	**opportunity** [ɑ̀pərtjúːnəti]	명 기회
129	**ornamental** [ɔ̀ːrnəméntl]	형 장식의, 장식적인
130	**overblown** [òuvərblóun]	overblow(~을 과장하다)의 과거분사 형 도가 지나친, 매우 큰
131	**painstaking** [péinstekiŋ]	형 힘이 드는, 근면한
132	**parley** [páːrli]	명 토의, 회담, 교섭 동 교섭하다, 이야기하다
133	**patronizingly** [péitrənàiziŋli]	부 은인인 체하면서, 생색 내면서, 거만하게
134	**pensive** [pénsiv]	형 생각에 잠긴, 수심에 잠긴, 구슬픈
135	**perpetual** [pərpétʃuəl]	형 영원한, 끊임없는, 집요한
136	**perversion** [pərvə́ːrʒən]	명 오용, 변태, 이상
137	**pinnacle** [pínəkl]	명 높은 산봉우리, 작은 뾰족탑, 정점
138	**pleasurable** [pléʒərəbl]	형 즐거운, 유쾌한, 기분 좋은
139	**poltroon** [paltrúːn]	명 겁쟁이, 비겁한 사람
140	**postulate** [동: pástʃulèit 명: pástʃulət]	동 ~을 요구하다, ~을 가정하다 명 가설, 가정
141	**precise** [prisáis]	형 정확한, 정밀한
142	**prematurely** [prìːmətʃúərli]	부 너무 이르게, 조산으로
143	**prevail** [privéil]	동 만연하다, 팽배하다, 이기다, 설득하다
144	**proclamation** [prɑ̀kləméiʃən]	명 선언, 선포, 공표, 성명
145	**progression** [prəgréʃən]	명 진행, 전진, 발달
146	**propagation** [prɑ̀pəgéiʃən]	명 보급, 선전, 만연
147	**provinciality** [prəvìnʃiǽləti]	명 편협성, 지방색, 투박함

148	**punishment**	[pʌ́niʃmənt]	명 처벌, 체벌, 징계
149	**quintessential**	[kwìntəsénʃəli]	부 본질적으로, 전형적으로
150	**rash**	[ræʃ]	형 지각 없는, 무분별한, 경박한, 성급한 / 명 발진, 뾰루지
151	**recapitulate**	[rìːkəpítʃulèit]	동 ~을 요약하다, 요점을 되풀이하다, 개괄하다
152	**recur**	[rikə́ːr]	동 재발하다, 되풀이되다, 순환하다
153	**reform**	[rifɔ́ːrm]	동 개혁하다, 고치다
154	**regulation**	[règjuléiʃən]	명 규칙, 규제, 조절, 통제
155	**relevance**	[réləvəns(i)]	명 적절함, 관련, 타당성
156	**remunerative**	[rimjúːnərətiv]	형 보수가 많은, 유리한, 수지맞는
157	**replicate**	[répləkèit]	동 모사하다, 복제하다, 복사를 뜨다
158	**rescind**	[risínd]	동 취소하다, 폐지하다, 철폐하다
159	**responsibility**	[rispὰnsəbíləti]	명 책임, 의무, 부담, 담당, 책무
160	**reticent**	[rétəsənt]	형 과묵한, 말이 없는, 삼가는
161	**revolutionize**	[rèvəlúːʃənàiz]	동 ~에 혁명을 일으키다, 혁명화하다
162	**rotational**	[routéiʃənl]	형 회전의, 순환하는, 윤번의
163	**sadistic**	[sədístik, sei-]	형 사디즘의, 잔혹한, 사디스트적인
164	**sate**	[seit]	동 충족시키다, 싫증나게 하다
165	**schematic**	[skimǽtik]	형 개요의, 도식적인, 도식의
166	**seed**	[siːd]	명 씨앗, 씨, 종자 / 동 씨를 뿌리다
167	**serenade**	[sèrənéid]	명 세레나데(밤에 애인 집 창 밑에서 부르는 노래) / 동 세레나데를 부르다
168	**shortsighted**	[ʃɔ́ːrtsáitid]	형 근시안의
169	**simplify**	[símpləfài]	동 단순화하다, 간소화하다, 간단히 하다, 간편화하다
170	**slavery**	[sléivəri]	명 노예 제도, 예속
171	**sluggishly**	[slʌ́giʃli]	부 게으르게, 완만하게, 나태하게
172	**soothing**	[súːðiŋ]	soothe(달래다)의 현재분사·동명사 / 형 달래는 / 명 달램
173	**specter**	[spéktər]	명 유령, 귀신, 요괴
174	**stability**	[stəbíləti]	명 안정, 안전
175	**steadfast**	[sédfæst]	형 확고한, 변함없는
176	**story**	[stɔ́ːri]	명 이야기, 소설, 기사, 줄거리
177	**subjective**	[səbdʒéktiv]	형 주관의

178	**succor** [sʌ́kər]	명 구조, 원조 동 ~을 구조하다
179	**surly** [sə́:rli]	형 무뚝뚝한, 험악한, 퉁명스러운, 못된
180	**sycophant** [síkəfənt]	명 아첨꾼, 추종자
181	**tangible** [tǽndʒəbl]	형 유형의, 만져서 알 수 있는, 명백한
182	**temporize** [témpəràiz]	동 우물쭈물하다, 타협하다
183	**therapeutic** [θèrəpjú:tik, -tikəl]	형 치료의, 치료의 힘이 있는
184	**titillated** [títəlèitid]	titillate(자극하다)의 과거·과거분사 형 자극된, (성적으로)흥분된
185	**traitor** [tréitər]	명 반역자, 배신자, 매국노
186	**transparent** [trænspέərənt]	형 투명한, 속보이는, 솔직한
187	**unassailable** [ʌ̀nəséiləbl]	형 공격할 수 없는, 난공불락의, 논쟁의 여지가 없는
188	**uncontroversial** [ʌ̀nkantrəvə́:rʃəl]	형 논쟁이 되지 않는, 토론이 안 되는
189	**unecological** [ʌ̀nikəládʒikəl]	형 환경친화적이 아닌
190	**uninformed** [ʌ̀ninfɔ́:rmd]	형 모르는, 정보가 없는, 무식한
191	**unopposed** [ʌ̀nəpóuzd]	형 반대가 없는, 무저항의, 경쟁자가 없는
192	**unsuccessful** [ʌ̀nsəksésfl]	형 실패한, 성과가 나쁜, 성공하지 못한
193	**urge** [ə:rdʒ]	동 촉구하다, ~을 열심히 권하다, 강조하다, 주장하다
194	**valuable** [vǽljuəbl]	형 가치 있는, 귀중한
195	**veracity** [vərǽsəti]	명 정확도, 정직, 진실성
196	**view** [vju:]	명 견해, 관점, 의견 전망 동 간주하다, 둘러보다
197	**vitality** [vaitǽləti]	명 활력, 생명력
198	**waive** [weiv]	명 (권리, 주장 등을)포기하다, 보류하다
199	**winner** [wínər]	명 우승자, 수상자, 당첨자, 당선자
200	**xenophobic** [zènəfóubik]	형 외국인을 싫어하는, 외국인 공포증의

John Grisham
DAY 18

001	**abase** [əbéis]	동 떨어뜨리다
002	**absent from**	숙 ~에 결석하다
003	**accomplished** [əkɑ́mpliʃt, əkʌ́mpliʃt]	accomplish(성취하다)의 과거·과거분사 형 성취된, 완성된, 기성의
004	**activate** [ǽktəvèit]	동 ~을 활동적이게 하다, 가동시키다, 활성화시키다
005	**administer** [ədmínistər]	동 관리하다, 실시하다, 투여하다, 집행하다
006	**adversity** [ædvə́:rsəti]	명 역경, 재난, 불운
007	**agitate** [ǽdʒitèit]	동 선동하다, 흥분시키다, 휘젓다
008	**allege** [əlédʒ]	동 (확실한 증거 없이)주장하다, 진술하다
009	**ambient** [ǽmbiənt]	형 포위한, 주위의, 온통 둘러싼
010	**anatomical** [æ̀nətɑ́mikəl]	형 해부의, 해부학의, 해부 조직상의
011	**anthropological** [æ̀nθrəpəlɑ́dʒikəl]	형 인류학의
012	**apparition** [æ̀pəríʃən]	명 유령, 환영, 도깨비
013	**apropos** [æ̀prəpóu]	형 적절한, 알맞은 부 적절히 전 ~에 관하여
014	**arrest** [ərést]	동 체포하다, 구속하다, 검거하다, 억류하다
015	**assemble** [əsémbl]	동 조립하다, 구성하다, 모으다, 소집하다
016	**attach** [ətǽtʃ]	동 부착하다, 첨부하다, 달다
017	**authoritative** [əθɔ́:rətèitiv, əθɑ́r-]	형 권위적인, 명령적인
018	**avuncular** [əvʌ́ŋkjulər]	형 자애로운, 삼촌 같은
019	**badly-made** [bǽdl-meid]	형 잘못 만들어진
020	**behold** [bihóuld]	동 ~을 바라보다
021	**berate** [biréit]	동 야단치다, 몹시 꾸짖다
022	**blindly** [bláindli]	부 앞이 안 보여서, 맹목적으로
023	**brag about**	숙 자랑하다, 자만하다
024	**burdensome** [bə́:rdnsəm]	형 귀찮은, 부담이 되는, 짐스러운
025	**cache** [kæʃ]	명 은닉처, 저장소 동 은닉하다
026	**capitulate** [kəpítʃulèit]	동 항복하다, 성을 내주다, 저항을 그만두다
027	**celebrate** [séləbrèit]	동 축하하다, 기념하다

028	**chary of**	숙 ~을 꺼리는	043	**crossing** [krɔ́ːsiŋ]	cross(건너다)의 현재분사·동명사 명 건널목, 횡단 형 건너는
029	**citadel** [sítədl]	명 성, 성채, 거점	044	**dairy** [déəri]	명 유제품, 낙농업 형 유제품의
030	**clap** [klæp]	동 손뼉(박수) 치다, ~을 재빨리 놓다 명 손뼉, 박수	045	**declaim** [dikléim]	동 열변을 토하다, 말하다, ~을 낭랑하게 낭독하다
031	**coarseness** [kɔ́ːrsnis]	명 조잡함, 난폭함	046	**defensive** [difénsiv]	형 방어적인, 수세의, 옹호하는
032	**comatose** [kámətòus]	형 혼수상태의, 몹시 졸리는	047	**delete** [dilíːt]	동 삭제하다, 지우다, 없애다
033	**communicate** [kəmjúːnəkèit]	동 의사소통하다, 알리다, 전달하다	048	**democratic** [dèməkrǽtik]	형 민주당의, 민주적인, 민주주의의
034	**compliance** [kəmpláiəns(i)]	명 승낙, 허락, 준수, 추종	049	**deprecatory** [déprəkətɔ̀ːri]	형 비난하는, 경시적인, 변명적인
035	**concise** [kənsáis]	형 간결한, 간명한, 명료한	050	**desirous of**	숙 ~을 원하는
036	**conflict** [동:kənflíkt 명:kánflikt]	동 충돌하다, 대립하다 명 갈등, 분쟁, 충돌	051	**detour** [díːtuər]	동 우회하다 명 우회, 우회로
037	**connotation** [kànətéiʃən]	명 의미, 함축, 느낌, 이미지	052	**diaspora** [daiǽspərə]	명 디아스포라(다른 나라로 흩어진 유대인), 고국을 떠나는 집단
038	**consummation** [kànsəméiʃən]	명 완성, 달성, 성취	053	**dilution** [dilúːʃən]	명 희석, 묽게 하기, 묽어진 상태
039	**continue** [kəntínjuː]	동 계속하다, 지속되다	054	**disclaimer** [diskléimər]	명 부인, 거부, 권리의 포기
040	**conventional** [kənvénʃənl]	형 전통적인, 틀에 박힌, 관습의	055	**disdain for**	숙 ~에 대한 경멸
041	**corporal** [kɔ́ːrpərəl]	형 육체의, 개인의 명 (미군)상등병	056	**disjunction** [disdʒʌ́ŋkʃən]	명 분리, 분열, 선언 판단
042	**covert** [형:kóuvərt 명:kʌ́v-]	형 비밀의, 은밀한 명 은신처	057	**disputable** [dispjúːtəbl]	형 논의의 여지가 있는, 불확실한, 의심스러운

058	distinctive	[distíŋktiv]	형 독특한, 특유의, 뛰어난
059	docile	[dásəl]	형 가르치기 쉬운, 다루기 쉬운, 유순한
060	dramatically	[drəmǽtikəli]	부 극적으로, 연극으로, 감격적으로
061	earnest	[ə́ːrnist]	형 진지한, 성실한, 솔직한
062	effervescence	[èfərvésns]	명 비등, 거품이 남, 흥분
063	elite	[ilíːt, eilíːt]	명 엘리트, 지식인 / 형 엘리트의, 정예의
064	embodying	[imbádiŋ]	embody(구현하다)의 현재분사·동명사 / 명 구체화하는 / 명 구체화함
065	endurance	[indjúərəns]	명 지구력, 인내, 내구성
066	be enslaved		숙 노예가 되다
067	epic	[épik]	형 서사시의, 웅장한 / 명 서사시
068	eremite	[érəmàit]	명 수행자, 은자
069	eulogize	[júːlədʒàiz]	동 ~을 칭송하다, ~에 찬사를 보내다
070	exceed	[iksíːd]	동 넘어서다, 초과하다, 능가하다
071	exhilaration	[igzìləréiʃən]	명 활기, 들뜬 기분, 명랑
072	expiate	[ékspièit]	동 보상하다, ~를 속죄하다
073	exudation	[èksjudéiʃən]	명 스며 나옴, 삼출물, 분비, 땀
074	fabricate	[fǽbrikèit]	동 위조하다, ~을 제작하다, 조립하다, (이야기를)지어내다
075	fanatical	[fənǽtikəl]	형 광신적인, 열광적인, 열광자의
076	feast	[fiːst]	명 연회, 잔치, 축제 / 동 포식하다
077	fiasco	[fiǽskou]	명 대실패, 큰 실수, 완패
078	flesh	[fleʃ]	명 (인간, 동물의)살, 신체, 육체, 피부
079	forbade	[fərbǽd, -béid]	forbid(금하다)의 과거 / 동 금지했다
080	formally	[fɔ́ːrməli]	부 공식적으로, 정식으로, 예의바른
081	fraternity	[frətə́ːrnəti]	명 협회, 조합, 남학생 사교 클럽
082	gale	[geil]	명 강풍, 돌풍
083	gibber	[dʒíbər]	동 (분노, 공포 등으로)횡설수설하다
084	gracious	[gréiʃəs]	형 친절한, 우아한, 점잖은, 관대한, 도움이 되는
085	gross	[grous]	형 전체의, 총~, 엄청난, 뚱뚱한, 천박한 / 동 수익을 올리다
086	handle	[hǽndl]	동 처리하다, 다루다, 감당하다, 만지다 / 명 손잡이
087	heartrending	[háːrtrèndiŋ]	형 몹시 슬픈, 비통한, 가슴이 터질 것 같은

088	**hesitant about**	숙 ~에 대해 주저하는
089	**homogeneous** [hòumədʒíːniəs]	형 동종의, 동질의
090	**hypothesis** [haipáθəsis]	명 가설, 가정, 추측
091	**ill-conceived** [il-kənsíːvd]	형 계획이 잘못된
092	**immodest** [imádist]	형 뻔뻔스러운, 지나친, 음란한
093	**impertinent** [impə́ːrtənənt]	형 무례한, 건방진, 버릇없는
094	**imprecise** [ìmprisáis]	형 부정확한, 애매한, 모호한
095	**inalienable** [inéiljənəbl]	형 양도할 수 없는, 빼앗을 수 없는
096	**inclement** [inklémənt]	형 혹독한, 험한, 궂은
097	**indecorous** [indékərəs]	형 무례한, 예의에 어긋나는
098	**indolence** [índələns]	명 게으름, 무둔, 나태함
099	**inexplicably** [inéksplikəbli]	부 불가해하게, 설명할 수 없게, 불가사의하게도
100	**infuse** [infjúːz]	동 불어넣다, 스며들다, 채우다
101	**inoculate** [inákjulèit]	동 예방접종하다
102	**inspiring** [inspáiəriŋ]	inspire(고무하다)의 현재분사·동명사 형 고무하는, 영감을 주는 명 영감을 줌
103	**intangible** [intǽndʒəbl]	형 무형의, 만질 수 없는
104	**interminable** [intə́ːrmənəbl]	형 끝없는, 지루하게도 긴
105	**intricate** [íntrikət]	형 복잡한, 미묘한, 끈끈한, 얽힌
106	**invidious** [invídiəs]	형 불공평한, 비위에 거슬리는
107	**irrepressible** [ìriprésəbl]	형 억누를 수 없는, 감당하기 어려운
108	**joy** [dʒɔi]	명 기쁨, 즐거움, 행복, 환희, 만족
109	**lag** [læg]	동 뒤처지다, (단열재로)싸다, 투옥하다 명 지연, 투옥, 시간 차
110	**lazy** [léizi]	형 게으른, 나태한, 나른한
111	**liberal** [líbərəl]	형 진보적인, 자유주의의, 개방적인, 관대한
112	**litigious** [litídʒəs]	형 소송을 일삼는, 소송상의
113	**lucidity** [luːsídəti]	명 명석, 맑음, 명쾌
114	**maladroit** [mæ̀lədrɔ́it]	형 솜씨 없는, 재치 없는, 서투른
115	**marsh** [mɑːrʃ]	명 습지, 늪 지대
116	**measurement** [méʒərmənt]	명 측정, 치수, 크기, 두께
117	**menial** [míːniəl]	형 비천한, 하찮은 명 하인, 머슴

118	**militant** [mílətənt]	형 호전적인, 과격한 명 투사, 전투원
119	**miscalculation** [mìskælkjuléiʃən]	명 오산, 계산 착오, 판단 착오
120	**mince** [mins]	동 (고기 등을)다지다, 갈다, 점잖게 말하다 명 다진 고기, 점잖은 말
121	**moral** [mɔ́:rəl]	형 도덕의, 윤리의, 교훈적인, 정신적인
122	**mull over**	숙 숙고하다, 궁리하다
123	**mystical** [místikəl]	형 신비로운, 불가사의한
124	**neglected** [niglɛ́ktid]	neglect(방치하다)의 과거·과거분사 형 무시된, 방치된, 경시된
125	**nonchalant** [nɑ̀nʃəlɑ́:nt]	형 무관심한, 태연한, 냉담한
126	**nutritious** [nju:tríʃəs]	형 영양분이 풍부한, 건강에 좋은
127	**obstinacy** [ɑ́bstənəsi]	명 완고함, 고집
128	**oligarch** [ɑ́ləgɑ̀:rk]	명 과두 정치의 지배자
129	**oppose** [əpóuz]	동 반대하다, 저지하다, 저항하다, 이의를 제기하다
130	**ornery** [ɔ́:rnəri]	형 고집 센, 성미 고약한, 성깔이 있는
131	**overcome** [òuvərkʌ́m]	동 ~을 극복하다, ~에 이기다
132	**painstakingly** [péinztèikiŋli]	부 공들여
133	**parliament** [pɑ́:rləmənt]	명 국회, 의회
134	**pattern** [pǽtərn]	명 방식, 모양, 무늬, 패턴 동 무늬를 만들다
135	**penultimate** [pinʌ́ltəmit]	형 끝에서 두 번째의 명 끝에서 두 번째 것
136	**perpetuate** [pərpétʃuèit]	동 ~을 영구화하다, 영존시키다
137	**perversity** [pərvə́:rsəti]	명 사악, 외고집
138	**pioneer** [pàiəníər]	명 개척자, 창시자 동 ~을 개척하다 형 선구적인
139	**pleasure** [pléʒər]	명 기쁨, 즐거움 동 ~을 기쁘게 하다
140	**ponderous** [pɑ́ndərəs]	형 대단히 무거운, 다루기 힘든
141	**pot** [pɑt]	명 냄비, 항아리, 화분, 단지, 주전자
142	**preclude** [priklú:d]	동 ~을 방해하다, 막다, ~을 배제하다
143	**premeditate** [pri:méditèit]	동 미리 계획하다, 미리 숙고하다, 미리 꾀하다
144	**prevalent** [prévələnt]	형 만연한, 널리 퍼진, 일반적인, 유행하는
145	**proclivity** [prouklívəti]	명 성향, 기질, 경향
146	**progressive** [prəgrésiv]	형 진보적인, 점진적인 명 진보주의자
147	**propensity** [prəpénsəti]	명 경향, 성향

148	**prove** [pruːv]	동 증명하다, 입증하다, 밝혀지다
149	**pupil** [pjúːpl]	명 학생, 제자, 동공, 눈동자
150	**quiescence** [kwiésns, kwai-]	명 정지, 무활동, 침묵
151	**ratification** [rætəfikéiʃən]	명 비준, 승인, 인가
152	**receipt** [risíːt]	명 영수증, 수령
153	**recurring** [rikə́ːriŋ]	recur(되돌아가다)의 현재분사·동명사 형 순환하는 명 되돌아감, 재발함
154	**reformer** [rifɔ́ːrmər]	명 개혁자, 종교 개혁가, 정치 개혁론자
155	**regurgitate** [rigə́ːrdʒətèit]	동 역류시키다, 되새김질하다
156	**relevant** [réləvənt]	형 관련된, 적절한, 연관된, 관계가 있는
157	**renaissance** [rènəsáːns]	명 르네상스, 부흥
158	**report** [ripɔ́ːrt]	명 보고, 보도, 성적표, 총성 동 발표하다, 기록하다, 보도하다
159	**rescue** [réskjuː]	동 구조하다, 구하다, 구제하다, 수색하다
160	**responsible for**	숙 ~에 책임이 있는, 원인이 있는
161	**retire** [ritáiər]	동 은퇴하다, 퇴직시키다
162	**revulsion** [rivʌ́lʃən]	명 혐오, 반감
163	**round** [raund]	형 둥근, 대충의 부 둥글게 전 ~을 돌아 명 한 차례
164	**safeguard** [séifgɑːrd]	명 보호 수단 동 보호하다, 지키다
165	**satiate** [séiʃièit]	동 물리게 하다, 만족시키다, ~을 충분히 만족시키다
166	**seedy** [síːdi]	형 씨가 많은, 남루한, 평판이 나쁜
167	**serendipitous** [sèrəndípətəs]	형 우연히 일어난
168	**short-sightedness** [ʃɔːrt-sáitidnis]	명 근시
169	**simplistic** [simplístik]	형 지나치게 간단한, 극도로 단순화된
170	**sluggishness** [slʌ́giʃnis]	명 완만함
171	**soothingly** [súːðiŋli]	부 진정시키듯이
172	**speculate** [spékjulèit]	동 추측하다, 분석하다
173	**stabilization** [stèibəlizéiʃən]	명 안정, 안정화, 고정
174	**stealthy** [stélθi]	형 남몰래 하는, 은밀한, 남의 눈을 피한
175	**stoutly** [stáutli]	부 용감하게, 완강하게
176	**subjectivity** [sʌ̀bdʒektívəti]	명 주관성, 주관주의
177	**sucrose** [súːkrous]	명 (화학의)자당, 수크로오스

178	**surmount** [sərmáunt]	동 극복하다, 오르다, 넘다
179	**symbiotic** [sìmbiátik, -bai-]	형 공생의, 공생하는
180	**tantalize** [tǽntəlàiz]	동 감질나게 하다
181	**tenable** [ténəbl]	형 공격에 견디는, 방어할 수 있는
182	**thievery** [θíːvəri]	명 도둑질, 장물, 절도
183	**titillating** [títəlèitiŋ]	titillate(자극하다)의 현재분사·동명사 / 형 자극적인 명 자극적임
184	**tranquil** [trǽŋkwil]	형 고요한, 조용한
185	**travail** [trəvéil]	명 고역, 노고, 진통 / 동 산고를 겪다
186	**truculence** [trʌ́kjuləns(i),trúːk-]	명 잔인, 야만, 호전성
187	**unassuming** [ʌ̀nəsúːmiŋ]	형 주제 넘지 않는, 겸손한
188	**unconventional** [ʌ̀nkənvénʃənl]	형 관습에 얽매이지 않는, 틀에 박히지 않는, 자유로운
189	**unedited** [ʌ̀néditid]	형 편집되지 않은, 간행되지 않은, 미검열의
190	**uninhabited** [ʌ̀ninhǽbitid]	형 사람이 살지 않는, 주민이 없는
191	**unorthodox** [ʌnɔ́ːrθədάks]	형 정통이 아닌, 이단의, 이교의
192	**unsurpassable** [ʌ̀nsərpǽsəbl]	형 넘을 수 없는, 최고의, 더할 나위 없는
193	**urgency** [ɔ́ːrdʒənsi]	명 위급, 긴급, 절박
194	**value** [vǽljuː]	명 가치, 가치관, 가격, 평가 / 동 중시하다, 평가하다
195	**verbal** [vɔ́ːrbəl]	형 말의, 구두의, 동사의
196	**vigilance** [vídʒələns]	명 경계, 조심, 불면증
197	**vitiate** [víʃièit]	동 ~의 가치를 떨어뜨리다, 손상시키다, 해치다
198	**waiver** [wéivər]	명 면제, (권리, 이익, 요구 등의)포기
199	**weather** [wéðər]	명 날씨, 기상, 기후, 일기 / 동 극복하다, (햇빛 등에 색 등이) 변하다
200	**yearning** [jɔ́ːrniŋ]	yearn(갈망하다)의 현재분사·동명사 / 형 갈망하는 명 갈망, 동경

John Grisham
DAY 19

001 **abash** [əbǽʃ]	동 당황하게 하다, 부끄럽게 하다, 당황시키다
002 **absolute** [ǽbsəlùːt]	형 절대적인, 단호한, 가장 ~한, 확실한
003 **according to**	숙 ~에 따르면
004 **activist** [ǽktəvist]	명 운동가, 활동가, 적극적 행동주의자
005 **administrative** [ædmínəstrèitiv]	형 행정의, 사무의
006 **advertising** [ǽdvərtàiziŋ]	advertise(광고하다)의 현재분사·동명사 형 광고하는 명 광고
007 **agnostic** [ægnάstik]	명 불가지론자 형 인지 불능의
008 **alleviate** [əlíːvièit]	동 경감하다, 완화하다, 덜다
009 **ambiguity** [æmbigjúːəti]	명 애매모호함, 불명확함
010 **ancestor** [ǽnsestə(r)]	명 조상, 선조, 시조
011 **anticipate** [æntísəpèit]	동 기대하다, 예상하다, 예견하다
012 **appeal** [əpíːl]	명 호소, 항소, 매력, 항의 동 항소하다, 관심을 끌다, 호소하다
013 **aptitude** [ǽptətjùːd]	명 적성, 소질, 재능
014 **arrogance** [ǽrəgəns]	명 거만, 오만, 불손
015 **assent** [əsént]	명 동의, 찬성 동 동의하다, 찬성하다
016 **attack** [ətǽk]	명 공격, 폭행 동 공격하다, 덤벼들다
017 **authority** [əθɔ́ːrəti, əθάr-]	명 당국, 권한, 권위, 권위자, 권력
018 **award** [əwɔ́ːrd]	명 (부상이 딸린)상, 장학금 동 수여하다
019 **balanced** [bǽlənst]	balance(균형을 잡다)의 과거·과거분사 형 균형이 잡힌, 안정된
020 **belabor** [biléibər]	동 계속 이야기하다, 말로 공격하다
021 **bereaved** [biríːvd]	bereave(사별하다)의 과거·과거분사 형 사별을 당한, 유족이 된
022 **blithe** [blaið, blaiθ]	형 즐거운, 쾌활한, 명랑한
023 **brainstorm** [bréinstɔːrm]	명 (갑작스런)정신착란, 갑자기 떠오른 멋진 생각 동 묘안을 짜내다
024 **bureaucrat** [bjúərəkræt]	명 관료, 관리, 공무원
025 **cacophonous** [kækάfənəs, kə-]	형 불협화음의, 음조가 나쁜, 귀에 거슬리는
026 **capricious** [kəpríʃəs]	형 변덕스러운, 예측할 수 없는, 변화무쌍한
027 **celebration** [sèləbréiʃən]	명 축하 행사, 축하

028	**chastise** [tʃæstáiz]	동 혼내 주다
029	**cite** [sait]	동 예로 들다, 인용하다, 소환하다
030	**coax** [kouks]	동 구슬리다, 꾀다, 유도하다
031	**combative** [kəmbǽtiv]	형 투쟁적인, 전투적인, 투지 왕성한
032	**communication** [kəmjùːnəkéiʃən]	명 통신, 소통, 대화, 연락
033	**compliant** [kəmpláiənt]	형 고분고분한, 순종하는, 순응하는
034	**conclusive** [kənklúːsiv]	형 결정적인, 단호한
035	**conform to**	동 ~에 부합되다, 일치하다
036	**conscientiously** [kànʃiénʃəsli]	부 양심적으로, 성실히, 소심하게
037	**contain** [kəntéin]	동 들어 있다, 포함하다, 함유하다
038	**continuous** [kəntínjuəs]	형 지속적인, 계속되는, 연속적인
039	**conventionality** [kənvènʃənǽləti]	명 인습 존중, 관례, 인습
040	**corporeal** [kɔːrpɔ́ːriəl]	형 신체상의, 육체적인, 물질적인
041	**covetous** [kʌ́vitəs]	형 탐내는, 갈망하는, 탐욕스러운
042	**crowd** [kraud]	명 군중, 무리, 다수 동 붐비다
043	**damage** [dǽmidʒ]	명 피해, 손해, 배상금 동 손해를 입히다
044	**decorate** [dékərèit]	동 장식하다, 꾸미다
045	**defer** [difə́ːr]	동 연기하다, 결정을 맡기다, 경의를 표하다
046	**delete from**	숙 ~로부터 지우다
047	**demographic** [dèməgrǽfik]	형 인구 통계의, 인구 통계학의
048	**depreciate** [diprí:ʃièit]	동 가치가 하락하다, 가치를 저하시키다, 경시하다
049	**desperation** [dèspəréiʃən]	명 자포자기, 절망
050	**detractor** [ditrǽktər]	명 명예 훼손자, 험담꾼
051	**diatribe** [dáiətràib]	명 통렬한 비난, 혹평
052	**diminish** [dimíniʃ]	동 ~을 줄이다, 손상하다, 감소하다, 작아지다
053	**disclose** [disklóuz]	동 공개하다, 밝히다, 제시하다
054	**disdainful** [disdéinfəl]	형 무시하는, 경멸적인
055	**dislike** [disláik]	동 싫어하다 명 반감, 혐오
056	**dispute** [dispjúːt]	동 논쟁하다, 토론하다 명 분쟁, 논쟁, 쟁의
057	**distinguished** [distíŋgwiʃt]	distinguish(구별하다)의 과거·과거분사 형 뛰어난, 저명한, 품위 있는

058	**doctrinaire** [dàktrinéər]	형 교조적인, 공론적인 / 명 이론가
059	**drawback** [drɔ́ːbæk]	명 결점, 단점, 결함
060	**earthy** [ə́ːrθi]	형 저속한, 흙의, 세속적인
061	**effervescent** [èfərvésnt]	형 거품이 이는, 쾌활한
062	**elitist** [ilíːtist, eilíːt-]	명 엘리트주의자, 엘리트 / 형 엘리트주의적인
063	**emergence** [imə́ːrdʒəns]	명 출현, 발생, 탈출
064	**endure** [indjúər]	동 견디다, 지속하다, 겪다
065	**ensue** [insúː]	동 잇따라 일어나다, ~의 결과로서 일어나다
066	**epicurean** [èpikjuəríːən]	명 미식가, 쾌락주의자 / 쾌락주의의
067	**erotic** [irátik]	형 성애의, 성적인
068	**eulogy** [júːlədʒi]	명 찬사, 송덕문, 칭송
069	**excellent** [éksələnt]	형 훌륭한, 뛰어난, 우수한
070	**exhort** [igzɔ́ːrt]	동 훈계하다, 강력히 권고하다, 권하다
071	**expire** [ikspáiər]	동 만기가 되다, 끝나다, 숨을 거두다
072	**eyesore** [áisɔːr]	명 눈에 거슬리는 것, 불쾌하게 보이는 것
073	**fabricated** [fǽbrikèitid]	fabricate(제작하다)의 과거·과거분사 / 형 제작된, 조립된
074	**fanatically** [fənǽtikəli]	부 열광적으로
075	**be featured in**	숙 특집으로 나오다, 주인공으로 나오다
076	**fickle** [fíkl]	형 변덕스러운, 변하기 쉬운, 진심이 없는
077	**flexibility** [flèksəbíləti]	명 융통성, 구부리기 쉬움, 신축성
078	**forbearance** [fɔːrbɛ́ərəns]	명 인내, 자제, 용서
079	**formulaic** [fɔ̀ːrmjuléiik]	형 정식의, 규정대로의, 틀에 박힌
080	**fratricide** [frǽtrisàid, fréi-]	형 형제 살해, 동족 살해범
081	**gambit** [gǽmbit]	명 책략, 실마리, 계략
082	**gibbering** [dʒíbəriŋ]	gibber(횡설수설하다)의 현재분사·동명사 / 형 횡설수설하는 명 횡설수설함
083	**gradual** [grǽdʒuəl]	형 점진적인, 경사가 완만한
084	**groundbreaking** [gráundbrèikiŋ]	형 획기적인 / 명 착공, 기공
085	**handler** [hǽndlər]	명 다루는 사람, 트레이너
086	**heartwarming** [há:rtwɔ̀:miŋ]	형 마음이 따뜻해지는, 만족할 만한, 보람 있는
087	**hesitation** [hèzətéiʃən]	명 주저, 망설임

088	**homonym** [hámənim]	몡 동음 이의어, 동철 이의어
089	**hypothesize** [haipáθisàiz]	동 가설을 세우다, ~을 가정하다
090	**ill-fated** [il-féitid]	형 불운한, 불행하게 끝나는
091	**immolation** [ìməléiʃən]	몡 희생, 제물, 제물로 바침
092	**imperturbable** [ìmpərtə́ːrbəbl]	형 냉정한, 침착한, 쉽사리 동요하지 않는
093	**impress** [동 imprés 몡 ímpres]	동 감동시키다, 감명을 주다 / 몡 인상
094	**inalterable** [inɔ́ːltərəbl]	형 불변의, 고칠 수 없는, 변경할 수 없는
095	**inclusive** [inklúːsiv]	형 일체를 포함한, 포괄적인, 포함하여
096	**indefatigable** [ìndifǽtigəbl]	형 지칠 줄 모르는, 포기할 줄 모르는
097	**indolent** [índələnt]	형 게으른, 나태한, 게으름쟁이의
098	**infallible** [infǽləbl]	형 틀림없는, 절대 확실한
099	**ingenuously** [indʒénjuəsli]	부 솔직하게, 순진하게
100	**inoffensive** [ìnəfénsiv]	형 거슬리지 않는, 무해한, 해가 되지 않는
101	**install** [instɔ́ːl]	동 설치하다, 장착하다, 임명하다
102	**intangibly** [intǽndʒəbli]	부 만질 수 없게, 막연하게
103	**intermingle** [ìntərmíŋgl]	동 섞다, 서로 섞이다
104	**intrinsic** [intrínsik, -zik]	형 본질적인, 고유의, 본래 갖추어진
105	**invigorate** [invígərèit]	동 활성화하다, 강화하다
106	**irrespective** [ìrispéktiv]	형 ~에 개의치 않고, ~을 무시하고
107	**joyful** [dʒɔ́ifəl]	형 즐거운
108	**laggardly** [lǽgərdli]	부 꾸물꾸물, 굼뜨게
109	**leaden** [lédn]	형 무거운, 활기 없는, 둔한
110	**liberalism** [líbərəlìzm]	몡 자유주의, 진보주의
111	**little** [lítl]	형 작은, 시시한, 약간의, 거의 없는 / 부 거의 ~않게 몡 조금, 잠시
112	**luckless** [lʌ́klis]	형 불운한, 재수 없는
113	**maladroitly** [mælədrɔ́itli]	부 솜씨 없이, 서투르게
114	**martinet** [màːrtənét]	몡 (명령, 규율에)엄격한 사람, 까다로운 사람
115	**meat** [miːt]	몡 고기, 육류, 육식, 알맹이
116	**mental** [méntl]	형 정신의, 지적인, 마음의, 관념적인
117	**militaristic** [mìlətərístik]	형 군국주의의, 군국주의적인

118	**misconstrue** [mìskənstrúː]	동 오해하다, 잘못 해석하다
119	**mnemonic** [niːmánik]	형 기억의, 기억을 돕는 / 명 기억을 돕는 것
120	**morality** [mərǽləti]	명 도덕성
121	**multifaceted** [mʌ̀ltifǽsitid]	형 다면의, 많은 측면을 가진, 다재 다능의
122	**mythic** [míθik]	형 상상의, 가공의, 신화상의
123	**neglectful** [niɡléktfəl]	형 태만한, 소홀한, 부주의한
124	**divide** [diváid]	동 나누다, 분할하다 / 명 분할, 차이
125	**obdurate** [ábdjurit]	형 완고한
126	**obstinate** [ábstənət]	형 완고한, 고집 센, 고치기 힘든
127	**omega** [oumíːɡə -méi-]	명 오메가(그리스 알파벳의 24번째 글자)
128	**opposing** [əpóuziŋ]	oppose(반대하다)의 현재분사·동명사 / 형 반대하는, 대립하는 / 명 반대함, 대립함
129	**be orphaned**	숙 고아가 되다
130	**overcrowd** [òuvərkráud]	동 사람을 너무 많이 넣다, 붐비다, 혼잡하게 하다
131	**palatable** [pǽlətəbl]	형 맛 좋은, 입에 맞는, 맛있는
132	**parochial** [pəróukiəl]	형 교구의, 편협한, 지방적인
133	**paucity** [pɔ́ːsəti]	명 소수, 소량, 결핍
134	**penurious** [pənjúəriəs]	형 가난한, 인색한
135	**perplexed** [pərplékst]	perplex(당혹하게 하다)의 과거·과거분사 / 형 당혹한
136	**pervert** [명:pə́ːrvərt 동:pərvə́ːrt]	동 그르치다, 왜곡하다 / 명 성도착자
137	**pious** [páiəs]	형 독실한, 경건한
138	**plebeian** [pləbíːən]	형 서민의, 교양 없는 / 명 (로마 시대의)평민, 천박한 사람
139	**pontifical** [pantífikəl]	형 교황의, 주교의
140	**potable** [póutəbl]	형 (물이)마시기에 알맞은 / 명 음료, 술
141	**precocious** [prikóuʃəs]	형 조숙한, 숙성한, 일찍 꽃피는
142	**premeditated** [priːméditèitid]	premeditate(미리 계획하다)의 과거·과거분사 / 형 계획적인, 의도적인
143	**prevaricate** [privǽrəkèit]	동 얼버무리다, 속이다, 거짓말하다
144	**proclivity for**	숙 ~의 성향
145	**project** [prádʒekt, prɔ́dʒ-]	명 사업, 계획, 과제 / 동 기획하다, 예상하다
146	**prophetic** [prəfétik, -ikəl]	형 예언자의, 예언적인, 예언의
147	**provocation** [pràvəkéiʃən]	명 도발, 자극, 분개

148	**pure** [pjuər]	형 순수한, 순전한, 완전한, 순종의
149	**quiet** [kwáiət]	형 조용한, 수수한 명 조용함 동 조용하게 하다, 진정시키다
150	**ratify** [rǽtəfài]	동 승인하다, 비준하다, 실증하다
151	**receive** [risíːv]	동 받다, 얻다, 당하다, 접수하다
152	**recuse** [rikjúːz]	동 기피하다
153	**refract** [rifrǽkt]	동 굴절시키다
154	**reign** [rein]	명 지배, 통치 기간 동 다스리다, 집권하다
155	**reliable** [riláiəbl]	형 신뢰할 만한, 믿음직한
156	**renascence** [rinǽsəns]	명 부활, 부흥, 갱생
157	**reprehensible** [rèprihénsəbl]	형 괘씸한, 비난받을 만한
158	**resent** [rizént]	동 분개하다, 원망하다, 억울하게 여기다
159	**responsiveness** [ríspansıvnıs]	명 민감성, 반응성
160	**retiring** [ritáiəriŋ]	retire(은퇴하다)의 현재분사·동명사 형 내성적인, 은퇴의 명 은퇴함
161	**revulsion toward**	숙 ~에 대한 섬뜩함
162	**rout** [raut]	명 패주, 대패, 참패 동 참패시키다
163	**sagacious** [səgéiʃəs]	형 현명한, 영리한, 기민한
164	**satirical** [sətírikəl]	형 풍자적인, 비꼬는, 빈정대는
165	**scholar** [skálər]	명 학자, 교수, 지식인
166	**seek out**	숙 ~을 찾아내다, ~을 주의 깊게 찾다
167	**serendipitously** [sèrəndípətəsli]	부 요행으로, 우연히
168	**shoulder** [ʃóuldər]	명 어깨, 갓길 동 책임을 지다, 어깨에 메다, 어깨로 밀치다
169	**simulate** [símjulèit]	동 ~을 가장하다, ~인 체하다, 모의 실험하다
170	**snobbish** [snábiʃ]	형 속물의, 신사인 체하는
171	**sophisticated** [səfístəkèitid]	sophisticate(세련되게 만들다)의 과거·과거분사 형 세련된, 정교한
172	**speculative** [spékjulèitiv]	형 사색적인, 투기하는, 추리의
173	**stabilize** [stéibəlàiz]	동 안정시키다
174	**steep** [stiːp]	형 가파른, 급격한, 극단적인
175	**stoutness** [stáutnis]	명 뚱뚱함, 튼튼함
176	**subjugate** [sʌ́bdʒugèit]	동 ~을 복종시키다, 정복하다, ~을 지배하에 두다
177	**suffering** [sʌ́fəriŋ]	suffer(고통받다)의 현재분사·동명사 형 고생하는, 시달리는 명 고통받음

178	**surpass** [sərpǽs]	동 넘어서다, 능가하다, 돌파하다, 초과하다, 극복하다
179	**sympathy** [símpəθi]	명 동정, 공감
180	**tantalizing** [tǽntəlàiziŋ]	tantalize(감질나게 하다)의 현재분사·동명사 형 감질나게 하는 명 감질나게 함
181	**tenacity** [tənǽsəti]	명 고집, 끈기, 불굴
182	**thorough** [θə́ːrou]	형 철저한, 완전한, 전적인
183	**toil** [tɔil]	동 애쓰다, 힘써 일하다 명 노역, 고역
184	**transcendence** [trænséndəns, -dənsi]	명 초월, 탁월, 초월성
185	**treacherous** [trétʃərəs]	형 배반하는, 반역하는, 딴 마음을 먹은
186	**truculent** [trʌ́kjulənt]	형 반항적인, 호전적인, 잔혹한
187	**unattainable** [ʌ̀nətéinəbl]	형 성취할 수 없는, 도달하기 어려운, 얻기 어려운
188	**unconvincing** [ʌ̀nkənvínsiŋ]	형 설득력이 없는, 의문이 있는, 심복시키지 않는
189	**uneducated** [ʌnédʒukèitid]	형 교육을 받지 않은, 교양 없는, 무식한
190	**uninspired** [ʌ̀ninspáiərd]	형 감격이 없는, 독창성이 없는, 평범한
191	**unpalatable** [ʌnpǽlətəbl]	형 싫은, 맛이 없는, 불쾌한
192	**untainted** [ʌntéintid]	형 더럽혀지지 않은, 오점이 없는, 오점 없는
193	**used to**	숙 예전에 자주 했다, 옛날에 ~하곤 했다
194	**vanquish** [vǽŋkwiʃ]	동 항복시키다, 무찌르다, ~을 정복하다
195	**verbose** [vəːrbóus]	형 말이 많은, 장황한
196	**vigilant** [vídʒələnt]	형 방심하지 않는, 경계하고 있는
197	**vitriol** [vítriəl]	명 황산염, 독설 동 황산에 담그다
198	**wan** [wan]	형 병약한, 힘없는, 창백한
199	**winnow** [wínou]	동 까부르다, 키질하다, 까불러 날리다
200	**yield** [jiːld]	동 산출하다, 가져오다, 양도하다, 굴복하다, 양보하다 명 산출물, 수익률

John Grisham
DAY 20

001	**abate** [əbéit]	동 줄다, 감소시키다, 약해지다
002	**absolve** [æbzálv, æbsálv]	동 용서하다, 면제하다, 사면하다
003	**accost** [əkɔ́:st]	동 (모르는 사람에게 다가가서)말을 걸다
004	**actual** [ǽktʃuəl]	형 실제의, 사실상의, 현재의, 진짜의
005	**administrator** [ədmínistrèitər]	명 행정관, 관리자, 사무관, 관계자
006	**advice** [ædváis]	명 조언, 충고, 도움, 권고, 지시
007	**agnosticism** [ægnástəsìzm]	명 불가지론
008	**alliance** [əláiəns]	명 동맹, 연합, 협력, 단체
009	**ambivalence** [æmbívələns]	명 양면 가치, 모순, 양립
010	**ancient** [éinʃənt]	형 고대의, 오래된, 옛날의 명 고대인
011	**anticipated** [æntísəpèitid]	anticipate(기대하다)의 과거·과거분사 형 기대하던
012	**appealing** [əpí:liŋ]	appeal(매력적이다)의 현재분사·동명사 형 매력적인, 호소하는 명 매력적임
013	**aptness** [ǽptnis]	명 경향, 적절함, 성향
014	**arrogantly** [ǽrəgəntli]	부 거만하게
015	**assert** [əsə́:rt]	동 주장하다, 단언하다, 강력히 주장하다
016	**attendance** [əténdəns]	명 참석, 출석, 참석자 수
017	**authorize** [ɔ́:θəràiz]	동 승인하다, 허가하다, 위임하다
018	**awarded** [əwɔ́:rdid]	award(수여하다)의 과거·과거분사 형 수여된
019	**baleful** [béilfəl]	형 악의가 있는, 사악한, 해로운
020	**be late**	숙 늦다, 제시간에 대지 못하다
021	**besmirch** [bismə́:rtʃ]	동 ~을 더럽히다, 먹칠을 하다
022	**blockbuster** [blákbʌstər]	명 대성공한 영화나 책, 막대한 제작비의 영화, 초대형 폭탄
023	**brandish** [brǽndiʃ]	동 휘두르다, 과시하다 명 휘두름
024	**burgeon** [bə́:rdʒən]	동 싹트다, 성장하다 명 새싹
025	**calamity** [kəlǽməti]	명 재난, 불행, 참화
026	**captious** [kǽpʃəs]	형 트집 잡는, 책망하는, 헐뜯는
027	**celebratory** [séləbrətɔ̀:ri]	형 축하할 만한, 축하의

028 **chat** [tʃæt]	동 이야기하다, 수다 떨다	043 **damaged** [dǽmidʒd]	damage(훼손하다)의 과거·과거분사 형 손상된, 파손된
029 **clairvoyant** [klɛərvɔ́iənt]	형 투시의, 통찰력이 있는 명 천리안이 있는 사람	044 **decorating** [dékərèitiŋ]	decorate(장식하다)의 현재분사·동명사 형 장식하는 명 장식
030 **coddle** [kádl]	동 응석받이로 기르다, 약한 불로 삶다	045 **deference** [défərəns]	명 복종, 경의, 존경
031 **combine** [동:kəmbáin 명:kámbain]	동 결합시키다, 연합하다 명 합동, 콤바인(농기구)	046 **deleterious** [dèlitíəriəs]	형 해로운, 유독한
032 **communicative** [kəmjúːnəkèitiv]	형 이야기하기 좋아하는, 터놓고 이야기하는	047 **demolish** [dimáliʃ]	동 파괴하다, 부수다, 폐지하다
033 **complicate** [동:kámpləkèit, kɔ́m- 형:-kit]	동 복잡하게 하다, 악화시키다 형 복잡한	048 **depress** [diprés]	동 우울하게 만들다, 침체시키다, 낙담시키다
034 **concomitant** [kankámətənt]	명 수반되는 일 형 부수적인, 동시에 일어나는	049 **despoil** [dispɔ́il]	동 약탈하다, 빼앗다
035 **confound** [kanfáund]	동 혼동하다, 뒤섞다, 당황케 하다	050 **detrimental** [dètrəméntl]	형 해로운, 불리한, 유해한
036 **conscious** [kánʃəs]	형 의식적인, 알고 있는	051 **dictate** [díkteit]	동 받아쓰게 하다, 지시하다 명 명령, 지시
037 **contemplation** [kàntəmpléiʃən]	명 주시, 눈여겨봄, 숙고, 명상	052 **diminished** [dimíniʃt]	diminish(감소하다)의 과거· 과거분사 형 감소된, 권위가 떨어진, 반음 줄인
038 **contortion** [kəntɔ́ːrʃən]	명 뒤틀림, 일그러짐, 왜곡	053 **disclosed** [disklóuzd]	disclose(밝히다)의 과거· 과거분사 형 밝혀진, 폭로된
039 **converge** [kənvə́ːrdʒ]	동 집중하다, 하나로 통합 되다, 수렴하다	054 **disenchantment** [dìsentʃǽntmənt]	명 환멸, 각성, 눈뜸
040 **corpulent** [kɔ́ːrpjulənt]	형 뚱뚱한, 살찐, 비만한	055 **dislocate** [dísloukèit]	동 위치를 바꾸다, 혼란시키다, 탈구시키다
041 **coward** [káuərd]	명 겁쟁이, 비겁한 사람 형 소심한, 비겁한	056 **disregard** [dìsrigáːrd]	동 무시하다, 외면하다 명 무시, 묵살
042 **cruelty** [krúːəlti]	명 잔인함, 학대	057 **distinguished from**	숙 ~와 구별하여

058	**document** [명:dάkjumənt 동:dάkjumènt]	명 문서, 서류 동 기록하다
059	**drawn** [drɔːn]	draw(그리다)의 과거분사 형 핼쑥한, 그려진, 끌어낸, 뽑힌
060	**ebb** [eb]	명 썰물, 간조 동 썰물이 되다, 약해지다, 가라앉다
061	**efficacious** [èfəkéiʃəs]	형 효과가 있는
062	**elliptically** [ilíptikəli]	부 타원형으로, 생략적으로
063	**empathetic** [èmpəθétik]	형 공감하는, 인정 많은
064	**enduring** [indjúəriŋ]	endure(견디다)의 현재분사·동명사 형 지속되는, 참는 명 인내
065	**ensuing** [insjúːiŋ]	ensue(뒤따르다)의 현재분사·동명사 형 이어지는, 다음의 명 이어짐
066	**epigraph** [épəgræf]	명 비명, 비문, 명구
067	**euphemism** [júːfəmìzm]	명 완곡 어법
068	**excess** [iksés]	명 지나침, 초과, 무절제 형 초과한 동 해고시키다
069	**exhume** [igzjúːm]	동 파내다, 발굴하다, 사체를 발굴하다
070	**explanation** [èksplənéiʃən]	명 설명, 해명, 해석
071	**fabrication** [fæbrikéiʃən]	명 구성, 위조, 제작
072	**fanciful** [fænsifəl]	형 변덕스러운, 기발한, 공상에 잠긴
073	**febrile** [fébrail, fíː-]	형 열병의, 열이 나서 생기는
074	**fickleness** [fíklnis]	명 변덕스러움, 변화가 심함
075	**flexible** [fléksəbl]	형 유연한, 융통성 있는, 신축성 있는, 탄력적인
076	**forbid** [fərbíd]	동 금지하다, 어렵게 하다, 용납하지 않다
077	**formulation** [fɔːrmjuléiʃən]	명 공식화, 명확한 어구
078	**fraught** [frɔːt]	형 가득 찬, 내포한, 걱정하는
079	**fulfillment** [fulfílmənt]	명 실현, 성취, 수행
080	**garble** [gάːrbl]	동 왜곡하다, 혼동하다 명 혼동
081	**gibbet** [dʒíbit]	명 교수대 동 ~을 교수형에 처하다, 창피를 주다
082	**gradually** [grædʒuəli]	부 점차적으로, 점진적으로
083	**grovel** [grάːvl]	동 기다, 굽실거리다, 자기를 낮추다
084	**hang** [hæŋ]	동 매달다, 걸다, 지체시키다 명 늘어진 모양, 느려짐
085	**heated** [híːtid]	heat(뜨거워지다)의 과거·과거분사 형 열띤, 난방을 한
086	**heterodoxy** [hétərədὰksi]	명 이단, 비정통, 이설
087	**hone** [houn]	명 면도날 가는 숫돌 동 갈다, 연마하다

088	**hypothetical** [hàipəθétikəl, -ik]	형 가설의, 가설을 좋아하는, 가설상의
089	**illicit** [ilísit]	형 불법의, 부정한
090	**immune** [imjú:n]	형 면역의, 면제된, 면역이 된
091	**impervious** [impə́:rviəs]	형 통과시키지 않는, 둔감한
092	**impression** [impréʃən]	형 인상, 생각, 흉내
093	**inane** [inéin]	형 얼빠진, 어리석은, 텅빈, 공허한
094	**incompatible** [ìnkəmpǽtəbl]	형 양립할 수 없는, 모순된, 화합이 안 되는
095	**indefensible** [ìndifénsəbl]	형 변호할 수 없는, 할 말 없는, 방어할 수 없는
096	**indubitable** [ìndjú:bitəbl]	형 의심 없는, 명백한
097	**infamous** [ínfəməs]	형 악명 높은, 파렴치한
098	**ingratiate** [ingréiʃièit]	동 환심을 사다, 비위를 맞추다, 영합하다
099	**inopportune** [inápərtjú:n]	형 때가 나쁜, 부적당한, 시기를 놓친
100	**instantaneous** [ìnstəntéiniəs]	형 순간적인, 즉시적인, 즉각적인
101	**integral** [íntigrəl]	형 완전한, 필수의 명 전체, 적분
102	**intermittent** [ìntərmítnt]	형 간헐적인, 일시적으로 멈추는
103	**introspective** [ìntrəspéktiv]	형 내성적인, 자기 성찰의
104	**invigorating** [invígərèitiŋ]	invigorate(기운나게 하다)의 현재분사·동명사 형 기운나게 하는 명 기운나게 함
105	**irreverent** [irévərənt]	형 불손한, 불경한, 무례한
106	**judge** [dʒʌdʒ]	명 재판관, 판사 동 판단하다, 판결하다, 심판하다, 평가하다
107	**lambaste** [læmbéist]	동 ~을 몹시 때리다, ~을 혹평하다, ~을 몹시 꾸짖다
108	**lecher** [létʃər]	명 호색가
109	**liberate** [líbərèit]	동 해방하다, 자유롭게 하다, 벗어나다
110	**lively** [láivli]	부 생생하게, 활발하게, 활기차게
111	**ludicrous** [lú:dəkrəs]	형 익살맞은, 바보 같은, 웃음을 자아내게 하는
112	**malevolence** [məlévələns]	명 악의, 증오, 악심
113	**martyr** [má:rtər]	명 순교자, 순교자인 체하는 사람 동 순교자로 만들다
114	**mecca** [mékə]	명 메카(사우디아라비아의 도시로 이슬람교의 순례지), 중심 장소
115	**mentor** [méntɔ:r]	명 스승, 조언자
116	**millennium** [miléniəm]	명 천 년
117	**miscreant** [મískriənt]	명 악한, 범법자

118	**mobile** [móubəl]	형 이동식의, 기동성 있는 / 명 휴대전화
119	**moralize** [mɔ́:rəlàiz]	동 교화하다, 설교하다
120	**mortification** [mɔ̀:rtəfikéiʃən]	명 고행, 금욕, 굴욕, 괴사
121	**multifarious** [mÀltəfɛ́əriəs]	형 가지각색의, 잡다한, 다양한
122	**mythical** [míθikəl]	형 상상의, 가공의, 신화상의
123	**negligence** [néglidʒəns]	명 태만, 무관심, 부주의
124	**noncommittal** [nànkəmítəl]	형 언질을 주지 않는, (태도가)애매한
125	**obedience** [oubí:diəns]	명 복종, 순종, 공손함
126	**obstreperous** [əbstrépərəs]	형 다루기 힘든, 떠들썩한, 소란한
127	**omen** [óumən]	명 전조, 징조, 조짐
128	**opposition** [Àpəzíʃən]	명 반대, 반대측, 야당
129	**orthodox** [ɔ́:rθədàks]	형 정통의, 전통적인 / 명 그리스 정교회
130	**outcry** [áutkrai]	명 절규, 격렬한 항의 / 동 큰 소리를 내다
131	**overcrowding** [òuvərkráudiŋ]	overcrowd(붐비게 하다)의 현재분사·동명사 / 형 붐비게 하는 / 명 과밀, 혼잡
132	**palaver** [pəlǽvər]	명 잡담, 수다 / 동 잡담하다
133	**parsec** [pá:rsèk]	명 파섹(천체의 거리를 나타내는 단위 1파섹≒3.26광년)
134	**pauper** [pɔ́:pər]	명 빈곤자, 구호 대상자
135	**penury** [pénjəri]	명 결핍, 가난, 지독한 가난
136	**perplexing** [pərpléksiŋ]	perplex(당혹하게 하다)의 현재분사·동명사 / 형 당혹하게 하는 / 명 당혹하게 함
137	**pessimistic** [pèsəmístik]	형 비관적인, 회의적인
138	**piquant** [pí:kənt]	형 통쾌한, 짜릿한, 얼얼한
139	**plentiful** [pléntifəl]	형 풍부한, 많은
140	**potent** [póutnt]	형 유력한, 강력한, 세력 있는
141	**preconception** [prikánsepʃən]	명 예상, 예측, 편견
142	**premise** [prémis]	명 전제, (증서의)전술 사항, 부동산 / 동 전제로 하다
143	**prevaricate** [privǽrəkèit]	동 둘러대다, 얼버무리다, 거짓말하다
144	**procrastinate** [proukrǽstənèit]	동 질질 끌다, 지체하다
145	**projection** [prədʒékʃən]	명 전망, 고안, 연구, 설계, 발사, 투사
146	**propitious** [prəpíʃəs]	형 호의를 가진, 형편 좋은, 친절한
147	**provocative** [prəvάkətiv]	형 도발적인, 자극적인, 남을 약 올리는

148	**purgatory** [pə́ːrɡətɔ̀ːri]	명 연옥, 일시적인 고난 형 속죄의
149	**quintessential** [kwìntəsénʃəl]	형 본질적인, 전형적인, 정수의
150	**ration** [rǽʃən]	명 할당량, 배급량 동 배급하다
151	**receive** [risíːv]	동 받다, 수상하다, 얻다, 접수하다
152	**redeem** [ridíːm]	동 되찾다, 상환하다, 회복하다
153	**refractory** [rifrǽktəri]	형 당할 수 없는, 고집 센, 다루기 힘든 명 내화물
154	**reign over**	숙 ~을 지배하다
155	**reliance** [riláiəns]	명 신뢰, 의존, 신용
156	**renegade** [rénigèid]	명 변절자, 배교자, 이단아 형 변절한 동 배반하다
157	**representation** [rèprizentéiʃən]	명 대표, 묘사, 표현, 대리
158	**reservation** [rèzərvéiʃən]	명 조건, 예약, 보류, 보호 구역
159	**rest** [rest]	명 나머지, 휴식 동 쉬다, 자다, 기대다
160	**retract** [ritrǽkt]	동 철회하다, 취소하다, 수축하다
161	**rewarding** [riwɔ́ːrdiŋ]	reward(보상하다)의 현재분사·동명사 형 가치가 있는, 보람 있는 명 보상함
162	**routine** [ruːtíːn]	명 일과, 일상, 습관 형 반복적인, 정기적인
163	**sailor** [séilər]	명 선원, 해군, 수병, 뱃사람, 항해사
164	**satirize** [sǽtəràiz]	동 ~을 풍자하다, ~을 비꼬다
165	**scholarly** [skálərli]	형 학술적인, 전문적인, 학자의
166	**segregate** [séɡriɡèit]	동 분리하다, 차별하다 형 분리한 명 분리(차별)된 사람
167	**serendipity** [sèrəndípəti]	명 운 좋은 발견, 횡재, 뜻밖의 발견
168	**shrank** [ʃræŋk]	shrink의 과거 동 줄었다, 수축했다
169	**simulated** [símjulèitid]	simulate(~을 가장하다)의 과거·과거분사 형 모조의, 모의의
170	**soar** [sɔːr]	동 급등하다, 날아오르다, 치솟다 명 날아오름
171	**sophistry** [sáfəstri]	명 궤변, 궤변법, 억지 이론
172	**speechify** [spíːtʃəfài]	동 연설하다, 열변을 토하다
173	**stable** [stéibl]	형 안정적인, 견고한 명 마구간, 외양간 동 마구간에 두다
174	**stentorian** [stentɔ́ːriən]	형 우렁찬 목소리의
175	**straight** [streit]	형 곧은, 연속한, 정리된, 직접의 부 똑바로, 연달아 명 곧음
176	**sublime** [səbláim]	형 숭고한, 탁월한 명 숭고한 것 동 고상하게 하다, 승화하다
177	**suggestion** [səɡdʒéstʃən]	명 제안, 의견, 조언, 암시, 명제

178	**surplus** [sə́ːrplʌs]	형 과잉의, 잉여의 / 명 과잉, 나머지, 흑자
179	**synchronization** [sìŋkrə-nizéiʃən]	명 동기화, 동시 녹음, 동시에 일어나기
180	**tantamount** [tǽntəmàunt]	형 동등한, 같은
181	**tenebrous** [ténəbrəs]	형 어두운, 우울한, 분명치 않은
182	**thoughtfulness** [θɔ́ːtfəlnis]	명 사려 깊음, 친절
183	**token** [tóukən]	명 표, 상징, 교환권 / 형 징표의, 형식적인
184	**transcendent** [trænséndənt]	형 보통을 넘는, 대단한, 비상한, 훌륭한
185	**treachery** [trétʃəri]	명 배신, 배반
186	**truism** [trúːizm]	명 자명한 이치, 판에 박은 진부한 문구
187	**unauthorized** [ʌnɔ́ːθəràizd]	형 허가받지 않은, 권한이 없는
188	**uncountable** [ʌnkáuntəbl]	형 셀 수 없는, 무수한, 불가산의
189	**unembellished** [ʌ̀nimbéliʃt]	형 꾸밈없는, 수수한, 산뜻한
190	**unintelligible** [ʌ̀nintélədʒəbl]	형 이해할 수 없는, 난해한, 알기 힘든
191	**unpleasant** [ʌnplézənt]	형 불쾌한, 싫은, 무례한, 재미없는
192	**untarnished** [ʌ̀ntáːrniʃt]	형 변색되지 않은, 흠이 없는, 흐리지 않은
193	**usurp** [juːsə́ːrp]	동 빼앗다, 침해하다, 탈권하다
194	**vapid** [vǽpid]	형 김 빠진, 지루한, 활기 없는
195	**verbosity** [vərbásəti]	명 말이 많음, 수다, 장황
196	**vigilantly** [vídʒələntli]	부 조심성 있게, 경계하며
197	**vitriolic** [vìtriálik]	형 신랄한, 통렬한, 황산의
198	**wane** [wein]	동 약해지다, 작아지다, 이지러지다
199	**wisdom** [wízdəm]	명 지혜, 교훈, 학문
200	**yield to**	숙 ~으로 대체되다

John Grisham
DAY 21

001	**abbreviate** [əbríːvièit]	동 줄이다, 줄여 쓰다, 요약하다
002	**absorb** [æbsɔ́ːrb, æbzɔ́ːrb]	동 흡수하다, 빨아들이다
003	**accountable** [əkáuntəbl]	형 책임 있는, 설명할 수 있는
004	**actuality** [æktʃuǽləti]	명 현실, 실재, 현상
005	**admirable** [ǽdmərəbl]	형 감탄할 만한, 훌륭한, 칭찬할 만한
006	**advocate** [동:ǽdvəkèit 명:ǽdvəkət]	동 변호하다, 지지하다, 주장하다 / 명 지지자, 변호사
007	**agoraphobia** [ægərəfóubiə]	명 광장 공포증
008	**alliteration** [əlìtəréiʃən]	명 두운, 두운 법칙
009	**ambulatory** [ǽmbjulətɔ̀ːri]	형 보행의, 이동하는 / 명 회랑
010	**ancillary** [ǽnsəlèri]	형 보조적인, 부수적인 / 명 부속물, 조력자
011	**antidote** [ǽntidòut]	명 해독제, 교정 수단, 해결 방법
012	**appease** [əpíːz]	동 달래다, 진정시키다, ~을 가라앉히다
013	**arable** [ǽrəbl]	형 경작할 수 있는 / 명 경작지
014	**arrogate** [ǽrəgèit]	동 사칭하다, (남의 권리를)침해하다, 가로채다
015	**assertion** [əsə́ːrʃən]	명 주장, 단언
016	**attention** [əténʃən]	명 관심, 주목, 주의, 집중
017	**authorized** [ɔ́ːθəràizd]	authorize(인가하다)의 과거·과거분사 / 형 인가된, 위임된
018	**aware** [əwéər]	형 알고 있는, 인식하는, 깨달은, 의식하는
019	**balk** [bɔːk]	명 장애, 훼방 / 동 방해하다, 실망시키다, 망설이다
020	**belatedly** [biléitidli]	부 뒤늦게
021	**betray** [bitréi]	동 배신하다, 배반하다, 드러내다, 밀고하다
022	**blossom** [blásəm]	명 꽃 / 동 꽃이 피다
023	**bravery** [bréivəri]	명 용기, 용감, 용맹
024	**burnish** [bə́ːrniʃ]	동 ~을 닦다, 윤을 내다
025	**calculate** [kǽlkjulèit]	동 계산하다, 추정하다, 산정하다, 측정하다
026	**captive** [kǽptiv]	형 사로잡힌, 억류된 / 명 포로, 인질, 죄수
027	**celebrity** [səlébrəti]	명 연예인, 유명인, 명성

028	**chauvinism** [ʃóuvənìzm]	명 맹목적 애국주의
029	**clamor** [klǽmər]	명 아우성, 떠들썩함 / 동 떠들어 대다, 시끄럽게 굴다
030	**codger** [kádʒər]	명 (나이 든)괴짜
031	**combustible** [kəmbʌstəbl]	형 흥분하기 쉬운, 불붙기 쉬운, 가연성의
032	**compartmentalize** [kəmpɑːrtméntəlàiz]	동 ~을 분류하다, 구획하다
033	**complicity** [kəmplísəti]	명 공모, 연루, 공범
034	**concordat** [kankɔ́ːrdæt]	명 협약, 정교 조약
035	**confused** [kənfjúːzd]	confuse(혼란시키다)의 과거·과거분사 / 형 착각한, 당황한
036	**consciously** [kánʃəsli]	부 의식적으로, 의도적으로
037	**contemplative** [kəntémplətiv]	형 사색하는, 명상하는
038	**contour** [kántuər]	명 윤곽, 외형, 등고선 / 동 윤곽(등고선)을 그리다 / 형 등고선을 따라
039	**converging** [kənvə́ːrdʒiŋ]	converge(모여들다)의 현재분사·동명사 / 형 모여드는 / 명 모여들기
040	**corrected** [kəréktid]	correct(고치다)의 과거·과거분사 / 형 고쳐진, 바로잡아진
041	**cower** [káuər]	동 움츠리다, 위축되다, 위축하다
042	**crustacean** [krʌstéiʃən]	명 갑각류 동물 / 형 갑각류의
043	**dampen** [dǽmpən]	동 축축하게 하다, ~을 무디게 하다, 약하게 하다
044	**decorative** [dékərətiv, dékərèi-]	형 장식의, 장식적인
045	**deficient** [difíʃənt]	형 부족한, 불충분한, 결함 있는
046	**deleterious to**	숙 ~에 유해한
047	**demonstrate** [démənstrèit]	동 증명하다, 입증하다, 시위하다
048	**depression** [dipréʃən]	명 우울, 공황, 침체, 불경기, 불황
049	**despondent** [dispándənt]	형 의기소침한, 낙담한
050	**detrimental to**	숙 ~에 유해한
051	**dictatorial** [dìktətɔ́ːriəl]	형 독재자의, 독재적인, 명령적인
052	**diminutive** [dimínjutiv]	형 아주 작은 / 명 (문법에서)지소사
053	**discomfited** [diskʌmfitid]	discomfit(당황하게 하다)의 과거·과거분사 / 형 당황스럽게 된
054	**disenfranchise** [dìsenfrǽntʃaiz]	동 ~에게서 권리를 빼앗다, 선거권을 빼앗다
055	**dismantle** [dismǽntl]	동 분해하다, 해체하다, 철거하다, 없어지다
056	**disruptive** [disrʌptiv]	형 파괴적인, 붕괴를 초래하는, 분열성의
057	**distort** [distɔ́ːrt]	동 왜곡하다, 뒤틀다, ~을 일그러뜨리다

#	단어	뜻
058	**documentation** [dɑ́kjumentéiʃən]	명 기록 문서, 문서화
059	**drawn to**	숙 ~에 접근하다
060	**ebullience** [ibʌ́ljəns(i), ibúl-]	명 비등, 격발
061	**effluent** [éfluənt]	명 오수, 폐수 형 흘러나오는, 발산하는
062	**elocution** [èləkjúːʃən]	명 웅변술, 연설조, 연설법
063	**emphasize** [émfəsàiz]	동 강조하다, 중요시하다, 역설하다
064	**enemy** [énəmi]	명 적, 적군 형 적의
065	**ensure** [inʃúər]	동 ~을 확실하게 보장하다, 확보하다
066	**epistolary** [ipístəlèri]	형 서한의, 서간체의, 편지에 걸맞는
067	**erratically** [irǽtikəli]	부 변덕스럽게, 불안하게, 괴상하게
068	**euphonious** [juːfóuniəs]	형 음조가 좋은, 듣기 좋은
069	**excess of**	숙 과잉, 과다
070	**exigently** [éksədʒəntli]	부 긴급하게, 절박하게
071	**explicate** [ékspləkèit]	동 설명하다, 분석하다, 해명하다
072	**facade** [fəsáːd]	명 정면, 외관, 앞면
073	**fancy** [fǽnsi]	명 공상, 꿈, 기호 형 화려한, 근사한, 고급의 동 원하다, 상상하다
074	**fecundity** [fikʌ́ndəti]	명 비옥, 생식력, 다산
075	**fiction** [fíkʃən]	명 소설, 허구, 꾸며낸 이야기
076	**flintlock** [flíntlɑ́k]	명 부싯돌식 발화 장치, 수발총
077	**forbidden** [fərbídn]	forbid(금지하다)의 과거분사 형 금지된
078	**forte** [fɔːrt]	명 장점, 장기, 칼의 가장 강한 부분
079	**fray** [frei]	동 닳게 하다, 닳다 명 싸움, 소동
080	**fulsome** [fúlsəm]	형 과도한, 지나쳐서 불쾌한, 집요한
081	**gargantuan** [gɑːrgǽntʃuən]	형 거대한, 원대한, 엄청난
082	**gingerly** [dʒíndʒərli]	부 매우 신중하게, 지극히 조심스럽게
083	**graft** [grǽft]	명 접목, 접붙이기, 이식, 부정 이득 동 접붙이다, 이식하다, 부정 이득을 얻다
084	**growth** [grouθ]	명 성장, 증가, 상승, 증대
085	**hanged** [hæŋd]	hang(매달다)의 과거·과거분사 형 목을 매달은, 교수형의, 매달린
086	**heatedly** [híːtidli]	부 격해져서, 흥분하여
087	**heterogeneous** [hètərədʒíːniəs]	형 여러 종류의, 이종의, 이질적인

#	단어	뜻
088	**honest** [ánist]	혱 정직한, 솔직한, 성실한, 정당한
089	**hysteria** [histériə]	명 히스테리, 과장된 반응, 이상 흥분
090	**illegible** [ilédʒəbl]	혱 읽기 어려운, 읽기 힘든
091	**immune to**	숙 ~에 영향을 받지 않는
092	**impervious to**	숙 ~에 둔감한
093	**impressionist** [impréʃənist]	명 인상파 화가, (흉내를 내는)연예인, 인상주의의
094	**inarticulate** [ìnɑːrtíkjulət]	혱 분명치 않은, 말을 못 하는, 모호한
095	**incompetence** [inkámpətəns]	명 무능, 무력, 부적당
096	**indelible** [indéləbl]	혱 지울 수 없는, 씻어버릴 수 없는, 없앨 수 없는
097	**indubitably** [indjúːbətəbli]	부 확실하게, 의심할 여지가 없이, 분명하게
098	**infantry** [ínfəntri]	명 보병, 보병대, 보병 연대
099	**inhabit** [inhǽbit]	동 거주하다, 서식하다, 존재하다
100	**inquiring** [inkwáiəriŋ]	inquire(묻다)의 현재분사·동명사 혱 탐구하는, 호기심 많은 명 탐구함
101	**instigation** [ìnstəgéiʃən]	명 선동, 자극, 유인
102	**integrate** [íntəgrèit]	동 통합하다, 포함하다, 접목하다, 융합하다
103	**intermittently** [ìntərmítntli]	부 간헐적으로, 때때로
104	**introvert** [íntrəvèːrt]	명 내향성인 사람, 내성적인 사람 혱 내성적인
105	**invite** [inváit]	동 초대하다, 초청하다, 부르다, 권하다, 초래하다
106	**irreversible** [ìrivə́ːrsəbl]	혱 거꾸로 할 수 없는, 뒤집을 수 없는, 역전할 수 없는
107	**judicious** [dʒuːdíʃəs]	혱 현명한, 신중한, 명민한
108	**lament** [ləmént]	동 한탄하다, 아쉬워하다, 비탄하다, 애도하다 명 애도, 비가
109	**leery of**	숙 ~을 경계하는
110	**liberator** [líbərèitər]	명 해방자, 석방하는 사람
111	**loathing** [lóuðiŋ]	loathe(혐오하다)의 현재분사·동명사 혱 혐오하는 명 혐오
112	**lugubrious** [lugjúːbriəs]	혱 우울한, 애처로운, 슬퍼하는
113	**malevolent** [məlévələnt]	혱 악의 있는, 남의 불행을 기뻐하는, 심술궂은
114	**mass** [mæs]	명 덩어리, 무리, 다수 혱 대규모의, 대중적인 동 무리 지어 모이다
115	**mechanical** [məkǽnikəl]	혱 기계적인, 자동적인, 기술적인
116	**mercenary** [mə́ːrsənèri]	명 용병 혱 (용병으로)고용된, 돈만 바라는
117	**millionaire** [mìljənéər]	명 백만장자, 대부호

118	**misdemeanor** [misdimíːnər]	명 경범죄, 비행, 행실이 나쁨
119	**model** [mádl]	명 모형, 모범, 방식, 방법 / 형 견본이 되는, 모범의 / 동 (모형을, 모방하여)만들다
120	**morass** [mərǽs]	명 늪지, 습지, 난국
121	**multiplicity** [mÀltəplísəti]	명 다수, 다양성, 다중도
122	**nasal** [néizəl]	형 코의, 콧소리의, 비음의 / 명 콧소리, 비음
123	**negligent** [néglidʒənt]	형 무관심한, 게을리하는, 태만한
124	**nonpartisan** [nanpáːrtizən]	형 초당파의, 무소속의, 객관적인 / 명 초당파인 사람
125	**obedient** [oubíːdiənt]	형 순종하는, 공손한, 얌전한
126	**obstreperously** [əbstrépərəsli]	부 시끄럽게, 떠들썩하게
127	**ominous** [ámənəs]	형 불길한, 험악한, 전조의
128	**opposition to**	숙 ~에 대한 반대
129	**orthodoxy** [ɔ́ːrθədàksi]	명 정통파적 신념, 정교적 신앙, 정설
130	**overestimate** [ouvəéstəmːnèit]	동 과대평가하다 / 명 과대평가
131	**pall** [pɔːl]	명 장막, 관 덮개 / 동 ~을 덮다, 시시해지다
132	**parsimonious** [pàːrsəmóuːiəs]	형 인색한, 검약하는, 극도로 절약하는
133	**payable** [péiəbl]	형 지급해야 할, 지급 가능한
134	**perambulate** [pərǽmbjulèit]	동 걸어다니다, ~을 순회하다, 답사하다
135	**perplexity** [pərpléksəti]	명 곤혹, 혼란, 당혹
136	**pestilence** [péstələns]	명 역병, 전염병
137	**pithy** [píθi]	형 간결한, 힘찬, 뜻이 깊은
138	**pleonasm** [plíːənæzm]	명 용어적인 표현, 여분의 말
139	**pontoon** [pantúːn]	명 평저선, 부교 / 동 주교를 놓다, 주교로 건너다
140	**potential** [pəténʃəl]	형 잠재적인, 가능성 있는
141	**precursor** [prikɔ́ːrsər]	명 선구자, 선배, 전조
142	**premonition** [priːməníʃən]	명 예고, 예감, 징후
143	**prevarication** [priværikéiʃən]	명 얼버무림, 핑계, 기만
144	**procrastinator** [proukrǽstənèitər]	명 꾸물거리는 사람
145	**proliferate** [prəlífərèit]	동 증식하다, 번식하다, 급증하다
146	**proponent** [prəpóunənt]	명 제안자, 지지자, 발의자
147	**provoke** [prəvóuk]	동 자극하다, 유발하다, 일으키다, 촉발시키다, 도발하다

#	단어	뜻
148	**purge** [pə:rdʒ]	동 추방하다, 깨끗이 하다, 제거하다 / 명 제거, 숙청
149	**quirky** [kwə́:rki]	형 핑계가 많은, 기발한, 구불구불한
150	**rationale** [rǽʃənæ̀l]	명 근본적 이유, 합리, 이성
151	**reception** [risépʃn]	명 수령, 접수, 환영회, 수신
152	**redevelopment** [ridivéləpmənt]	명 재개발
153	**refresh** [rifréʃ]	동 상쾌하게 하다, 재충전하다, 되살리다, 새롭게 하다
154	**reimburse** [rì:imbə́:rs]	동 상환하다, 배상하다, 변상하다
155	**relic** [rélik]	명 유물, 유적, 유골
156	**renege** [riní:g]	동 ~을 부정하다, 어기다, 저버리다
157	**repressed** [riprést]	repress(억누르다)의 과거·과거분사 / 형 억제된, 억압된
158	**reserved** [rizə́:rvd]	reserve(남겨 두다)의 과거·과거분사 / 형 남겨 둔, 예비의
159	**restive** [réstiv]	형 반항적인, 차분하지 못한, 다루기 힘든, 고집 센
160	**retraction** [ritrǽkʃən]	명 움츠림, 철회, 취소
161	**rhetoric** [rétərik]	명 수사학, 수사법, 웅변술
162	**rowdy** [ráudi]	형 툭 하면 싸우는, 소란스러운
163	**saintly** [séintli]	형 성인 같은, 성인다운, 신앙심 깊은
164	**satisfaction** [sæ̀tisfǽkʃən]	명 만족, 충족
165	**scintillating** [síntəlèitiŋ]	scintillate(반짝 빛나다)의 현재분사·동명사 / 형 번득이는, 재치 있는 / 명 반짝 빛남
166	**selectivity** [silèktívəti]	명 선택성, 선택도, 감도
167	**serenity** [sərénəti]	명 조용함, 평온, 침착, 평정, 정적
168	**shrewd** [ʃru:d]	형 약삭빠른, 빈틈없는, 영리한, 현명한, 능수능란한
169	**simultaneous** [sàiməltéiniəs]	형 동시의, 동반의, 일시에
170	**sober** [sóubər]	형 냉정한, 취하지 않은 / 동 침착해지게 하다, 진지해지다
171	**soporific** [sàpərífik]	형 최면의, 졸리는
172	**spellbinding** [spélbàindiŋ]	spellbind(마법을 걸다)의 현재분사·동명사 / 형 매혹적인 / 명 매혹됨
173	**staff** [stæf]	명 직원, 참모, 간부, 동료 / 동 직원으로 일하다
174	**stereotype** [stériətàip]	명 고정 관념, 정형화된 생각, 상투적인 문구 / 동 고정관념을 형성하다
175	**strap** [stræp]	명 끈, 줄, 띠 / 동 끈으로 묶다, 반창고를 붙이다
176	**subliminally** [sʌ̀blímənli]	부 잠재의식적으로
177	**summary** [sʌ́məri]	명 요약, 개괄, 약식, 성명 / 형 간략한, 요약의

#	단어	뜻
178	**surprising** [sərpráiziŋ]	surprise(놀라게 하다)의 현재분사·동명사 혱 놀라게 하는 명 놀라게 함
179	**synchronous** [síŋkrənəs]	혱 동시의, 동기의
180	**tar** [tɑːr]	명 타르 동 ~에 타르를 칠하다
181	**tension** [ténʃən]	명 긴장, 갈등, 불안, 팽팽함
182	**threat** [θret]	명 위협, 우려, 조짐
183	**tolerable** [tálərəbl]	혱 괜찮은 편인, 견딜 만한, 허용될 수 있는
184	**transcontinental** [trænskɑ́ntənéntl]	혱 대륙 횡단의, 대륙 저편의
185	**treatable** [tríːtəbl]	혱 치료되는, 다루기 쉬운, 처리할 수 있는
186	**trustworthy** [trʌ́stwɜ̀ːrði]	혱 신뢰할 수 있는
187	**unavoidable** [ʌ̀nəvɔ́idəbl]	혱 불가피한, 피할 수 없는, 무효로 할 수 없는
188	**uncouth** [ʌnkúːθ]	혱 거친, 인적이 드문, 어색한, 투박한
189	**unemotional** [ʌ̀nimóuʃənl]	혱 감정적이 아닌, 냉정한
190	**unintended** [ʌ̀nInténdid]	혱 고의가 아닌, 예상외의, 의도된 것이 아닌
191	**unprecedented** [ʌnprésidəntid]	혱 전례 없는, 참신한, 이례적인
192	**untenable** [ʌnténəbl]	혱 지지할 수 없는, 거주할 수 없는, 지킬 수 없는
193	**usury** [júːʒəri]	명 고리 대금, 이자
194	**variability** [vɛ̀əriəbíləti]	혱 가변성, 다양성, 변하기 쉬움
195	**verifiable** [vérəfàiəbl]	혱 증명할 수 있는, 입증할 수 있는
196	**vigorous** [vígərəs]	혱 활발한, 격렬한
197	**vituperation** [vaitjùːpəréiʃən]	명 비난, 욕설, 독설
198	**waning** [wéiniŋ]	wane(줄어들다)의 현재분사·동명사 혱 줄어드는, 이지러지는 명 줄어듦
199	**wistfully** [wístfəli]	부 탐내는 듯이, 아쉬운 듯이, 생각에 잠긴 듯이
200	**youthful** [júːθfəl]	혱 젊은, 어린, 기운찬, 이른

John Grisham
DAY 22

#	단어	뜻
001	**abdicate** [ǽbdəkèit]	동 퇴위하다, 물러나다, 양위하다, 포기하다
002	**absorption** [æbsɔ́ːrpʃən, æbzɔ́ːrpʃən]	명 합병, 흡수, 열중
003	**accredit** [əkrédit]	동 ~으로 간주하다, 파견하다
004	**acuity** [əkjúːəti]	명 날카로움, 예민함, 명민
005	**admissible** [ædmísəbl]	형 용인되는, 앉을 자격이 있는
006	**aesthete** [ǽsθiːt]	명 심미안이 있는 사람, 예술 애호가
007	**agoraphobic** [ægərəfóubik]	명 광장 공포증 환자
008	**alliterative** [əlítərətiv, -rèit-]	형 두운을 맞춘, 두운의
009	**ameliorate** [əmíːljərèit]	동 개선하다, 개량하다, 좋아지다
010	**anemia** [əníːmiə]	명 빈혈, 빈혈증, 생기의 결핍
011	**antipathy** [æntípəθi]	명 반감, 혐오, 싫어함
012	**appeasement** [əpíːzmənt]	명 진정, 완화, 양보
013	**arbitrarily** [áːrbiətrèrəli]	부 임의로, 자유 재량에 의하여
014	**arsonist** [áːrsnist]	명 방화범
015	**assertive** [əsə́ːrtiv]	형 독단적인, 자기 주장이 강한, 자신감 넘치는
016	**attentiveness** [əténtivnis]	명 친절함
017	**autobiographical** [ɔ́ːtoubàiəgrǽfikəl]	형 자서전적인, 자서전의
018	**awareness** [əwéərnis]	명 인식, 지각, 의식, 인지도, 경각심
019	**ballast** [bǽləst]	명 밸러스트(부력 조절용 바닥짐) 동 밸러스트를 싣다, 안정을 주다
020	**beleaguered** [bilíːgərd]	beleaguer(포위하다)의 과거·과거분사 형 포위된, 둘러싸인
021	**bias** [báiəs]	명 사선, 편견 형 비스듬한 부 비스듬히 동 편견을 갖게 하다, 기울어지게 하다
022	**blueprint** [blúːprint]	명 청사진, 상세한 계획 동 계획하다
023	**brazen** [bréizn]	형 놋쇠로 만든, 뻔뻔스러운, 놋쇠 빛깔의
024	**buttress** [bʌ́tris]	명 부벽, 지지, 버팀 동 지지하다
025	**calculated** [kǽlkjulèitid]	calculate(계산하다)의 과거·과거분사 형 계산된, 산정된
026	**capture** [kǽptʃər]	동 사로잡다, 억류하다 명 체포, 억류, 포착
027	**celerity** [səlérəti]	명 민첩함, 민속, 민첩

183

#	단어	뜻
028	**chauvinist** [ʃóuvənist]	명 광신적 애국자, 맹목적 애국자
029	**clamorous** [klǽmərəs]	형 시끄러운, 떠들썩한, 소란한
030	**coerce** [kouə́ːrs]	동 강요하다, 억압하다
031	**comeback** [kʌ́mbæk]	명 재등장, 열세의 만회
032	**compassion** [kəmpǽʃən]	명 동정, 연민
033	**comply** [kəmplái]	동 따르다, 지키다, 응하다, 동의하다
034	**concrete** [kánkriːt]	형 확실한, 콘크리트의 명 콘크리트 동 콘크리트를 바르다
035	**confusing** [kənfjúːziŋ]	confuse(혼란시키다)의 현재분사·동명사 형 혼란시키는 명 혼란시킴
036	**consciousness** [kánʃəsnis]	명 의식, 인식, 정신
037	**contemporaneous** [kəntèmpəréiːniəs]	형 동시의, 동년배의, 동시에 발생한
038	**contract** [kántrækt, kə́n-]	명 계약서, 계약 동 계약하다, 수축하다
039	**conversation** [kànvərséiʃən]	명 대화, 회화, 교제
040	**correction** [kərékʃən]	명 조정, 수정, 교정
041	**cozen** [kʌ́zn]	동 속이다, 속여 빼앗다, 기만하다
042	**crux** [krʌks]	명 요점, 급소
043	**daredevil** [déərdèvl]	형 덤비는, 앞뒤를 헤아리지 않는 명 저돌적인 사람
044	**decorous** [dékərəs]	형 예의 바른, 단정한, 품위 있는
045	**deficit** [défəsit]	명 적자, 결손, 부족액
046	**deliberation** [dilìbəréiʃən]	명 숙고, 신중함
047	**demonstrating** [démənstrèitiŋ]	demonstrate(입증하다)의 현재분사·동명사 형 입증하는 명 입증함
048	**deprive** [dipráiv]	동 빼앗다, 박탈하다, 부족하게 만들다, 허용치 않다
049	**despot** [déspət]	명 전제 군주, 폭군, 독재자
050	**detritus** [ditráitəs]	명 암설, 파편, 폐기물
051	**dictatorship** [diktéitərʃip]	명 독재
052	**diplomatic** [dìpləmǽtik]	형 외교관의, 외교적인
053	**discomfiture** [diskʌ́mfətʃər]	명 실패, 당황, 패배
054	**disengage** [dìsengéidʒ]	동 풀다, 해방하다, 떼다
055	**dismiss** [dismís]	동 무시하다, 해고하다, 기각하다
056	**dissect** [disékt]	동 해부하다, 분석하다, 절단하다
057	**distortion** [distɔ́ːrʃən]	명 왜곡, 곡해, 찌그러짐

#	단어	뜻
058	**documented** [dάkjuməntid]	document(기록하다)의 과거·과거분사 / 형 기록된
059	**droll** [droul]	형 우스꽝스러운, 익살맞은
060	**ebullient** [ibʌ́ljənt]	형 열광적인, 끓어 넘치는, 넘칠 듯한
061	**effluvium** [iflú:viəm]	명 발산, 악취, 증발
062	**elongate** [ilɔ́:ŋgeit]	동 연장하다, 길게 하다
063	**empirical** [impírikəl]	형 경험적인, 경험의, 실증적인
064	**energetic** [ènərdʒétik]	형 힘이 넘치는, 활기찬, 활동적인, 정력적인
065	**entail** [intéil]	동 (필연적인 결과로)~을 수반하다, 필요로 하다 / 명 (부의)상속, 상속 부동산
066	**epitome** [ipítəmi]	명 요약, 개요, 전형, (작품의)줄거리
067	**erroneous** [iróuniəs]	형 잘못된, 틀린, 조작된
068	**euphoric** [ju:fɔ́:rik]	형 큰 기쁨의, 희열의
069	**excessive** [iksésiv]	형 과도한, 지나친, 엄청난, 극단적인
070	**existence** [igzístəns]	명 존재, 현존, 생존, 실체
071	**explicable** [iksplíkəbl, éks-]	형 설명할 수 있는
072	**facet** [fǽsit]	명 측면, 양상, 일면
073	**fantasy** [fǽntəsi]	명 공상, 몽상, 상상 / 동 상상하다
074	**federation** [fèdəréiʃən]	명 연합, 연맹, 연방
075	**fictitious** [fiktíʃəs]	형 허구의, 거짓의, 가공의
076	**flippant** [flípənt]	형 건방진, 경박한, 경솔한
077	**forcibly** [fɔ́:rsəbli]	부 힘으로, 강제적으로
078	**forthright** [fɔ́:rθrait]	형 솔직한, 똑바른 / 부 똑바로, 앞으로
079	**frenetic** [frənétik]	형 열광적인, 제정신이 아닌
080	**function** [fʌ́ŋkʃən]	명 기능, 행사, 작용, 함수 / 동 작용하다, 기능하다
081	**garrulous** [gǽrələs]	형 수다스러운, 장황한, 잘 지껄이는
082	**glacial** [gléiʃəl]	형 빙하의, 얼음의, 냉담한
083	**grammar** [grǽmər]	명 문법
084	**grudgingly** [grʌ́dʒiŋli]	부 마지못해, 울며 겨자 먹기로
085	**hanging** [hǽŋiŋ]	hang(매달다)의 현재분사·동명사 / 명 교수형, 매달기, 벽걸이 / 형 매다는
086	**hedge** [hedʒ]	명 생울타리, 대비책 / 동 산울타리를 두르다, 제한하다, (내기에서)양쪽에 걸다, 얼버무리다
087	**heteronym** [hétərənìm]	명 철자는 같으나 음과 뜻이 다른 단어

#	단어	뜻
088	**honor** [ánər]	명 명예, 영광, 경의 / 형 명예의 / 동 존경하다, 명예를 주다, 영광으로 생각하다
089	**hysterical** [histérikəl]	형 히스테릭한, 광란의, 분별이 없어진
090	**illogical** [ilάdʒikəl]	형 불법의, 비논리적인, 부정한
091	**immutability** [imjùːtəbíləti]	명 불변성, 불변, 불역성
092	**impetuous** [impétʃuəs]	형 충동적인, 성급한, 맹렬한
093	**impressive** [imprésiv]	형 인상적인, 놀라운, 감동적인
094	**inarticulateness** [ìnɑːrtíkjulətnis]	명 불분명함
095	**incompetent** [inkάmpətənː]	형 무능한, 무자격의, 서투른 / 명 무능력자
096	**independence** [ìndipéndəns]	명 독립, 자립, 자주
097	**indulge** [indʌldʒ]	동 빠지다, 탐닉하다 마음껏 하게 하다
098	**infect** [infékt]	동 감염시키다, 오염시키다, 옮기다
099	**inherent** [inhíərənt]	형 내재된, 고유의, 타고난, 필연적인
100	**inscrutable** [inskrúːtəbl]	형 수수께끼 같은, 헤아릴 수 없는, 불가해한
101	**instill** [instíl]	동 서서히 불어넣다, 주입하다, 주입시키다
102	**integration** [ìntəgréiʃən]	명 통합, 동화, 융합
103	**internecine** [ìntərníːsiːn]	형 서로 죽이는, 상호 파괴적인, 피비린내 나는
104	**introverted** [íntrəvə̀ːrtid]	형 내향적인
105	**invoice** [ínvɔis]	명 송장, 청구서 / 동 송장을 보내다
106	**irritable** [írətəbl]	형 짜증을 잘 내는, 성급한
107	**judiciously** [dʒuːdíʃəsli]	부 현명하게, 사려 깊게
108	**lamentable** [læməntəbl]	형 슬픈, 애처로운, 비탄하는
109	**leftist** [léftist]	형 좌익의, 좌파 사상의 / 명 좌파
110	**liberty** [líbərti]	명 자유, 해방
111	**luminary** [lúːmənèri]	명 발광체, 선각자, 권위자
112	**malevolently** [məlévələntli]	동 악의를 가지고, 심술궂게
113	**massive** [mǽsiv]	형 크고 묵직한, 대량의, 큼직한, 굳센
114	**mediate** [míːdièit]	동 조정하다, 중재하다, 성립시키다 / 형 중재의
115	**merciful** [məːrsifəl]	형 자비로운
116	**millstone** [mílstoun]	명 맷돌, 무거운 짐, 가는 것
117	**misdirect** [misdirékt]	동 잘못 지도하다, 잘못된 설명을 하다

#	단어	뜻
118	**modest** [mádist]	형 겸손한, 적당한, 수수한
119	**moratorium** [mɔ̀:rətɔ́:riəm]	명 지불 유예, 일시 정지
120	**multiply** [mʌ́ltəplài]	동 곱하다, 증가시키다, 증대시키다, 번식하다 부 복합적으로
121	**naively** [nɑːíːvli]	부 순진하게
122	**negligibly** [néglidʒəbli]	부 하찮게, 시시하게
123	**nostalgia** [nɑstǽldʒə]	명 향수, 향수병, 그리움
124	**obeisance** [oubéisəns]	명 경의, 존경, 복종
125	**obstruct** [əbstrʌ́kt]	동 방해하다, 가로막다, 침해하다
126	**omission** [oumíʃən]	명 누락, 생략, 탈락
127	**oppress** [əprés]	동 억압하다, 탄압하다, 억누르다
128	**oscillate** [ɑ́səlèit]	동 진동하다, 동요하다, 흔들리다
129	**overflow** [òuvərflóu]	동 넘치다, 범람하다, 가득 차다 명 범람, 넘침, 초과
130	**palliate** [pǽlièit]	동 변명하다, 일시적으로 완화시키다
131	**parsimony** [pɑ́:rsəmòuni]	명 인색, 절약
132	**peace** [piːs]	명 평화, 화해
133	**perceived** [pərsíːvd]	perceive(지각하다)의 과거·과거분사 형 지각된, 인지된
134	**perquisite** [pə́ːrkwəzit]	명 임시 수입, 특전, 특권
135	**petition** [pətíʃən]	명 탄원서, 청원서, 진정서, 소장 동 청원하다, 진정하다
136	**pitiable** [pítiəbl]	형 가련한, 측은한, 불쌍한
137	**plethora** [pléθərə]	명 과다, 과잉, 다혈증
138	**popular** [pɑ́pjulər]	형 인기 있는, 유명한, 대중의, 국민의
139	**potpourri** [pòupuríː]	명 향 단지, 간추린 명작집
140	**predator** [prédətər]	명 약탈자, 육식 동물, 포식자
141	**preoccupation** [priːɑ̀kjupéiʃən]	명 몰두, 선취, (다른 일에)정신이 팔려 있음
142	**prevent** [privént]	동 막다, 예방하다, 금지하다
143	**procure** [proukjúər, prə-]	동 얻다, 획득하다
144	**prolific** [prəlífik]	형 다산의, 다작의, 풍부한
145	**proportionate** [prəpɔ́ːrʃənit]	형 비례하는, 균형 잡힌, 적응하는 동 균형을 맞추다
146	**provoking** [prəvóukiŋ]	provoke(유발하다)의 현재분사·동명사 형 자극하는, 짜증나는 명 자극함
147	**purport** [pərpɔ́ːrt]	동 주장하다 명 취지, 의도

#	단어	뜻
148	**rabid** [rǽbid]	형 맹렬한, 과격한
149	**rationality** [ræ̀ʃənǽləti]	형 합리성, 순리성, 도리를 분별함
150	**receptive** [riséptiv]	형 감수성이 풍부한, 잘 받아들이는
151	**redirect** [ridirékt]	동 다시 보내다, 방향을 돌리다
152	**refrigeration** [rifrìdʒəréiʃən]	명 냉각, 냉동, 냉장
153	**reinforce** [rìːinfɔ́ːrs]	동 강화하다, 보강하다, 강조하다
154	**religious** [rilídʒəs]	형 종교의, 신앙의, 독실한
155	**renewal** [rinjúːəl]	명 갱신, 재개, 재개발
156	**reprimand** [réprəmænd]	명 질책, 비난, 징계 동 ~을 질책하다
157	**reservoir** [rézərvwàːr]	명 저수지, 저장소, 비축
158	**restless** [réstlis]	형 불안한, 가만히 있지 않는
159	**retrench** [ritréntʃ]	동 삭제하다, 절약하다, 절감하다
160	**rhetorical** [ritɔ́ːrikəl]	형 수사학의, 미사여구의, 수사학적인
161	**roboticist** [roubátəsist]	명 로봇 기술자
162	**royal** [rɔ́iəl]	형 왕실의, 당당한 명 왕족
163	**salary** [sǽləri]	명 월급, 급여, 임금, 보수
164	**satisfied** [sǽtisfàid]	satisfy(만족시키다)의 과거·과거분사 형 만족하는, 납득하는
165	**scope** [skoup]	명 범위, 영역, 기회 동 샅샅이 살피다
166	**self-effacing** [sélf-iféisiŋ]	형 자기를 내세우지 않는
167	**serious** [síəriəs]	형 심각한, 진지한, 중대한
168	**shrewdness** [ʃrúːdnis]	명 빈틈없음, 기민함, 명민함
169	**sinecure** [sáinikjùər]	명 한직, 명예직
170	**sobriety** [səbráiəti]	명 술에 안 취한 맨 정신, 냉철함
171	**sororal** [sərɔ́ːrəl]	형 자매의
172	**spellbound** [spélbaund]	형 넋을 잃은, 마법에 걸린
173	**staggering** [stǽgəriŋ]	stagger(비틀거리다)의 현재분사·동명사 형 비틀거리는 명 비틀거림
174	**stereotypical** [stériətípikəl]	형 틀에 박힌, 진부한
175	**stratagem** [strǽtədʒəm]	명 전략, 계략, 책략
176	**submerge** [səbmə́ːrdʒ]	동 잠수하다, 담그다, ~을 물속에 넣다
177	**summative** [sʌ́mətiv]	형 누적적인, 부가적인, 부가의

___월 ___일

178 **surreal** [sərí:əl]	휑 초현실적인, 꿈 같은	
179 **syncopate** [síŋkəpèit]	동 중략하다, 단축하다, 당기다	
180 **tardy** [tá:rdi]	휑 느린, 지각한, 늦은	
181 **tenuous** [ténjuəs]	휑 얇은, 빈약한, 보잘것없는	
182 **threatening** [θrétniŋ]	threaten(협박하다)의 현재분사·동명사 휑 협박하는 명 협박함	
183 **tolerance** [tálərəns]	명 관용, 포용력, 내성	
184 **transcribe** [trænskráib]	동 기록하다, 복사하다, 번역하다	
185 **treaty** [trí:ti]	명 조약, 협정, 협약	
186 **tryst** [trist]	명 만날 약속, 밀회 동 약속하다	
187 **unaware of**	숙 ~을 알지 못하는	
188 **unctuous** [ʌ́ŋktʃuəs]	휑 기름기 있는, 번지르르한	
189 **unequivocal** [ʌ̀nikwívəkəl]	휑 모호하지 않은, 명백한, 분명한	
190 **unintentionally** [ʌ̀ninténʃənəli]	부 본의 아니게, 무심코	
191 **unpredictable** [ʌ̀npridíktəbl]	휑 예언할 수 없는, 예측할 수 없는	
192 **untimely** [ʌntáimli]	휑 때 아닌, 시기 상조의, 때가 나쁜	
193 **utilitarian** [ju:tìlətéəriən]	휑 실용적인, 공리주의의 명 공리주의자	
194 **variable** [véəriəbl]	휑 변화하는, 변동이 심한, 다양한 명 변수	
195 **verify** [vérəfài]	동 증명하다, 입증하다, 확인하다	
196 **vigorously** [vígərəsli]	부 힘차게, 정력적으로, 맹렬히	
197 **vituperative** [vaitjú:pərətiv]	휑 독설을 퍼붓는, 비난하는, 욕하는	
198 **wanton** [wántən]	휑 터무니없는, 방종한, 악의의, 음탕한 명 바람둥이 동 방자하다, 낭비하다	
199 **withdraw** [wiðdrɔ́: wiθ-]	동 철회하다, 철수하다, 인출하다, 취소하다	
200 **zealot** [zélət]	명 열광자, 광신자, 열중하는 사람	

John Grisham
DAY 23

001 **abdication** [æbdəkéiʃən]	명 포기, 퇴임, 퇴위
002 **abstemious** [æbstí:miəs, əbs-]	형 금욕적인, 절제하는, 검소한
003 **accretion** [əkrí:ʃən]	명 융합, 증대, 축적
004 **acumen** [əkjú:mən, ǽkju:-]	명 통찰력, 날카로움
005 **admission** [ædmíʃən]	명 입학, 입장, 인정, 입원, 입국
006 **affable** [ǽfəbl]	형 상냥한, 붙임성 있는, 사근사근한
007 **agrarian** [əgrέəriən]	형 농업의, 토지의, 농지의 명 토지 균분론자
008 **allocate** [ǽləkèit]	동 할당하다, 배분하다, 책정하다
009 **ameliorated by**	숙 ~으로 개선된
010 **anguished** [ǽŋgwiʃt]	형 고뇌에 찬, 괴로운
011 **antipathy for**	숙 ~에 대한 반감
012 **append** [əpénd]	동 덧붙이다, ~을 첨가하다, 부가하다
013 **arbitrary** [á:rbətrèri]	형 임의의, 독단적인, 제멋대로의
014 **article** [á:rtikl]	명 기사, 조항, 논문, 규약, 물건
015 **assessment** [əsésmənt]	명 과세, 부과, 평가
016 **attenuate** [əténjuèit]	동 가늘어지다, 약하게 하다, 가늘게 하다 형 약해진, 줄어든, 가늘어진
017 **autocracy** [ɔ:tákrəsi]	명 독재 정치, 전제 군주국
018 **axillary** [ǽksəlèri]	형 겨드랑이의, 액와의 명 (동물의)겨드랑이 깃
019 **banal** [bənǽl]	형 진부한, 평범한, 시시한
020 **belie** [bilái]	동 어기다, 착각하게 만들다
021 **biased** [báiəst]	bias(편견을 갖게 하다)의 과거·과거분사 형 편견을 가진
022 **blunder** [blándər]	명 큰 실수 동 실수하다, 머뭇거리다
023 **breadth** [bredθ]	명 폭, 범위, 효과
024 **bystander** [baistǽndər]	명 방관자, 구경꾼, 국외자
025 **calculating** [kǽlkjulèitiŋ]	calculate(계산하다)의 현재분사·동명사 형 계산적인 명 계산적임
026 **careen** [kərí:n]	동 한쪽으로 기울이다, 위태롭게 달리다 명 배를 기울게 함
027 **celibacy** [séləbəsi]	명 독신, 금욕, 육체적 순결

#	단어	뜻
028	**cheer** [tʃiər]	동 응원하다, 환호하다 명 환호, 갈채, 격려
029	**clandestine** [klændéstin]	형 비밀의, 은밀한
030	**coercion** [kouə́ːrʃən]	명 강제, 강압, 강요
031	**comfort** [kʌ́mfərt]	명 위안, 위로, 편안함, 안락 동 달래다, 안심시키다
032	**compel** [kəmpél]	동 강요하다
033	**comply with**	숙 따르다, 준수하다, 지키다, 순응하다
034	**concur** [kənkə́ːr]	동 일치하다, 동의하다
035	**confusion** [kənfjúːʒən]	명 혼란, 혼동, 논란
036	**conscript** [kənskrípt]	동 징집하다 형 징집된 명 징집병
037	**contemporary** [kəntémpərèri]	형 현대의, 동시대의, 최신의
038	**contracted** [kəntræktid]	contract(긴장시키다)의 과거·과거분사 형 수축한, 찌푸린, 축약한
039	**convicted of**	숙 ~로 유죄 선고를 받은
040	**correlation** [kɔ̀ːrəléiʃən]	명 상호 관계, 상관 관계
041	**craft** [kræft]	명 솜씨, 기술, 공예 동 공예품을 만들다
042	**cryptic** [kríptik]	형 비밀의, 숨은, 수수께끼 같은
043	**darken** [dáːrkən]	동 ~을 어둡게 하다, 거무스름해지다
044	**decrease** [dikríːs]	동 줄다, 감소하다 명 감소, 하락
045	**defile** [difáil]	동 ~을 더럽히다, ~을 모독하다 명 좁은 길(골짜기)
046	**delicate** [délikət]	형 섬세한, 미묘한, 민감한, 정교한, 허약한
047	**demonstrative** [dəmɑ́nstrətiv]	형 숨기지 않고 드러내는, 심정을 토로하는 명 지시사
048	**deprived** [dipráivd]	deprive(빼앗다)의 과거·과거분사 형 불우한, 궁핍한
049	**despotic** [dispɑ́tik]	형 전제적인, 횡포한, 포악한
050	**devalue** [diːvǽljuː]	동 평가를 절하하다, ~의 가치를 감하다, ~을 낮게 평가하다
051	**diction** [díkʃən]	명 발음, 용어 선택, 어법
052	**direction** [dirékʃən, dai~]	명 방향, 명령
053	**discomfort** [diskʌ́mfərt]	명 불안, 불편, 불쾌 동 불편하게 하다
054	**disengaging** [dìsengéidʒiŋ]	disengage(분리되다)의 현재분사·동명사 형 자유로워진 명 분리됨
055	**dismissive** [dismísiv]	형 거만한, 멸시하는, 부인하는
056	**dissemble** [disémbl]	동 (감정, 의도를)숨기다, ~을 가장하다, 시치미 떼다
057	**distract** [distrǽkt]	동 관심이 멀어지다, 주의를 빼앗다, 산만하게 하다

058 **dogged** [dɔ́ːgid]	dog(오랫동안 괴롭히다)의 과거·과거분사 형 완강한, 끈질긴
059 **drought** [draut]	명 가뭄, 건조, 부족
060 **eccentricity** [èksəntrísəti]	명 별남, 기행, 비정상
061 **effortless** [éfərtlis]	형 쉬운, 노력이 필요 없는
062 **eloquence** [éləkwəns]	명 웅변, 달변, 웅변술
063 **employ** [implɔ́i]	동 고용하다, 사용하다 명 고용, 사용
064 **energize** [énərdʒàiz]	동 격려하다, ~의 기운을 북돋우다
065 **entanglement** [intǽŋglmənt]	명 얽힌 관계, 연애 관계
066 **epitomize** [ipítəmàiz]	명 요약하다, ~의 전형이 되다
067 **erudite** [érjudàit]	형 학식 있는, 박식한, 학구적인
068 **European** [jùərəpíən]	형 유럽의, 유럽사람의 명 유럽인
069 **excessively** [iksésivli]	부 과도하게, 지나치게, 매우
070 **existent** [igzístənt]	형 실재하는, 존재하는 명 실존하는 것
071 **explicate** [ékspləkèit]	동 ~을 해명하다, 해설하다
072 **facetious** [fəsíːʃəs]	형 익살맞은, 우스운, 농담의
073 **farce** [faːrs]	명 소극, 광대극, 어리석은 짓, 웃음거리
074 **feed** [fiːd]	동 먹을 것을 주다, 키우다 명 (동물의)먹이, (아기의)우유, 이유식
075 **fidelity** [fidéləti]	명 충실, 성실, 엄수
076 **flora** [flɔ́ːrə]	명 식물군, 꽃의 여신
077 **forecast** [fɔ́ːrkæst]	동 전망하다, 예상하다 명 예상, 예보
078 **forthrightness** [fɔ́ːrθràitnis]	명 솔직 담백함
079 **frenzied** [frénzid]	frenzy(광란시키다)의 과거·과거분사 형 광적인, 열광한
080 **functional** [fʌ́ŋkʃənl]	형 기능성의, 작동하는, 실용적인
081 **gastronomic** [gæstrənámik]	형 미식의, 식도락의
082 **glamorize** [glǽməràiz]	동 ~을 미화하다, ~을 꾸미다
083 **granary** [gréinəri]	명 곡창, 곡창 지대
084 **grumble at**	숙 ~에 대해 투덜대다
085 **happy** [hǽpi]	형 행복한, 기쁜, 만족한, 즐거운
086 **hedonist** [híːdənist]	명 쾌락주의자
087 **hiatus** [haiéitəs]	명 중단, 틈

#	단어	뜻
088	**honorable** [ánərəbl]	형 명예로운, 훌륭한
089	**iconoclastic** [aikɑ̀nəklǽstik]	형 인습 타파의, 성상 파괴의, 우상 파괴의
090	**ill-repute** [il-ripjúːt]	명 나쁜 평판
091	**impair** [impέər]	동 손상시키다, 해치다
092	**implausible** [implɔ́ːzəbl]	형 믿기 어려운, 받아들이기 어려운
093	**imprison** [imprízn]	동 가두다, 수감하다, 구속하다
094	**inaudible** [inɔ́ːdəbl]	형 들리지 않는, 알아들을 수 없는
095	**incomplete** [ìnkəmplíːt]	형 불완전한, 불충분한, 미완성의
096	**independent** [ìndipéndənt]	형 독립한, 무소속의, 독자적인, 자유의
097	**indulgence** [indʌ́ldʒəns]	명 탐닉, 방종
098	**infected** [inféktid]	infect(감염시키다)의 과거·과거분사 / 형 감염된, 오염된
099	**inherently** [inhíərəntli]	부 본질적으로, 선천적으로
100	**insectivore** [inséktəvɔ̀ːr]	명 식충 동물
101	**institute** [ínstətjùːt]	명 연구소, 대학교, 협회 / 동 시행하다, 도입하다
102	**intellect** [íntəlèkt]	명 지성, 지식인
103	**interpolate** [intə́ːrpəlèit]	동 삽입하다, 보충하다, 말참견하다
104	**intuition** [ìntjuːíʃən]	명 직관, 직감
105	**invoke** [invóuk]	동 호소하다, 기원하다, 빌다
106	**isolate** [áisəlèit]	동 고립시키다, 소외시키다, 분리하다, 격리하다, 추출되다
107	**justifiable** [dʒʌ́stəfàiəbl]	형 정당한, 이유가 타당한
108	**lamentation** [læməntéiʃən]	명 애가, 비탄의 소리
109	**legacy** [légəsi]	명 유산, 유물
110	**lien** [líːən, liən]	명 선취 특권, 유치권
111	**local** [lóukəl]	형 국내의, 지역의, 지방의, 현지의
112	**lurid** [lúərid]	형 번쩍거리는, 전율적인, 선정적인
113	**malfunction** [mælfʌ́ŋkʃən]	명 기능 불량, 고장
114	**master** [mǽstər]	명 대가, 주인, 교사 / 동 숙달하다
115	**medieval** [mìːdíːvəl, mè~]	형 중세의
116	**mercifully** [mə́ːrsifəli]	부 자비롭게, 관대하게
117	**mimic** [mímik]	동 흉내내다, 흡사하다 / 명 모방자 / 형 모조의, 모방의

#	단어	뜻
118	**miser** [máizər]	명 구두쇠, 수전노, 목공용 송곳의 일종
119	**modified** [mάdəfàid]	modify(수정하다)의 과거·과거분사 / 형 수정된, 완화된
120	**morganatic** [mɔ̀ːrgənǽtik]	형 귀족과 천민의 결혼의 (재산과 신분을 물려받을 수 없는)
121	**multitudinous** [mʌltətjúːdərəs]	형 다수의, 수많은, 무수한
122	**naivete** [nɑːiːvtéi]	명 순진, 솔직성, 천진난만
123	**negotiate** [nigóuʃièit]	동 협상하다, 교섭하다, 빠져나가다, 극복하다
124	**nostalgic** [nastǽldʒik]	형 향수를 불러일으키는
125	**obese** [oubíːs]	형 비대한, 지나치게 살찐
126	**obtainable** [əbtéinəbl]	형 손에 넣을 수 있는, 획득할 수 있는
127	**omnipotent** [amnípətənt]	형 전능한 / 명 전능자
128	**opprobrium** [əpróubriəm]	명 불명예, 치욕, 비난
129	**ostensible** [asténsəbl]	형 표면상의, 겉보기만의
130	**overheated** [òuvərhíːtid]	overheat(과열되다)의 과거·과거분사 / 형 과열된, 지나친
131	**pallid** [pǽlid]	형 창백한, 파르스름한, 엷은
132	**partial** [pάːrʃəl]	형 부분적인, 일부의, 편파적인, 불완전한
133	**peccadillo** [pèkədílou]	명 가벼운 죄, 작은 과오, 사소한 실수
134	**percentage** [pərséntidʒ]	명 비율, 부분, 백분율
135	**persecute** [pə́ːrsikjùːt]	동 박해하다, 학대하다, 혹사하다, 처벌하다
136	**petulance** [pétʃuləns]	명 안달, 초조, 기분이 언짢음
137	**pitiful** [pítifəl]	형 불쌍한, 비참한, 비열한
138	**pliability** [plàiəbíləti]	명 유연성, 유순함, 유연
139	**popularize** [pάpjulərὰiz]	동 대중화하다, 쉽게 하다, 보급하다
140	**pour** [pɔːr]	동 붓다, 따르다, 퍼붓다
141	**predecessor** [prédəsèsər]	명 전임자, 선배
142	**preoccupation with**	숙 ~에 대한 집착
143	**prevented** [privéntid]	prevent(미리 방지하다)의 과거·과거분사 / 형 미리 방지된
144	**prodigality** [prὰdəgǽləti]	명 낭비, 방탕, 풍부
145	**prolix** [proulíks]	형 장황한, 지루한
146	**propose** [prəpóuz]	동 제안하다, 제의하다, 제시하다, 청혼하다
147	**prudence** [prúːdns]	명 사려, 분별, 세심, 검약

148	**purveyor** [pərvéiər]	명 조달업자, 정보 제공자
149	**raconteur** [rækantɔ́:r]	명 이야기꾼, 이야기를 잘하는 사람
150	**rationalization** [ræʃənəlizéiʃən]	명 합리화, 이론적 설명
151	**receptive to**	숙 ~을 잘 받아들이는
152	**redolent** [rédələnt]	형 향기로운, 암시하는, 상기시키는, 냄새가 나는
153	**refuge** [réfju:dʒ]	명 피난, 도피, 은신처
154	**reinstate** [rì:instéit]	동 복귀시키다, ~을 원상태로 회복시키다
155	**relish** [réliʃ]	명 즐거움, 애호, 풍미 동 즐기다
156	**renounce** [rináuns]	동 포기하다, ~을 부인하다, ~을 단념하다
157	**reprise** [ripráiz]	명 (음악에서)반복, 재상연 동 ~을 반복하다, 되풀이하다
158	**reshape** [rí:ʃeip]	동 ~을 다시 만들다, 고치다, 개조하다
159	**restlessness** [réstlisnis]	명 침착하지 못함, 불안
160	**retribution** [rètrəbjú:ʃən]	명 응징, 보복, 징벌
161	**rhubarb** [rú:ba:rb]	명 대황, 장군풀, 웅성거리는 소리
162	**rubric** [rú:brik]	명 지시문, 표제, 관례 형 붉은색으로 쓰인(표시된)
163	**salesman** [séilzmən]	명 영업 사원, 판매원, 외판원
164	**saturate** [sǽtʃəreit]	동 흠뻑 적시다, 담그다, 포화시키다
165	**scoundrel** [skáundrəl]	명 건달, 무뢰한, 악당
166	**self-involved** [self-inválvd]	형 자기 자신에게 몰두한, 자만한
167	**servile** [sə́:rvil]	형 노예의, 노예 근성의, 아첨하는
168	**shroud** [ʃraud]	명 수의, 장막, 보자기 동 뒤덮다, 가리다
169	**singular** [síŋgjulər]	형 단수의, 뛰어난, 색다른
170	**sobriquet** [sóubrikèi, -kèt]	명 별명, 가명
171	**soubrette** [su:brét]	명 하녀, 말괄량이
172	**spelling** [spéliŋ]	spell(철자를 쓰다)의 현재분사 · 동명사 명 철자법, 맞춤법, 철자 형 철자를 쓰는
173	**stagnant** [stǽgnənt]	형 고여 있는, 정체된, 불경기의
174	**sterilize** [stérəlàiz]	동 ~을 살균하다, ~을 불임케 하다, 불모화하다
175	**strategy** [strǽtədʒi]	명 전략, 계획, 방법
176	**submission** [səbmíʃən]	명 제출, 굴복, 순종
177	**sumptuous** [sʌ́mptʃuəs]	형 사치스러운, 값비싼, 호화로운

#	단어	뜻
178	**surrender** [səréndər]	명 항복, 포기, 양도 동 항복하다, 포기하다
179	**synecdoche** [sinékdəki]	명 제유법, 제유
180	**tasteless** [téistlis]	형 무미건조한, 멋이 없는, 맛없는
181	**tepee** [tíːpiː]	명 티피(아메리칸 인디언의 원뿔형 천막집)
182	**thrifty** [θrífti]	형 검소한, 절약하는, 검약하는
183	**tolerant** [tálərənt]	형 관대한, 참는, 내성이 있는, 용인하는
184	**transfer** [trænsfə́ːr, trænsfə́ː]	동 옮기다, 넘겨주다, 환승하다 명 이동, 이적
185	**tumult** [tjúːməlt]	명 소동, 혼란
186	**unbiased** [ʌnbáiəst]	형 편견 없는, 공정한, 공평한
187	**undaunted** [ʌndɔ́ːntid]	형 굽히지 않는, 의연한
188	**unerringly** [ʌnɔ́ːriŋli]	부 확실하게, 정확하게, 틀림없이
189	**uninviting** [ʌninváitiŋ]	형 마음이 내키지 않는
190	**unprepared** [ʌnpripéərd]	형 준비가 안 된, 즉석의
191	**untraceable** [ʌntréisəbl]	형 추적할 수 없는, 찾아낼 수 없는
192	**up a tree**	숙 곤경에 빠져
193	**utilize** [júːtəlàiz]	동 활용하다, 이용하다, 사용하다, 유지하다
194	**variant** [véəriənt]	형 다양한, 갖가지의 명 변종, 이형
195	**verisimilitude** [vèrəsimílətjùːd]	명 그럴 듯함, 진실인 듯함
196	**vilify** [víləfài]	동 비방하다, ~을 헐뜯다, 중상하다
197	**vivacious** [vivéiʃəs]	형 활발한, 쾌활한, 명랑한
198	**warmth** [wɔːrmθ]	명 따뜻함, 온기, 친밀함
199	**withdrawal** [wiðdrɔ́ːəl, wiθ-]	명 철수, 철회, 인출, 퇴진, 금단 증상
200	**zealous** [zéləs]	형 열광적인, 열심인, 과도한

John Grisham
DAY 24

001 **aberrant** [əbérənt]	형 정도를 벗어난, 일탈적인	
002 **abstract** [æbstrǽkt]	형 추상적인, 관념적인 명 추상화, 개요 동 추출하다, 요약하다	
003 **accrual** [əkrúːəl]	명 발생, 증가, 증가물	
004 **acute** [əkjúːt]	형 심각한, 급성의, 예리한, 절실한	
005 **admonish** [ædmɑ́niʃ]	동 훈계하다, 경고하다, 혼내다	
006 **affably** [ǽfəbli]	부 상냥하게, 사근사근하게, 부드럽게	
007 **agreeable** [əgríːəbl]	형 동의할 만한, 마음에 드는, 쾌적한	
008 **allude** [əlúːd]	동 암시하다, 언급하다, 넌지시 말하다	
009 **amend** [əménd]	동 개정하다, 수정하다	
010 **animate** [ǽnəmèit]	동 ~에 생기를 불어넣다 형 살아 있는, 생기 있는, 동물의	
011 **antipathy toward**	숙 ~에 대한 반감	
012 **append to**	숙 덧붙이다, 부가하다	

013 **arbitrate** [ɑ́ːrbətrèit]	동 중재하다, 조정하다	
014 **articulate** [ɑːrtíkjulət]	동 분명히 표현하다 형 또렷한 명 (지네 등의)체절 동물	
015 **assiduity** [æsidjúːəti]	명 근면, 진력, 부지런함	
016 **attest** [ətést]	동 증명하다, 입증하다, 증언하다	
017 **autocrat** [ɔ́ːtəkræt]	명 독재자, 독재 군주, 전제 군주	
018 **bane** [bein]	명 해악, 골치거리, 파멸의 원인	
019 **belittle** [bilítl]	동 축소하다, 과소평가하다, 얕보다	
020 **bibliomania** [bìblioumé́iniə]	명 책 수집광	
021 **blustery** [blʌ́stəri]	형 세차게 몰아치는, 바람이 거센	
022 **breathlessly** [bréθlisli]	부 숨을 헐떡이며	
023 **caliber** [kǽləbər]	명 (원통형 물건의)직경, 재능, 품질, 도량, 역량	
024 **carefree** [kɛ́ərfriː]	형 걱정이 없는, 태평한	
025 **cellar** [sélər]	명 지하실, (식량, 포도주 등의) 저장실	
026 **cheerful** [tʃíərfəl]	형 쾌활한, 좋아 보이는	
027 **clarification** [klæ̀rəfikéiʃən]	명 설명, 해명, 정화	

028 **coercive** [kouə́:rsiv]	형 강제적인, 강압적인, 고압적인
029 **comfortable** [kʌ́mfərtəbl]	형 편안한, 안락한
030 **compelling** [kəmpéliŋ]	compel(강제하다)의 현재분사·동명사 형 강제적인, 강력한 명 강제적임
031 **compose** [kəmpóuz]	동 구성하다, 작곡하다
032 **concur with**	숙 동조하다, 동의하다
033 **congeal** [kəndʒíːl]	동 ~을 얼리다, 경직시키다
034 **consecutive** [kənsékjutiv]	형 연속적인, 논리가 일관된
035 **contemptible** [kəntémptəbl]	형 경멸할 만한, 비열한
036 **contradict** [kàntrədíkt]	동 모순되다, 반박하다, 부정하다
037 **conviction** [kənvíkʃən]	명 확신, 유죄 판결, 설득력
038 **correspondent** [kɔ̀:rəspándənt]	명 특파원, 기자, 통신원 형 상응하는
039 **crafty** [krǽfti]	형 교활한, 간교한, 교묘한
040 **culmination** [kʌ̀lmənéiʃən]	명 정상, 최고조
041 **cyclical** [sáiklikəl]	형 주기적인, 순환하는
042 **darkness** [dáːrknis]	명 어둠, 암흑
043 **decrepitude** [dikrépətjùːd]	명 노쇠, 노후
044 **define** [difáin]	동 정의하다, 규정하다
045 **delicateness** [délikətnis]	명 연약함, 여림, 섬세함
046 **demote** [dimóut]	동 강등시키다, 좌천시키다
047 **deranged** [diréindʒd]	derange(어지럽히다)의 과거·과거분사 형 혼란한, 실성한
048 **destitute** [déstətjùːt]	형 빈곤한, 가난한, 결핍한
049 **devastating** [dévəstèitiŋ]	devastate(파괴하다)의 현재분사·동명사 형 파괴적인, 지독한 명 파괴함
050 **dictographer** [díktəgræ̀fər]	명 고성능 도청 녹음용 송신기
051 **directly** [diréktli, dai-]	부 직접적으로, 곧바로, 즉시
052 **disconcert** [dìskənsə́:rt]	동 ~을 당황하게 하다, 혼란시키다, 교란시키다
053 **disfigured** [dísfigjər]	disfigure(망가뜨리다)의 과거·과거분사 형 훼손된, 흠이 있는
054 **disorder** [disɔ́:rdər]	명 무질서, 혼란, 장애
055 **disseminate** [disémənèit]	동 퍼뜨리다, 흩뿌리다, 살포하다
056 **distracting** [distrǽktiŋ]	distract(산만하게 하다)의 현재분사·동명사 형 산만하게 하는 명 산만하게 함
057 **dogma** [dɔ́:gmə]	명 신조, 교리, 교의

#	단어	뜻
058	**drowsiness** [dráuzinis]	졸음, 기면 상태
059	**ecclesiastical** [iklì:ziǽstikəl]	교회의, 기독교의
060	**egalitarian** [igæ̀lətέəriən]	평등주의의 / 평등주의자
061	**eloquent** [éləkwənt]	웅변의, 달변의, 설득력 있는
062	**empower** [impáuər]	권리를 주다, 할 수 있게 하다
063	**enervate** [énərvèit]	~의 힘을 약화시키다, ~을 무기력하게 하다
064	**entente** [ɑ:ntɑ́:nt]	협약, 협상
065	**eponym** [épənim]	지명 등의 이름의 유래가 된 인물
066	**escalate** [éskəlèit]	확대되다, 점증하다, 높이다
067	**evacuate** [ivǽkjuèit]	비우다, 피난시키다, 대피시키다
068	**excessiveness** [iksésivnis]	지나침, 과도함
069	**exodus** [éksədəs]	대이동, 대탈출, (성경의)출애굽기
070	**explicit** [iksplísit]	노골적인, 명백한, 솔직한
071	**facile** [fǽsil]	유창한, 손쉬운, 수월하게 활동하는
072	**farcical** [fɑ́:rsikəl]	우스꽝스러운, 익살극의
073	**feign** [fein]	~인 체하다, 가장하다
074	**fiduciary** [fidjú:ʃièri]	수탁자의, 신탁한 / 수탁자
075	**flounder** [fláundər]	몸부림치다, 허우적거리다 / 도다리
076	**foreclosure** [fɔ:rklóuʒər]	압류, 저당물의 반환권 상실
077	**fortify** [fɔ́:rtəfài]	강화하다, 기운을 북돋다, 영양가를 높이다
078	**frequency** [frí:kwənsi]	주파수, 빈도, 진동
079	**fund** [fʌnd]	기금, 자금, 축적 / 자금을 대다
030	**gaucherie** [gòuʃərí:]	서투름, 버릇없음, 어색함
031	**glaring** [gléəriŋ]	glare(노려보다, 눈부시다)의 현재분사·동명사 / 눈부신, 확연한, 노려보는 / 눈부심, 노려봄
082	**grandeur** [grǽndʒər]	위풍, 위엄, 장관
083	**guarantee** [gæ̀rəntí:]	보장하다, 장담하다 / 보증, 약속
084	**harassment** [hərǽsmənt]	괴롭힘, 희롱, 애먹음
085	**heed** [hi:d]	주의하다 / 주의
086	**hidden** [hídn]	hide(숨기다)의 과거분사 / 감춰진, 숨은
087	**honorarium** [ùnəréəriəm]	사례금, 보수금

088 **id** [id]	몡 신분증, (본능적인)무의식, 알레르기성 피부진	103 **intuitive** [intjúːətiv]	혱 직관력 있는
089 **ill-tempered** [il-témpərd]	혱 화를 잘 내는, 성질이 나쁜	104 **involve** [inválv]	동 포함하다, 관련시키다, 연루되다
090 **impalpable** [impǽlpəbl]	혱 미세한, 촉지할 수 없는	105 **isolation** [àisəléiʃən]	몡 고립, 소외
091 **implicate** [ímplikèit]	동 관련시키다, 연루되었음을 나타내다	106 **justifiably** [dʒʌ́stəfàiəbli]	부 정당하게, 당연히, 지당하게도
092 **improbable** [imprábəbl]	혱 일어날 것 같지 않은, 사실 같지 않은	107 **lampoon** [læmpúːn]	동 풍자하다 몡 풍자
093 **inaugurate** [inɔ́ːgjurèit]	동 개시하다, 취임시키다, 취임식을 하다	108 **legible** [lédʒəbl]	혱 읽기 쉬운, 판독할 수 있는
094 **inconclusively** [ìnkənklúːsivˌi]	부 결론 없이, 요점 없이	109 **light** [lait]	몡 빛, 조명, 등 동 밝게 하다 혱 가벼운
095 **indeterminate** [ìnditə́ːrmənət]	혱 불명확한, 막연한, 애매한	110 **locatable** [loukéitəbl]	혱 장소를 정할 수 있는, 장소를 찾을 수 있는
096 **indulgent** [indʌ́ldʒənt]	혱 관대한, 멋대로 하게 하는	111 **luscious** [lʌ́ʃəs]	혱 맛이 좋은, 쾌적한, 매혹적인
097 **infectious** [inFékʃəs]	혱 전염성의, 병을 옮기는	112 **malicious** [məlíʃəs]	혱 악의 있는, 심술궂은
098 **inhibit** [inhíbit]	동 억제하다, 금하다	113 **masterful** [mǽstərfəl]	혱 대가의, 장인의
099 **insensate** [insénseit]	혱 무정한, 감각이 없는, 어리석은	114 **mediocre** [mìːdióukər]	혱 평범한, 보통의, 그저그런
100 **institution** [ìnstitjúːʃn]	몡 설립, 기구, 조직	115 **mercurial** [mərkjúəriəl]	혱 변덕스러운, 수은의
101 **intelligence** [intélədʒəns]	몡 지능, 이해력, 지성	116 **minaret** [mìnərét]	몡 뾰족탑, 첨탑
102 **interpret** [intə́ːrprit]	동 해석하다, 이해하다, 통역하다, 설명하다	117 **miserly** [máizərli]	혱 인색한, 탐욕스러운

#	단어	뜻
118	**modifier** [mάdəfàiər]	명 수식어, 한정어
119	**moribund** [mɔ́:rəbʌnd]	형 죽어 가는, 소멸해 가는
120	**mundane** [mʌndéin]	형 평범한, 별 볼일 없는, 세속의
121	**narrative** [nǽrətiv]	명 (사건, 경험 등을)서술한 것, 이야기, 담화
122	**negotiation** [nigòuʃiéiʃən]	명 협상, 교섭, 협의, 거래
123	**not a whit**	숙 조금도 ~않다
124	**obfuscate** [άbfəskèit]	동 ~을 혼란시키다, 당황하게 하다
125	**obtrude** [əbtrú:d]	동 강요하다, 주제넘게 나서다, 불쑥 내밀다
126	**omnipresent** [amniprézənt]	형 편재하는, 어디에나 있는
127	**optimal** [άptəməl]	형 최선의, 가장 바람직한, 최상의
128	**ostentatious** [ùstəntéiʃəs]	형 화려한, 과시하는, 허세를 부리는
129	**overjoy** [òuvərdʒɔ́i]	동 ~을 매우 기쁘게 하다, 크게 기뻐하다
130	**paltry** [pɔ́:ltri]	형 하찮은, 무가치한, 얼마 안 되는
131	**partial to**	숙 ~을 몹시 좋아하는
132	**peculator** [pékjulèitər]	명 공금 유용자
133	**perceptible** [pərséptəbl]	형 지각할 수 있는
134	**persevere** [pə̀:rsəvíər]	동 인내하다, 이겨내다, 노력하다
135	**petulant** [pétʃulənt]	형 짜증을 잘 내는, 성마른
136	**pivotal** [pívətl]	형 중추의, 중요한, 회전축의
137	**pliant** [pláiənt]	형 잘 휘는, 유연한, 유순한
138	**populous** [pάpjuləs]	형 인구 밀도가 높은, 인구가 조밀한
139	**poverty** [pάvərti]	명 빈곤, 가난
140	**predestine** [pri:déstin]	동 운명 짓다, 숙명을 지우다
141	**preponderance** [pripάndərəns]	명 우세, 우위
142	**preventing** [privéntiŋ]	prevent(막다)의 현재분사·동명사 형 방해하는, 막는 명 방해함, 막음
143	**prodigious** [prədídʒəs]	형 거대한, 막대한, 놀라운
144	**prolixity** [proulíksəti]	명 장황함, 지루함
145	**propound** [prəpáund]	동 제출하다, 제안하다, 제의하다
146	**prudent** [prú:dnt]	형 신중한, 분별 있는, 빈틈없는
147	**pushy** [púʃi]	형 억지가 센, 밀어붙이는

#	단어	뜻
148	**radiant** [réidiənt]	형 빛나는, 환한, 밝은
149	**rationalize** [rǽʃənəlàiz]	동 합리화하다
150	**recidivism** [risídəvìzm]	명 상습적인 범행, 상습성
151	**redouble** [ri:dʌ́bl]	동 ~을 배가하다, 강화하다
152	**refurbish** [ri:fə́:rbiʃ]	동 새로 꾸미다, 재단장하다
153	**reinvigorate** [rì:invígəreit]	동 활기를 되찾게 하다, 소생시키다, 되살리다
154	**relocated** [ri:lóukeitid]	relocate(이전하다)의 과거·과거분사 형 이전된, 재배치된
155	**renovate** [rénəvèit]	동 ~을 새롭게 하다, 개조하다, ~을 수선하다
156	**reprobate** [réprəbèit]	명 타락자, 방탕아 형 타락한 동 비난하다
157	**reside** [rizáid]	동 거주하다, 살다, ~에 있다
158	**restoration** [rèstəréiʃən]	명 복원, 회복, 반환
159	**retrospective** [rètrəspéktiv]	형 회고의, 소급하는
160	**rhythm** [ríðm]	명 리듬, 박자, 주기
161	**rudeness** [rú:dnis]	명 거침, 상스러움
162	**salient** [séiliənt]	형 두드러진, 눈에 띄는 명 돌출부, (군대의)전선 돌출부
163	**saturnine** [sǽtərnàin]	형 납의, 무뚝뚝한, 음울한
164	**screed** [skri:d]	명 장황한 이야기
165	**selfish** [sélfiʃ]	형 이기적인, 자기 중심적인
166	**severance** [sévərəns]	명 분리, 분할, 절단
167	**shun** [ʃʌn]	동 피하다, 꺼리다
168	**sinister** [sínəstər]	형 불길한, 악의 있는, 사악한
169	**sociability** [sòuʃəbíləti]	명 사교성, 친목, 사교적 행사
170	**sound** [saund]	명 소리, 음 동 소리를 내다 형 건전한, 건강한
171	**spendthrift** [spéndθrift]	명 방탕아 형 낭비하는, 방탕한
172	**stagnate** [stǽgneit]	동 침체되다, 고이다
173	**sternal** [stə́:rnəl]	형 흉골의, 복판의
174	**stratify** [strǽtəfài]	동 층을 이루다, ~을 계층화하다
175	**submissive** [səbmísiv]	형 복종하는, 순종하는
176	**supersede** [sù:pərsí:d]	동 대신하다, 대체하다, 교체하다
177	**surreptitious** [sə̀:rəptíʃəs]	형 비밀의, 몰래 하는

#	단어	뜻
178	**synthesis** [sínθəsis]	몡 종합, 통합, 합성
179	**taunt** [tɔːnt]	동 비웃다, 놀리다 / 몡 놀림, 비웃음 / 형 돛대가 높은
180	**termagant** [tə́ːrməgənt]	몡 잔소리가 심한 여자 / 형 잔소리가 심한
181	**thrilling** [θrílɪŋ]	thrill(열광시키다)의 현재분사·동명사 / 형 황홀한, 흥분되는 / 몡 흥분됨
182	**tonic** [tánik]	몡 강장제, 원기를 돋우는 것 / 형 활력소가 되는
183	**transfigure** [trænsfígjər]	동 ~을 변모시키다, 거룩하게 하다, ~의 외형을 바꾸다
184	**treeless** [tríːlis]	형 나무가 없는
185	**tumultuous** [tjuːmʌ́ltʃuəs]	형 떠들썩한, 소란스러운,
186	**unbroken** [ʌnbróukən]	형 깨지지 않은, 온전한, 연속된
187	**undecorated** [ʌndékərèitid]	형 장식되지 않은, 꾸밈이 없는
188	**unethical** [ʌnéθikəl]	형 비윤리적인, 윤리에 어긋나는
189	**unique** [juːníːk]	형 독특한, 특별한, 특이한, 고유의, 유일한
190	**unproductive** [ʌnprədʌ́ktiv]	형 비생산적인, 효과 없는
191	**untrue** [ʌntrúː]	형 허위의, 충실하지 않은, 공정하지 않은
192	**utopian** [juːtóupiən]	형 유토피아의, 몽상가의, 이상적인 / 몡 이상주의자
193	**varied** [véərid]	vary(다르다)의 과거·과거분사 / 형 다양한, 갖가지의
194	**veritable** [vérətəbl]	형 진정한, 실제의, 진실의
195	**vindicate** [víndəkèit]	동 ~의 정당성을 입증하다, ~을 변호하다
196	**vivacity** [vivǽsəti]	몡 활발, 쾌활
197	**warning** [wɔ́ːrnɪŋ]	warn(경고하다)의 현재분사·동명사 / 형 경고하는 / 몡 경고, 주의
198	**well-planned** [wel-plǽnd]	형 잘 계획된
199	**zealously** [zéləsli]	부 열심히, 열광적으로
200	**zenith** [zíːniθ]	몡 절정, 천정, 정상

고급

4 존 그리샴
John Grisham
단어 ②

4 고급 존 그리샴 단어 ②

이제 존 그리샴 단어의 3분의 1을 마쳤어요. 조금만 더 힘내면 돼요. 아무리 쓰고 또 써도 어차피 외워지지 않을 단어들이지만요. 쓰고 또 쓰다 보면 어디서 본 듯한 단어가 되고, 아는 단어지만 뜻이 가물가물한 단어도 되었다가, 급기야는 아는 단어의 단계를 거쳐서 잊어버린 단어, 다시 생각난 단어도 되었다가 그러다가 평생 같이 가는 단어가 될 거예요. 시간과 정성이 필요해요.

단어는 쓴다고 해서 절대 외워지지 않아요. 절대 외울 수 없어요. 수많은 반복의 시간이 필요해요. 몰라도 그냥 쓰고 알아도 그냥 쓰고 무작정 쓰는 거예요. 단어와 익숙해지는 데 필요한 시간은 여러분들이 상상하는 것에 100을 곱해야 해요. 그러니 아무리 해도 외워지지 않는 건 당연해요.

그 100의 시간은 단어를 써 보기도 하고 무심코 지나쳐 보기도 하고 책에서 만나서 이게 무슨 단어였더라 심각하게 고민하기도 하는 과정을 거치면서 채워져요. 그 시간을 언제 채울 수 있냐고요? 너무 시간이 많이 걸릴 거라고요? 도대체 어떻게 영어를 잘 할 수 있을 것인가 고민하며 우왕좌왕 날려 버리는 시간만 아껴도 충분히 채울 수 있어요. 시간은 빨리 가요. 주저하지 말고 고민하지 말고 일단 시작하면 어느새 100의 시간은 채워져 있어요. 100이 다 채워지지 않았다 하더라도 상관없어요. 50만 채워도 그 단어를 일단 활용할 수는 있으니까요.

단어 실력이 탄탄하면 언어 세상에서는 재벌이에요. 잊어버리거나 잘 외워지지 않아도 신경 쓰지 말고 일단 손에만 익숙해지게 해 주세요.

이번에는 하는 방법을 좀 바꿔 볼까요?

존 그리샴 단어는 생활영어가 아니에요. 뭐든 할 수 있는 기본이 되어 줄 단어예요. 그래서 처음에는 좀 어렵게 느껴질 수 있지만 자주 만나다 보면 금방 익숙해질 거예요.

세상에 어려운 단어는 없어요. 내가 모르는 단어, 내가 덜 만난 단어들만이 있을 뿐이에요. 모르는 단어는 알면 되고요, 덜 만난 단어들은 더 만나면 돼요. 암만 봐도 감이 안 오는 단어는 영어가 어려운 것이 아니고 그 단어 자체의 뜻이 어려운 거니 너무 신경 쓰지 마세요.

모든 사람이 영어를 잘할 필요는 없다고 생각해요. 그러나 꼭 영어를 잘하고 싶고 필요하다고 생각한다면 네, 존 그리샴 수준의 단어가 꼭 필요해요. 이 단어들을 극복해야 영어가 덜 두려울 뿐 아니라 영어로 여기저기 덤빌 수 있어요. 이 단어들이 절대 모든 걸 해결해 주지 않지만 이 단어들이 영어를 사용하는 싸움터에서 훌륭한 무기가 되어 줄 거예요.

존 그리샴 단어들은 특별한 관리가 좀 필요해요. 외우는 자체도 어렵지만 외웠다 해도 만나기가 힘들어서 금세 흩어져 버리기 십상이지요. 저는 이 단어들과 친해지는 데 시간도 오래 걸렸고 시행착오도 많았지만 여러분들은 그렇지 않을 거예요. 제가 가이드라인을 드리니까요.

다시 한 번 부탁드리지만 절대 외우려고 애쓰지 마세요. 아니 쓰는 그 순간엔 외워 주세요. 그러나 그 후엔 미련을 버리고 다음으로 넘어가시는 거예요. 다시 그 단어를 만났을 때 본 듯하다는 느낌이 들면 대성공이고요.

레몬쌤의 존 그리샴 단어 공부법 ②

❶ 하루 분량의 존 그리샴 단어 전체를 노트에 영어 단어만 1번씩 써 주세요.

❷ 아는 단어와 모르는 단어를 구분하고 사전을 펼쳐서 모르는 단어에 색연필로 색칠을 해 주세요. 알 듯 모를 듯한 단어는 모르는 단어로 간주해 주세요.

❸ 노트에 모르는 단어들의 뜻을 써 주세요.

❹ 단어 전체를 2번씩 써 주세요.

❺ 모르는 단어는 5번씩 더 써 주세요. 5번을 쭉 써도 좋고 2+3, 혹은 3+2처럼 나눠서 써도 좋아요.

〈노트 쓰는 방법〉

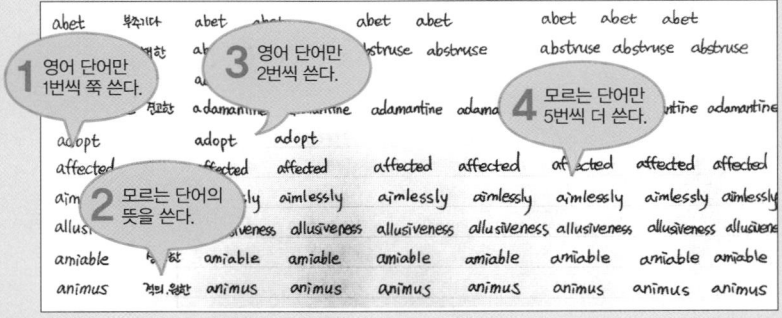

John Grisham
DAY 25

001 **aberration** [æbəréiʃən]	명 탈선, 일탈, 미친 짓	013 **arbitration** [à:rbətréiʃən]	명 중재, 조정, 중재 재판
002 **abstractly** [æbstrǽktli]	부 추상적으로, 관념적으로	014 **articulately** [a:rtíkjulətli]	부 분명히, 또렷이
003 **accuracy** [ǽkjurəsi]	명 정확도, 정확, 면밀	015 **assiduous** [əsídʒuəs]	형 근면한, 부지런한, 끈기 있는
004 **adamant** [ǽdəmənt]	형 단호한, 매우 단단한 명 매우 견고한 물질	016 **attestation** [ætestéiʃən]	명 증명, 입증, 증거
005 **admonishment** [ædmániʃmənt]	명 훈계, 설득, 경고	017 **autocratic** [ɔ̀:təkrǽtik, -ikəl]	형 독재적인, 전제의, 독재의
006 **affectation** [æfektéiʃən]	명 허세, 가장	018 **bankruptcy** [bǽŋkrəptsi, -rəpsi]	명 파산, 부도
007 **aid** [eid]	명 지원, 원조, 보조 동 돕다	019 **bellicose** [bélikòus]	형 호전적인, 싸우기 좋아하는
008 **alluring** [əlúəriŋ]	allure(~하도록 꾀다)의 현재분사·동명사 형 매혹적인, 유혹하는 명 매혹적임	020 **bilateral** [bailǽtərəl]	형 쌍방의, 양쪽의
009 **amiability** [èimiəbíləti]	명 상냥함, 애교, 온화	021 **boast of**	숙 ~을 뽐내다, 자랑하다
010 **animosity** [ænəmásəti]	명 증오, 악의, 원한	022 **breeze** [bri:z]	명 산들바람, 미풍 동 가볍게 움직이다
011 **antipode** [ǽntipòud]	명 정반대, 대립하는 것	023 **calligraphy** [kəlígrəfi]	명 서법, 서예
012 **applaud** [əplɔ́:d]	동 박수치다, 칭찬하다, 환영하다	024 **caricature** [kǽrikətʃər, -tʃùər]	명 풍자 만화, 희화화된 캐릭터 그림 동 희화화하다
		025 **cementation** [sì:məntéiʃən]	명 시멘트 접합, (화학의)침탄
		026 **cherub** [tʃérəb]	명 천사, 천사 같은 아이
		027 **clash with**	숙 ~와 충돌하다

028	cog [kag]	몡 톱니바퀴의 이, 구성 요소, 속임수 동 속이다
029	commandant [kàmənd在nt]	몡 사령관, 지휘관, 장관
030	compendious [kəmpéndiəs]	휑 간결한, 간명한
031	composition [kàmpəzíʃən]	몡 구성, 작곡, 작문, 작품, 구도
032	concurrence [kənkə́ːrəns]	몡 동시 발생, 의견의 일치
033	congenial [kəndʒíːnjəl]	휑 같은 성질인, 마음이 맞는
034	consent [kənsént]	몡 동의, 합의 동 동의하다, 승낙하다
035	contemptuous [kəntémptʃuəs]	휑 경멸적인, 업신여기는
036	contradiction [kàntrədíkʃən]	몡 모순, 반박, 반대
037	convivial [kənvíviəl]	휑 연회의, 들뜬 기분의, 유쾌한
038	corroborate [kərábərèit]	동 입증하다, 확증하다, ~을 뒷받침하다
039	craven [kréivn]	휑 비겁한, 겁 많은 몡 겁쟁이
040	culpability [kʌ̀lpəbíləti]	몡 비난받을 만함, 과오
041	cyclone [sáikloun]	몡 인도양에서 발생하는 열대성 저기압, 대형 회오리 바람
042	dauntless [dɔ́ːntlis]	휑 대담한, 불굴의, 겁 없는
043	decry [dikrái]	동 비난하다, 헐뜯다
044	definitive [difínətiv]	휑 결정적인, 최종적인
045	delight [diláit]	동 기쁘게 하다, 즐겁게 하다 몡 기쁨, 즐거움
046	denigrate [dénigrèit]	동 더럽히다, 모욕하다, ~을 검게 하다
047	deregulate [diːrégjulèit]	동 ~의 통제를 철폐하다, ~의 규칙을 폐지하다
048	destitution [dèstətjúːʃən]	몡 극빈, 빈곤, 결핍
049	devastation [dèvəstéiʃən]	몡 유린, 황폐
050	didactic [daidǽktik]	휑 교훈적인, 훈시적인, 남을 가르치고 싶어하는
051	disabled [diséibld]	disable(장애를 입히다)의 과거·과거분사 휑 장애를 가진
052	disconcerted [dìskənsə́ːrtid]	disconcert(불안하게 하다)의 과거·과거분사 휑 불안한
053	disguise [disgáiz]	몡 위장, 은폐 동 가장하다, 숨기다
054	disorderly [disɔ́ːrdərli]	휑 무질서한, 혼란한
055	dissemination [disèmənéiʃən]	몡 보급, 유포, 전파
056	distraction [distrǽkʃən]	몡 주의 산만하게 하는 것
057	dogmatic [dɔːgmǽtik]	휑 독단적인

058 **dryad** [dráiəd]	몡 (그리스신화)숲의 요정
059 **echo** [ékou]	동 반영하다, 공감하다 명 메아리, 산울림, 반복
060 **egocentric** [ìːgousɛ́ntrik]	형 자기 중심적인, 자기 본위의
061 **elucidate** [ilúːsədèit]	동 해명하다, 명료하게 하다
062 **empower** [impáuər]	동 권리를 주다, 할 수 있게 하다
063 **enervating** [énərvèitiŋ]	enervate(약하게 하다)의 현재 분사·동명사 형 약하게 하는 명 기력을 떨어뜨림
064 **entertain** [èntərtéin]	동 즐겁게 하다, 접대하다, 제공하다
065 **equal** [íːkwəl]	형 평등한, 동등한, 같은
066 **escape** [iskéip, es-]	동 탈출하다, 벗어나다, 피하다, 도망치다 명 탈출, 피할 곳, 누출
067 **evaluate** [ivǽljuèit]	동 평가하다, 측정하다, 고려하다, 검토하다
068 **excision** [eksíʒən]	명 삭제, 제거, 적출
069 **exonerate** [igzánərèit]	동 면제하다, 해방하다, 무죄로 하다
070 **explicitly** [iksplísitli]	부 솔직하게, 명쾌하게
071 **facilitate** [fəsílətèit]	동 촉진하다, 용이하게 하다
072 **far-ranging** [fáːr-rèindʒiŋ]	형 광범위한
073 **feisty** [fáisti]	형 기운 찬, 적극적인, 곤란한
074 **figurative** [fígjurətiv]	형 비유적인, 조형의
075 **flout** [flaut]	동 어기다, 깔보다
076 **forensics** [fərénsiks]	명 토론술, 웅변술
077 **fortitude** [fɔ́ːrtətjùːd]	명 꿋꿋함, 인내, 용기
078 **frequent** [fríːkwənt]	동 자주 방문하다
079 **fundamental** [fʌ̀ndəméntl]	형 근본적인, 기본적인, 중요한
080 **gaudy** [gɔ́ːdi]	형 야한, 현란한 명 대만찬회
081 **glimmer** [glímər]	명 깜빡이는 빛, 희미한 빛 동 희미하게 깜빡이다
082 **grandiloquent** [grændíləkwənt]	형 호언장담하는, 허풍 떠는
083 **guess about**	숙 추측하다, 넘겨짚다
084 **harbinger** [háːrbindʒər]	명 선구자, 전조, 예고 동 예고하다
085 **heedful** [híːdfəl]	형 주의 깊은, 조심하는
086 **hidebound** [háidbàund]	형 편협한, 완고한
087 **honorific** [ànərífik]	형 명예를 나타내는, 경칭의 명 경어, 경칭

088	**idealized** [aidí:əlàizd]	idealize(이상화하다)의 과거·과거분사 / 형 이상화된
089	**illuminate** [ilú:mənèit]	동 밝게 하다, 부각되다, 명확히 하다
090	**impartial** [impá:rʃəl]	형 공정한, 공평한, 치우치지 않는
091	**implicit** [implísit]	형 은연 중의, 암시된
092	**improbably** [imprábəbli]	부 있을 것 같지 않게, 사실 같지 않게
093	**incandescent** [ìnkəndésnt]	형 백열의, 고온에 의해 생기는
094	**incongruent** [inkáŋgruənt]	형 일치하지 않는, 부적당한
095	**indicate** [índikèit]	동 나타내다, 가리키다, 표시하다, 암시하다
096	**industrial** [indʌ́striəl]	형 산업의, 공업의
097	**inference** [ínfərəns]	명 추론, 추정, 추리
098	**inhibition** [ìnhibíʃən]	명 억제, 금지, 억압
099	**insensible** [insénsəbl]	형 인사불성의, 알아차리지 못하는, 둔감한
100	**institutional** [ìnstətjú:ʃənl]	형 협회의, 제도의, 기관의
101	**intelligent** [intélədʒənt]	형 지적인, 똑똑한, 지능이 있는, 총명한
102	**interpretation** [intə̀:rprətéiʃən]	명 해석, 통역, 설명, 이해, 생각
103	**inundate** [ínəndèit]	동 범람시키다, ~을 침수시키다, ~에 범람하다
104	**involvement** [inválvmənt]	명 개입, 관련, 연루, 관계
105	**itinerant** [aitínərənt]	형 순회하는, 떠돌아다니는 / 명 순회하는 사람, 방랑자
106	**justification** [dʒʌ̀stəfikéiʃən]	명 정당화, 변명
107	**languid** [lǽŋgwid]	형 나른한, 노곤한, 기운이 없는
108	**legion** [líːdʒən]	명 군단, 부대, 다수 / 형 아주 많은, 무수한
109	**in the light of**	숙 ~에 비추어, 고려하여
110	**located** [lóukeitid]	locate(~에 두다)의 과거·과거분사 / 형 ~에 위치한
111	**luxuriant** [lʌgʒúəriənt]	형 풍부한, 무성한, 화려한
112	**maliciously** [məlíʃəsli]	부 악의를 가지고, 심술궂게
113	**mastermind** [mǽstərmaind]	동 계획하여 지휘하다 / 명 지도자, 주모자
114	**mediocrity** [mì:diákrəti]	명 평범, 보통, 평범한 사람
115	**merge** [məːrdʒ]	동 합병하다, 통합하다, 합쳐지다
116	**minatory** [mínətèːri]	형 협박의, 위협적인
117	**misfortune** [misfɔ́ːrtʃən]	명 불행, 역경

118	**module** [mάdʒuːl]	명 모듈, 측정 기준, 교과목 단위
119	**morose** [məróus]	형 기분이 언짢은, 시무룩한, 뚱한
120	**munificence** [mjuːnífəsns]	명 후함, 관대함
121	**narrow** [nǽrou]	형 좁은, 근소한 / 동 좁아지다
122	**nepotism** [népətìzm]	명 족벌주의, 친족 등용
123	**not at all**	숙 천만에요, 전혀 ~이 아닌, 괜찮습니다
124	**object to**	숙 ~에 반대하다
125	**obtrusiveness** [əbtrúːsivnis]	명 강요, 주제넘게 나섬, 돌출
126	**omniscience** [amníʃəns]	명 전지, 박식
127	**optimism** [άptəmìzm]	명 낙관주의, 낙천주의
128	**ostracize** [άstrəsàiz]	동 외면하다, 배척하다, 따돌리다
129	**overpopulate** [òuvərpάpjəlèit]	동 ~을 인구 과잉이 되게 하다, 과밀화시키다
130	**panacea** [pænəsíːə]	명 만병통치, 만능
131	**participate** [paːrtísəpèit]	동 참여하다, 참가하다, 참석하다, 출전하다
132	**pecuniary** [pikjúːnièri]	형 금전의, 재정상의
133	**perception** [pərsépʃən]	명 인식, 지각, 통찰
134	**persistent** [pərsístənt]	형 지속하는, 끈기 있는, 끊임없는
135	**phenomenon** [finάmənὰn]	명 현상, 장관
136	**placating** [pléikeitiŋ]	placate(달래다)의 현재분사·동명사 / 형 달래는 / 명 달램
137	**plunder** [plʌ́ndər]	동 약탈하다 / 명 약탈, 강탈
138	**pornographic** [pɔ̀ːrnəgrǽfik]	형 포르노의
139	**powerful** [páuərfəl]	형 강력한, 센, 유력한
140	**predestined** [pridéstind]	predestine(운명 짓다)의 과거·과거분사 / 형 운명이 예정된
141	**prepossess** [prìːpəzés]	동 선입관을 갖게 하다, 편애하게 하다
142	**previously** [príːviəsli]	부 이전에, 과거에, 앞서, 지금까지
143	**prodigiously** [prədídʒəsli]	부 유별나게, 막대하게
144	**prolong** [prəlɔ́ːŋ, prəlάŋ]	동 연장하다, 길어지다, 지속되다
145	**prorate** [prouréit]	동 비례 배분하다, 비례 계산하다, 할당하다
146	**prudently** [prúːdntli]	부 신중하게
147	**pusillanimity** [pjùːsəlæníməti]	명 겁 많음, 소심함, 우유부단

148	**radically** [rǽdikəli]	뷔 근본적으로, 원래, 철저히
149	**reachable** [ríːtʃəbl]	혱 닿을 수 있는, 도달 가능한
150	**reciprocal** [risíprəkəl]	혱 상호의, 상응하는
151	**redoubtable** [ridáutəbl]	혱 가공할, 강력한
152	**refusal** [rifjúːzəl]	몡 거부, 거절
153	**reiterate** [riːítəreit]	동 되풀이하다, 다시 행하다
154	**reluctance** [rilʌ́ktəns(i)]	몡 꺼림, 주저함
155	**renovation** [renəvéiʃən]	몡 혁신, 수리, 쇄신
156	**reprobation** [rèprəbéiʃən]	몡 비난, 반대, 배척
157	**residential** [rèzədénʃəl]	혱 주택의, 주거의, 거주의
158	**restorative** [ristɔ́ːrətiv]	혱 복구의, 회복시키는 몡 강장제
159	**revamp** [riːvǽmp]	동 구두코를 갈다, 수선하다, 개조하다 몡 수선, 개조, 개혁
160	**ribaldry** [ríbəldri]	몡 상스러움, 야비한 말
161	**rudimentary** [rùːdəméntəri]	혱 초보의, 기본의, 미숙한
162	**salubrious** [səlúːbriəs]	혱 건강에 좋은, 몸에 좋은
163	**satyr** [séitər]	몡 사티로스(그리스신화에서 반신반수의 주색을 좋아하는 숲의 신)
164	**screen** [skriːn]	몡 영화, 화면, 상영관 동 가리다, 보호하다, 가려내다
165	**selfishness** [sélfiʃnis]	몡 제멋대로인 것, 이기적인 것
166	**shadow** [ʃǽdou]	몡 그림자, 그늘, 미행 동 그늘지게 하다, 미행하다
167	**sibylline** [síbəliːn, -làin]	혱 예언적인, 무당의, 신탁적인
168	**sinner** [sínər]	몡 죄인
169	**social** [sóuʃəl]	혱 사회의, 사교적인, 사회주의의
170	**source** [sɔːrs]	몡 정보원, 원천, 공급자, 출처 동 출처를 얻다
171	**spiral** [spáiərəl]	혱 나선의, 나선형의 몡 소용돌이, 악순환 동 나선형으로 움직이다
172	**stagnation** [stægnéiʃən]	몡 침체, 부진, 불황
173	**stertorous** [stɔ́ːrtərəs]	혱 코를 고는, 천식의
174	**strength** [streŋkθ]	몡 힘, 강점, 강세, 내구력
175	**subordination** [səbɔ̀ːrdənéiʃən]	몡 종속, 하위, 복종
176	**superceded by**	숙 ~로 대체되는
177	**survival** [sərváivəl]	몡 생존, 살아남기

178	**synthesize** [sínθəsàiz]	동 ~을 종합하다, 합성하다
179	**tautology** [tɔːtálədʒi]	명 동의어 반복
180	**terminate** [tə́ːrmənèit]	동 끝내다, 해지하다, 해고하다
181	**thriving** [θráiviŋ]	thrive(번창하다)의 현재분사·동명사 형 번영하는, 번성하는 명 번영함
182	**topical** [tápikəl]	형 화제의, 시국에 관한, 항목의
183	**transform** [trænsfɔːm]	동 바꾸다, 변형시키다 명 변화, 변환
184	**trenchant** [tréntʃənt]	형 신랄한, 통렬한, 날카로운
185	**turbid** [tə́ːrbid]	형 탁한, 흐린, 혼란스러운
186	**unceasing** [ʌnsíːsiŋ]	형 끊임없는, 쉴 새 없는, 부단한
187	**undeniable** [ʌ̀ndináiəb]	형 부정하기 어려운, 명백한
188	**unexalted** [ʌ̀nigzɔ́ːltid]	형 높여지지 않은, 영감을 얻지 못한
189	**unite** [juːnáit]	동 통합하다, 단결하다, 통일하다, 결혼하다
190	**unproven** [ʌnprúːvn]	형 증명되지 않은
191	**untutored** [ʌ̀ntjúːtərd]	형 배우지 않은, 교육을 받지 않은
192	**vacate** [véikeit]	동 비우다, 떠나다
193	**variegate** [véəriəgèit]	동 다양하게 하다, 알록달록하게 하다
194	**versatile** [və́ːrsətl]	형 다방면의, 다재다능한
195	**vindication** [vìndəkéiʃən]	명 해명, 입증, 옹호
196	**vivid** [vívid]	형 생생한, 발랄한, 극명한
197	**warp** [wɔːrp]	동 휘게 하다, 구부리다, 왜곡하다 명 휘어짐, (마음이)뒤틀림
198	**well-publicized** [wel-pʌ́bləsàizd]	형 잘 알려져 있는
199	**withstand** [wiðstǽnd, wiθ-]	동 항거하다, 버티다, 저지하다
200	**zephyr** [zéfər]	명 서풍, 미풍, 산들바람

John Grisham
DAY 26

001	**abet** [əbét]	동 부추기다, 선동하다, 교사하다
002	**abstruse** [æbstrúːs]	형 난해한, 심오한
003	**accurate** [ǽkjurət]	형 정확한, 정밀한, 올바른
004	**adamantine** [ædəmǽntiːn]	형 철석같은, 견고한
005	**adopt** [ədápt]	동 채택하다, 입양하다, 도입하다, 적용하다
006	**affected** [əféktid]	affect(영향을 미치다)의 과거·과거분사 / 형 영향을 받은, 감동한
007	**aimlessly** [éimlisli]	부 목적 없이, 지향 없이
008	**allusiveness** [əlúːsivnis]	명 암시적임
009	**amiable** [éimiəbl]	형 상냥한, 호감을 주는, 온화한
010	**animus** [ǽnəməs]	명 적의, 원한, 증오
011	**antiquarianism** [æntikwéəriənizm]	명 골동품 연구, 골동품 수집 취미
012	**applicable** [ǽplikəbl, əplík-]	형 적용할 수 있는, 적절한
013	**arboretum** [àːrbəríːtəm]	명 삼림 공원, 식물원
014	**artificial** [àːrtəfíʃəl]	형 인공의, 인위적인, 인조의
015	**assiduously** [əsídʒuəsli]	부 열심히, 근면성실하게
016	**attract** [ətrǽkt]	동 끌다, 유치하다, 유인하다
017	**autograph** [ɔ́ːtəgrɑf]	동 사인하다, 서명하다 / 명 사인, 서명
018	**banter** [bǽntər]	명 가벼운 농담 / 동 가벼운 농담을 주고받다
019	**belligerence** [bəlídʒərəns]	명 호전성, 전쟁, 교전
020	**bilious** [bíljəs]	형 보기 싫은, 성미가 까다로운, 담즙의
021	**bold** [bould]	형 대담한, 강한, 선명한, 급격한, 굵은 활자의
022	**brevet** [brəvét]	명 명예 승진 / 동 ~을 명예 승진시키다
023	**calling** [kɔ́ːliŋ]	call(부르다)의 현재분사·동명사 / 명 부름, 천직, 소명 / 형 부르는
024	**carnage** [káːrnidʒ]	명 대학살, 살육
025	**censor** [sénsər]	명 검열관, 감찰관 / 동 검열하다
026	**chicanery** [ʃikéinəri]	명 핑계, 속임수
027	**classical** [klǽsikəl]	형 고전의, 전통적인, 문학의

#	단어	뜻
028	**cogency** [kóudʒənsi]	명 설득력, 타당성
029	**commander** [kəmǽndər]	명 사령관, 지휘관
030	**compendium** [kəmpéndiəm]	명 요약, 개론, 개요
031	**compote** [kámpout]	명 과일 설탕 조림, 굽 달린 접시
032	**condemnable** [kəndémnəbl]	형 비난할 만한, 책망할 만한
033	**congenital** [kəndʒénətl]	형 선천적인, 타고난
034	**consequently** [kánsəkwèrtli]	부 결과적으로, 그에 따른
035	**contend** [kənténd]	동 주장하다, 싸우다, 논쟁하다
036	**contradictory** [kàntrədíktəri]	형 모순된, 반박적인
037	**convoke** [kənvóuk]	동 소집하다, 불러 모으다
038	**corrode** [kəróud]	동 부식하다, 좀먹다, 침식하다
039	**creation** [kriéiʃən]	명 창조, 창설, 창작
040	**culpable** [kálpəbl]	형 과실이 있는, 비난할 만한
041	**cynic** [sínik]	명 냉소적인 사람 형 냉소적인
042	**dazzle** [dǽzl]	동 눈부시게 하다, 현혹시키다 명 눈부심
043	**decry** [dikrái]	동 비난하다, 매도하다
044	**deflate** [difléit]	동 수축하다, 공기를 빼다, 수축시키다
045	**delightful** [diláitfəl]	형 기쁜, 마음에 드는, 기분 좋은, 쾌적한
046	**denounce** [dináuns]	동 비난하다, 고발하다, 규탄하다
047	**derelict** [dérəlikt]	형 유기된, 버려진, 직무에 태만한 명 노숙자, 부랑자
048	**destroy** [distrɔ́i]	동 파괴하다, 파멸시키다, 훼손하다, 파기하다
049	**develop** [divéləp]	동 발전하다, 성장하다, 개발하다
050	**didacticism** [daidǽktisìzm]	명 교훈적 경향, 교훈주의
051	**disadvantage** [dìsədvǽntidʒ]	명 불리한 점, 결점 동 불리하게 하다
052	**disconsolate** [diskánsələt]	형 절망적인, 수심에 잠긴, 슬픈
053	**disguised** [disgáizd]	disguise(변장하다)의 과거·과거분사 형 변장한, 속임수의
054	**disorient** [disɔ́ːrièrt]	동 혼란시키다, 길을 잃게 하다, 어리둥절하게 하다
055	**dissension** [disénʃən]	명 불화, 의견 충돌
056	**district** [dístrikt]	명 지역, 지방, 행정구, 지구, 선거구
057	**doleful** [dóulfəl]	형 슬픔에 잠긴, 침울한, 우울한

#	단어	뜻
058	**dudgeon** [dʌ́dʒən]	명 자루, 자루가 있는 단도, 분노
059	**eclair** [eikléər]	명 에클레어(빵 종류)
060	**egocentricity** [ì:gousentrísəti]	명 자기 본위, 자기중심적임
061	**elucidation** [ilù:sədéiʃən]	명 설명, 해명
062	**emulate** [émjulèit]	동 흉내내다, 경쟁하다, 겨루다
063	**enervation** [ènərvéiʃən]	명 쇠약, 무기력
064	**entertaining** [èntərtéiniŋ]	entertain(즐겁게 해 주다)의 현재분사·동명사 / 형 재미있는 명 즐거움을 줌
065	**equality** [ikwáləti]	명 평등, 동등, 공정, 균형
066	**escape from**	숙 ~에서 달아나다
067	**evaluation** [ivæljuéiʃən]	명 평가, 감정
068	**excitement** [iksáitmənt]	명 즐거움, 흥미, 행사
069	**exoneration** [igzànəréiʃən]	명 면죄, 면책, 면제
070	**exploit** [iksplɔ́it]	동 남용하다, 착취하다 / 명 업적, 공적
071	**facilitator** [fəsílətèitər]	명 조력자, 촉진자, 촉진제
072	**fastidious** [fæstídiəs]	형 성미가 까다로운
073	**felicitation** [filìsətéiʃən]	명 축사, 축하
074	**fill** [fil]	동 채우다, 메우다, 가득 차다 / 명 마음껏 채움, 가득함
075	**fluctuate** [flʌ́ktʃuèit]	동 변동하다, 오르내리다, 동요하다
076	**foreordain** [fɔ:rɔːdéin]	동 ~을 미리 정하다, 운명을 정하다
077	**fortuitous** [fɔːrtjúːətəs]	형 우연한, 뜻밖의, 우발성의
078	**frequently** [frí:kwəntli]	부 자주, 종종, 빈번히
079	**fundamental to**	숙 ~에 기본적인
080	**gaunt** [gɔ:nt]	형 여윈, 황량한, 수척한
081	**glitter** [glítər]	동 반짝이다, 화려하다 / 명 반짝이는 빛, 반짝이는 것
082	**grandiose** [grǽndiòus]	형 웅장한, 거창한, 과장한
083	**guidance** [gáidns]	명 지도, 지침, 인도
084	**harden** [háːrdn]	동 굳다, 굳어지다, 경화되다
085	**hegemony** [hidʒéməni]	명 주도권, 지배권
086	**highlight** [háilait]	동 강조하다, 눈에 띄게 하다 / 명 가장 빛나는 부분, 제일 중요한 부분
087	**hostility** [hastíləti]	명 적개심, 적대

#	단어	뜻
088	**identify** [aidéntəfài]	동 확인하다, 밝히다, 식별하다
089	**illusive** [ilúːsiv]	형 가공의, 허황된, 착각을 일으키는
090	**impartiality** [impὰːrʃiǽləti]	명 공평, 공정
091	**imply** [implái]	동 암시하다, 함축하다
092	**impromptu** [imprάmptjuː]	형 즉석의 부 즉석으로 명 즉석에서 만든 것
093	**incapable** [inkéipəbl]	형 무능한, 불가능한
094	**incongruous** [inkάŋgruəs]	형 어울리지 않는, 일치하지 않는
095	**indication** [ìndikéiʃən]	명 표시, 암시, 징후
096	**industrious** [indΛstriəs]	형 부지런한, 근면한, 노력하는
097	**inferior** [infíəriər]	형 아래의, 질이 떨어지는, 열악한 명 아랫사람, 열등한 사람
098	**inhospitable** [inhάspitəbl]	형 대접이 나쁜, 비우호적인, 지내기 힘든
099	**insensitivity** [insènsətívəːi]	명 무감각, 둔감, 무신경
100	**instruct** [instrΛkt]	동 지시하다, 교육하다
101	**intelligible** [intélədʒəbl]	형 이해할 수 있는, 뜻이 분명한
102	**interpretively** [intə́ːrpritivlː]	부 설명적으로, 해석으로
103	**inundated** [ínəndèitid]	inundate(침수시키다)의 과거·과거분사 형 범람된, 침수된
104	**invulnerable** [invΛlnərəbl]	형 공격할 수 없는, 해칠 수 없는
105	**jade** [dʒeid]	명 비취, 옥, 비취 세공
106	**justified** [dʒΛstəfàid]	justify(정당화하다)의 과거·과거분사 형 정당한, 당연한
107	**lanky** [lǽŋki]	형 호리호리한
108	**legislate** [lédʒislèit]	동 법률을 제정하다
109	**likeness** [láiknis]	명 유사성, 닮음, 초상
110	**lofty** [lɔ́ːfti]	형 높은, 숭고한, 원대한
111	**luxury** [lΛkʃəri]	명 호화로움, 사치품 형 호화로움
112	**malign** [məláin]	형 해로운, 악의가 있는 동 비방하다
113	**materialistic** [mətìəriəlístik]	형 유물론의, 실리주의의
114	**meeting** [míːtiŋ]	meet(만나다)의 현재분사·동명사 명 회의, 만남, 집회 형 만나는
115	**meritorious** [mèritɔ́ːriəs]	형 칭찬할 만한, 가치 있는, 잘된
116	**mineral** [mínərəl]	명 광물, 무기질 형 광물의
117	**misgiving** [misgíviŋ]	misgive(염려시키다)의 현재분사·동명사 명 불안감, 의혹 형 염려시키는

#	단어	뜻
118	**mollification** [màləfikéiʃən]	몡 가라앉히기, 달래기
119	**mortal** [mɔ́ːrtl]	혱 생명이 유한한, 치명적인 / 몡 인간
120	**munificent** [mjuːnífəsnt]	혱 인심 좋은, 후한, 푸짐한
121	**nascent** [næsnt]	혱 초기의, 발생기의
122	**nervous** [nɔ́ːrvəs]	혱 긴장되는, 불안한, 초조한
123	**notary public**	몡 공증인
124	**objectivity** [àbdʒiktívəti]	몡 객관성, 객관적인 것
125	**obtuse** [əbtjúːs]	혱 둔한, 둔감한
126	**omniscient** [amníʃənt]	혱 박식한, 전지의 / 몡 박식한 사람
127	**optimist** [áptəmist]	몡 낙관주의자, 낙천주의자
128	**out of hand**	숙 감당할 수 없는
129	**overrate** [òuvəréit]	동 ~을 과대평가하다
130	**panache** [pənǽʃ]	몡 깃털 장식, 당당한 태도, 허세
131	**participate in**	숙 ~에 참여하다, ~에 관여하다
132	**pedagogic** [pèdəgádʒik]	혱 교수법의, 교육의
133	**perceptive** [pərséptiv]	혱 지각력 있는, 지각하는
134	**persistently** [pərsístəntli]	부 끈기 있게, 고집스럽게, 지속적으로
135	**philanthropist** [filǽnθrəpist]	몡 자선가, 박애주의자
136	**placid** [plǽsid]	혱 평온한, 조용한, 차분한
137	**pluralistic** [plùərəlístik]	혱 여러 직업을 겸한, 다원론의, 여러 교회를 겸해서 맡는
138	**portentous** [pɔːrténtəs]	혱 전조의, 놀랄 만한, 거만한
139	**powerfully** [páuərfəli]	부 강력하게, 유력하게, 많이
140	**predictable** [pridíktəbl]	혱 예언할 수 있는, 당연한
141	**preposterous** [pripástərəs]	혱 터무니없는, 불합리한, 어리석은
142	**prewar** [priwɔ́ː]	혱 전쟁 전의
143	**prodigy** [prádədʒi]	몡 영재, 신동
144	**prolonged** [prəlɔ́ːŋd, -láŋd]	prolong(연장하다)의 과거·과거분사 / 혱 연장하는, 늘리는
145	**prosaic** [prouzéiik]	혱 지루한, 재미없는, 평범한
146	**prudery** [prúːdəri]	몡 고상한 체하기
147	**pusillanimous** [pjùːsəlǽnəməs]	혱 겁 많은, 소심한, 무기력한

148 **radioactive** [rèidiouǽktiv]	형 방사능의	163 **saucer** [sɔ́:sər]	명 (커피잔 등의)받침 접시
149 **reaction** [riǽkʃən]	명 반응, 반발, 반작용	164 **scrumptious** [skrʌ́mpʃəs]	형 아주 맛있는, 기분 좋은, 멋진
150 **reciprocate** [risíprəkèit]	동 주고받다, 보답하다, (기계가)왕복 운동하다	165 **selfless** [sélflis]	형 사심 없는, 이기적이지 않은
151 **redress of**	숙 교정, 보상	166 **shallow** [ʃǽlou]	형 얕은, 천박한, 피상적인 명 모래톱
152 **refuse** [rifjú:z]	동 거부하다, 거절하다 명 쓰레기	167 **sicken** [síkən]	동 역겹게 하다, 아프게 하다
153 **reject** [ridʒékt]	동 거부하다, 거절하다, 기각하다, 부인하다	168 **sirocco** [sərákou]	명 시로코(아프리카에서 유럽 남부로 부는 무더운 바람), 열풍
154 **reluctantly** [rilʌ́ktəntli]	부 마지못해	169 **socialism** [sóuʃəlìzm]	명 사회주의, 사회주의 운동
155 **renown** [rináun]	명 명성, 유명	170 **sovereign** [sávərin]	명 국왕, 군주 형 자주적인, 주권의
156 **reptilian** [reptíliən]	형 파충류의, 비열한 명 파충류	171 **spiritual** [spíritʃuəl]	형 정신의, 영적인, 종교적인 명 미국 흑인의 영가
157 **residual** [rizídʒuəl]	형 나머지의, 잔여의, 남아 있는 명 나머지, 잔여	172 **staid** [steid]	형 고루한, 차분한, 안정된
158 **restore** [ristɔ́:r]	동 복원하다, 회복하다, 되찾다, 재건하다	173 **stickler** [stíklər]	명 깐깐한 사람
159 **reveler** [révlər]	명 술 마시고 흥청대는 사람, 술 잔치를 벌이는 사람, 난봉꾼	174 **strengthen** [stréŋkθən]	동 강화하다, 튼튼하게 하다
160 **riddle** [rídl]	명 수수께끼, 난제 동 수수께끼를 내다	175 **subscribe to**	숙 동의하다, 지지하다
161 **rue** [ru:]	동 후회하다, 뉘우치다 명 후회, 루타(식물 이름)	176 **supercilious** [sù:pərsíliəs]	형 거만한, 시건방진, 잘난 척하는
162 **salutary** [sǽljutèri]	형 유익한, 건강에 좋은, 건전한	177 **survive** [sərváiv]	동 살아남다, 생존하다, 견디다

178 **systematic** [sìstəmǽtik]	형 체계적인, 조직적인
179 **tawdry** [tɔ́ːdri]	형 야한, 값싸고 번지르르한, 저속한 명 야한 장식
180 **termination** [tə̀ːrmənéiʃən]	명 종료, 종결, 만기
181 **thunderous** [θʌ́ndərəs]	형 우레 같은, 우레를 일으키는
182 **topography** [təpágrəfi]	명 지형, 지세
183 **transfusion** [trænsfjúːʒən]	명 수혈, 주입
184 **trencherman** [tréntʃərmən]	명 먹는 사람
185 **tureen** [tjurím]	명 뚜껑 달린 큰 그릇
186 **unceasingly** [ʌnsíːsiŋli]	부 끊임없이, 부단히
187 **underrate** [ʌ̀ndəréit]	동 과소평가하다
188 **unexceptional** [ʌ̀niksépʃənl]	형 예외가 아닌, 보통의
189 **unity** [júːnəti]	명 단일, 통합, 화합
190 **unqualified** [ʌ̀nkwáləfàid]	형 자격이 없는, 적임이 아닌
191 **unusual** [ʌnjúːʒuəl]	형 특이한, 드문, 이상한
192 **vacation** [veikéiʃən, və-]	명 휴가, 방학 동 휴가를 보내다
193 **variety** [vəráiəti]	명 다양성, 여러 종류
194 **versatility** [və̀ːrsətíləti]	명 다재, 다능, 변덕
195 **violate** [váiəlèit]	동 위반하다, 침해하다
196 **vocal** [vóukəl]	형 목소리의, 목소리 높이는 명 성악곡, 유성음, 모음
197 **warrant** [wɔ́ːrənt]	명 권한, 보증, 영장 동 보장하다, 정당화하다
198 **well-rehearsed** [wel-rihə́ːrzd]	형 잘 준비된, 잘 연습된
199 **withstood** [wiðstúd]	withstand(견뎌 내다)의 과거·과거분사 형 이겨 낸, 버텨 낸
200 **zest** [zest]	명 풍미, 흥미, 재미, 열정 동 풍미를 더하다

John Grisham
DAY 27

#	단어	뜻
001	**abeyance** [əbéiəns]	명 중지, 중단
002	**abundant** [əbʌ́ndənt]	형 풍부한, 많은
003	**accurately** [ǽkjurətli]	부 정확히, 틀림없이
004	**adapt** [ədǽpt]	동 ~을 적응시키다, 순응하다, 개작하다
005	**adoration** [ædəréiʃən]	명 숭배, 동경, 기도
006	**affiliation** [əfìliéiʃən]	명 제휴, 가입, 입회
007	**akimbo** [əkímbou]	형 손을 허리에 대고 팔꿈치를 양 옆으로 뻗친
008	**aloft** [əlɔ́:ft]	부 위에, 높은 곳에
009	**amicably** [ǽmikəbli]	부 우호적으로
010	**annals** [ǽnlz]	명 연대기, 연표, 연보
011	**antiquate** [ǽntikwèit]	동 ~을 한물 가게 하다, 시대에 뒤지게 하다
012	**application** [æ̀pləkéiʃən]	명 지원, 신청, 적용
013	**archaic** [ɑːrkéiik]	형 구식의, 낡은
014	**artisan** [ɑ́ːrtizən]	명 장인, 기능공, 숙련공
015	**assign** [əsáin]	동 할당하다, 부여하다, 지정하다, 양도하다 / 명 양수인
016	**attracted to**	숙 ~에 매료된, ~에 이끌린
017	**automate** [ɔ́ːtəmèit]	동 자동화하다
018	**baptize** [bæptáiz]	동 세례를 베풀다, 명명하다
019	**belligerent** [bəlídʒərənt]	형 호전적인, 공격적인 / 명 교전국
020	**bilk** [bilk]	동 사기치다, 속이다 / 명 사기꾼
021	**boldly** [bóuldli]	부 대담하게, 과감히, 완전히
022	**brevity** [brévəti]	명 짧음, 간결함, 간결성
023	**callous** [kǽləs]	형 냉담한, 굳어진, 무감각한
024	**carnivorous** [kɑːrnívərəs]	형 육식성의, 식충성의
025	**censure** [sénʃər]	동 비난하다, 징계하다
026	**childish** [tʃáildiʃ]	형 유치한, 어린아이의
027	**classified with**	숙 ~로 분류된

#	단어	뜻
028	**cogent** [kóudʒənt]	형 설득력이 있는, 남을 수긍시키는
029	**commanding** [kəmǽndiŋ]	command(명령하다)의 현재분사·동명사 형 지휘하는, 위엄 있는 명 명령함
030	**compensate** [kámpənsèit]	동 보상하다, 보완하다
031	**comprehensible** [kàmprihénsəbl]	형 이해할 수 있는, 알기 쉬운
032	**condemnation** [kàndemnéiʃən]	명 유죄 판결, 비난
033	**congest** [kəndʒést]	동 혼잡하게 하다, 가득 차다, 꽉 채우다
034	**conservatism** [kənsə́ːrvətìzm]	명 보수주의, 보수적 경향
035	**contend with**	숙 ~와 다투다, 씨름하다
036	**contrast** [kəntrǽst, tráːst]	명 대조, 대비, 대립 동 대조하다
037	**convolute** [kánvəlùːt]	형 한쪽으로 감긴, 둘둘 말린 동 둘둘 감다, 뒤얽히다
038	**corrosion** [kəróuʒən]	명 부식, 침식, 용식
039	**creativity** [krìːeitívəti]	명 창조성, 창조력, 창의성
040	**cultivation** [kʌ̀ltəvéiʃən]	명 재배, 경작, 양성, 형성
041	**cynically** [sínikəli]	부 냉소적으로, 비꼬는 듯이
042	**deadlock** [dédlɒk]	명 교착 상태, 막다른 상태 동 교착 상태가 되다
043	**dedicate** [dédikèit]	동 헌신하다, 바치다
044	**defoliation** [diːfòuliéiʃən]	명 고엽 작전, 고사 시키기
045	**delineate** [dilínièit]	동 묘사하다, ~을 정확하게 서술하다
046	**density** [dénsəti]	명 밀도, 농도, 조밀도
047	**dereliction** [dèrəlíkʃən]	명 유기, 태만
048	**destroyed** [distrɔ́id]	destroy(파괴하다)의 과거·과거분사 형 파괴된
049	**development** [divéləpmənt]	명 개발, 발전, 발달, 성장
050	**diet** [dáiət]	명 식단, 식생활, 식이 요법 형 식이요법의, 저칼로리의 동 식이요법을 하다
051	**disaffected** [dìsəféktid]	disaffect(불만을 품게 하다)의 과거·과거분사 형 불만을 품은
052	**discontented** [dìskənténtid]	discontent(불만스럽게 하다)의 과거·과거분사 형 불만스러운
053	**disgust** [disgʌ́st]	명 혐오, 메스꺼움 동 역겹게 만들다
054	**disoriented** [disɔ́ːriəntid]	disorient(방향 감각을 잃게 하다)의 과거·과거분사 형 방향 감각을 잃은
055	**dissent** [disént]	동 의견을 달리하다 명 이의, 불찬성
056	**distrust** [distrʌ́st]	동 ~을 신뢰하지 않다 명 불신, 의혹
057	**domestication** [dəmèstikéiʃən]	명 길들이기, 정듦, 익숙해지기, 가축화

#	단어	뜻
058	**duenna** [djuːénə]	명 입주 여자 가정교사
059	**eclat** [eiklάː]	명 화려함, 갈채, 환호
060	**egoist** [íːgouist, égou-]	명 자기 본위인 사람, 이기주의자, 자만심이 강한 사람
061	**elude** [ilúːd]	동 이해되지 않다, 피하다
062	**enable** [inéibl]	동 가능하게 하다, 할 수 있게 하다
063	**enfeeble** [infíːbl]	동 ~을 약화시키다, 쇠약하게 하다
064	**enthralling** [inθrɔ́ːliŋ]	enthral(마음을 사로잡다)의 현재분사·동명사 / 형 매혹하는 / 명 매혹함
065	**equanimity** [ìːkwəníməti]	명 평정, 침착, 냉정
066	**eschew** [istʃúː]	동 피하다, 삼가다, 멀리하다
067	**evanescent** [èvənésnt]	형 덧없는, 사라져 가는
068	**exclusive** [iksklúːsiv]	형 배타적인, 독점적인, 유일한, 고가의 / 명 독점 기사
069	**exorbitant** [igzɔ́ːrbətənt]	형 터무니없는, 과도한, 엄청난
070	**exploitation** [èksplɔitéiʃən]	명 개척, 개발, 착취
071	**facility** [fəsíləti]	명 시설, 설비, 재능
072	**fastidiously** [fæstídiəsli]	부 까다롭게, 세심하게
073	**felicitous** [filísətəs]	형 적절한, 딱 들어맞는
074	**finalize** [fáinəlàiz]	동 완성하다, 결론 짓다
075	**fluctuation** [flʌ̀ktʃuéiʃən]	명 끊임없는 변화, 변동, 파동
076	**foreseeable** [fɔːrsíːəbl]	형 예견할 수 있는
077	**fortuitously** [fɔːrtjúːətəsli]	부 우연히, 행운으로
078	**friable** [fráiəbl]	형 무른, 깨지기 쉬운, 부서지기 쉬운
079	**funereal** [fjuːníəriəl]	형 장송의, 슬픈, 음울한
080	**gelid** [dʒélid]	형 냉담한, 얼음같이 찬, 쌀쌀한
081	**global** [glóubəl]	형 세계적인, 지구의, 전체적인
082	**grandiosity** [grændiάsəti]	형 과장, 떠벌림, 장대함
083	**guile** [gail]	명 교활, 간사한 꾀, 속임수
084	**hardship** [hάːrdʃip]	명 고난, 어려움, 궁핍, 고생
085	**hegira** [hidʒáirə]	명 헤지라(이슬람교에서 마호메트가 메카에서 메디나로 이동한 것)
086	**hilarious** [hiléəriəs]	형 유쾌한, 즐거운, 들뜬
087	**huge** [hjuːdʒ]	형 큰, 거대한, 엄청난, 막대한, 성대한

#	단어	뜻
088	**ideological** [àidiəládʒikəl, ìd-]	형 사상적인, 관념적인
089	**illusory** [ilúːsəri]	형 가공의, 환상의
090	**impartially** [impáːrʃəli]	부 공평하게, 공정하게
091	**impolitic** [impálitik]	형 지각 없는, 현명치 못한
092	**improper** [imprápər]	형 부적절한, 잘못된
093	**incapable of**	숙 ~할 수 없는
094	**inconsequential** [ìnkansikwénʃəl]	형 하찮은, 사소한, 논리적이지 않은
095	**indices** [índisìːz]	index의 복수 명 (물가, 임금 등의)지수
096	**inedible** [inédəbl]	형 먹을 수 없는, 못 먹는
097	**inferiority** [infìəriɔ́ːrəti]	명 열등, 열세, 조악
098	**inhumane** [ìnhjuːméin]	형 몰인정한, 무자비한, 비인도적인
099	**insidious** [insídiəs]	형 (해로움이)서서히 퍼지는, 속이는, 교활한
100	**instructed** [instrʌ́ktid]	instruct(가르치다)의 과거·과거분사 형 교육을 받은
101	**intemperate** [intémpərət]	형 음주에 빠지는, 폭음하는, 무절제한
102	**interrogate** [intérəgèit]	동 심문하다, 질문하다
103	**inundation** [ìnəndéiʃən]	명 범람, 침수, 홍수
104	**iota** [aióutə]	명 그리스어의 아홉 번째 글자, 극히 적은 양
105	**jail** [dʒeil]	명 감옥, 징역, 수감, 교도소, 투옥 동 투옥하다
106	**juxtapose** [dʒʌ̀kstəpóuz]	동 병렬하다, ~을 나란히 놓다
107	**largess** [laːrdʒés]	명 아낌없이 줌, 부조
108	**legitimate** [lidʒítəmət]	형 합법의, 정당한, 정통의
109	**lilliputian** [lìlipjúːʃən]	형 소인국의, 매우 작은 명 소인, 난쟁이
110	**logic** [ládʒik]	명 논리, 생각
111	**lynch** [lintʃ]	동 ~에게 개인적으로 제재를 가하다
112	**malignant** [məlígnənt]	형 악의가 있는, 악성인
113	**maternal** [mətə́ːrnl]	형 어머니의, 어머니다운, 모계의
114	**melancholy** [mélənkàli]	형 우울한, 구슬픈, 감성적인
115	**merriment** [mérimənt]	명 명랑함, 왁자지껄함
116	**minimal** [mínəməl]	형 최소의, 최저의, 거의 ~하지 않는
117	**misguide** [misgáid]	동 ~을 그릇된 방향으로 이끌다, ~을 그르치다

#	단어	뜻
118	**momentary** [móuməntèri]	형 순간의, 일시적인, 덧없는
119	**mortality** [mɔːrtǽləti]	명 생명의 유한함, 사망자 수
120	**munificently** [mjuːnífəsntli]	부 아낌없이, 후하게
121	**national** [nǽʃənl]	형 국가의, 전국민의, 국립의, 전국의 / 명 국민, 시민
122	**neurotic** [njuərátik]	형 신경의, 신경 과민의 / 명 신경 과민증 환자
123	**noteworthy** [nóutwəːrði]	형 주목할 만한, 현저한, 눈에 띄는
124	**oblate** [ábleit]	형 회전 타원면의, (기독교에서) 봉헌하는 / 명 수도 생활에 헌신하는 평신도, 노동 수사
125	**obtuseness** [əbtjúːsnis]	명 우둔함, 둔감함
126	**omnivorous** [amnívərəs]	형 잡식성의, 아무거나 먹는
127	**optimize** [áptəmàiz]	동 낙관하다, 최적화하다, ~을 최대한으로 이용하다
128	**outdate** [àutdéit]	동 ~을 진부하게 하다, 낡게 하다
129	**oversee** [ouvərsíː]	동 감독하다, 감시하다
130	**pander** [pǽndər]	명 뚜쟁이, 포주 / 동 영합하다, 남의 약점을 이용하다
131	**partisan** [páːrtizən]	형 편파적인 / 명 신봉자, 유격병
132	**pedant** [pédənt]	명 규칙에 지나치게 얽매이는 사람, 현학자
133	**perch** [pəːrtʃ]	명 높은 곳, 횃대 / 동 자리잡다, 앉다
134	**personal** [pə́rsənl]	형 개인의, 사적인, 직접의, 인간적인 / 명 (신문의)개인 소식란
135	**philanthropy** [filǽnθrəpi]	명 박애, 자선, 인류애
136	**placidity** [pləsídəti]	명 조용함, 차분함
137	**pogrom** [pəgrám]	명 유대인 대학살, 학살
138	**portly** [pɔ́ːrtli]	형 비만한, 비대한
139	**practicable** [prǽktikəbl]	형 실행 가능한, 실용적인
140	**predilection** [prèdəlékʃən]	명 편애, 두둔함
141	**prerogative** [prirágətiv]	명 특권, 특전 / 형 특권의
142	**prideful of**	숙 ~에 대해 자랑스러워 하는
143	**productivity** [pròudʌktívəti]	명 생산성, 생산력
144	**prom** [pram]	명 (미국 고교의)학년말 댄스 파티
145	**proscribe** [prouskráib]	동 금지하다, 추방하다, 배척하다
146	**prudish** [prúːdiʃ]	형 고상한 체하는, 새침한
147	**putative** [pjúːtətiv]	형 추정의, 소문에 들리는

#	단어	뜻
148	**ragamuffin** [rǽgəmʌfin]	명 누더기를 걸친 아이
149	**reactionary** [riǽkʃənèri]	형 반동의, 반작용의 / 명 반동주의자
150	**recognition** [rèkəgníʃən]	명 인정, 인식, 수여, 승인, 평가
151	**redressing** [rí:dresiŋ]	redress(바로잡다)의 현재분사·동명사 / 형 바로잡는 명 바로잡기
152	**refutation** [rèfjutéiʃən]	명 논박, 반박, 반증
153	**rejoice** [ridʒɔ́is]	동 기뻐하다, 환호하다
154	**remainder** [riméindər]	명 나머지, 잔여 / 동 재고품으로 처리하다
155	**renowned** [rináund]	형 유명한, 명성 있는
156	**repudiate** [ripjú:dièit]	동 부인하다, 거절하다, 거부하다
157	**resign** [rizáin]	동 사임하다, 사퇴하다, 물러나다
158	**restrained** [ristréind]	restrain(억누르다)의 과거·과거분사 / 형 삼가는, 억제된
159	**revere** [rivíər]	동 존경하다
160	**ridicule** [rídikjù:l]	동 조롱하다, 놀리다 / 명 조롱, 놀림
161	**ruffian** [rʌ́fiən]	명 악당, 깡패
162	**salutation** [sæljutéiʃən]	명 인사말, 인사, 경례
163	**saunter** [sɔ́:ntər]	동 빈둥거리다, 산보하다 / 명 산보, 산책
164	**scruple** [skrú:pl]	명 양심의 가책 / 동 (양심 때문에)망설이다
165	**self-regulating** [self-régjulèitiŋ]	형 스스로 조절되는
166	**shallowness** [ʃǽlounis]	명 얕음, 천박
167	**sidestep** [sáidstep]	동 회피하다, 옆으로 한 발짝 비키다 / 명 회피, (한 발짝)비키기
168	**skeptic** [sképtik]	명 회의론자, 의심 많은 사람, 기독교를 믿지 않는 사람
169	**socioeconomic** [sòusiouèkənámik]	형 사회 경제적인
170	**sovereignty** [sávərənti]	명 주권, 영유권, 통치권
171	**spite** [spait]	명 원한, 앙심 / 동 ~을 괴롭히다
172	**stalactic** [stəlǽktik]	형 종유석의, 종유석으로 뒤덮인
173	**stickup** [stíkʌp]	형 세운 깃의 / 명 권총 강도, 노상강도
174	**strength** [streŋθ]	명 힘, 견고성
175	**subsequent** [sʌ́bsikwənt]	형 그 후의, 다음의, 뒤이은, 이어서
176	**superego** [sú:pərí:gou]	명 초자아, 상위 자아
177	**survivor** [sərváivər]	명 생존자

#	단어	뜻
178	**table** [téibl]	명 식탁, 탁자 동 식탁에 놓다, (의안을)상정하다
179	**tax** [tæks]	명 세금, 세 동 과세하다
180	**terrestrial** [təréstriəl]	형 지구의, 육지의 명 지구 거주자
181	**thwart** [θwɔːrt]	동 좌절시키다, 훼방 놓다 형 가로지른, 불리한 명 (배의)가로장
182	**torpid** [tɔ́ːrpid]	형 둔한, 무기력한 명 옥스퍼드 대학의 춘계 보트레이스
183	**transgress** [trænsgrés]	동 어기다, 위반하다, 넘다
184	**trendsetter** [tréndsètər]	명 유행의 선도자
185	**turgid** [tɔ́ːrdʒid]	형 부어오른, 과장된, 부푼
186	**uncertain of**	숙 ~에 대해 불확실한
187	**underrepresented** [ʌ̀ndərrèprizéntid]	형 불충분하게 대표된
188	**unexpected** [ʌ̀nikspéktid]	형 예기치 않은
189	**universal** [jùːnəvə́ːrsəl]	형 보편적인, 전 세계의, 공통의, 우주의 명 일반 개념, 보편적 특성
190	**unreasonable** [ʌnríːzənəbl]	형 불합리한, 무리한
191	**unvarying** [ʌnvéəriŋ]	형 일정 불변의, 변하지 않는
192	**vacillate** [vǽsəlèit]	동 동요하다, 변동하다, 흔들리다
193	**vary** [véəri]	동 다양하다, 다르다, 달라지다
194	**vertigo** [və́ːrtigòu]	명 현기증, 어지러움, 혼란
195	**violation** [vàiəléiʃən]	명 위반, 침해, 위법
196	**vociferous** [vousífərəs]	형 큰 소리로 외치는, 떠들썩한, 시끄러운
197	**warranted** [wɔ́ːrəntid]	warrant(보증하다)의 과거·과거분사 형 보증된
198	**whet** [hwet]	동 자극하다, 돋우다 명 연마, 갊
199	**withdrawing** [wiðdrɔ́ːiŋ, wiθ-]	withdraw(물러나다)의 현재분사·동명사 형 물러나는 명 물러남
200	**witness** [wítnis]	명 목격자, 증인 동 목격하다

John Grisham
DAY 28

001 **abhorrently** [æbhɔ́ːrəntli]	부 혐오스럽게, 어긋나게	013 **archetypal** [άːrkitàipəl]	형 원형의, 전형적인, 모범의
002 **abuse** [əbjúːz]	명 남용, 오용 동 남용하다, 오용하다	014 **artistic** [ɑːrtístik]	형 예술적인, 미술적인
003 **accustom** [əkʌ́stəm]	동 익숙해지다, 적응되다	015 **assimilate** [əsíməlèit]	동 동화하다, 소화하다, 흡수하다
004 **adaptability** [ədæptəbíləti]	명 순응성, 적응성, 융통성	016 **attractive** [ətrǽktiv]	형 매력적인, 매혹적인
005 **adoring** [ədɔ́ːriŋ]	adore(사모하다)의 현재분사·동명사 형 흠모하는 명 흠모함	017 **automated** [ɔ́ːtəmèitid]	automate(자동화하다)의 과거·과거분사 형 자동화된
006 **affirm** [əfə́ːrm]	동 확인하다, 긍정하다, 단언하다	018 **bargain** [báːrgən]	동 흥정하다, 명 싼 물건, 흥정, 매매
007 **alacrity** [əlǽkrəti]	명 민활, 민첩, 활기	019 **bellow** [bélou]	동 큰소리로 울다 명 울부짖음. 굉음
008 **alphabetical** [ælfəbétikəl]	형 알파벳순의, 자모의	020 **biodegradable** [bàioudigréidəbl]	형 생물 분해성이 있는
009 **amity** [ǽməti]	명 친선, 친목, 우호	021 **bombastic** [bambǽstik]	형 과장된, 과대한, 허황된
010 **annex** [동: ənéks, ǽn-, 명:ǽnéks]	동 병합하다, 합병하다 명 부속물, 별관	022 **bridge** [bridʒ]	명 다리, 교량 동 다리를 놓다
011 **antiquated** [ǽntikwèitid]	antiquate(한물 가게 하다)의 과거·과거분사 형 구식의, 낡아빠진	023 **callow** [kǽlou]	형 미숙한, 경험이 없는, 깃털이 아직 나지 않은
012 **appoint** [əpɔ́int]	동 임명하다, 지명하다, 지정하다	024 **carom** [kǽrəm]	동 맞고 되튀어 나오다 명 (당구에서)치는 공이 두 목표 공에 연속해서 맞음
		025 **ceremonial** [sèrəmóuniəl]	형 의식의, 예식의, 형식적인 명 의식, 예식
		026 **chimerical** [kimérikəl]	형 터무니없는, 비현실적인, 기상천외한
		027 **classless** [klǽslis]	형 계급이 없는, 사회적 계급에 속하지 않는

#	단어	뜻
028	**cogently** [kóudʒəntli]	분 설득력 있게, 적절하게
029	**commemorate** [kəmémərèit]	동 기념하다, 기리다, 축하하다
030	**compensation** [kàmpənséiʃən]	명 보상, 배상금
031	**comprehension** [kàmprihénʃən]	명 이해력
032	**condemned** [kəndémd]	condemn(비난하다)의 과거·과거분사 형 비난받은, 유죄 선고를 받은
033	**congestion** [kəndʒéstʃən]	명 혼잡, 정체, 충혈
034	**conserve** [kənsə́ːrv]	동 보존하다, 절약하다, 과일 설탕 절임을 만들다 명 과일 설탕 절임
035	**content** [kántent]	명 내용, 목차, 만족 형 만족하는 동 만족시키다
036	**contribution** [kàntrəbjúːʃən]	명 기여, 공헌, 기부, 기고
037	**convoluted** [kánvəlùːtid]	convolute(뒤얽히다)의 과거·과거분사 형 복잡한, 나선형의
038	**cosmic** [kázmik]	형 우주의, 광대무변한, 무한한
039	**credence** [kríːdəns]	명 신용, 믿음, 신뢰
040	**cumulative** [kjúːmjulətiv -lèi-]	형 누적하는, 누진적인
041	**cynicism** [sínisìzm]	명 냉소, 비꼬는 버릇
042	**deadly** [dédli]	형 치명적인, 위험한, 심각한, 무서운
043	**dedication** [dèdikéiʃən]	명 헌신, 봉납, 헌납식
044	**deforestation** [diːfɔːristéiʃən]	명 삼림 벌채, 산림 개간, 삼림 파괴
045	**delineation** [dilìniéiʃən]	명 묘사, 서술, 도표, 도형, 도해
046	**dent** [dent]	동 움푹 찌그러뜨리다 명 움푹한 곳, (톱니바퀴 등의)이, (빗 등의) 살
047	**derision of**	숙 ~의 조롱거리
048	**destruction** [distrʌ́kʃən]	명 파괴, 파멸, 멸망
049	**deviate** [díːvièit]	동 벗어나다, 빗나가다, 일탈하다
050	**differentiate** [dìfərénʃièit]	동 ~을 구별하다, 차별하다
051	**disappointment** [dìsəpɔ́intmənt]	명 실망, 낙담
052	**discontinue** [dìskəntínjuː]	동 중단되다, 중단하다, 취하하다
053	**disgusted** [disgʌ́stid]	disgust(역겹게 하다)의 과거·과거분사 형 역겨워 하는
054	**disparage** [dispǽridʒ]	동 비난하다, 폄하하다, 우습게 보다
055	**dissertation** [dìsərtéiʃən]	명 논문, 박사 논문, 논설
056	**diverge** [daivə́ːrdʒ]	동 분기하다, 나뉘다 갈라져 나오다
057	**domicile** [dáməsàil]	명 주소, 거주지, 집

058 **dulcet** [dʌ́lsit]	혱 아름다운, 상쾌한, 감미로운		073 **felicitously** [fillísətəsli]	튄 적절하게, 절묘하게 어울려
059 **eclectic** [ikléktik]	혱 절충하는, 절충주의의 몡 절충주의자		074 **finance** [fináens, fáinæns]	몡 재정, 재무, 금융, 융자 동 자금을 공급하다, 재정을 관리하다
060 **egotistic** [ìːgətístik, èɡə-]	혱 자기 중심인, 이기적인, 독선적인		075 **fluency** [flúːənsi]	몡 유창함, 거침없음, 능숙도
061 **elusive** [ilúːsiv]	혱 찾기 어려운, 알기 어려운, 피하는		076 **foreshadow** [fɔːrʃǽdou]	통 전조가 되다, 예시하다, ~의 징조를 보이다
062 **enact** [inǽkt]	통 제정하다, 규정하다, 상연하다		077 **fortunately** [fɔ́ːrtʃənətli]	튄 다행히, 운좋게
063 **enforce** [infɔ́ːrs]	통 시행하다, 집행하다, ~을 강요하다, 금지하다		078 **frighten** [fráitn]	통 놀라게 하다, 위협하다
064 **enthusiast** [inθúːziæst]	몡 열성 팬, 열심인 사람		079 **futile** [fjúːtl]	혱 헛된, 소용없는, 시시한
065 **equate** [ikwéit]	통 동일시하다, 일치하다, 평균화하다		080 **generate** [dʒénərèit]	통 창출하다, 발생시키다, 생산하다
066 **escort** [éskɔːrt]	몡 호위대, 경호 통 호위하다, 안내하다		081 **gloom** [gluːm]	몡 우울, 어둠 통 우울해지다, 어두워지다
067 **event** [ivént]	몡 행사, 사건, 대회, 경기		082 **grant** [grænt]	통 부여하다, 주다, 허가하다 몡 부여된 것, 허가, 보조금
068 **excommunicate** [동:èkskəmjúːnəkèit 혱.몡:-kit]	통 제명하다, 파문하다 혱 파문당한 몡 파문당한 사람		083 **gullible** [gʌ́ləbl]	혱 속기 쉬운, 아둔한
069 **exorbitantly** [igzɔ́ːrbətəntli]	튄 터무니없게, 과도하게		084 **harmful** [hάːrmfəl]	혱 해로운, 유해한
070 **explore** [iksplɔ́ːr]	통 탐험하다, 탐구하다, 연구하다, 개척하다		085 **heighten** [háitn]	통 강화하다, 높이다, 고조시키다, 증가시키다
071 **factual** [fǽktʃuəl]	혱 사실에 입각한, 실제의		086 **hilarity** [hilǽrəti]	몡 유쾌, 즐거움, 재미있음
072 **fast-paced** [fǽst-péist]	혱 (이야기가)빨리 진행되는		087 **humanely** [hjuːméinli]	튄 자비롭게, 인도적으로

№	단어	뜻
088	**idiom** [ídiəm]	몡 관용구, 숙어, 용어
089	**illustrate** [íləstrèit]	동 설명하다, 삽화를 넣다, 예시하다
090	**impassible** [impǽsəbl]	형 무감각한, 아픔을 느끼지 않는
091	**imponderable** [impándərəbl]	형 헤아릴 수 없는, 무게가 없는
092	**improve** [imprúːv]	동 개선하다, 향상하다, 높아지다, 나아지다
093	**incapacitate** [ìnkəpǽsətèit]	동 ~을 무능하게 하다, ~을 실격시키다
094	**inconsiderate** [ìnkənsídərət]	형 경솔한, 배려하지 않는, 분별없는
095	**indict** [indáit]	동 기소하다, 비난하다, 공격하다
096	**ineffective** [ìniféktiv]	형 무력한, 효과 없는, 헛된
097	**infertile** [infə́ːrtəl]	형 메마른, 불모의, 생식력이 없는
098	**inimical** [inímikəl]	형 해로운, 적대하는
099	**insightful** [ínsàitfəl]	형 통찰력 있는, 예리한
100	**instructional** [instrʌ́kʃənl]	형 교육의
101	**intended** [inténdid]	intend(의도하다)의 과거 · 과거분사 형 의도된, 계획된
102	**interrogation** [intèrəgéiʃən]	몡 심문, 질문
103	**inure** [injúər]	동 익히다, 단련하다 효력을 발생하다, 시행하다
104	**irascible** [irǽsəbl]	형 성미 급한, 성마른, 화를 잘 내는
105	**jangling** [dʒǽŋgliŋ]	jangle(쨍그랑거리다)의 현재분사 · 동명사 형 거슬리는, 쨍그랑거리는 몡 거슬림, 쨍그랑거림
106	**juxtaposition** [dʒʌ́kstəpəziʃn]	몡 병치, 나란히 두기
107	**lascivious** [ləsíviəs]	형 유혹적인, 음탕한, 선정적인
108	**legitimize** [lidʒítəmàiz]	형 합법의, 정당한, 정통의 동 정당화하다, 합법화하다
109	**limit** [límit]	몡 제한, 범위, 한도 동 제한하다
110	**logical** [ládʒikəl]	형 논리적인, 타당한, 필연적인
111	**lyrical** [lírikəl]	형 서정적인, 아름답게 표현된
112	**malinger** [məlíŋgər]	동 꾀병을 부리다
113	**mathematical** [mæθəmǽtikəl]	형 수학의, 수리적인
114	**mellow** [mélou]	형 부드러운, 원만한, 유유자적하는 동 익게 하다, 부드럽게 하다
115	**metabolic** [mètəbálik]	형 물질대사의, 변태하는
116	**minimize** [mínəmàiz]	동 줄이다, 축소하다, 최소화하다
117	**misinterpret** [mìsintə́ːrprit]	동 ~을 오해하다, ~을 잘못 해석하다

118	**mollusk** [máləsk]	명 연체 동물
119	**mortician** [mɔːrtíʃən]	명 장의사
120	**mural** [mjúərəl]	형 벽의, 벽면의 명 벽화
121	**natural** [nǽtʃərəl]	형 자연의, 당연한, 천연의, 타고난
122	**neutrality** [njuːtrǽləti]	명 중립, 국외 중립
123	**notice** [nóutis]	명 공지, 경고, 통지, 게시 동 알아차리다, 주목하다
124	**obligatory** [əblígətɔ̀ːri]	형 의무적인, 필수의, 강제적인
125	**obviate** [ábvièit]	동 방지하다, 없애다
126	**on time**	숙 정기적인, 정각에, 제때에
127	**opulence** [ápjuləns]	명 풍부, 부유, 현란
128	**outdated** [àutdéitid]	outdate(낡게 하다)의 과거·과거분사 형 구식의, 시대에 뒤진
129	**overshadow** [òuvərʃǽdou]	동 가리다, ~을 흐리게 하다, ~을 어둡게 하다
130	**panic** [pǽnik]	명 공황, 공포 형 허둥대는 동 공포에 사로잡히다
131	**passable** [pǽsəbl]	형 통행할 수 있는, 건널 수 있는
132	**pedantic** [pədǽntik]	형 현학적인, 아는 체하는
133	**perfectionism** [pərfékʃənìzm]	명 완전론, 완전주의
134	**personality** [pə̀ːrsənǽləti]	명 성격, 사람, 인격, 개성
135	**philistine** [fíləstìːn]	명 속물, 실리주의자, 필리스틴(블레셋) 사람 형 교양 없는
136	**plagiarism** [pléidʒərìzm]	명 표절, 표절 행위, 표절물
137	**poignant** [pɔ́injənt]	형 신랄한, 통렬한, 날카로운
138	**portray** [pɔːrtréi]	동 묘사하다, 연기하다, 그리다, 표현하다
139	**practice** [prǽktis]	명 실행, 실천, 관습, 행위 동 실천하다, 실행하다, 연습하다
140	**predilection for**	숙 ~에 대한 선호
141	**presage** [명 présidʒ 동 priséidʒ]	동 ~을 예언하다, 전조가 되다 명 예감, 육감, 전조
142	**priggish** [prígiʃ]	형 건방진, 지나치게 꼼꼼한, 유식한 체하는
143	**profess** [prəfés]	동 고백하다, 자칭하다, 공언하다
144	**prominence** [prámənəns]	명 탁월, 명성, 두드러짐
145	**proscribed** [prouskráibd]	proscribe(금지하다)의 과거·과거분사 형 금지된
146	**pseudonym** [súːdənìm]	명 필명, 익명, 가명
147	**putrid** [pjúːtrid]	형 부패한, 타락한, 썩은

#	단어	뜻
148	**rail at**	숙 ~을 욕하다
149	**reaffirm** [rìːəfə́ːrm]	동 재확인하다, 재차 단언하다
150	**recollect** [rèkəlékt]	동 기억해 내다, 회상하다, 생각나다
151	**reduction** [ridʌ́kʃən]	명 감축, 감소, 축소, 인하, 삭감
152	**refute** [rifjúːt]	동 반박하다, 논박하다, ~을 논파하다
153	**rejoinder** [ridʒɔ́indər]	명 대답, 응답, 말대꾸
154	**remand** [rimǽnd]	동 송환하다, 반송하다, 되돌려 보내다 / 명 반송, (법에서)재구류
155	**renunciation** [rinʌ̀nsiéiʃən]	명 포기, 자제, 단념
156	**repudiation** [ripjùːdiéiʃən]	명 거절, 의절, 거부
157	**resignation** [rèzignéiʃən]	명 사퇴, 사임, 사표, 체념
158	**restrict** [ristríkt]	동 제한하다, 금지하다, 한정하다
159	**reverential** [rèvərénʃəl]	형 경건한, 공손한
160	**rife** [raif]	형 유행하는, 만연한, 자자한
161	**ruinous** [rúːinəs]	형 감당할 수 없는, 파괴적인
162	**salutatorian** [səlùːtətɔ́ːriən]	명 환영사를 하는 졸업생
163	**savagely** [sǽvidʒli]	부 잔인하게
164	**scrupulous** [skrúːpjuləs]	형 양심적인, 세심한, 꼼꼼한
165	**self-sufficient** [self-səfíʃənt]	형 자급자족할 수 있는
166	**sham** [ʃæm]	명 가짜, 사기꾼 / 형 가짜의 / 동 ~인 체하다
167	**siege** [siːdʒ]	명 포위 공격, 지병 / 동 (포위)공격하다
168	**sketch** [sketʃ]	명 스케치, 초안, 개요, 촌극 / 동 스케치하다, 묘사하다
169	**sodden** [sɑ́dən]	형 스며든, 잠긴, 흠뻑 젖은, 설구워진 / 동 흠뻑 적시다
170	**space** [speis]	명 우주, 공간, 장소 / 동 간격을 띄우다
171	**splenetic** [splinétik]	형 비장의, 성깔 있는, 까다로운 / 명 화를 잘 내는 사람
172	**stale** [steil]	형 상한, 진부한, 김빠진 / 동 낡게 하다, (말 등이)오줌 누다 / 명 오줌
173	**stiffly** [stífli]	부 뻣뻣하게, 딱딱하게, 완고하게
174	**stricken** [stríkən]	strike(치다)의 과거분사 / 형 시달리는, 병에 걸린, 짓눌린
175	**subsidize** [sʌ́bsədàiz]	동 원조하다, 후원하다, 보조해 주다
176	**superfluity** [sùːpərflúːəti]	명 과잉, 여분, 잉여성
177	**suspend** [səspénd]	동 매달다, 걸다, 보류하다

#	단어	뜻
178	**tableau** [tǽblou]	명 극적 정경, 회화적인 묘사, 인상적인 장면
179	**tearful** [tíərfl]	형 슬픈, 눈물이 가득한, 울고 있는
180	**terrified of**	숙 ~을 두려워하는
181	**tidy** [táidi]	형 말쑥한, 깨끗한 동 정돈하다
182	**torpidity** [tɔːrpídəti]	명 무기력, 활발하지 못함, 무감각
183	**transgression** [trænsgréʃən]	명 위반, 범죄, 일탈
184	**trial** [tráiəl]	명 재판, 시험, 실험, 시도 형 시험의, 시도의 동 시험하다
185	**tutor** [tjúːtər]	명 가정 교사, 지도 교사 동 (가정 교사로)가르치다
186	**uncivil** [ʌnsívəl]	형 무례한, 예절 없는, 야만적인
187	**underscored by**	숙 ~에 의해 강조된
188	**unfetter** [ʌnfétər]	동 해방하다, ~의 족쇄를 풀다
189	**unjust** [ʌndʒʌ́st]	형 부당한
190	**unreceptive** [ʌnriséptiv]	형 감수성이 강하지 않은, 수용성이 없는
191	**unwavering** [ʌnwéivəriŋ]	형 동요하지 않는, 확고한
192	**vacillating** [vǽsəlèitiŋ]	vacillate(흔들리다)의 현재분사·동명사 형 흔들리는, 우유부단한 명 흔들림
193	**vastness** [vǽstnis]	명 광대함, 광대한 지역
194	**verve** [vəːrv]	명 열정, 힘, 활기
195	**violence** [váiələns]	명 폭력, 충돌
196	**voice** [vɔis]	명 목소리, 음성, 소리, 의견, 표현 동 말로 표현하다
197	**wary of**	숙 ~을 주의하는
198	**well-made** [wélméid]	형 잘 만들어진, 체격이 균형 잡힌
199	**whimsical** [hwímzikəl]	형 변덕스러운, 별난
200	**woodworking** [wúdwəːrkiŋ]	명 목공, 나무 세공 형 목공의

John Grisham
DAY 29

#	단어	뜻
001	**abide by**	숙 따르다, 지키다, 준수하다, 동의하다
002	**academic** [ækədémik]	형 학문적인, 학구적인, 이론적인 / 명 대학의 교직원
003	**acerbic** [əsə́ːrbik]	형 신랄한, 과격한, 매서운, 거친
004	**adaptation** [ædəptéiʃən]	명 각색, 적응
005	**adorn** [ədɔ́ːrn]	동 장식하다, 꾸미다
006	**affirmation** [æfərméiʃən]	명 단언, 확언, 긍정
007	**alarm** [əláːrm]	명 경보, 경종, 알람, 자명종 / 동 깜짝 놀라게 하다
008	**also-ran** [ɔ́ːlsou-ræn]	명 실패자, 낙오자, 별 볼일 없는 사람
009	**amorous** [ǽmərəs]	형 요염한, 호색적인, 호색의
010	**annihilate** [ənáiəlèit]	동 전멸시키다, 무효로 하다, 섬멸하다
011	**antiquity** [æntíkwəti]	명 고대, 낡음, 태고
012	**appointed** [əpɔ́intid]	appoint(임명하다)의 과거·과거분사 / 형 임명된, 지정된
013	**archetype** [áːrkitàip]	명 원형, 전형, 모범
014	**artistry** [áːrtistri]	명 예술적 기교, 예술성
015	**assimilation** [əsìməléiʃən]	명 동화, 흡수
016	**attribute** [ətríbjuːt]	동 (원인을)~에 돌리다, ~탓으로 하다 / 명 속성, 자질
017	**autonomy** [ɔːtánəmi]	명 자치, 자율
018	**bargain with**	숙 흥정하다
019	**bemuse** [bimjúːz]	동 ~을 멍하게 하다, ~의 마음을 사로잡다
020	**biography** [baiágrəfi]	명 전기, 자서전, 약력
021	**bonhomie** [bùnəmíː]	명 상냥한 태도, 사근사근한 친절
022	**brilliance** [bríljəns]	명 광휘, 광채, 탁월
023	**calumny** [kǽləmni]	명 중상, 비방, 명예 훼손
024	**carry through**	숙 완수하다, 지속하다, 끝까지 해내다
025	**cessation** [seséiʃən]	명 중지, 휴지, 정지
026	**chimney** [tʃímni]	명 굴뚝
027	**claustrophobia** [klɔ̀ːstrəfóubiə]	명 밀폐 공포증, 밀실 공포증

028 **cognitive** [kágnitiv]	형 인식의, 인지의	043 **deft** [deft]	형 솜씨 좋은, 능숙한, 날랜
029 **commemoration** [kəmèməréiʃən]	명 기념, 기념식, 기념물	044 **delinquent** [dilíŋkwənt]	형 비행의, 의무 불이행의, 범죄의 명 의무 불이행자, 비행 소년
030 **competition** [kàmpətíʃən]	명 경쟁, 대회, 경기, 시합, 경합	045 **denunciation** [dinÀnsiéiʃən]	명 탄핵, 비난, 고발
031 **comprehensive** [kàmprihénsiv]	형 종합적인, 포괄적인, 광범위한	046 **derivative** [dirívətiv]	형 파생적인 명 파생어, 파생물
032 **condition** [kəndíʃən]	명 조건, 상황, 상태 동 조절하다, 좌우하다, 조건을 붙이다	047 **destructive** [distrÁktiv]	형 파괴적인, 해로운
033 **conglomeration** [kənglàməréiʃən]	명 모임, 집합	048 **deviate from**	숙 ~에서 일탈하다
034 **considerable** [kənsídərəbl]	부 상당한, 많은	049 **differentiation** [dìfərènʃiéiʃən]	명 차이, 분화, 파생
035 **contented** [kənténtid]	content(만족시키다)의 과거·과거분사 형 만족한	050 **disapproval** [dìsəprúːvəl]	명 반대, 비난, 불만
036 **contrivance** [kəntráivəns]	명 고안품, 장치, 발명품	051 **discontinued** [diskəntínjuːd]	discontinue(중지하다)의 과거·과거분사 형 중단된, 단종된
037 **coolness** [kúːlnis]	명 서늘함, 냉정, 냉담	052 **dishearten** [dishÁːrtn]	동 ~을 낙담시키다, 기운을 잃게 하다
038 **cosmopolitan** [kàzməpálətn]	형 국제적인 명 국제인, 세계인	053 **disparaging** [dispǽridʒiŋ]	disparage(폄하하다)의 현재분사·동명사 형 얕보는, 헐뜯는 명 얕봄
039 **credential** [kridénʃəl]	명 자격증명서, 신임장, 자격 형 신임하는	054 **dissident** [dísidnt]	명 반대하는 사람, 반체제 인사 형 의견을 달리하는
040 **cupola** [kjúːpələ]	명 (건축)둥근 지붕	055 **divergent** [divə́ːrdʒənt]	형 분기하는, 벗어난, 갈라지는
041 **dean** [diːn]	명 학장, 원장, 처장	056 **dominance** [dámənəns]	명 지배, 우세, 우성
042 **deduction** [didÁkʃən]	명 공제, 차감액, 추론, 연역	057 **dullard** [dÁlərd]	명 (비속어)얼간이, 멍청이, 바보

#	단어	뜻
058	**eclipse** [iklíps]	명 (일식, 월식 등의)식, 쇠퇴 동 가리다, 실추시키다, 그늘지게 하다
059	**egregious** [igríːdʒəs]	형 지독한, 어처구니없는
060	**emaciated** [iméiʃièitid]	emaciate(쇠약하게 하다)의 과거·과거분사 형 쇠약한
061	**enamored** [inǽmərd]	enamor(매혹하다)의 과거·과거분사 형 매혹된, 반한
062	**enfranchisement** [infrǽntʃaizmənt]	명 참정권 부여, 해방, 석방
063	**entice** [intáis]	동 유혹하다, 꾀다, 부추기다
064	**equation** [ikwéiʒən, -ʃən]	명 균등화, 방정식, (천문)균차
065	**esoteric** [èsətérik]	형 비밀의, 난해한
066	**eventful** [ivéntfəl]	형 다사다난한, 파란만장한
067	**excoriate** [ikskɔ́ːrièit]	동 ~의 피부를 벗기다, 혹평하다
068	**expand** [ikspǽnd]	동 확대하다, 확장하다, 늘다, 성장하다
069	**expose** [ikspóuz]	동 노출하다, 드러내다, 폭로하다
070	**extinguishable** [ikstíŋgwiʃəbl]	형 끌 수 있는, 소멸시킬 수 있는
071	**failure** [féiljər]	명 실패, 실수
072	**fatalism** [féitəlìzm]	명 운명론, 숙명론, 체념
073	**feline** [fíːlain]	형 고양잇과의, 고양이 같은 명 고양잇과 동물
074	**financial** [finǽnʃəl, fai-]	형 금융의, 경제의, 재정의, 금전상의
075	**fluent** [flúːənt]	형 유창한, 능통한
076	**foresight** [fɔ́ːrsait]	명 예지력, 선견, 통찰
077	**fossilize** [fásəlàiz]	동 ~을 화석화하다, 시대에 뒤지게 하다
078	**frightened** [fráitnd]	frighten(겁먹게 하다)의 과거·과거분사 형 겁먹은, 무서워하는
079	**generator** [dʒénərèitər]	명 발전기, 발생시키는 것
080	**gloomy** [glúːmi]	형 우울한, 비관적인, 어두운
081	**graph** [græf]	명 그래프 동 그래프로 만들다, 도식으로 나타내다
082	**gusto** [gʌ́stou]	명 기호, 취미, 즐김
083	**harmonic** [hɑːrmánik]	형 화성의, 조화로운 명 (음악)배음
084	**heightened** [háitnd]	heighten(고조시키다)의 과거·과거분사 형 강화된
085	**hinder** [híndər]	동 방해하다, 저해하다, 막다 형 뒤쪽의, 후방의
086	**humanitarian** [hjuːmæ̀nitέəriən]	형 인도주의적인 명 인도주의자
087	**idiosyncrasy** [ìdiəsíŋkrəsi]	명 개성, 특이성

#	단어	뜻
088	**imaginary** [imǽdʒənèri]	형 상상의, 가상의, (수학)허수의 / 명 (수학)허수
089	**impassioned** [impǽʃənd]	impassion(감동시키다)의 과거·과거분사 / 형 열정적인
090	**imponderably** [impándərəbli]	부 헤아리기 어렵게
091	**improvement** [imprúːvmənt]	명 개선, 향상, 발전, 개량, 진보
092	**incarcerate** [inkáːrsərèit]	동 감금하다, ~을 투옥하다
093	**inconvenient** [ìnkənvíːnjənt]	형 불편한
094	**indifference** [indífərəns]	명 무관심, 냉담
095	**ineffectual** [ìniféktʃuəl]	형 무능한, 무력한, 헛된
096	**infinitesimal** [ìnfinitésəməl]	형 극소의, 극미한, (수학)미분의 / 명 극미량, (수학)무한소
097	**initial** [iníʃəl]	형 처음의, 발단의, 초기의 / 명 머리글자 / 동 머리글자를 쓰다
098	**insinuate** [insínjuèit]	동 넌지시 말하다, 암시하다
099	**instructive** [instrʌ́ktiv]	형 교훈적인, 유익한, 교육적인
100	**intensify** [inténsəfài]	동 심해지다, 강화시키다
101	**interruption** [ìntərʌ́pʃən]	명 중단, 방해, 장애
102	**inured** [injúərd]	inure(익히다)의 과거·과거분사 / 형 단련된
103	**irate** [airéit]	형 성난, 노한
104	**jealous** [dʒéləs]	형 질투하는, 시기하는, 부러워하는, 탐내는
105	**keen** [kiːn]	형 예민한, 예리한, 열정적인 / 명 애가, 통곡 / 동 애가를 부르다
106	**lassitude** [lǽsətjùːd]	명 나른함, 권태, 피로
107	**leisure** [líːʒər]	명 여가, 한가로움 / 형 한가한
108	**limitation** [lìmətéiʃən]	명 한계, 제한, 제약, 한정
109	**logically** [ládʒikəli]	부 논리적으로, 필연적으로
110	**lyricism** [lírəsìzm]	명 서정성, 서정적인 표현
111	**malleability** [mæ̀liəbíləti]	명 가단성, 순응성, 유연성
112	**matriarchal** [mèitriáːrkl]	형 모권제의, 모계 사회의, 가모장의
113	**melodic** [məládik]	형 선율의, 음악적인
114	**metaphor** [métəfɔ̀ːr]	명 은유, 비유
115	**miniscule** [mínəskjùːl]	형 아주 작은, 소문자인
116	**misnomer** [misnóumər]	명 오칭, 잘못된 호칭
117	**momentous** [mouméntəs]	형 중요한, 중대한, 비상한

#	단어	뜻
118	**mortification** [mɔ̀:rtəfikéiʃən]	몡 굴욕, 고행, 금욕
119	**murderous** [mə́:rdərəs]	혱 사람을 죽일 듯한
120	**naturalistic** [nætʃərəlístik]	혱 자연을 모방하는, 자연주의의
121	**neutrally** [njú:trəli]	븟 중립으로, 중립적으로
122	**noticeable** [nóutisəbl]	혱 눈에 띄는, 주목할 만한
123	**oblige** [əbláidʒ]	똥 ~에게 강요하다, (호의를)베풀다
124	**obvious** [ábviəs]	혱 분명한, 명백한, 뻔한, 확실한
125	**onerous** [ánərəs]	혱 성가신, 귀찮은, 부담스러운
126	**oral** [ɔ́:rəl]	혱 구두의, 입의
127	**outdo** [àutdú:]	똥 ~을 능가하다, ~보다 뛰어나다
128	**overturn** [동:òuvərtə́:rr. 명:óu-tə̀:-]	똥 뒤집다, 전복시키다 몡 전복, 타도, 붕괴
129	**pantomime** [pǽntəmàim]	몡 무언극, 몸짓, 손짓
130	**passage** [pǽsidʒ]	몡 통로, 복도, 통과, (문장의)구절, 대목 똥 나아가다
131	**pedestrian** [pədéstriən]	몡 보행자 혱 보행자의, 보행의
132	**perform** [pərfɔ́:rm]	똥 수행하다, 상연하다, 공연하다
133	**perspicacity** [pə̀:rspəkǽsəti]	몡 명민, 총명, 통찰력
134	**philosopher** [filásəfər]	몡 철학자
135	**plain** [plein]	혱 명백한, 평범한, 단순한, 담백한 몡 평원
136	**pointed** [pɔ́intid]	point(가리키다)의 과거·과거분사 혱 뾰족한, 신랄한
137	**posit** [pázit]	똥 ~의 근거로 삼다, 단정하다
138	**pragmatic** [prægmǽtik]	혱 분주한, 실용적인, 독단적인 몡 독단적인 사람
139	**predispose** [prì:díspəuz]	똥 ~하도록 만들다
140	**prescience** [préʃəns]	몡 통찰, 예지, 선견
141	**prim** [prim]	혱 꼼꼼한, 새침한, 깔끔한 똥 단정히 차려입다
142	**profession** [prəféʃən]	몡 직업, 직종, 직위
143	**promise** [prámis]	몡 약속, 맹세 똥 약속하다, 공약하다
144	**proselytize** [prásəlitàiz]	똥 개종시키다, 전도하다, 전향시키다
145	**psychology** [saikálədʒi]	몡 심리학
146	**puzzling** [pázliŋ]	puzzle(헷갈리게 하다)의 현재분사·동명사 혱 헷갈리게 하는 몡 헷갈리게 함
147	**raise** [reiz]	똥 올리다, 일으키다, 제기하다 몡 인상

#	단어	뜻
148	**realism** [ríːəlìzm]	명 현실주의, 사실주의, 현실성
149	**recommendation** [rèkəməndéiʃən]	명 추천, 권고, 천거
150	**redundant** [ridÁndənt]	형 장황한, 과다한, 불필요한
151	**regain** [rigéin]	동 되찾다, 회복하다, 복귀하다, 탈환하다
152	**rejuvenation** [ridʒùːvənéiʃən]	명 회춘, 다시 젊어짐
153	**remark** [rimáːrk]	동 언급하다, 의견을 말하다 명 언급, 논평
154	**repeal** [ripíːl]	동 폐지하다, 무효로 하다 명 취소, 철회, 폐지
155	**repugnant** [ripÁgnənt]	형 싫은, 불쾌한
156	**resilience** [rizíljəns]	명 탄성, 복원력, 탄력
157	**restricting** [ristríktiŋ]	restrict(제한하다)의 현재분사·동명사 형 제한하는 명 제한함
158	**revert** [rivə́ːrt]	동 되돌아가다, 복귀하다, 회고하다
159	**righteous** [ráitʃəs]	형 공정한, 바른, 정의의
160	**rule out**	숙 배제하다, 제외하다
161	**salvage** [sǽlvidʒ]	명 (선박의)구조, 인양 동 구조하다
162	**savageness** [sǽvidʒnis]	명 야만
163	**scrutinize** [skrúːtənàiz]	동 자세히 조사하다, 철저히 검사하다
164	**seminal** [sémənl]	형 생식의, 정액의, 생산적인
165	**sharing** [ʃéəriŋ]	share(나누다)의 현재분사·동명사 형 나누는 명 나눔, 공유
166	**sight** [sait]	명 시력, 시야, 광경, 보기 동 발견하다, 관측하다, 겨냥하다
167	**sketchy** [skétʃi]	형 대충의, 개략적인, 불확실한
168	**softness** [sɔ́ːftnis]	명 부드러움, 싹싹함, 온화함
169	**sparingly** [spéəriŋli]	부 절약하여, 결핍되어, 검약하여
170	**splurge** [spləːrdʒ]	명 과시, 돈을 마구 쓰기 동 돈을 마구 쓰다
171	**stalemate** [stéilmeit]	명 (쌍방 수가)꽉 막힌 상태, 난국 동 ~을 수가 막히게 하다
172	**stimulate** [stímjulèit]	동 자극하다, 촉진시키다, 고무시키다
173	**strict** [strikt]	형 엄격한, 강력한, 철저한, 지나친
174	**substantiate** [səbstǽnʃièit]	동 ~을 구체화하다, 입증하다
175	**superfluous** [supə́ːrfluəs]	형 여분의, 불필요한, 과잉의
176	**suspense** [səspéns]	명 긴장감, 불안, 일시적 정지
177	**taboo** [təbúː]	명 금기, 터부 형 금기의 동 금기하다

#	단어	뜻
178	**technical** [téknikəl]	형 기술의, 전문의
179	**terrify** [térəfài]	동 ~을 무서워하게 하다, 겁나게 하다
180	**timbre** [tímbər, tǽm-]	명 음색, 특징, 음질
181	**torpor** [tɔ́ːrpər]	명 무기력, 마비 상태, 무감각
182	**transgressor** [trænsgrésər]	명 위반자, 죄인
183	**tribulation** [trìbjuléiʃən]	명 시련, 고난, 재난
184	**twist** [twist]	동 왜곡하다, 비틀다, 꼬다 명 비틀기, 꼬기, 삠, 굴곡
185	**unclear** [ʌ̀nklíər]	형 불명확한, 확실하지 않은
186	**understandably** [ʌ̀ndərstǽndəbli]	부 이해할 수 있게, 당연히, 분명히
187	**unfettered** [ʌnfétərd]	unfetter(풀어 주다)의 과거·과거분사 형 자유로운, 해방된
188	**unjustifiable** [ʌndʒʌ́stəfaiəbl]	형 변명이 되지 않는, 도리에 맞지 않는
189	**unrecognized** [ʌnrékəgnaizd]	형 알아차리지 못한, 인식되지 못한
190	**unwilling** [ʌnwíliŋ]	unwill(의지를 바꾸다)의 현재분사·동명사 형 꺼리는 명 꺼림
191	**vacillation** [væsəléiʃən]	명 동요, 흔들림, 우유부단
192	**vaunted** [vɔ́ːntid]	vaunt(과시하다)의 과거·과거분사 형 칭찬받은, 과시된
193	**vestige** [véstidʒ]	명 흔적, 자취, 퇴화 기관
194	**viper** [váipər]	명 독사, 살무사, 음흉한 사람
195	**volatile** [válətil]	형 휘발성의, 불안정한, 변덕스러운
196	**waste** [weist]	동 낭비하다 명 낭비, 쓰레기
197	**wearisome** [wíərisəm]	형 지치게 하는, 지루한, 지겨운
198	**whimsy** [hwímzi]	명 일시적 기분, 기발한 표현
199	**whisper** [hwíspər]	동 속삭이다, 휘파람 불다 명 속삭임, 극히 적은 양
200	**winning** [wíniŋ]	win(이기다)의 현재분사·동명사 형 이긴, 우승한 명 우승, 수상, 승리

John Grisham
DAY 30

001 **ability** [əbíləti]	명 능력, 재능, 역량
002 **accelerate** [æksélərèit]	동 가속하다, 빨라지다, 촉진시키다
003 **acerbity** [əsə́:rbəti]	명 신랄함, 신 맛
004 **addendum** [ədéndəm]	명 부가물, 부록
005 **adroitness** [ədrɔ́itnis]	명 기민함, 능숙함, 노련함
006 **affix** [əfíks]	동 붙이다, 첨부하다 / 명 접사(접두사, 접미사 등)
007 **alertness** [əlɔ́:rtnis]	명 기민, 경계
008 **alter** [ɔ́:ltər]	동 바꾸다, 변경하다
009 **amortization** [æmərtaizéiʃən]	명 부동산 양도, (채무)상환
010 **annihilative** [ənáiəlèitiv, -lə-]	형 전멸을 초래하는
011 **antonym** [ǽntənìm]	명 반대말, 반의어
012 **appraisal** [əpréizəl]	명 감정, 평가, 견적
013 **archipelago** [à:rkəpéləgòu]	명 다도해, 군도, 에게해
014 **artless** [á:rtlis]	형 꾸밈없는, 순진한, 소박한
015 **assist** [əsíst]	동 돕다, 지원하다 / 명 원조, 조력, 보조 장치
016 **attribute to**	숙 ~의 탓으로 돌리다
017 **autonomous** [ɔ:tánəməs]	형 자주적인, 자율적인, 자치권이 있는
018 **barge** [ba:rdʒ]	명 거룻배, 바지선 / 동 거룻배로 나르다, 나아가다
019 **benchmark** [béntʃmà:rk]	명 기준, 척도 / 동 경쟁 업체를 연구하다
020 **bionic** [baiánik]	형 생체 공학적인
021 **boom** [bu:m]	동 울리다, 갑자기 경기가 좋아지다, 급격히 발전시키다 / 명 크게 울리는 소리, 급격한 증가
022 **brilliant** [bríljənt]	형 훌륭한, 찬란한, 뛰어난, 멋진, 놀라운
023 **camaraderie** [kà:mərá:dəri]	명 우정, 동지애, 우애
024 **castigate** [kǽstəgèit]	동 ~을 혹평하다, 징계하다, 크게 책망하다
025 **challenging** [tʃǽlindʒiŋ]	challenge(도전하다)의 현재분사·동명사 / 형 도전적인 명 도전함
026 **choler** [kálər]	명 성마름, 담즙, 짜증
027 **claustrophobic** [klɔ̀:strəfóubik]	형 폐쇄 공포증의, 폐쇄 공포증을 유발하는

028 **cognizant** [kágnəzənt]	형 인식한, 깨달은, 아는
029 **commend** [kəménd]	동 칭찬하다, 추천하다
030 **competitive** [kəmpétətiv]	형 경쟁의, 경쟁적인
031 **comprise** [kəmpráiz]	동 ~을 구성하다, 이루다, 포함하다
032 **conditional** [kəndíʃənl]	형 조건부의
033 **congratulate** [kəngrǽtʃuleit]	동 축하하다, 경축하다
034 **considerate** [kənsídərət]	형 배려하는, 이해심이 있는, 마음씨 좋은
035 **contentious** [kənténʃəs]	형 다투기 좋아하는, 논쟁을 좋아하는
036 **contrive** [kəntráiv]	동 연구하다, 용케 ~하다, 꾀하다, 궁리하다
037 **cooperate** [kouápərèit]	동 협력하다, 협조하다
038 **cosset** [kásit]	동 귀여워하다, ~에게 잘해 주다 명 애완동물(특히 양)
039 **credulous** [krédʒuləs]	형 속기 쉬운, 잘 믿는
040 **curative** [kjúərətiv]	형 치료의 명 치유력
041 **dearth** [də:rθ]	명 부족, 결핍, 기근
042 **deed** [di:d]	명 행위, 행동, 증서 동 증서로 양도하다
043 **deftly** [déftli]	부 날래게, 재빠르게, 능숙하게
044 **deliver** [dilívər]	동 배달하다, 넘겨 주다, (판결 등을)내리다, 출산을 돕다, 낳다
045 **departed** [dipá:rtid]	depart(떠나다)의 과거·과거분사 형 죽은, 지나간, 과거의
046 **derive** [diráiv]	동 ~을 얻다, 끌어 내다, ~에서 나오다
047 **desultory** [désəltɔ̀:ri]	형 일관성 없는, 산만한, 종잡을 수 없는
048 **deviation** [dì:viéiʃən]	명 일탈, 편차, 이탈
049 **diffidence** [dífidəns]	명 수줍음, 자신 없음, 망설임
050 **disarming** [disá:rmiŋ]	disarm(무장 해제시키다)의 현재분사·동명사 형 누그러뜨리는 명 누그러뜨림
051 **discord** [dískɔ:rd]	명 불화, 불일치, 알력
052 **dishevel** [diʃévl]	동 헝클다, 단정치 못하게 입다
053 **disparate** [díspərit, dispǽ-]	형 다른, 이질적인 부분들로 이루어진
054 **dissimilar** [dissímələr]	형 다른, 닮지 않은
055 **divergent from**	숙 ~와 어긋나는
056 **dominant** [dámənənt]	형 지배적인, 우세한, 우성의 명 우세한 것, 우성 인자
057 **dullness** [dʌ́lnis]	명 둔함, 불경기, 침체

#	단어	뜻
058	**economic** [èkənámik, ìːkənámik]	형 경제의, 경기의
059	**elan** [eiláːn]	명 돌진, 약진, 기력
060	**emanation** [èmənéiʃən]	명 유출, 방사, 영향력
061	**enchant** [intʃǽnt]	동 매혹시키다, 마법을 걸다
062	**engaging** [ingéidʒiŋ]	engage(사로잡다)의 현재분사·동명사 형 매력적인, 마음을 홀리는 명 매력적임
063	**enticing** [intáisiŋ]	entice(유인하다)의 현재분사·동명사 형 유혹적인, 매력적인 명 유혹적임
064	**equilibrate** [ikwíləbrèit]	동 평형시키다, ~과 균형을 유지하다
065	**espouse** [ispáuz]	동 지지하다, 신봉하다
066	**eventual** [ivéntʃuəl]	형 최후의, 궁극적인
067	**exculpate** [ékskʌlpèit]	동 무고함을 밝히다
068	**expansion** [ikspǽnʃən]	명 확장, 확대, 팽창, 증대, 증설
069	**exposure** [ikspóuʒər]	명 노출, 폭로, 유출
070	**extol** [ikstóul]	동 칭찬하다, 격찬하다
071	**fair** [fɛər]	형 공정한, 상당한, 맑은 부 공평하게 동: 정돈하다 명 박람회, 전시회
072	**fatigue** [fətíːg]	명 피로, 피곤 동 지치게 하다
073	**fell** [fel]	동 (나무를)쓰러뜨리다 형 잔인한, 사나운 명 모피, 고원 지대
074	**finite** [fáinait]	형 유한의, 한정된 명 유한성
075	**fluently** [flúːəntli]	부 유창하게, 우아하게
076	**forestall** [fɔːrstɔ́ːl]	동 미연에 방지하다
077	**foster** [fɔ́ːstər]	동 조성하다, 육성하다 형 수양의, 위탁의
078	**frightening** [fráitniŋ]	frighten(겁먹게 하다)의 현재분사·동명사 형 무서운 명 위협적임
079	**generic** [dʒənérik]	형 일반적인, 포괄적인
080	**glorious** [glɔ́ːriəs]	형 영광스러운, 화려한, 훌륭한, 즐거운
081	**graphic** [grǽfik]	형 도표의, 그래픽의, 생생한, 그림의 명 그래픽
082	**habit** [hǽbit]	명 습관, 버릇, 관습, 경향, 의복
083	**harmony** [háːrməni]	명 조화, 일치, 화합
084	**heinous** [héinəs]	형 가증스러운, 극악무도한
085	**hinge on**	숙 ~에 달려 있다
086	**humid** [hjúːmid]	형 습한, 습기가 많은
087	**idiosyncratic** [ìdiousiŋkrǽtik]	형 특이한, 색다른

#	단어	뜻
088	**imagination** [imædʒənéiʃən]	명 상상, 착각, 창의성
089	**impassive** [impǽsiv]	형 감정이 없는, 태연한, 무감동의
090	**important** [impɔ́ːrtənt]	형 중요한, 소중한
091	**imprudence** [imprúːdns]	명 경솔, 무례
092	**incarceration** [inkɑ̀ːrsəréiʃən]	명 투옥, 감금, 유폐
093	**incorporate** [inkɔ́ːrpərèit]	동 포함하다, 법인을 설립하다 형 통합된, 법인의
094	**indifference to**	숙 ~에게 무관심함
095	**inefficient** [ìnifíʃənt]	형 비능률적인, 효과 없는, 무능한
096	**inflammatory** [inflǽmətɔ̀ːri]	형 적의를 일으키는, 자극적인, 염증성의
097	**initially** [iníʃəli]	부 처음에, 초기에
098	**insipid** [insípid]	형 재미없는, 맛없는, 무미건조한
099	**instrumental** [ìnstrəméntl]	형 도움이 되는, 악기를 위한 명 기악곡
100	**intensive** [inténsiv]	형 집중적인, 집약적인, 중점적인 명 (문법) 강조어
101	**intervene** [ìntərvíːn]	동 개입하다, 끼어들다
102	**inured to**	숙 ~에 단련된
103	**irrelevant** [iréləvənt]	형 부적절한, 관계가 없는
104	**jejune** [dʒidʒúːn]	형 재미없는, 미숙한
105	**kinetic** [kinétik]	형 운동의, 활동적인
106	**last** [læst]	형 지난, 마지막의, 최종의 동 지속하다
107	**leisurely** [líːʒərli]	형 한가한, 느긋한 부 느긋하게
108	**linear** [líniər]	형 직선 모양의, 직선의
109	**long-lasting** [lɔ́(ː)ŋ-lǽstiŋ]	형 길게 계속되는
110	**macroscopic** [mæ̀krəskɑ́pik]	형 눈으로 보이는, 거시적인
111	**malleable** [mǽliəbl]	형 (금속 등을)두드려 펼 수 있는
112	**matriculate** [동:mətríkjulèit 명: -lət]	동 입학을 허가하다 명 대학 입학자
113	**melodious** [məlóudiəs]	형 선율적인, 듣기 좋은, 음악 같은
114	**mete out**	숙 할당하다, 배분하다
115	**minor** [máinər]	형 작은, 가벼운, 단조의 명 미성년자, 이류인 사람, 부전공 과목, 단조
116	**misogynist** [misɑ́dʒənist]	명 여자를 혐오하는 남자
117	**monarch** [mɑ́nərk]	명 군주, 거물

#	단어	의미
118	**mortify** [mɔ́:rtəfài]	동 ~에 굴욕감을 주다, 당황하게 만들다
119	**murky** [mɔ́:rki]	형 탁한, 매우 어두운, 흐린
120	**nausea** [nɔ́:ziə]	명 구역질, 메스꺼움, 욕지기
121	**niche** [nitʃ]	명 조각품을 놓도록 파낸 벽면, 알맞은 자리, 틈새 동 (조각품을)벽에 놓다
122	**notoriety** [nòutəráiəti]	명 악평, 악명
123	**oblique** [əblí:k]	형 비스듬한, 사선의 명 사선 부 45도 각도로 동 비스듬히 가다
124	**occasionally** [əkéiʒənəli]	부 때때로, 가끔, 종종
125	**onus** [óunəs]	명 책임, 부담, 의무
126	**orator** [ɔ́:rətər, ár-]	명 웅변가, 연설자, 변사
127	**outflow** [áutflou]	명 유출, 유출물
128	**overwhelmingly** [òuvərhwélmiŋli]	부 압도적으로, 대단히
129	**parade** [pəréid]	명 행진, 행렬, 열병식 동 행진하다, 정렬하다, 과시하다
130	**passe** [pæséi]	형 시대에 뒤떨어진, 과거의
131	**peerless** [píərlis]	형 비할 데 없는
132	**performance** [pərfɔ́:rməns]	명 공연, 연주, 연기, 경기, 성과
133	**perspicuity** [pɔ̀:rspəkjú:əti]	명 명쾌함, 명석함, 명료
134	**philosophical** [fìləsáfikəl]	형 철학의, 달관한 듯한
135	**plan** [plæn]	동 계획하다 명 계획, 예정, 구상
136	**pointless** [pɔ́intlis]	형 무의미한, 쓸모 없는, 무딘
137	**positive** [pázətiv]	형 긍정적인
138	**pragmatism** [prǽgmətìzm]	명 실용주의
139	**predominance** [pridámənəns]	명 우월, 우위, 지배
140	**prescient** [préʃənt]	형 선견지명이 있는, 앞을 내다보는
141	**primary** [práimeri]	형 주된, 초기의, 기본적인 명 첫 번째의 것, (미국의)예비 선거
142	**professional** [prəféʃənəl]	형 전문의, 프로의, 직업의 명 전문가, 프로 선수
143	**promised** [prámist]	promise(약속하다)의 과거·과거분사 형 약속된, 희망의
144	**prosper** [práspər]	동 번영하다, 발전하다, 성공하다
145	**psychopathic** [sàikəpǽθik]	형 정신병의
146	**pyromaniac** [pàirəméiniək]	명 방화광
147	**rampant** [rǽmpənt]	형 사나운, 맹렬한, 격노한, 유행하는, 뒷발로 일어선

#	단어	뜻
148	**realistic** [rìːəlístik]	형 현실적인, 사실적인
149	**reconciliation** [rèkənsìliéiʃən]	명 화해, 중재, 조정
150	**reemergence** [rìːimə́ːrdʒəns]	명 재출현
151	**regal** [ríːɡəl]	형 제왕의, 당당한, 왕의
152	**relapse** [riláeps]	형 되돌아가다, (더 나빠진 상태로)재발하다 / 명 재발, 퇴보
153	**remarkable** [rimáːrkəbl]	형 주목할 만한, 두드러진
154	**repeat** [ripíːt]	동 따라하다, 반복하다, 되풀이하다 / 명 되풀이, 반복
155	**repugnantly** [ripʌ́ɡnəntli]	부 불쾌하게, 모순되게
156	**resilient** [riz íljənt]	형 복원력 있는, 탄력 있는
157	**restriction** [ristríkʃən]	명 제한, 규제, 금지, 구속
158	**review** [rivjúː]	명 평가, 재검토, 복습, 비평 / 동 재검토하다, 비평하다
159	**rigorous** [ríɡərəs]	형 엄격한, 혹독한, 정밀한
160	**ruler** [rúːlər]	명 통치자, 지배자, 괘선 긋는 자
161	**sanctimonious** [sæ̀ŋktəmóuniəs]	형 신성한 체하는, 성인인 체하는
162	**savory** [séivəri]	형 맛좋은, 기분 좋은, 풍미 있는
163	**secondary** [sékəndèri]	형 부수적인, 두 번째의 / 명 이차적인 것, 보조자
164	**senator** [sénətər]	명 상원 의원
165	**sharpen** [ʃáːrpən]	동 날카롭게 하다, 선명해지다
166	**sighting** [sáitiŋ]	sight(갑자기 보다)의 현재분사·동명사 / 명 목격, 발견 / 형 갑자기 본
167	**skim over**	숙 대충 훑어보다
168	**solace** [sáləs]	명 위로, 위안 / 동 위로하다
169	**sparsely** [spáːrsli]	부 드물게, 희박하게, 빈약하게
170	**spoliation** [spòuliéiʃən]	명 강탈, 약탈, 문서 변조
171	**stalwart** [stɔ́ːlwərt]	형 건장한, 용감한, 불굴의 / 명 충실한 당원
172	**stingy** [stíndʒi]	형 인색한, 쏘는, 날카로운
173	**strident** [stráidnt]	형 귀에 거슬리는, 삐걱거리는, 불쾌한
174	**substitute** [sʌ́bstətjùːt]	명 대리인, 대체물 / 동 대신하다, 교체하다
175	**superior** [səpíəriər]	형 상위의, 우수한, 질 좋은, 우세한 / 명 선배, 상관
176	**suspenseful** [səspénsfəl]	형 긴장감 넘치는
177	**tabulated** [tǽbjulèitid]	tabulate(표로 만들다)의 과거·과거분사 / 형 표로 만들어진

#	단어	뜻
178	**technocracy** [teknákrəsi]	명 기술자 지배, 기술자 주의
179	**territorial** [tèrətɔ́:riəl]	형 영토의, 세력권을 주장하는
180	**timeless** [táimlis]	형 시간을 초월한, 시대를 초월한, 영원한
181	**torrential** [tɔ:rénʃəl]	형 (비가)마구 쏟아지는, 급류의
182	**transience** [trǽnʃəns]	명 덧없음, 무상함
183	**tribute** [tríbju:t]	명 찬사, 조공
184	**typical** [típikəl]	형 전형적인, 일반적인, 평범한
185	**unclutter** [ʌ̀nklʌ́tər]	동 정돈하다, 어지른 것을 치우다
186	**understanding** [ʌ̀ndərstǽndiŋ]	understand(이해하다)의 현재분사·동명사 명 이해 형 이해하는
187	**unfolding** [ʌnfóuldiŋ]	unfold(펴다)의 현재분사·동명사 명 펴기 작업 형 펴는
188	**unjustified** [ʌndʒʌ́stəfàid]	형 정당하지 않은, 줄을 맞추지 않은
189	**unrelated** [ʌ̀nriléitid]	형 관련이 없는, 혈연이 아닌
190	**unwitting** [ʌnwítiŋ]	형 자신도 모르는
191	**vacuous** [vǽkjuəs]	형 텅 빈, 멍청한
192	**vehement** [ví:əmənt]	형 격렬한, 열정적인, 맹렬한
193	**veteran** [vétərən]	명 퇴역 군인, 중견, 노련한 사람
194	**virago** [virá:gou]	명 잔소리 심한 여자
195	**volition** [voulíʃən]	명 의욕, 결단력, 의지
196	**wasteful** [wéistfəl]	형 낭비적인
197	**welcome** [wélkəm]	동 환영하다, 맞이하다, 환대하다 형 반가운 명 환영, 환대
198	**weld** [weld]	동 용접하다 명 용접점, 남유럽산 물푸레나뭇과의 풀
199	**witty** [wíti]	형 재치 있는, 익살맞은, 기지가 있는
200	**wordy** [wɔ́:rdi]	형 말수가 많은, 장황한, 말의

John Grisham
DAY 31

001	**able-bodie** [éibl-bádi]	형 강건한, 튼튼한
002	**accept** [æksépt]	동 받아들이다, 수용하다, 인정하다
003	**achievement** [ətʃíːvmənt]	명 업적, 성취, 성적
004	**addictive** [ədíktiv]	형 중독성의
005	**adulation** [ædʒuléiʃən]	명 아첨, 지나친 찬사
006	**affluence** [æfluəns]	명 풍부함, 부유함
007	**alias** [éiliəs]	명 별명, 가명, 별칭 부 일명 ~로 알려진
008	**alterable** [ɔ́ːltərəbl]	형 바꿀 수 있는, 변경할 수 있는
009	**amplification** [æmpləfəkéiʃən]	명 확대, 확장, 부연
010	**announce** [ənáuns]	동 밝히다, 알리다, 공표하다, 발표하다
011	**anxiety** [æŋzáiəti]	명 불안, 걱정, 염려
012	**appreciate** [əpríːʃièit]	동 감사하다, 인정하다, 환영하다
013	**arctic** [ɑ́ːrktik]	형 북극의, 북극 지방의
014	**ascend** [əsénd]	동 오르다, 상승하다, 승진하다
015	**assistant** [əsístənt]	명 조수, 보조, 비서 형 보조의
016	**atypical** [eitípikəl]	형 틀에 박히지 않는, 이상한
017	**autonomously** [ɔːtánəməsli]	부 자주적으로, 자체적으로, 자율적으로
018	**base** [beis]	명 기초, 기반, 맨 아래 부분 형 기초의, 야비한 동 ~에 근거지를 두다
019	**benediction** [bènədíkʃən]	명 축복, 감사 기도
020	**bipartisan** [baipɑ́ːrtəzn]	형 양당의, 초당파적인
021	**boon** [buːn]	명 혜택, 은혜 형 유쾌한, 기분 좋은
022	**brink** [briŋk]	명 가장자리, 위기, 찰나, 순간
023	**cancel** [kǽnsəl]	동 취소하다, 철회하다, 상쇄되다 명 취소, 삭제
024	**catalog** [kǽtəlɔːg]	명 목록 동 목록을 작성하다
025	**champion** [tʃǽmpiən]	명 챔피언, 우승자 동 지지하다, 지키다 형 우승한
026	**chore** [tʃɔːr]	명 가사, 잡일, 일과
027	**clearance** [klíərəns]	명 제거, 정리, 간격, 결제

#	단어	뜻
028	**coherence** [kouhíərəns]	명 일관성, 일치
029	**commendable** [kəméndəbl]	형 칭찬할 만한, 추천할 만한
030	**competitively** [kəmpétətivli]	부 경쟁으로
031	**compromising** [kámprəmàiziŋ]	compromise(타협하다)의 현재분사·동명사 형 타협하는, 남부끄러운 명 타협함
032	**condolence** [kəndóuləns]	명 애도, 조의
033	**congratulation** [kəngrætʃuléiʃən]	명 축하 인사
034	**considered** [kənsídərd]	consider(고려하다)의 과거·과거분사 형 깊이 생각한, 크게 존경 받는
035	**contentment** [kənténtmənt]	명 만족, 자족
036	**contrived** [kəntráivd]	contrive(꾀하다)의 과거·과거분사 형 억지로 꾸민, 부자연스러운
037	**cooperation** [kouàpəréiʃən]	명 협력, 협조, 교류, 협동 조합
038	**costly** [kɔ́:stli]	형 값이 비싼, 사치스러운
039	**crematorium** [krì:mətɔ́:riəm]	형 화장장, 화장터
040	**curmudgeon** [kəːrmʌ́dʒən]	명 구두쇠, 까다로운 사람
041	**debacle** [deibá:kl]	명 와해, 붕괴, 참패
042	**deem** [di:m]	동 간주하다, 생각하다, 여기다
043	**defunct** [difʌ́ŋkt]	형 죽은, 현존하지 않는, 멸종한
044	**deluge** [délju:dʒ]	명 폭우, 홍수, 쇄도 동 범람시키다, 쇄도하다
045	**departure from**	숙 ~로부터 일탈
046	**descend** [disénd]	동 내려오다, 경사지다, 하강하다, 습격하다
047	**detach** [ditǽtʃ]	동 분리하다, 떼다
048	**devil** [dévl]	명 악마, 마귀 동 괴롭히다
049	**diffident** [dífidənt]	형 자신 없는, 수줍어하는, 내성적인
050	**disarray** [dìsəréi]	명 혼란, 무질서 동 어지럽히다, 혼란시키다
051	**discordant** [diskɔ́:rdənt]	형 일치하지 않는, 귀에 거슬리는
052	**disheveled** [diʃévəld]	dishevel(헝클다)의 과거·과거분사 형 헝클어진, 단정치 못한
053	**disparity** [dispǽrəti]	명 불균형, 격차
054	**dissimilarity** [disìmǝlǽrǝti]	명 차이점, 닮지 않음
055	**diverse** [divə́:rs]	형 다양한, 여러 가지의
056	**domineer** [dàmǝníǝr]	동 권세를 부리다, 압제하다, 으스대다
057	**duplicitous** [dju:plísǝtǝs]	형 불성실한, 식언의, 사기의

#	단어	뜻
058	**economical** [èkənámikəl, ì:kəná-]	형 경제의, 실속 있는
059	**elapse** [iléps]	동 (시간이)흐르다 / 명 시간의 경과
060	**emancipation** [imænsəpéiʃən]	명 해방, 노예 해방
061	**encomium** [enkóumiəːl]	명 찬사, 칭찬
062	**engrossing** [ingróusiŋ]	engross(사로잡다)의 현재분사·동명사 / 형 마음을 사로잡는 / 명 마음을 사로잡음
063	**entrance** [명: éntrəns 동: intræns]	명 입구, 입장, 등장, 입학 / 동 매혹하다
064	**equilibrium** [ì:kwəlíbriərl]	명 평형, 균형, 평정
065	**essential** [isénʃəl]	형 필수의, 없어서는 안 될, 기본적인 / 명 필수품
066	**evidence** [évidəns]	명 증거, 근거, 흔적 / 동 입증하다, 증거가 되다
067	**execrate** [éksəkrèit]	동 저주하다, ~을 혐오하다, 증오하다
068	**expansive** [ikspænsiv]	형 팽창성 있는, 광범위한, 발전적인
069	**express** [iksprés]	동 표현하다, 나타내다 / 형 급행의, 신속한 / 부 속달로 / 명 급행열차
070	**extortion** [ikstɔ́ːrʃən]	명 강요, 착취, 강탈
071	**faithful** [féiθfəl]	형 충실한, 독실한, 신의 있는, 헌신적인
072	**fatigued** [fətíːgd]	fatigue(피곤하게 하다)의 과거·과거분사 / 형 피로해진
073	**felon** [félən]	명 중죄인, 흉악범
074	**fire** [faiər]	명 화재, 불, 발사 / 동 점화하다, 발사하다, 해고하다
075	**fluid** [flúːid]	명 유동체, 액체, 수분 / 형 부드러운, 유동성의
076	**foretell** [fɔːrtél]	동 예언하다, 예지하다
077	**founder** [fáundər]	명 창설자, 기부자 / 동 좌초되다
078	**frigid** [frídʒid]	형 몹시 추운, 냉담한, 쌀쌀한
079	**genesis** [dʒénəsis]	명 기원, 발생, 유래, 시초, 창세기
080	**glut** [glʌt]	동 과잉 공급하다 / 명 공급 과잉
081	**grasp** [græsp]	동 꽉 잡다, 파악하다, 이해하다 / 명 움켜잡기, 손아귀
082	**habituate** [həbítʃuèit]	동 습관이 되다, 길들이다, 습관 들게 하다
083	**harried** [hǽrid]	harry(괴롭히다)의 과거·과거분사 / 형 몹시 곤란을 겪는
084	**heir** [ɛər]	명 후계자, 상속인, 후손
085	**historic** [histɔ́ːrik, histárik]	형 역사적인, 역사에 남을 만한
086	**humility** [hjuːmíləti]	명 겸손, 비하
087	**idle** [áidl]	형 게으른, 빈둥거리는, 나태한 / 동 게으름 피우다

#	단어	뜻
088	**imaginative** [imǽdʒənətiv]	형 상상의, 창의적인
089	**impatient** [impéiʃənt]	형 서두르는, 참을성 없는, 초조한, 짜증을 내는
090	**importunate** [impɔ́ːrtʃunət]	형 성가신, 절박한, 끈덕진
091	**impudence** [ímpjudns]	명 뻔뻔스러움, 무례함, 건방짐
092	**incautious** [inkɔ́ːʃəs]	형 부주의한, 무모한, 조심성 없는
093	**incredulity** [ìnkrədjúːləti]	명 의심 많음, 불신, 잘 믿지 않음
094	**indifferent to**	숙 ~에게 무관심한
095	**ineligible** [inélidʒəbl]	형 자격이 없는, 부적당한 명 부적격자
096	**inflate** [infléit]	동 부풀리다, 늘어나다, 과장하다, 올리다
097	**initiate** [동: iníʃièit 형,명:-ʃiət]	동 시작하다, 창설하다, 전수하다 형 초기의 명 신입, 전수자
098	**insolence** [ínsələns]	명 오만한 태도, 무례
099	**insubordinate** [ìnsəbɔ́ːrdənət]	형 복종하지 않는, 반항하는 명 반항자
100	**intentional** [inténʃənnəl]	형 의도적인, 고의적인
101	**intimate** [íntəmət]	형 친밀한, 사적인 동 암시하다 명 절친한 친구
102	**invalid** [ínvəlid]	형 병약한, 무효한 명 장애인, 병자 동 병약하게 하다
103	**iridescent** [ìrədésnt]	형 무지개 빛깔의, 번뜩이는
104	**jeopardy** [dʒépərdi]	명 위험, 위난, 위험성
105	**kittenish** [kítniʃ]	형 새끼 고양이 같은, 장난치는, 까불어 대는
106	**lasting** [lǽstiŋ]	last(지속되다)의 현재분사·동명사 형 지속되는, 영구적인 명 지속됨
107	**lemma** [lémə]	명 부명제, 단어의 기본형
108	**linguistic** [liŋgwístik]	형 언어의, 언어적인, 어학의, 언어학의
109	**longstanding** [lɔ́ːŋstǽndiŋ]	형 다년간의, 오랫동안에 걸친
110	**magical** [mǽdʒikəl]	형 마법의, 신비한
111	**malodorous** [mælóudərəs]	형 악취를 풍기는, 고약한 냄새가 나는
112	**matrimony** [mǽtrəmòuni]	명 결혼 생활, 혼인
113	**melodrama** [mélədrɑ̀ːmə]	명 통속극, 통속극적 사건
114	**meter** [míːtər]	명 계량기, 미터 동 계량기로 재다
115	**millstone** [mílstoun]	명 맷돌, 무거운 짐, 가는 것
116	**minuscule** [mínəskjùːl]	형 극소의, 미세한 명 소문자
117	**misrepresent** [mìsreprizént]	동 ~을 잘못 전하다, 부정확하게 말하다

#	단어	뜻
118	**monarchy** [mánərki]	명 군주제, 왕조
119	**motion** [móuʃən]	명 운동, 움직임, 동작 동 몸짓으로 신호하다
120	**mushroom** [mʌʃruːm]	명 버섯 형 버섯의, 급성장의, 단명의 동 버섯을 따다, 급성장하다
121	**navigator** [nǽvəgèitər]	명 항해자, 조종자, 진로 설정자
122	**nigh** [nai]	near의 고어 부 가까이에 형 가까운 전 ~의 가까이에
123	**notorious** [noutɔ́ːriəs]	형 악명 높은, 유명한, 소문난
124	**obliteration** [əblìtəréiʃən]	명 말소, 제거, 소멸
125	**occasioned by**	숙 ~에 의한, ~에 기인한
126	**opaque** [oupéik]	형 불투명한, 불명료한, 우둔한 명 불투명한 것
127	**orchestrated** [ɔ́ːrkəstrèitid]	orchestrate(관현악으로 편곡하다)의 과거·과거분사 형 관현악으로 편곡된
128	**outgoing** [áutgouiŋ]	형 사교적인, 외향적인
129	**overworked** [òuvərwɔ́ːrkt]	overwork(과로하다)의 과거·과거분사 형 과로한, 진부한
130	**paradox** [pǽrədɑ̀ks]	명 역설, 모순
131	**passion** [pǽʃən]	명 열정, 흥미, 감정
132	**peevish** [píːviʃ]	형 성미가 까다로운, 짜증을 잘 내는
133	**perilously** [pérələsli]	부 위험할 정도로
134	**perspicuous** [pərspíkjuəs]	형 명료한, 명쾌한, 분명한
135	**philosophy** [filɑ́səfi]	명 철학, 생각, 이념, 이론
136	**plastic** [plǽstik]	형 플라스틱의, 비닐의, 신용 카드의, 가소성의 명 플라스틱 제조
137	**poison** [pɔ́izn]	명 독, 독약 동 독살하다, 독을 넣다 형 유독한
138	**possibly** [pɑ́səbli]	부 어떻게, 어쩌면, 아마, 혹시
139	**pragmatist** [prǽgmətist]	명 실용주의자, 실용주의 철학자
140	**predominantly** [pridɑ́mənəntli]	부 주로, 대개
141	**prescribe** [priskráib]	동 처방하다, 규정하다, 제시하다, 지시하다
142	**printed** [príntid]	print(인쇄하다)의 과거·과거분사 형 인쇄된
143	**professionalism** [prəféʃənəlìzm]	명 전문가 기질, 전문성
144	**promising** [prɑ́misiŋ]	promise(약속하다)의 현재분사·동명사 형 유망한, 촉망되는 명 약속함
145	**prosperity** [prɑspérəti]	명 번영, 번창
146	**public** [pʌ́blik]	형 대중의, 공공의 명 대중
147	**quack** [kwæk]	명 꽥꽥 소리, 돌팔이 의사 형 가짜 의사의 동 꽥꽥 울다, 엉터리 치료를 하다

#	단어	뜻
148	**ramshackle** [rǽmʃækl]	형 금방이라도 무너질 듯한
149	**realize** [ríːəlàiz]	동 깨닫다, 실현하다, 인식하다
150	**recondite** [rékəndàit]	형 난해한, 심오한, 숨겨진
151	**refectory** [riféktəri]	명 휴게실, 식당, 다실
152	**regale** [rigéil]	동 융숭하게 대접하다, 맛있게 먹다 명 성찬, 향응
153	**relate** [riléit]	동 관련시키다, ~에 대해 이야기하다
154	**reminder** [rimáindər]	명 독촉장, 생각나게 하는 사람, 기념품
155	**repel** [ripél]	동 쫓아버리다, 격퇴하다, 물리치다
156	**repulse** [ripʌ́ls]	동 격퇴하다, 물리치다, 혐오감을 주다 명 물리치기
157	**resistance** [rizístəns]	명 저항, 반대, 내성
158	**result** [rizʌ́lt]	명 결과, 결실 동 (~의 결과로)일어나다
159	**revile** [riváil]	동 ~을 욕하다, 욕설을 퍼붓다
160	**rile** [rail]	동 ~을 귀찮게 하다, 흐리게 하다
161	**ruminant** [rúːmənənt]	명 반추 동물 형 반추 동물의, 되새김질하는
162	**sanctimony** [sǽŋktəmòuni]	명 독실한 신자인 체하기, 독실한 체함
163	**savvy** [sǽvi]	명 지식, 상식 형 요령 있는 동 알다, 이해하다
164	**second-rate** [sékənd-reit]	형 이류의, 별로 좋지 못한
165	**senior** [síːnjər]	형 연상의, 선배의 명 연장자, 선배, 상사
166	**shatter** [ʃǽtər]	동 산산이 부서지다, 파괴하다 명 파편
167	**signal** [sígnəl]	명 신호, 징후 형 신호용의, 현저한 동 알리다, 신호를 보내다
168	**skimp** [skimp]	동 절약하다, 인색하게 굴다, 아끼다
169	**sold** [sould]	sale(팔다)의 과거·과거분사 형 팔린
170	**Spartan** [spɑ́ːrtn]	형 스파르타의 명 스파르타인
171	**sporadic** [spərǽdik]	형 산발적인, 때때로 일어나는, 드문
172	**stamina** [stǽmənə]	명 체력, 지구력, 정력, 원기
173	**stipend** [stáipend]	명 장학금, 봉급, 연금, 수당
174	**stringent** [stríndʒənt]	형 엄격한, 설득력 있는, 엄한
175	**subterfuge** [sʌ́btərfjùːdʒ]	명 핑계, 구실, 기피
176	**supersonic** [sjùːpərsɑ́nik]	형 초음속의, 초음파의 명 초음속, 초음파
177	**sustenance** [sʌ́stənəns]	명 생계 수단, 영양분, 지속, 유지

#	단어	발음	뜻
178	**taciturn**	[tǽsətə̀ːrn]	형 과묵한
179	**tediously**	[tíːdiəsli]	부 장황하게
180	**terror**	[térər]	명 공포, 두려움
181	**timely**	[táimli]	형 적시의, 때맞춘 / 부 적당한 때에
182	**tortuous**	[tɔ́ːrtʃuəs]	형 구불구불한, 길고 복잡한, 비비 꼬인
183	**transient**	[trǽnʃənt]	형 덧없는, 일시적인, 잠깐 머무르는 / 명 일시적인 것
184	**tricky**	[tríki]	형 교활한, 교묘한, 방심할 수 없는
185	**tyrannical**	[tirǽnikəl tai-]	형 전제적인, 전제 군주적인, 폭군의
186	**uncommitted**	[ʌ̀nkəmítid]	형 지지하지 않는, 부동의
187	**understate**	[ʌ̀ndərstéit]	동 축소해서 말하다, 깎아내리다
188	**unforgettable**	[ʌ̀nfərgétəbl]	형 잊을 수 없는, 언제까지나 기억에 남는
189	**unkind**	[ʌ̀nkáind]	형 불친절한, 매정한
190	**unreliable**	[ʌ̀nriláiəbl]	형 의지할 수 없는
191	**unwonted**	[ʌnwɔ́ːntid, -wóunt-]	형 뜻밖의, 익숙하지 않은, 보통이 아닌
192	**vainglorious**	[veɪŋglɔ́ːriəs]	형 허영심이 강한, 자만심이 강한
193	**venal**	[víːnəl]	형 부패한, 돈에 매수되는
194	**veto**	[víːtou]	명 거부권, 금지 / 동 거부하다, 기각하다
195	**virility**	[vəríləti]	명 (남자의)정력
196	**voluble**	[váluəbl]	형 말 잘하는, 유창한, (식물이)휘감기는
197	**wastefulness**	[wéistfəlnis]	명 낭비함, 헛됨, 사치
198	**welcoming**	[wélkəmiŋ]	welcome(환영하다)의 현재분사·동명사 / 형 환영하는, 우호적인 / 명 환영함
199	**whit**	[hwit]	명 조금, 소량, 미량
200	**world-beater**	[wəːrld- bíːtər]	명 세계 1인자

John Grisham
DAY 32

001 **ablute** [əblú:tid]	형 깨끗이 씻은
002 **acceptable** [ækséptəbl, ək-]	형 받아들일 만한, 허용할 수 있는, 인정할 만한
003 **acme** [ǽkmi]	명 절정, 정점
004 **address** [명:ədrés, ǽdres 동:ədrés]	명 연설, 인사말, 주소, 호칭 동 연설하다, 이야기하다, 부르다
005 **adulatory** [ǽdʒulətɔ̀:ri]	형 알랑거리는, 아첨하는
006 **afford** [əfɔ́:rd]	동 ~할 여유가 있다, 제공하다
007 **alienate** [éiljənèit]	동 멀어지게 만들다, 이간하다
008 **alteration** [ɔ̀:ltəréiʃən]	명 변경, 개조, 수정
009 **amplify** [ǽmpləfài]	동 확대하다, 부연하다, 증폭하다
010 **annul** [ənʌ́l]	동 무효로 하다, 취소하다, 폐기하다
011 **anxious about**	숙 ~에 대해 걱정하는
012 **appreciating** [əprí:ʃièitiŋ]	appreciate(감사하다)의 현재분사·동명사 명 감사장, 인식 형 감상하는
013 **arguable** [á:rgjuəbl]	형 논증할 수 있는, 논의의 여지가 있는
014 **ascertain** [æ̀sərtéin]	동 확인하다, 규명하다, 찾아내다
015 **assuage** [əswéidʒ]	동 진정시키다, 누그러뜨리다, 달래다
016 **audacious** [ɔ:déiʃəs]	형 대담한, 넉살 좋은, 무례한
017 **autopsy** [ɔ́:tapsi]	명 검시, 부검, 시체 해부 동 검시하다
018 **bastion** [bǽstʃən]	명 요새, 수호자, 보루
019 **benefactor** [bénəfæ̀ktər]	명 은인, 후원자
020 **birth** [bə:rθ]	명 탄생, 출생, 태생
021 **boorish** [búəriʃ]	형 상스러운, 무례한
022 **briquette** [brikét]	명 연탄, 조개탄
023 **candidate** [kǽndidèit, -dət]	명 후보자, 지원자, 수험생
024 **catastrophic** [kæ̀təstrɑ́fik]	형 대재앙의, 비극적인, 파멸의
025 **chaos** [kéias]	명 혼란, 혼돈, 무질서
026 **chronological** [krɑ̀nəlɑ́:dʒikəl]	형 연대순의, 연대학의, 연대기의
027 **clemency** [klémənsi]	명 온화, 온후, 인자

#	단어	뜻
028	**cohesive** [kouhí:siv]	형 응집력이 있는, 결합시키는
029	**commending** [kəméndiŋ]	commend(추천하다)의 현재분사·동명사 명 감사장, 추천 형 추천하는
030	**competitor** [kəmpétətər]	명 경쟁자, 경쟁 업체
031	**computation** [kàmpjutéiʃən]	명 계산, 산정 수치
032	**condone** [kəndóun]	동 용서하다, 눈감아 주다
033	**congruence** [káŋgruəns]	명 일치, 합동, 조화
034	**consistent** [kənsístənt]	형 일관된, 지속적인, 일치하는
035	**consternation** [kànstərnéiʃən]	명 경악, 실망
036	**control** [kəntróul]	동 통제하다, 지배하다, 관리하다, 조절하다, 규제하다
037	**cooperative** [kouápərətiv, -pərèitiv]	형 협력하는, 협조하는 명 협동조합
038	**count on**	숙 ~을 의지하다, 믿다
039	**crepuscular** [kripʌ́skjulər]	형 어둑어둑한, 어슴푸레한
040	**curmudgeonly** [kərmʌ́dʒənli]	부 심술궂게, 별나게, 까다롭게
041	**debatable** [dibéitəbl]	형 논란의 여지가 있는
042	**deepen** [dí:pən]	동 깊어지다, 심화시키다, 악화되다
043	**defy** [difái]	동 반항하다, 거역하다
044	**delusion** [dilú:ʒən]	명 현혹, 망상, 기만
045	**dependable** [dipéndəbl]	형 신뢰할 수 있는, 의존할 수 있는
046	**descendant** [diséndənt]	명 후손, 후예, 제자
047	**detachment** [ditǽtʃmənt]	명 분리, 초연, 무관심
048	**deviousness** [dí:viəsnis]	명 정직하지 못함, 우회함
049	**diffuse** [difjú:z]	동 (빛, 열, 냄새 등을) 퍼뜨리다, 보급하다
050	**disavow** [dìsəváu]	동 ~의 책임을 부정하다, 모른다고 하다, ~을 거부하다
051	**discourage** [diskɔ́:ridʒ]	동 낙담시키다, 단념시키다, 좌절시키다
052	**dishonor** [disánər]	명 불명예, 치욕, 부도 동 모욕하다, 부도내다
053	**dispassionate** [dispǽʃənət]	형 냉정한, 감정에 좌우되지 않는
054	**dissonant** [dísənənt]	형 조화되지 않는, 불협화음의, 귀에 거슬리는
055	**diversified** [divə́:rsəfàid, dai-]	diversify(다양화하다)의 과거·과거분사 형 다각적인, 변화가 많은
056	**donate** [dóuneit]	동 기부하다, 기증하다, 바치다
057	**duplicity** [dju:plísəti]	명 이중성, 표리부동

058 **economize** [ikánəmàiz]	동 절약하다, 아끼다 효율적으로 이용하다	073 **felonious** [fəlóuniəs]	형 중죄의, 흉악한, 극악한
059 **elate** [iléit]	동 기운을 북돋아 주다, 의기양양하게 만들다	074 **firebrand** [fáiərbrænd]	명 횃불, 선동자
060 **embargo** [imbá:rgou]	명 금수 조치, 출항 금지, 수출 금지 동 금수 조치하다	075 **flummoxed** [flʌ́məksid]	flummox(당황하게 만들다)의 과거·과거분사 형 당황스러운
061 **encounter** [inkáuntər]	동 만나다, 마주치다, 접하다 명 만남, 조우, 접촉	076 **foretoken** [fɔ́:rtòukən]	명 전조, 조짐 동 ~의 전조를 보이다
062 **enhance** [inhǽns]	동 ~을 높이다, 강화하다	077 **fracas** [fréikəs]	명 싸움, 소동, 야단법석
063 **entreat** [intrí:t]	동 간청하다, 탄원하다	078 **frivolity** [frivάləti]	명 경솔, 경박, 천박
064 **equine** [í:kwain, ék-]	형 말의, 말과의	079 **genetic** [dʒənétik]	형 유전적인
065 **essential to**	숙 ~에 있어서 필수적인	080 **glutton** [glʌ́tn]	명 대식가, 폭식가
066 **evolve** [ivάlv]	동 발전시키다, 진화하다	081 **grasping** [grǽspiŋ]	grasp(꽉 잡다)의 현재분사·동명사 형 욕심 많은, 꽉 쥐는 명 움켜 잡음
067 **execute** [éksikjù:t]	동 실행하다, 만들어 내다, 집행하다, 처형하다	082 **habituated** [həbítʃuèitid]	habituate(길들이다)의 과거· 과거분사 형 익숙한
068 **expatriate** [ekspéitrièit, -pæt-]	동 국외로 추방하다, 국적을 버리다 명 국외 추방자	083 **harshness** [há:rʃnis]	명 엄함, 귀에 거슬림
069 **expunge** [ikspʌ́ndʒ]	동 지우다, 삭제하다, 말살하다	084 **held** [held]	hold(잡다, 개최하다)의 과거· 과거분사 형 개최된, 실시된
070 **extra** [ékstrə]	형 추가의, 여분의, 특별한 명 덤, 특별한 것, 추가 요금, 호외	085 **historical** [histɔ́:rikəl, histárikəl]	형 역사의, 전통적인
071 **fallacious** [fəléiʃəs]	형 허위의, 불합리한, 잘못된	086 **humor** [hjú:mər]	명 유머, 해학
072 **fatuous** [fǽtʃuəs]	형 어리석은, 얼빠진, 바보의	087 **idler** [áidlər]	명 게으름쟁이, 쓸모없는 사람

#	단어	뜻
088	**imago** [iméigou]	명 우상, 성충
089	**impeach** [impíːtʃ]	동 탄핵하다, 비난하다, 고소하다
090	**importunately** [impɔ́ːrtʃunətli]	부 성가시게 조르며, 끈덕지게
091	**impudent** [ímpjədənt]	형 뻔뻔스러운, 염치없는, 건방진
092	**incensed** [insénst]	incense(격노시키다)의 과거·과거분사 / 형 분개한, 격노한
093	**increment** [ínkrəmənt]	명 증가, 증가량, 이익
094	**indifferently** [indífərəntli]	부 무관심하게, 냉담히
095	**ineluctable** [ìnilʌ́ktəbl]	형 피할 수 없는, 불가피한, 불가항력의
096	**inflexibility** [inflèksəbíləti]	명 굽히지 않음, 불굴, 확고부동
097	**inject** [indʒékt]	동 ~을 주입하다, 주사하다, 삽입하다
098	**insolent** [ínsələnt]	형 오만한, 건방진, 무례한
099	**insubordination** [ìnsəbɔ̀ːrdənéiʃən]	명 반항, 불순종
100	**intentionally** [inténʃənəli]	부 의도적으로, 고의로
101	**intimidate** [intímədèit]	동 ~을 두려워하게 하다, ~을 협박하다
102	**invalidate** [invǽlədèit]	동 ~을 무효로 하다, ~의 법적 효력을 없애다
103	**irksome** [ə́ːrksəm]	형 지루한, 괴롭히는, 곤란하게 만드는
104	**jettison** [dʒétəsn]	명 투하 / 동 버리다, 내던지다
105	**kleptomaniac** [klèptəméiniæk]	명 절도광
106	**laud** [lɔːd]	동 찬양하다 / 명 찬송가
107	**lengthy** [léŋkθi]	형 오랜, 긴
108	**lionize** [láiənàiz]	동 명사로 받들다, 치켜 세우다
109	**long-winded** [lɔːŋ-wíndid]	형 길고 지루한, 장황한
110	**magnanimity** [mæ̀gnəníməti]	명 아량, 관대함, 도량이 큼
111	**manatee** [mǽnətìː]	명 해우(매너티, 바다소)
112	**maudlin** [mɔ́ːdlin]	형 감상적인, 눈물이 헤픈
113	**memento** [məméntou]	명 기념물, 유품, 추억
114	**methodically** [məθádikəli]	부 질서 있게, 조직적으로, 순차적으로
115	**minute** [mínit]	명 분(시간), 잠깐, 회의록 / 형 극히 적은 / 동 회의록을 기록하다
116	**missing** [mísiŋ]	miss(놓치다)의 현재분사·동명사 / 형 없어진, 실종된, 그리운 / 명 분실함
117	**monastic** [mənǽstik]	형 수도사의, 은둔적인

#	단어	뜻
118	**motivate** [móutəvèit]	동 ~에게 동기를 주다, 자극하다
119	**mutability** [mjùːtəbíləti]	명 변하기 쉬움
120	**near** [niər]	형 가까운 전·부 가까이(거리상) 동 가까워지다
121	**nihilism** [náihəlìzm]	명 허무주의, 무정부주의
122	**nourishing** [nə́ːriʃiŋ]	nourish(영양분을 주다)의 현재분사·동명사 형 영양을 주는 명 영양을 줌
123	**oblivion** [əblíviən]	명 망각, 잊혀짐
124	**occult** [əkʌ́lt]	형 신비한, 초자연적인 명 주술, 신비로운 것 동 숨기다
125	**operation** [ὰpəréiʃən]	명 작전, 운영, 수술, 사업, 시행, 운전
126	**orderly** [ɔ́ːrdərli]	형 순서 바른, 예의바른 명 당번병, 잡역부 부 질서 있게
127	**outlandish** [autlǽndiʃ]	형 기이한, 희한한, 별나게 보이는
128	**overwrought** [óuvərrɔ́ːt]	overwork(과로하다)의 과거·과거분사 형 잔뜩 긴장한, 과도한
129	**paradoxical** [pærədáksikəl]	형 역설적인, 궤변을 늘어놓는
130	**passive** [pǽsiv]	형 수동적인, 소극적인, 신중한
131	**pellucid** [pəlúːsid]	형 투명한, 명료한, 맑은
132	**period** [píːəriəd]	명 기간, 시기, 주기, 시대, 단계 형 시대적인
133	**persuade** [pərswéid]	동 설득하다, 납득시키다, 종용하다
134	**phlegmatic** [flegmǽtik]	형 무기력한, 냉담한, 점액질의
135	**platitude** [plǽtitjùːd]	명 상투적인 문구, 진부한 이야기
136	**polarization** [pòulərizéiʃən]	명 편광, 분극, 양극성을 만듦
137	**posted** [póustid]	post(발송하다)의 과거·과거분사 형 발송된, 지위가 있는
138	**praise** [preiz]	명 칭찬, 찬양, 찬송 동 칭찬하다
139	**preeminent** [priémənənt]	형 탁월한, 현저한
140	**prescriptive** [priskríptiv]	형 규범적인, 권위적인
141	**prioritize** [praiɔ́ːrətàiz]	동 우선시하다
142	**profit from**	숙 ~로부터 이익을 얻다
143	**promote** [prəmóut]	동 홍보하다, 촉진하다, 증진하다, 승진하다, 장려하다
144	**protagonist** [proutǽgənist]	명 주인공, 주역, 참가자
145	**publicize** [pʌ́bləsàiz]	동 알리다, 홍보하다, 공표하다
146	**quagmire** [kwǽgmàiər]	명 궁지, 수렁, 습지
147	**rancor** [rǽŋkər]	명 원한, 증오, 앙심

#	단어	뜻
148	**reapportion** [rìːəpɔ́ːrʃən]	동 ~을 재배분하다
149	**reconsider** [rìːkənsídər]	동 ~을 재고하다, 재심하다
150	**refer to**	숙 ~을 나타내다, 언급하다, 참조하다
151	**regards to**	숙 ~에게 전하는 안부
152	**related** [riléitid]	relate(관련시키다)의 과거·과거분사 / 형 관련된, 친척의
153	**reminiscently** [rèmənísntli]	부 회상에 잠겨
154	**repelling** [ripéliŋ]	repel(물리치다)의 현재분사·동명사 / 형 반발하는 명 반발함
155	**repulsive** [ripʌ́lsiv]	형 혐오스러운, 매정한
156	**resistant** [rizístənt]	형 저항하는 명 저항
157	**result in**	숙 결과적으로 ~이 되다
158	**revision** [rivíʒən]	명 개정, 수정, 개편, 교정
159	**ring** [riŋ]	동 울리다, 전화하다 명 반지, 고리
160	**rupture** [rʌ́ptʃər]	명 파열, 불화 동 파열시키다
161	**sanction** [sǽŋkʃən]	명 허가, 인가, 구속 동 인정하다
162	**scandalize** [skǽndəlàiz]	동 분개시키다
163	**secret** [síːkrit]	형 비밀의, 숨겨진 명 비밀, 기밀
164	**sensation** [senséiʃən]	명 지각, 감각, 느낌, 감동
165	**shattering** [ʃǽtəriŋ]	shatter(산산이 부서지다)의 현재분사·동명사 / 형 매우 충격적인 명 산산이 부서짐
166	**significance** [signífikəns]	명 중요, 의미, 의의
167	**skirmish** [skə́ːrmiʃ]	명 작은 충돌, 소전투 동 작은 접전을 벌이다
168	**solemn** [sáləm]	형 엄숙한, 무게 있는, 장엄한
169	**spate** [speit]	명 홍수, 범람
170	**sporadically** [spərǽdikəli]	부 산발적으로, 돌발적으로
171	**stamp** [stæmp]	명 우표, 도장, 인지 동 찍다, 짓밟다
172	**stipulate** [stípjulèit]	동 규정하다, 명기하다 형 턱잎이 있는
173	**stronghold** [strɔ́ːŋhould]	명 요새, 본거지, 성채
174	**subterranean** [sʌ̀btəréiniən]	형 지하의, 숨은, 비밀의
175	**supine** [suːpáin, sjùː-]	형 등을 대고 누운, 손바닥을 위로 향한, 무기력한
176	**swarthy** [swɔ́ːrði]	형 가무잡잡한, 거무스름한, 햇볕에 탄
177	**taciturnity** [tæ̀sitə́ːrniti]	명 과묵

#	단어	뜻
178	**tedium** [tíːdiəm]	명 지루함, 단조로움, 지겨움
179	**terrorize** [térəràiz]	동 ~을 무서워하게 하다, 위협하다
180	**timid** [tímid]	형 소심한, 내성적인, 겁 많은
181	**totter** [tátər]	동 비틀거리며 걷다 / 명 비틀거리기
182	**transition** [trænzíʃən]	명 인수, 이동, 전환, 변화, 과도기
183	**tried** [traid]	try(노력하다)의 과거·과거분사 / 형 시험을 거친, 확실한
184	**tyro** [táiərou]	명 초심자, 초보자
185	**uncommon** [ʌnkámən]	형 흔치 않은, 이상한
186	**undertaker** [ʌ̀ndərtéikər]	명 장의사
187	**unfortunate** [ʌnfɔ́ːrtʃənət]	형 불행한, 유감스러운, 불운한
188	**unkindness** [ʌnkáindnis]	명 불친절, 무정
189	**unresponsive** [ʌ̀nrispánsiv]	형 감수성이 둔한, 감응이 더딘
190	**unworkable** [ʌnwə́ːrkəbl]	형 실행 불가능한, 쓸모없는, 가공이 어려운
191	**vainglory** [véinglɔ̀ri]	명 허식, 과시, 강한 자만심
192	**veneer** [vəníər]	명 베니어판, 겉치장, 허식 / 동 베니어판을 붙이다, 겉치장하다
193	**vex** [veks]	동 성가시게 하다, 난처하게 하다
194	**virtue** [və́ːrtʃuː]	명 미덕, 덕목, 덕행
195	**volubly** [váljubli]	부 수다스럽게
196	**wasteland** [wéistlænd]	명 황무지, 미개간지, 불모지
197	**well-meaning** [wel-míːniŋ]	형 선의로, 사람이 좋은
198	**whitewashed** [hwaitwaʃt]	형 회반죽을 바른, 속인
199	**worry** [wə́ːri]	동 걱정하다, 우려하다, / 명 염려, 불안

고급

5 존 그리샴
John Grisham
단어 ③

5 고급 존 그리샴 단어 ③

프랑스에서 10개 언어를 공부할 때도 그렇고 이번에 73개 언어를 공부할 때도 그렇고 자주 받은 질문이 왜 한꺼번에 하느냐였어요. 하나라도 야무지게 해 놓고 다음을 해야지, 이것저것 건드리기만 하면 어떻게 하느냐, 라는 질문을 참 많이 받곤 했었어요.

제 답은 이래요. 하나라도 야무지게 하고 다음을 시작하려면 볶은 콩에 싹이 나기를 기다리는 것과 같다고요. 어학은 절대 끝나지 않아요. 그럼 끝은 아니더라도 맘이 편해지는 순간이라도 만들어 놔야 하는 것 아니냐고요?

맘이 편해지는 순간은 가늠하기가 어려워요. 사실 어학은 공부하면 공부할수록 원칙적으로는 늘고 있는 것이라 즐겁게 해 나가는 것이 맞을 것 같지만 실제로는 공부하면 할수록 모르는 것이 더욱 선명하게 보여서 더 괴로워지곤 해요. 그러니까 뭘 잘 모르던 시절에는 조금만 하면 될 것 같아요. 허나 '내가 못하는 것은 안 해서 그런 거지' 하는 생각이 있어서 막상 공부를 하면서 보면 엄청난 양이 보이게 되고 금세 지치게 되는 거지요. 그래서 아무리 파고 파도 맘이 편해지는 순간을 가늠하기가 힘들어요.

그래서 저는 한꺼번에 다 돌려요. 언어는 어차피 끝이 나는 것이 아니라 시간을 들여 꾸준히 가야 하는 거니까요. 헷갈리지 않느냐는 질문도 참 많이 받았는데요. 네, 당연히 헷갈려요. 그런데 시간이 지나다 보면 헷갈리는 것도 견딜 만해요. 무엇보다 헷갈리는 것은 대세에 지장을 주지 않아요. 모르는 것들을 풀어내고 익숙해지는 일에 비하면 헷갈리는 일은 훨씬 견딜 만해요.

이렇게 한꺼번에 돌리는 정말 큰 이유 중의 하나는 '시간이 스스로 공부한다'는 것이에요. 이건 저도 상상치 못하다가 알게 된 것인데요, 너무 골치가 아프고 버거워서 일단 던져 두었던 것들이 일정한 시간 후에 다시 보면 할 만해지고 쉬워져 있다는 거예요.

정말 믿을 수 없는 일이에요. 살다 보면 무수히 많은 슬프고 고단한 일들도 만나지만 이렇게 즐거운 경험도 하게 돼요. 놀랍고 놀랍다고 생각하다가도 어찌 보면 삶이 흘러가는 지극히 당연한 순리 같다는 생각도 들어요.

밥도 센 불을 한번 주면 어느 순간에는 약한 불에 두어도 스르륵 익고요. 신김치도 뭘 열심히 해서 만드는 것이 아니고 시간이 그렇게 만들어 주잖아요. 딱딱한 감을 다락에 두었더니 어느샌가 홍시가 되어 있던 어린 시절의 신기한 기억도 있고요.

　영어 단어도 시간의 힘을 믿고 가면 돼요. 일단 이렇게 해 두면 잘 모르고 낯선 것들이 시간의 힘과 더해져서 정말 그 단어를 써야 할 때가 되면 쉽게 사용할 수 있을 거예요. 이렇게 낯선 단어들은 잘 알지도 못한 상태에서 계속 써야 하나 싶어도 그렇게 해 주세요. 써 봐야 아무 소용 없는 것 같아도 그냥 그렇게 진행해 주세요. 시간은 아무것도 하지 않아도 뭔가를 주곤 한답니다. 그러니 뭔가를 하고 있는 사람에겐 당연히 더 큰 것을 주겠지요?

　이제 존 그리샴 단어의 마지막 목록이에요. 하는 방법은 앞 장과 같아요.

　존 그리샴 단어가 되어 있어야 영어를 어느 정도 마무리하실 수 있어요. 꼭 필요한 과정이고요, 어느 순간에 영어의 꽃이 되어 줄 거예요. 혹시 여기까지 오지 않으셨다면 빨리빨리 서둘러 주세요. 일단 존 그리샴 단어만 길을 내면 그다음에는 이렇게까지 고단한 길은 없어요. 존 그리샴이 고비예요. 여기까지 한 후에 다시 사전을 본격적으로 들고 단어 복습을 시작할 거예요.

　그럼 인사 정도를 나누었다 싶은 단어들과 친구가 되는 시간이 올 거예요. 그중에는 평생을 함께할 친구들도 많이 생겨날 거예요. 무엇보다 독서를 한 후 만나는 단어들은 반드시 전과는 달라요. 어쨌든 단어가 짱짱하게 버티고 있어야 문법이고 독서고 작문이고 진행할 수 있어요.

돌아서면 다 잊어버린 것 같았던 단어들이 절대 어디로 간 것이 아니고 희미하게나마 남아서 쌓여 있다가 여러분이 본격적으로 달달 외우려고 할 때 큰 힘이 되어 줄 거예요.

여러분들도 언젠가는 사전에 색칠한 모든 단어들을 외우실 거예요. 지금은 아직 때가 아니에요. 말랑말랑해지는 순간을 아직은 기다리셔야 해요. 그 말랑말랑한 순간을 만나려면 기다리는 지혜가 필요해요. 그냥 기다리지 말고 차분히 기본을 채워 놓으면서 기다려야겠지요?

레몬쌤의 존 그리샴 단어 공부법 ③

❶ 하루 분량의 존 그리샴 단어 전체를 노트에 영어 단어만 1번씩 써 주세요.

❷ 아는 단어와 모르는 단어를 구분하고 사전을 펼쳐서 모르는 단어에 색연필로 색칠을 해 주세요. 알 듯 모를 듯한 단어는 모르는 단어로 간주해 주세요.

❸ 노트에 모르는 단어들의 뜻을 써 주세요.

❹ 단어 전체를 2번씩 써 주세요.

❺ 모르는 단어는 5번씩 더 써 주세요. 5번을 쭉 써도 좋고 2+3, 혹은 3+2처럼 나눠서 써도 좋아요.

〈노트 쓰는 방법〉

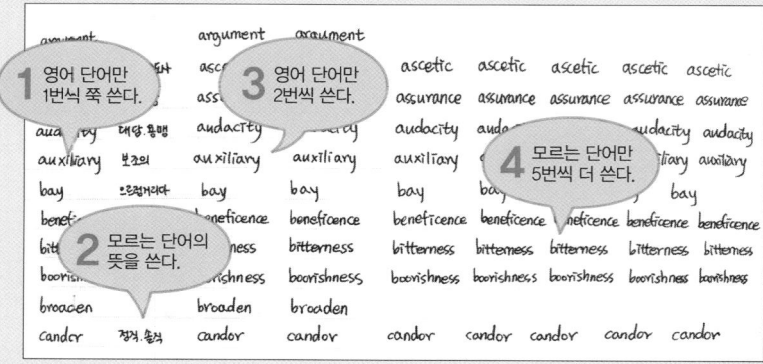

John Grisham
DAY 33

001	**abolish** [əbáliʃ]	동 폐지하다, 없애다, 철폐하다
002	**acceptance** [ækséptəns, ək-]	명 수용, 승인, 인정
003	**acolyte** [ǽkəlàit]	명 시종, 조수, 복사
004	**adherence** [ædhíːərəns, əd-]	명 충실, 엄수, 집착
005	**adumbrate** [ædʌ́mbrèit]	동 윤곽을 그리다, 개략적으로 알려주다
006	**affront** [əfrʌ́nt]	명 모욕 / 동 모욕하다
007	**alienated** [éiljənèitid]	alienate(멀어지게 만들다)의 과거·과거분사 / 형 소외된
008	**altercation** [ɔ̀ːltərkéiʃən]	명 말다툼, 격론, 논쟁
009	**amulet** [ǽmjulit]	명 부적, 액막이
010	**anomalous** [ənɑ́mələs]	형 변칙적인, 이례적인
011	**apathetic** [æ̀pəθétik]	형 무관심한, 냉담한, 무감정의
012	**appreciative** [əpríːʃətiv, -ʃiə-]	형 감사하는, 감탄하는
013	**argument** [ɑ́ːrgjumənt]	명 주장, 논쟁, 말다툼, 논점
014	**ascetic** [əsétik]	명 금욕주의자, 수도사 / 형 금욕적인
015	**assurance** [əʃúərəns]	명 보장, 확신, 확언, 주장
016	**audacity** [ɔːdǽsəti]	명 뻔뻔스러움, 대담, 용맹
017	**auxiliary** [ɔːgzíljəri]	형 보조의, 예비의 / 명 보조물, 보조 단체, 조동사
018	**bay** [bei]	명 만(灣), 구역, 으르렁 소리, 암갈색 말, 월계수 잎 / 동 으르렁거리다
019	**beneficence** [bənéfəsəns]	명 선행, 은혜, 자선
020	**bitterness** [bítərnis]	명 쓴맛, 괴로움, 쓰라림
021	**boorishness** [búəriʃnis]	명 상스러움, 천박함
022	**broaden** [brɔ́ːdn]	동 넓어지다, 확장하다, 펼쳐지다
023	**candor** [kǽndər]	명 정직, 솔직, 공평무사
024	**categorical** [kæ̀təgɔ́ːrikəl]	형 절대적인, 단정적인
025	**chaotic** [keiɑ́tik]	형 무질서한, 대혼란의
026	**churlish** [tʃə́ːrliʃ]	형 무례한, 막된
027	**clement** [klémənt]	형 관대한, 온화한

#	단어	뜻
028	**coincide** [kòuinsáid]	명 일치하다, 동시에 일어나다
029	**commensurate** [kəménsərət]	형 상응하는, 어울리는, 비례하는
030	**compilation** [kὰmpəléiʃən]	명 편집, 편찬, 모음
031	**computerize** [kəmpjúːtəràiz]	동 전산화하다
032	**conduct** [명:kάndʌkt, kɔ́ń- 동:kəndʌ́kt]	명 행위, 안내, 운영, 진행
033	**congruent** [kάŋgruənt]	형 상응하는, 일치하는, 합동의
034	**consistently** [kənsístəntlì]	부 끊임없이, 항상
035	**contest** [kάntest, kɔ́n-]	명 대회, 경기, 경쟁 동 경쟁을 벌이다, 논쟁하다
036	**controlled** [kəntróuld]	control(통제하다)의 과거·과거분사 형 통제된, 억제된
037	**coordinated** [kouɔ́ːrdənèitid]	coordinate(조직화하다)의 과거·과거분사 형 조정된, 조화된
038	**countenance** [káuntənəns]	명 용모, 침착 동 지지하다, 용인하다
039	**crescendo** [kriʃéndou]	명 점점 세어지기, 최고조 형 부 점점 세어지는 동 강해지다
040	**currency** [kə́ːrənsi]	명 통화, 통용, 화폐
041	**debate** [dibéit]	명 토론, 논쟁, 논의 동 토론하다, 숙고하다
042	**defacement** [diféismənt]	명 파손, 마모, 상처
043	**degenerative** [didʒénərətiv]	형 퇴행성의
044	**delve into**	숙 철저히 조사하다, 깊이 탐구하다
045	**dependent** [dipéndənt]	형 의존하는, 의지하는, 종속의 명 부양 가족
046	**descriptive** [diskríptiv]	형 설명적인, 서술적인, 기술적인
047	**detail** [ditéil, díːteil]	명 세부 항목 동 자세하게 말하다, (군인 등을)파견하다
048	**devote** [divóut]	동 헌신하다, 바치다, 전념하다, 몰두하다
049	**dig up**	숙 파내다, ~을 발굴하다, ~을 우연히 발견하다
050	**disbandment** [disbǽndmənt]	명 해산, 해체, 제대
051	**discouraged** [diskə́ːridʒd]	discourage(막다)의 과거·과거분사 형 낙담한, 낙심한
052	**disillusionment** [dìsilúːʒənmənt]	명 환멸
053	**dispassionately** [dispǽʃənətli]	부 냉정하게, 공정하게
054	**distance** [dístəns]	명 거리, 간격 동 멀리하다, 앞지르다
055	**diversion** [divə́ːrʒən]	명 전환, 유용
056	**dormancy** [dɔ́ːrmənsi]	명 휴지, 휴면, 동면
057	**drowsy** [dráuzi]	형 졸리는, 활기 없는, 둔한

058 **economy** [ikánəmi, -kɔ́n-]	명 경제, 경기, 절약 형 값싼, 경제적인 부 보통석으로	073 **felony** [féləni]	명 중죄, 흉악 범죄
059 **elect** [ilékt]	동 선출하다, 선책하다 형 당선된	074 **fiscal** [fískəl]	형 재정의, 세입의, 회계의
060 **embarrassing** [imbǽrəsiŋ]	embarrass(당황하게 하다)의 현재분사·동명사 형 난처한, 당황스러운 명 난처함	075 **focus** [fóukəs]	명 초점, 중심, 주안점 동 집중하다, 초점을 맞추다
061 **encourage** [inkə́:ridʒ]	동 용기를 주다, 장려하다, 촉진하다	076 **forewarn** [fɔ:rwɔ́:rn]	동 ~에게 미리 경고하다
062 **enhancement** [inhǽnsmənt]	명 상승, 강화, 증대	077 **fractious** [frǽkʃəs]	형 성 잘 내는, 다루기 힘든, 성미 까다로운
063 **entrench** [intréntʃ]	동 참호를 파서 방비하다, 견고히 지키다	078 **frivolous** [frívələs]	형 경박한, 사소한, 시시한
064 **equipment** [ikwípmənt]	명 장비, 설비, 준비, 지식, 기술	079 **genial** [dʒí:njəl]	형 친절한, 온화한, 따뜻한
065 **establish** [istǽbliʃ]	동 설립하다, 확립하다, 제정하다	080 **go beyond**	숙 ~의 범위를 넘다, ~을 능가하다, ~보다 낫다
066 **evolving** [iválviŋ]	evolve(진화하다)의 현재분사·동명사 형 진화하는 명 진화함	081 **gratify** [grǽtəfài]	동 기쁘게 하다, 만족시키다
067 **execution** [èksikjú:ʃən]	명 처형, 실행, 솜씨, 수행	082 **hackneyed** [hǽknid]	형 진부한, 케케묵은
068 **expectancy** [ikspéktənsi]	명 기대, 예상, 가망	083 **harvest** [há:rvist]	명 수확, 추수, 생산, 채취 동 수확하다
069 **extant** [ékstənt]	형 현존하는, 잔존하는	084 **helpful** [hélpfəl]	형 도움이 되는, 유용한, 유익한
070 **extract** [ikstrǽkt]	동 추출하다, 이끌어 내다, 채굴하다, 뽑아 내다 명 추출물, 발췌	085 **historiography** [histɔ̀(:)riágrəfi]	명 역사 기록, 사료 편찬
071 **fallacy** [fǽləsi]	명 오류, 착오, 허위	086 **humorous** [hjú:mərəs]	형 우스운, 유머가 넘치는
072 **faultless** [fɔ́:ltlis]	형 결점이 없는, 완전한, 나무랄 데 없는	087 **idol** [áidl]	명 우상

#	단어	뜻
088	**imbibe** [imbáib]	동 마시다, 받아들이다, 흡수하다
089	**impecunious** [ìmpikjú:niəs]	형 돈이 없는, 무일푼의, 가난한
090	**importune** [impɔːrtjúːn]	동 성가시게 조르다, 치근덕거리다
091	**impugn** [impjúːn]	동 ~을 비난하다, 의문을 제기하다
092	**incentive** [inséntiv]	명 장려책, 동기, 유인 형 자극적인, 장려하는
093	**incriminate** [inkrímənèit]	동 죄를 씌우다, ~을 고소하다
094	**indigence** [índidʒəns]	명 가난, 빈곤, 궁핍
095	**ineptitude** [inéptətjùːd]	명 기량 부족, 어리석은 짓
096	**inflexible** [infléksəbl]	형 확고한, 굳은, 신축성 없는
097	**injurious** [indʒúəriəs]	형 해로운
098	**insoluble** [insáljubl]	형 해결할 수 없는, 용해되지 않는
099	**insufferable** [insʌ́fərəbl]	형 견딜 수 없는
100	**interaction** [ìntərǽkʃən]	명 상호 작용, 반응, 소통
101	**intimidation** [intìmədéiʃən]	명 위협, 협박, 으름장
102	**invasion** [invéiʒən]	명 침략, 침공, 침해
103	**ironic** [airánik]	형 역설적인, 모순적인, 반어적인
104	**jihad** [dʒiháːd]	명 이슬람교의 성전(聖戰), 목숨을 건 공격
105	**knave** [neiv]	명 부정직한 사람, 악한, 카드놀이의 잭
106	**laudable** [lɔ́ːdəbl]	형 칭찬할 만한, 훌륭한
107	**leniency** [líːniənsi]	명 관대함, 자비, 관용
108	**listless** [lístlis]	형 무기력한, 맥 풀린
109	**loquacious** [loukwéiʃəs]	형 시끄러운, 떠들썩한, 말하기를 좋아하는
110	**magnanimous** [mægnǽnəməs]	형 관대한, 도량이 넓은
111	**mandate** [mǽndeit]	명 권한, 통치, 지령, 요구 동 통치를 위임하다, (공식적으로)명령하다
112	**maverick** [mǽvərik]	명 개성이 강한 사람, 독불장군, 이단아 형 무소속의, 이단아의
113	**memoir** [mémwɑːr]	명 회고록, 회상록, 체험기
114	**meticulously** [mətíkjuləsli]	부 꼼꼼하게, 주의깊게, 세심하게, 조심스럽게
115	**miraculously** [mirǽkjuləsli]	부 기적적으로, 놀랄 만하게
116	**mistake** [mistéik]	명 실수, 잘못, 오해, 착각 동 잘못 판단하다, 오해하다
117	**monetary** [mánətèri]	형 통화의, 화폐의, 금전의

#	단어	뜻
118	**motivating** [móutəvèitiŋ]	motivate(동기가 되다)의 현재분사·동명사 / 형 동기가 되는 명 동기 부여
119	**mutation** [mju:téiʃən]	명 변화, 돌연변이, 변이
120	**neat** [ni:t]	형 깔끔한, 단정한, 고상한
121	**nimble** [nímbl]	형 민첩한, 재빠른, 영리한
122	**novel** [nάvəl]	명 소설 / 형 기발한, 참신한
123	**obloquy** [άbləkwi]	명 불명예, 오명, 욕설
124	**occupation** [άkjupéiʃən]	명 직업, 점령, 소일거리, 거주
125	**opine** [oupáin]	동 의견을 말하다, 생각하다
126	**organ** [ɔ́:rgən]	명 오르간(악기), 장기, (생물의)기관
127	**outlay** [áutlei]	명 지출, 경비 / 동 소비하다
128	**pacemaker** [péismèikər]	명 (경기에서 다른 선수를 위한) 속도 조정자, 선도자, 심박 조율기
129	**paragon** [pǽrəgὰn]	명 모범, 전형, 본보기
130	**passivity** [pæsívəti]	명 수동성, 소극성, 무저항
131	**penalize** [pí:nəlàiz]	동 벌을 주다, 벌칙을 주다, 불리하게 만들다
132	**peripatetic** [pèrəpətétik]	형 소요학파의, 걸어다니는, 돌아다니는, 순회하는
133	**persuasion** [pərswéiʒən]	명 설득, (종교적, 정치적)신념
134	**physical** [fízikəl]	형 육체의, 물질적인, 물리의
135	**platonic** [plətάnik]	형 관념적인, 정신적인 사랑의, 이상적인
136	**pole** [poul]	명 장대, 기둥, 극(極) / 동 막대기로 받치다, 막대기를 쓰다
137	**posterity** [pastérəti]	명 후세, 후손
138	**praiseworthy** [préizwə̀:rði]	형 칭찬할 만한, 갸륵한, 훌륭한
139	**preempt** [priémpt]	동 미리 획득하다, 선매권에 의해 획득하다
140	**preserved** [prizə́:rvd]	preserve(보존하다)의 과거·과거분사 / 형 보존된
141	**privacy** [práivəsi]	명 사생활
142	**profitable** [prάfitəbl]	형 수익성이 좋은, 이익이 되는, 돈벌이가 되는
143	**promoted** [prəmóutid]	promote(승진시키다, 조장하다)의 과거·과거분사 / 형 승진된, 조장된
144	**protective** [prətéktiv]	형 보호하는, 방어적인
145	**publisher** [pʌ́bliʃər]	명 출판사, 출판업자, 발행인
146	**quail** [kweil]	명 메추라기 / 동 움츠리다, 주눅 들다
147	**rancorous** [rǽŋkərəs]	형 원한이 사무친, 악의 있는

#	단어	뜻
148	**reason** [ríːzn]	명 이유, 근거, 이성 / 동 추론하다, 판단하다, 설득하다
149	**record** [rikɔ́ːrd]	동 기록하다, 녹음하다, 녹화하다 / 명 기록, 음반
150	**reference** [réfərəns]	명 참조, 참고, 언급 / 동 참조 표시를 하다
151	**obscure** [əbskjúər]	형 불명확한, 애매한, 어두침침한 / 동 ~을 애매하게 하다
152	**related to**	숙 ~와 관련 있는
153	**remiss** [rimís]	형 태만한, 부주의한, 무기력한
154	**repent** [ripént]	동 뉘우치다, 후회하다 / 형 포복성의, 기어 다니는
155	**reputable** [répjutəbl]	형 평판이 좋은, 훌륭한, 유명한
156	**resolution** [rèzəlúːʃən]	명 결의, 결심, 해결, 해상도
157	**resurgence** [risə́ːrdʒəns]	명 부활, 재기
158	**revisionist** [rivíʒənist]	명 수정주의자, 수정론자
159	**ripen** [ráipən]	동 익다, 숙성하다, 익히다
160	**rural** [rúərəl]	형 시골의, 농업의, 지방의, 전원의
161	**sanguine** [sǽŋgwin]	형 낙천적인, 쾌활한, 자신감이 넘치는
162	**scant** [skænt]	형 빈약한, 부족한, 불충분한 / 동 줄이다
163	**secrete** [sikríːt]	동 ~을 숨기다, 비밀로 하다, ~을 분비하다
164	**senseless** [sénslis]	형 지각 없는, 어리석은, 의미 없는
165	**shelter** [ʃéltər]	명 보호처, 피난처, 은신처 / 동 보호하다
166	**significant** [signífikənt]	형 중요한, 상당한, 의미 있는
167	**skittish** [skítiʃ]	형 잘 놀라는, 수줍어 하는, 겁이 많은
168	**solicitation** [səlìsətéiʃən]	명 간청, 권유
169	**spawn** [spɔːn]	명 (물고기 등의)알 / 동 낳다, 산란하다
170	**spore** [spɔːr]	명 포자, 홀씨,
171	**stand** [stænd]	동 서다, 세우다, 위치하다, 견뎌 내다 / 명 (공개적인)입장, 저항, 가판대
172	**stockade** [stakéid]	명 방책, 우리 / 동 목책을 두르다
173	**structure** [strʌ́ktʃər]	명 구조, 건물, 체계 / 동 구성하다, 조직하다
174	**subversive** [səbvə́ːrsiv]	형 전복시키는, 파괴하는
175	**supplant** [səplǽnt]	동 대체하다, 대신하다
176	**sweetly** [swíːtli]	부 상냥하게, 귀엽게, 즐겁게
177	**tactful** [tǽktfəl]	형 재치 있는, 약삭빠른, 적절한

178 **teepee** [tíːpi]	명 티피(아메리칸 인디언 천막집), 원뿔형 천막집	193 **vexing** [véksiŋ]	vex(성가시게 하다)의 현재분사·동명사 형 성가신 명 성가심
179 **terse** [təːrs]	형 간결한, 간단명료한	194 **virtuous** [vəːrtʃuəs]	형 덕 있는, 공정한, 정숙한
180 **timidity** [tímidəti]	명 소심, 겁 많음, 수줍음	195 **volume** [váljuːm]	명 권, 양, 볼륨, 소리, 부피
181 **tower** [táuər]	명 탑, 송신탑, 고층 빌딩 동 우뚝 솟다, 뛰어나다	196 **Waterloo** [wɔ́ːtərlùː]	명 참패, 대패, 워털루(나폴레옹이 1815년 참패한 벨기에의 지역)
182 **transitory** [trǽnsətɔ̀ːri, -zə-]	형 일시적인, 덧없는, 오래가지 않는	197 **widespread** [wáidspred]	형 널리 퍼진, 광범위한, 확산되는
183 **trifle** [tráifl]	명 조금, 하찮은 것 동 소홀히 다루다	198 **worship** [wə́ːrʃip]	명 숭배, 예배, 흠모 동 숭배하다
184 **ubiquitous** [juːbíkwətəs]	형 편재하는, 어디에나 존재하는		
185 **uncommunicative** [ʌ̀nkəmjúːnikèitiv, -nəkə-]	형 말 없는, 터놓지 않는, 삼가는		
186 **underwrite** [ʌ̀ndəráit]	동 ~에 서명하다, 인수하다		
187 **unfounded** [ʌnfáundid]	형 근거가 없는		
188 **unlikely** [ʌnláikli]	형 ~할 것 같지 않은, 예상 밖의		
189 **unrestrictive** [ʌ̀nristríktiv]	형 제한이 없는, 자유로운		
190 **upbeat** [ʌ́pbìːt]	명 (음악의)여린박, 상승 경향 형 낙관적인, 명랑한		
191 **valedictory** [vælədíktəri]	명 고별 연설, 졸업식 연설 형 고별의		
192 **venerable** [vénərəbl]	형 존경 받는, 덕망 있는, 권위 있는, 유서 깊은		

John Grisham
DAY 34

001	**abominable** [əbámənəbl]	형 가증스러운, 불쾌한
002	**accepted** [ækséptid, ək-]	accept(받아들이다)의 과거·과거분사 / 형 인정된, 용인된
003	**acoustic** [əkú:stik]	형 청각의, 소리의, 음향의 / 명 (전자 장치가 없는)어쿠스틱 악기
004	**adipose** [ǽdəpòus]	형 지방질의 / 명 동물성 지방
005	**advance** [ædvǽns]	동 전진시키다, 제출하다, 개선하다, 승진시키다 / 명 발전, 전진 형: 선행의
006	**aged** [éidʒid, eidʒd]	age(나이를 먹다)의 과거·과거분사 / 형 늙은, 오래된, 숙성한
007	**alienation** [èiljənéiʃən]	명 소외, 양도, 이전
008	**altruism** [ǽltru:ìzm]	명 이타주의, 이타적 행위
009	**amused** [əmjú:zd]	amuse(즐겁게 하다)의 과거·과거분사 / 형 즐거워하는
010	**anomaly** [ənáməli]	명 변칙, 이례, 변태
011	**apathy** [ǽpəθi]	명 냉담, 무관심, 무감각
012	**apprehend** [æprihénd]	동 ~을 체포하다, 이해하다
013	**argumentative** [ù:rgjuméntətiv]	형 논쟁적인, 논쟁을 좋아하는
014	**ascent** [əsént]	명 상승, 등반, 승진
015	**asceticism** [əsétəsìzm]	명 금욕주의, 고행
016	**astringent** [əstríndʒənt]	형 수렴시키는, 신랄한 / 명 수렴제
017	**audible** [ɔ́:dəbl]	형 들리는, 들을 수 있는
018	**avarice** [ǽvəris]	명 탐욕, 강한 욕망
019	**beast** [bi:st]	명 짐승, 야수
020	**beneficent** [bənéfəsənt]	형 자선심 많은, 선행을 하는
021	**blacken** [blǽkən]	동 ~을 검게 하다, 더럽히다, 어두워지다
022	**boredom** [bɔ́:rdəm]	명 지루함, 권태, 지루하게 하는 것
023	**brook** [bruk]	명 개울, 시내 / 동 견디다, 참다
024	**canine** [kéinain]	형 개의 / 명 송곳니, 개
025	**categorize** [kǽtəgəràiz]	동 ~을 분류하다, 범주로 나누다
026	**character** [kǽriktər]	명 주인공, 인물, 성격, 특징
027	**circulation** [sə̀:rkjuléiʃən]	명 순환, 유통, 판매 부수

028 **clerical** [klérikəl]	형 성직자의, 사무직의 명 성직자
029 **coincidental** [kouìnsidéntl]	형 우연에 의한, 동시에 일어나는
030 **commerce** [kámə:rs]	명 무역, 상업
031 **compile** [kəmpáil]	동 (자료를 모아)하나로 종합하다, 편집하다
032 **concatenation** [kankæ̀tənéiʃən]	명 연결, 연쇄, 연속
033 **confederate** [kənfédərət]	명 연합, 일원, 공모자 형 연합한 동 연합하다
034 **conjecture** [kəndʒéktʃər]	명 짐작, 추측 동 추측하다
035 **consolidate** [kənsálədèit]	동 통합하다, 공고히지다, 강화하다
036 **contestant** [kəntéstənt]	명 경쟁자, 참가자, (경기, 대회 등에)출전자
037 **controversial** [kàntrəvə́:rʃəl]	형 논란의, 문제의, 논쟁의
038 **copied** [kápid]	copy(복사하다)의 과거·과거분사 형 복사된
039 **counter** [káuntər]	명 계산대, 판매대 형 반대의 동 반박하다, 반대하다, 역습하다 부 ~의 반대 방향에서
040 **crime** [kraim]	명 범죄, 죄, 죄악
041 **cursorily** [kə́:rsərili]	부 대충, 피상적으로
042 **debunk** [di:báŋk]	동 정체를 폭로하다, 틀렸음을 드러내다
043 **defame** [diféim]	동 중상하다, 비방하다
044 **degradation** [dègrədéiʃən]	명 악화, 비하, 하락
045 **demagogue** [déməgàg]	명 선동가, 민중 지도자
046 **depict** [dipíkt]	동 묘사하다, 그리다, 표현하다
047 **descriptive of**	숙 ~을 설명하는
048 **detailed** [ditéild, dí:teild]	detail(자세하게 말하다)의 과거·과거분사 형 상세한
049 **devoted** [divóutid]	devote(바치다)의 과거·과거분사 형 헌신적인
050 **digress** [daigrés]	동 빗나가다, 본론에서 벗어나다
051 **disbelief** [dìsbilí:f]	명 불신, 의혹
052 **discourtesy** [diskə́:rtəsi]	명 무례, 실례, 버릇없음
053 **disinclination** [disìnklənéiʃən]	명 마음내키지 않음, 싫증
054 **disperse** [dispə́:rs]	동 퍼뜨리다, 흩어지다
055 **distant** [dístənt]	형 먼, 동떨어진, 냉담한, 서먹서먹한
056 **diversity** [divə́:rsəti]	명 다양성, 변화
057 **dormant** [dɔ́:rmənt]	형 잠자는, 휴면 중인

#	단어	뜻
058	**durable** [djúərəbl]	형 내구력이 있는, 튼튼한, 오래 견디는
059	**edible** [édəbl]	형 먹을 수 있는 / 명 식품
060	**elegance** [éligəns]	명 우아함, 고상함
061	**embarrassment** [imbǽrəsmənt]	명 당황, 부끄러움, 곤혹, 방해
062	**encouraged** [inkɔ́ːridʒd]	encourage(격려하다)의 과거·과거분사 / 형 격려받은
063	**enigmatic** [ènigmǽtik]	형 수수께끼 같은, 불가사의한
064	**entrenched** [intréntʃt]	entrench(확고히 하다)의 과거·과거분사 / 형 견고한
065	**equipped** [ikwípt]	equip(설비하다)의 과거·과거분사 / 형 장비를 갖춘
066	**established** [istǽbliʃt]	establish(설립하다)의 과거·과거분사 / 형 인정받는, 자리잡은
067	**exacerbate** [igzǽsərbèit]	동 악화시키다
068	**exemplar** [igzémplər]	명 모범, 전형, 본
069	**expectation** [èkspektéiʃən]	명 예상, 전망, 기대
070	**extend** [iksténd]	동 연장하다, 확장하다, 늘리다
071	**extradition** [èkstrədíʃən]	명 범죄인 본국 송환, 도주범 인도
072	**fallible** [fǽləbl]	형 잘못을 저지르기 쉬운, 틀리기 쉬운
073	**fauna** [fɔ́ːnə]	명 동물군, (한 지역, 한 시대의)동물상
074	**ferociously** [fəróuʃəsli]	부 흉포하게, 맹렬히, 격렬하게
075	**fisticuff** [fístəkʌ̀f]	명 주먹싸움, 난투 / 동 주먹싸움을 하다
076	**focused** [fóukəst]	focus(집중시키다)의 과거·과거분사 / 형 집중한
077	**forfeit** [fɔ́ːrfit]	동 몰수당하다 / 명 벌금, 몰수 / 형 몰수당한
078	**fragility** [frədʒíləti]	명 부서지기 쉬움, 연약함
079	**frond** [frand]	명 길게 갈라진 잎, 엽상체
080	**genius** [dʒíːnjəs]	명 천재, 천재성
081	**gobbledygook** [gάbldigùk]	명 이해하기 힘든 표현, 까다로운 표현
082	**gratuitous** [grətjúːətəs]	형 무료의, 무상의, 쓸데없는
083	**hairless** [héərlis]	형 털이 없는, 대머리의
084	**herald** [hérəld]	동 ~을 미리 알리다, 예고하다 / 명 전조, 전령, 통보관
085	**histrionically** [hìstriάnikəli]	부 연극조로, 과장되게
086	**hung** [hʌŋ]	hang(매달다, 걸다)의 과거·과거분사 / 형 걸려진, 결론이 나지 않은
087	**idolatrous** [aidάlətrəs]	형 우상을 숭배하는, 맹신하는

#	단어	뜻
088	**imbue** [imbjúː]	동 고취시키다, 불어넣다, 적시다
089	**impenetrability** [impènətrəbíləti]	명 무감각, 둔감, 불가입성
090	**impotent** [ímpətənt]	형 무력한, 허약한, 성교 불능의
091	**impulsively** [impʌ́lsivli]	부 충동적으로, 감정적으로
092	**inaptitude** [inǽptətjùːd]	명 부적당, 서투름
093	**inception** [insépʃən]	명 시초, 발단, 처음
094	**incriminating** [inkrímənèitiŋ]	incriminate(죄를 씌우다)의 현재분사·동명사 형 죄를 씌우는 명 죄를 씌움
095	**indigenous** [indídʒənəs]	형 고유의, 토착의
096	**influential** [ìnfluénʃəl]	형 영향력 있는, 유력한
097	**injurious to**	숙 ~에 해로운
098	**insolvent** [insɑ́lvənt]	형 파산한, 지급 불능의 명 파산자
099	**insufficiency** [ìnsəfíʃənsi]	명 부족, 불충분
100	**interactive** [ìntərǽktiv]	형 대화식의, 쌍방향의, 상호적인
101	**intolerable** [intɑ́lərəbl]	형 참을 수 없는, 견딜 수 없는, 지나친
102	**invent** [invént]	동 발명하다, 고안하다, 창조하다
103	**ironically** [airɑ́nikəli]	부 반어적으로, 얄궂게도, 빗대어
104	**jilt** [dʒilt]	동 (특히 여자가 애인을) 버리다
105	**known** [noun]	know(알다)의 과거분사 형 알려진, 유명한
106	**laudation** [lɔːdéiʃən]	명 칭찬, 칭송, 찬사
107	**lenient** [líːniənt]	형 관대한, 인정이 많은
108	**listlessly** [lístlisli]	부 생기 없게, 마음 내키지 않게
109	**lordly** [lɔ́ːrdli]	형 귀족다운, 위엄이 있는, 오만한 부 귀족답게, 오만하게
110	**magnificent** [mægnífəsnt]	형 훌륭한, 웅장한
111	**mandatory** [mǽndətɔ̀ːri]	형 명령을 받은, 의무적인 명 수임자, 위임 통치국
112	**mawkish** [mɔ́ːkiʃ]	형 역겨운, 별나게 감상적인
113	**memorable** [mémərəbl]	형 기억할 만한, 인상적인, 중요한
114	**meticulousness** [mətíkjuləsnis]	명 세심함, 꼼꼼함. 소심함
115	**mirage** [mirɑ́ːʒ]	명 신기루, 망상, 환각
116	**mistaken for**	숙 ~로 오해를 받은
117	**moniker** [mɑ́nəkər]	명 (사람의)이름, 별명

118 **motivation** [mòutəvéiʃən]	명 동기 부여, 욕구, 자극
119 **mute** [mju:t]	형 무언의, 침묵의 명 약음기, 새통 동 소리를 줄이다, (새가)똥을 싸다
120 **nebulous** [nébjuləs]	형 흐릿한, 막연한 구름과 같은
121 **nimbly** [nímbli]	부 경쾌하게, 재치 있게, 재빠르게
122 **novelty** [návəlti]	명 신기함, 새로움
123 **obnoxious** [əbnákʃəs]	형 불쾌한, 추악한, 싫은
124 **occupy** [ákjupài]	동 점령하다, 차지하다, 들어서다, 거주하다
125 **opinion** [əpínjən]	명 의견, 여론, 견해
126 **organism** [ɔ́:rgənìzm]	명 생물, 유기체
127 **outlet** [áutlet, -lit]	명 출구, 배출구, 직판점, 할인점, 콘센트
128 **pachyderm** [pǽkidə̀:rm]	명 후피 동물(코끼리, 하마 등), 둔감한 사람
129 **parallel** [pǽrəlèl]	형 평행한 부 평행으로 명 평행, 유사점 동 ~와 평행이다, 대응이다
130 **pastoral** [pǽstərəl]	형 목회자의, 목가적인 명 목가, 전원시
131 **penalty** [pénəlti]	명 처벌, 벌금, 불이익
132 **peripheral** [pərífərəl]	형 주변적인, 지엽적인 명 (컴퓨터의)주변 장치
133 **persuasiveness** [pərswéisivnis]	명 설득력 있음
134 **picayune** [pìkijú:n]	형 하찮은, 근소한 명 피카윤(스페인의 옛날 동전)
135 **plaudit** [plɔ́:dit]	명 박수, 열렬한 칭찬, 절찬
136 **polemic** [pəlémik]	명 논쟁, 비판, 반론
137 **posthumously** [pástʃuməsli]	부 사후에
138 **pray** [prei]	동 기도하다, 기원하다, 바라다
139 **preemptive** [priémptiv]	형 선매의, 선매권이 있는
140 **pressure** [préʃər]	명 압력, 압박, 부담, 기압 동 압박하다, 가하다
141 **private** [práivət]	형 민간의, 개인의, 사립의, 사적인 명 병사(이등병)
142 **profligate** [práfligət]	형 방탕한, 품행이 나쁜, 부도덕한 명 방탕아
143 **promotor** [prəmóutə(r)]	명 촉진자, 촉진물, 선동자, 주창자
144 **protest to**	숙 ~에 대한 항의
145 **puerile** [pjúəril]	형 미숙한, 어린아이의, 철없는
146 **quandary** [kwándəri]	명 곤경, 궁지, 진퇴양난
147 **random** [rǽndəm]	형 무작위의, 임의의, 되는 대로의

#	단어	뜻
148	**reasonable** [ríːzənəbl]	형 합리적인, 이성적인, 논리적인
149	**recount** [rikáunt]	동 이야기하다, 열거하다, 묘사하다
150	**reference book**	숙 참고 도서
151	**regiment** [rédʒəmənt]	명 (군대의)연대, 다수 / 동 연대로 편성하다, 조직화하다
152	**relative** [rélətiv]	동 상대적인, 비교하여, 비례하여, 관계 있는 / 명 친척, 관계물, 관계사
153	**remnant** [rémnənt]	명 나머지, 자투리, 유물
154	**repercussion** [rìːpərkʌ́ʃən]	명 영향, 반향, 반사
155	**reputation** [rèpjutéiʃən]	명 명성, 평판, 명예
156	**resort to**	숙 ~에 의지하다
157	**resurrect** [rèzərékt]	동 부활시키다, 되살리다
158	**revitalize** [rìːváitəlaɪz]	동 부흥시키다, 소생시키다, 새로운 활력을 주다
159	**rise** [raiz]	동 증가하다, 오르다, 상승하다, 늘다 / 명 상승, 진보, 반란, 기원
160	**rustic** [rʌ́stik]	형 소박한, 시골뜨기의, 투박한
161	**sap** [sæp]	명 수액, 활력, 얼간이(비속어), (군대)대호 / 동 약화시키다, 대호를 파다
162	**scarlet** [skáːrlit]	명 진홍색, 주홍색 / 형 진홍색의, 불경한
163	**secretive** [síːkritiv]	형 숨기는, 입 다물고 있는, 터놓지 않는
164	**sensitive** [sénsətiv]	형 민감한, 섬세한, 감성적인, 신경질적인 / 명 민감한 사람
165	**shenanigan** [ʃənǽnəgən]	명 허튼 소리, 사기, 협잡
166	**significantly** [signífikəntli]	부 크게, 현저히, 상당히
167	**slant** [slænt]	동 기울다, 편향시키다, 편파적이다
168	**solid** [sálid]	형 단단한, 확실한, 고체의 / 명 고체 / 부 일치하여
169	**specialty** [spéʃəlti]	명 특수성, 전문, 전공
170	**sportsmanship** [spóːrtsmənʃip]	명 스포츠 정신, 정정당당함
171	**standard** [stǽndərd]	명 표준, 기준, 모범 / 형 표준의, 일반적인, 우수한
172	**stoic** [stóuik]	명 금욕주의자, 극기주의자 / 형 스토아 철학의
173	**stubbornness** [stʌ́bərnnis]	명 완고, 고집, 불굴
174	**subvert** [səbvə́ːrt]	동 전복시키다
175	**supple** [sʌpl]	형 나긋나긋한, 유연한, 탄력 있는
176	**swift** [swift]	형 신속한, 빠른 / 명 칼새, 가시도마뱀
177	**tactile** [tǽktil]	형 촉각의, 촉각으로 알 수 있는

178 **teetotaler** [ti:tóutlər]	명 절대 금주주의자	
179 **testator** [tésteitər]	명 유언자	
180 **timorous** [tímərəs]	형 겁 많은, 소심한, 마음 약한	
181 **toxic** [táksik]	형 유독한, 중독성의	
182 **translate** [trænsléit, trænz-]	동 번역하다, 옮기다, 해석하다	
183 **trite** [trait]	형 진부한, 흔해 빠진, 평범한	
184 **ulterior** [ʌltíəriər]	형 저쪽의, 저편의, 이면의, 숨은	
185 **uncomplicated** [ʌnkámpləkèitid]	형 복잡하지 않은	
186 **undeterred** [ʌnditə́ːd]	형 단념하지 않는, 구애 받지 않고	
187 **unfrock** [ʌnfrák]	동 특권을 박탈하다, ~에게서 성직을 빼앗다	
188 **unlimber** [ʌnlímbər]	형 유연하지 않은, 단단한 동 발포 준비를 하다, 유연하게 하다 명 발포 준비	
189 **unsavory** [ʌnséivəri]	형 맛없는, 불미스러운, 불쾌한	
190 **upbraid** [ʌpbréid]	동 비난하다, 나무라다, 꾸짖다	
191 **valetudinarian** [vælətjùːdənɛ́əriən]	형 허약한, 건강을 너무 염려하는 명 병약한 사람	
192 **venerate** [vénərèit]	동 ~을 존경하다, 숭배하다	
193 **viable** [váiəbl]	형 성공할 수 있는, 실행 가능한, 생존 가능한	
194 **virulent** [vírjulənt]	형 악성의, 치명적인, 독이 있는	
195 **voluminous** [vəlúːmənəs]	형 방대한, 권수가 많은, 다량의	
196 **wave** [weiv]	명 파도, 물결, 급증 동 흔들다	
197 **wild** [waild]	형 야생의, 거친, 난폭한 명 황무지, 광야 부 난폭하게, 형편없이	
198 **worthless** [wə́ːrθlis]	형 무의미한, 가치 없는	

John Grisham
DAY 35

001 **abrasive** [əbréisiv, əbréiziv]	형 연마재의, 거슬리는 명 연마재
002 **access to**	숙 ~에의 접근
003 **acquiesce** [ækwiés]	동 묵인하다, 잠자코 동의하다
004 **adjournment** [ədʒə́ːrnmənt]	명 회의 연기, 휴회
005 **advantage** [ædvǽntidʒ]	명 이점, 유리, 이익, 우위, 혜택 동 이롭게 하다
006 **aggrandize** [əgrǽndaiz]	동 확대하다, 강화하다
007 **align** [əláin]	동 가지런히 만들다, 일직선으로 하다, ~에 맞춰 조정하다
008 **altruist** [ǽltruist]	명 이타주의자
009 **anachronism** [ənǽkrənìzm]	명 시대 착오, 시대에 뒤진 것
010 **anonymously** [ənánəməsli]	부 익명으로, 특색 없이
011 **apex** [éipeks]	명 정점
012 **apprehension** [æ̀prihénʃən]	명 불안, 걱정, 체포
013 **arid** [ǽrid]	형 불모의, 매우 건조한, 무미건조한
014 **ascribe** [əskráib]	동 ~탓으로 돌리다
015 **astrologer** [əstrálədʒər]	명 점성술사, 점성가
016 **augment** [동 ɔːgmént 명 ɔ́ːgment]	동 늘리다, 증가시키다 명 (그리스어의)접두 모음
017 **avaricious** [æ̀vəríʃəs]	형 탐욕스러운
018 **beautician** [bjuːtíʃən]	명 미용사, 미용실의 경영자
019 **beneficial** [bènəfíʃəl]	형 이로운, 도움이 되는, 유익한
020 **blame** [bleim]	동 비난하다, 나무라다 명 비난, 책임
021 **boring** [bɔ́ːriŋ]	bore(지루하게 하다)의 현재분사·동명사 형 지루한 명 지루하게 함
022 **brutality** [bruːtǽləti]	명 잔인성, 무자비, 만행
023 **canny** [kǽni]	형 영리한, 빈틈없는, 눈치 빠른
024 **caucus** [kɔ́ːkəs]	명 간부 회의, 이익 단체 동 간부 회의를 하다
025 **characteristic** [kæ̀riktərístik]	형 독특한, 특징적인, 특유의 명 특징
026 **circumlocution** [sə̀ːrkəmloukjúːʃən]	명 에둘러 말함
027 **clever** [klévər]	형 영리한, 똑똑한, 재치 있는, 현명한

#	단어	뜻
028	**collaboration** [kəlæ̀bəréiʃən]	명 협력, 협업, 협조, 공동 연구
029	**commercial** [kəmə́ːrʃəl]	형 상업의, 상업적인, 민간의 / 명 광고
030	**complacent** [kəmpléisnt]	형 현실에 안주하는, 자기 만족적인
031	**concede to**	숙 ~에게 양보하다, 용인하다
032	**conference** [kánfərəns]	명 회견, 회의, 회담, 총회
033	**conjoin** [kəndʒɔ́in]	동 결합시키다, 결합하다
034	**consolidation** [kənsàlidéiʃən]	명 합병, 통합, 합동
035	**contiguous** [kəntígjuəs]	형 인접하는, 근접한
036	**controversy** [kántrəvə̀ːrsi]	명 논란, 논쟁
037	**copious** [kóupiəs]	형 풍부한, 많은
038	**counterfeit** [káuntərfit]	동 ~을 위조하다 / 형 위조의, 가짜의 / 명 위조품, 모조품
039	**criminal** [krímənl]	형 범죄의, 형사상의 / 명 범죄자, 범인
040	**cursory** [kə́ːrsəri]	형 피상적인, 겉핥기의, 대충 하는
041	**decalcify** [diːkǽlsəfài]	동 석회질을 제거하다
042	**defeatist** [difíːtist]	명 패배주의자 / 형 패배주의자의
043	**dehydrate** [diːháidreit]	동 건조시키다, ~을 탈수하다
044	**demagoguery** [déməgágəri]	명 선동, 악선전
045	**deplete** [diplíːt]	동 고갈시키다, 다 써버리다
046	**desecrate** [désikrèit]	동 신성을 모독하다, 훼손하다
047	**detect** [ditékt]	동 발견하다, 탐지하다, 간파하다
048	**devotedly** [divóutidli]	부 헌신적으로
049	**digression** [daigréʃən]	명 본론(주제)을 벗어남, 탈선, 여담
050	**disbelieve** [dìsbilíːv]	동 믿지 않다, 진실성을 의심하다, 신용하지 않다
051	**discovered** [diskʌ́vərd]	discover(발견하다)의 과거·과거분사 / 형 발견된
052	**disinclination for**	숙 ~에 대한 싫증
053	**dispersion** [dispə́ːrʒən]	명 분산, 이산, 확산
054	**distantly** [dístəntli]	부 멀리, 떨어져서, 희미하게
055	**divert** [divə́ːrt]	동 딴 데로 돌리다, 유용하다, 우회하다
056	**doting** [dóutiŋ]	dote(망령 들다)의 현재분사·동명사 / 형 맹목적으로 사랑하는, 노망난 / 명 노망남
057	**duration** [djuréiʃən]	명 지속, 기간

#	단어	뜻
058	**edify** [édəfài]	동 ~을 교화하다, ~을 계발하다
059	**elegant** [éligənt]	형 우아한, 훌륭한
060	**embattle** [imbǽtl]	동 전투 태세로 배치하다, 요새화하다, 총안이 있는 흉벽을 만들다
061	**encouragement** [inkə́ːridʒmənt]	명 격려, 장려, 용기
062	**enjoin** [indʒɔ́in]	동 명하다, 이르다, 금지하다
063	**entrepreneurial** [ùːntrəprənə́ːriəl]	형 기업가의
064	**equitable** [ékwətəbl]	형 공정한, 공평한, 정당한
065	**establishment** [istǽbliʃmənt]	명 설립, 시설, 설치, 기관 기득권층
066	**exacerbation** [igzæsərbéiʃən]	명 악화, 격화, 분노
067	**exemplary** [igzémpləri]	형 전형적인, 모범적인, 본보기의
068	**expediency** [ikspíːdiənsi]	명 편의, 편의주의
069	**extensively** [iksténsivli]	부 광범위하게, 널리
070	**extraneous** [ikstréiniəs]	형 관계없는, 외부로부터의, 이질적인
071	**falter** [fɔ́ːltər]	동 비틀거리다, 말을 더듬다 동 더듬거림
072	**faux pas** [fóu páː]	명 (프랑스어)무례, 실례, 부정
073	**fertilize** [fə́ːrtəlàiz]	동 ~을 수정시키다, 기름지게 하다, 비료를 주다
074	**flaccid** [flǽksid]	형 축 늘어진, 연약한, 시든
075	**foggy** [fɔ́ːgi]	형 안개가 낀, 흐릿한, 막연한
076	**forge** [fɔːrdʒ]	명 대장간, 용광로 동 벼려서 만들다, 위조하다, 서서히 나아가다
077	**fragmentary** [frǽgməntèri]	형 단편적인, 조각조각의
078	**frosting** [frɔ́(ː)stiŋ]	frost(설탕을 입히다)의 현재분사·동명사 형 설탕을 입히는 명 설탕을 입힘
079	**gentrify** [dʒéntrəfài]	동 고급 주택지로 바꾸다, 고상하게 만들다
080	**gossamer** [gásəmər]	명 잔 거미줄, 얇고 가벼운 것, 섬세한 것 형 가볍고 섬세한
081	**gratuity** [grətjúːəti]	명 팁(봉사료), 하사금, 퇴직금
082	**halberd** [hǽlbərd, -bərt]	명 미늘창
083	**haste** [heist]	명 서두름, 급함
084	**hereditary** [hərédətèri]	형 세습의, 유전하는
085	**hoard** [hɔːrd]	동 ~을 저장하다 명 축적, 저장
086	**hush** [hʌʃ]	동 조용하게 하다, 입 다물게 하다 명 침묵, 고요
087	**idolatry** [aidálətri]	명 우상 숭배, 맹목적 숭배

#	단어	뜻
088	**imitate** [ímətèit]	동 모방하다, 본받다, 위조하다
089	**imperceptive** [ìmpərséptiv]	형 지각력이 없는, 감지 못하는
090	**impoverish** [impávəriʃ]	동 가난하게 만들다, 빈곤에 빠뜨리다
091	**impunity** [impjú:nəti]	명 형벌을 받지 않음, 면제
092	**incessant** [insésnt]	형 끊임없는, 그칠 새 없는, 부단한
093	**incubus** [ínkjubəs]	명 악몽, 가위
094	**indigent** [índidʒənt]	형 궁핍한, 가난한
095	**inequity** [inékwəti]	명 불공평, 불공정
096	**influx** [ínflʌks]	명 유입, 쇄도, 도래
097	**injustice** [indʒʌ́stis]	명 부정, 부당, 불공평, 불법
098	**insomnia** [insámniə]	명 불면증, 잠을 잘 수 없음
099	**insufficient** [ìnsəfíʃənt]	형 불충분한, 부족한
100	**intercede** [ìntərsí:d]	동 중재하다, 탄원하다, 조정하다
101	**intolerance** [intálərəns]	명 견딜 수 없음, 편협
102	**inventive** [invéntiv]	형 창의적인, 독창적인, 발명의
103	**irony** [áirəni]	명 모순, 반어법, 풍자 형 쇠의, 쇠 같은
104	**jest** [dʒest]	명 농담, 익살, 희롱 동 놀리다, 비웃다
105	**kudos** [kjú:douz]	명 영광, 명성, 칭찬
106	**laudatory** [lɔ́:dətɔ̀:ri]	형 칭찬하는, 찬미의, 찬양의
107	**lesser** [lésə(r)]	little의 이중 비교급 형 작은 편의, 부족한 편의 부 보다 적게
108	**litany** [lítni]	명 호칭 기도, 소원 늘어놓기 장황한 설명
109	**losing** [lú:ziŋ]	lose(잃다)의 현재분사·동명사 형 지는, 잃은 명 패배, 실패
110	**magnify** [mǽgnəfài]	동 ~을 확대하다, 크게 하다, 과장하다
111	**mangy** [méindʒi]	형 초라한, 누추한, 옴이 오른
112	**maxim** [mǽksim]	명 격언
113	**memorandum** [mèmərǽndəm]	명 각서, 비망록, 메모
114	**mirror** [mírə(r)]	명 거울, 귀감 동 반영하다, 비추다
115	**mistrial** [mistráiəl]	명 무효 심리, 오판
116	**monitor** [mánətər]	명 모니터, 감시 장치 동 감시하다, 관찰하다
117	**motley** [mátli]	형 잡다하게 마구 섞인 명 얼룩덜룩한 색, 잡동사니

#	단어	뜻
118	**muted** [mjú:tid]	mute(소리를 줄이다)의 과거·과거분사 / 형 소리 줄인
119	**needless** [ní:dlis]	형 불필요한, 쓸데없는
120	**nimbus** [nímbəs]	명 후광, 숭고한 분위기
121	**novice** [návis]	명 초심자, 풋내기, 미숙자
122	**obscurity** [əbskjúərəti]	명 불명료, 애매한 상태, 알려지지 않음
123	**occurrence** [əkə́:rəns]	명 사건, 발생, 일어난 일
124	**opinionated** [əpínjənèitid]	형 의견을 고집하는, 독단적인
125	**organize** [ɔ́:rgənàiz]	동 조직하다, 개최하다, 준비하다, 구성하다
126	**outlook** [áutluk]	명 전망, 관점, 견해
127	**pacific** [pəsífik]	형 태평양의, 평화로운 / 명 태평양
128	**paramedic** [pǽrəmèdik]	명 낙하산 부대 위생병, 구급 의료 대원, 준의료 종사자
129	**pathogenic** [pæ̀θədʒénik]	형 발병시키는, 병원의
130	**penance** [pénəns]	명 참회, 고행 / 동 속죄시키다, 벌하다
131	**periphery** [pərífəri]	명 주변, 주변부, 주위
132	**pertinacity** [pə̀:rtənǽsəti]	명 끈질김, 불굴, 집요
133	**pick through**	숙 골라 내다
134	**plausible** [plɔ́:zəbl]	형 그럴 듯한, 정말 같은, 외양만 좋은
135	**polemical** [pəlémikəl]	형 논의의, 반론하는, 격론의
136	**postmark** [póustmɑ:rk]	동 (우편물)소인을 찍다 / 명 소인
137	**precariously** [prikέəriəsli]	부 불안정하게
138	**presume** [prizú:m]	동 추정하다, 가정하다, 추측하다
139	**privilege** [prívəlidʒ]	명 특권, 영광, 특례, 혜택 / 동 특권을 주다
140	**profuse** [prəfjú:s]	형 풍부한, 마음이 후한, 낭비하는
141	**promptness** [prάmptnis]	명 신속, 즉결, 민첩
142	**prototype** [próutətaɪp]	명 원형, 표준, 견본, 기본형
143	**pugilistic** [pjù:dʒəlístik]	형 권투의
144	**quantity** [kwάntəti]	명 양, 수량
145	**randomly** [rǽndəmli]	부 무작위로, 생각나는 대로, 임의로
146	**rebuff** [ribʌ́f]	명 퇴짜, 묵살 / 동 ~을 거절하다
147	**recreate** [rékrièit]	동 재현하다, 재창조하다, 다시 만들다

#	단어	뜻
148	**redemptory** [ridémptəri]	형 되찾는, 만회하는
149	**refine** [rifáin]	동 제련하다, 정제하다, 다듬다, 개선하다
150	**registering** [rédʒistəriŋ]	register(등록하다)의 현재분사·동명사 형 등록하는 명 등록함
151	**release** [rilíːs]	동 풀어 주다, 발표하다, 개봉하다
152	**remonstrate** [rimánstreit]	동 항의하다, 충고하다, 이의를 제기하다
153	**repertory** [répərtɔ̀ːri]	명 공연 목록, 주로 하는 것, 저장, 창고
154	**repute** [ripjúːt]	명 평판, 명성 동 간주하다, 평가하다
155	**resounding** [rizáundiŋ]	resound(울려 퍼지다)의 현재분사·동명사 형 울려 퍼지는, 굉장한 명 울려 퍼짐
156	**retained in**	숙 ~에 보유된, 간직된
157	**revitalizing** [rìːváitəlaiziŋ]	revitalize(활성화하다)의 현재분사·동명사 형 활성화하는 명 활성화함
158	**risible** [rízəbl]	형 우스운, 우스꽝스러운
159	**saccharine** [sǽkərin, -rìːn]	형 지나치게 달콤한, 감상적인
160	**sappy** [sǽpi]	형 수액이 많은, 원기 왕성한, 활기찬
161	**scanty** [skǽnti]	형 부족한, 모자란, 빠듯한, 불충분한
162	**scrupulously** [skrúːpjuləsli]	부 고지식하게, 양심적으로
163	**section** [sékʃən]	명 구역, 부문, 부서 동 조각으로 나누다
164	**sentencious** [senténʃəs]	형 설교투의, 금언적인
165	**shiftless** [ʃíftlis]	형 수단이 없는, 무능한, 야심이 없는
166	**silhouette** [sìluét]	명 윤곽, 실루엣 동 ~을 실루엣으로 그리다
167	**slash** [slæʃ]	동 베다, 긋다, 비판하다, 인하하다, 줄이다 명 베기, 베인 상처, 늪지
168	**solipsism** [sálipsìzm]	명 (철학)유아론
169	**specific** [spisífik]	형 특정한, 구체적인, 상세한, 분명한 명 특성, 상세한 점
170	**spring up**	숙 갑자기 나타나다
171	**standing** [stǽndiŋ]	stand(서다)의 현재분사·동명사 형 서서, 지속적인, 상설의 명 지위, 입석
172	**stoical** [stóuikəl]	형 금욕의, 태연한, 냉철한
173	**stump** [stʌmp]	명 그루터기, 남은 부분 동 그루터기로 만들다, 쩔쩔매게 하다
174	**subverter** [səbvə́ːrtər]	명 전복시키는 사람
175	**suppleness** [sʌ́plnis]	명 유순함, 유연함
176	**swiftly** [swíftli]	부 신속히, 급격하게, 즉시, 순식간에
177	**talent** [tǽlənt]	명 재능, 인재, 연예인, 소질

#	단어	뜻
178	**telling** [téliŋ]	tell(말하다)의 현재분사·동명사 / 형 효과적인, 강력한 / 명 말하기
179	**testifier** [téstəfàiər]	명 증인, 증언자
180	**tip off**	숙 ~에게 제보하다
181	**tractable** [træktəbl]	형 다루기 쉬운, 유순한, 양순한
182	**transliteration** [trænslìtəréiʃən]	명 바꿔 씀, 음역
183	**triumph** [tráiəmf]	명 대성공, 업적, 수상 / 동 승리를 거두다
184	**umbrage** [ʌ́mbridʒ]	명 불쾌, 우거진 나뭇잎
185	**uncompromising** [ʌnkɑ́mprəmàiziŋ]	형 타협하지 않는, 강경한, 완고한
186	**undisciplined** [ʌndísəplind]	형 훈련되지 않은, 자제심이 부족한
187	**ungainly** [ʌngéinli]	형 볼품없는, 보기 흉한, 거친
188	**unlimited** [ʌnlímitid]	형 제한 없는, 무한한, 자유로운
189	**unschooled** [ʌnskúːld]	형 교육 받지 않은, 훈련 받지 않은, 경험 없는
190	**update** [ʌpdéit]	동 갱신하다, 최신 정보를 알려주다
191	**valiancy** [væljənsi]	명 용맹, 용감
192	**venerated** [vénərèitid]	venerate(숭배하다)의 과거·과거분사 / 형 숭배 받는
193	**vicarious** [vaikɛ́əriəs]	형 대리의, 대리를 하는
194	**viscous** [vískəs]	형 찐득찐득한, 끈기 있는, 점착성의
195	**voluminously** [vəlúːmənəsli]	부 방대하게, 권수가 많은
196	**waver** [wéivər]	동 흔들리다, 망설이다 / 명 흔들림, 망설임, 미용사
197	**willing** [wíliŋ]	will(~할 것이다)의 현재분사·동명사 / 형 기꺼이 하는 / 명 의지
198	**worthy** [wə́ːrði]	형 가치 있는, 해볼 만한, 훌륭한, 자격 있는 / 명 훌륭한 인물

John Grisham
DAY 36

001	**abrasiveness** [əbréisivnis]	명 마찰, 닳게 함, 거슬림
002	**accessible** [æksésəbl, ək-]	형 접근할 수 있는, 이용 가능한, 사용하기 쉬운
003	**acquiescence** [ækwiésns]	명 묵인, 묵종, 타협
004	**adjudicator** [ədʒúːdikèitər]	명 재판관, 심사원, 심판관
005	**advantageous** [ædvəntéidʒəs]	형 유리한, ~하기 좋은, 이로운
006	**aggravate** [ǽgrəvèit]	동 악화시키다, 가중시키다, 화나게 하다
007	**alike** [əláik]	형 비슷한 부 비슷하게, 똑같이
008	**altruistic** [æltruːístik]	형 이타적인, 이타주의적인
009	**anachronistic** [ənækrənístik]	형 시대 착오적인, 시대에 맞지 않는
010	**answer** [ǽnsər]	명 대답, 해답, 해결책 동 대답하다, 부합하다
011	**aphasia** [əféiʒə]	명 실어증, 실어
012	**apprehensiveness** [æprihénsivnis]	명 우려, 걱정, 이해력
013	**aridity** [ərídəti]	명 건조, 불모, 무미건조
014	**ascribe to**	숙 ~의 탓으로 돌리다
015	**astuteness** [əstjúːtnis]	명 기민함, 예리함
016	**augmentation** [ɔːgmentéiʃən]	명 증가, 증대, 증가물
017	**average** [ǽvəridʒ]	형 평균의, 보통의 명 평균 동 평균이 되다
018	**befriend** [bifrénd]	동 친구가 되다, 돕다, ~을 돌봐 주다
019	**beneficiary** [bènəfíʃièri]	명 수혜자, 수익자
020	**blameworthy** [bléimwəːrði]	형 비난할 만한, 나무랄 만한
021	**borne** [bɔːrnéi]	형 속이 좁은, 편협한
022	**bucolic** [bjuːkálik]	형 전원의, 목가적인 명 전원시, 목가
023	**canonical** [kənánikəl]	형 교회법의, 고전으로 여겨지는
024	**cause** [kɔːz]	명 원인 동 ~를 초래하다
025	**characterize** [kǽriktəràiz]	동 특징을 나타내다
026	**circumlocutory** [sèːrkəmlákjutəːri]	형 완곡한, 둘러 말하는
027	**cliché** [kliːʃéi]	명 진부한 표현

028	**collaborative**	[kəlǽbərèitiv]	형 협력적인, 합작의, 공동 제작의
029	**commiseration**	[kəmìzəréiʃən]	명 위로의 말
030	**complain about**		숙 ~에 대해 불평하다
031	**conceited**	[kənsíːtid]	형 자만하는, 자부심이 강한
032	**confidant**	[kànfədǽnt]	명 절친한 친구
033	**conjunction**	[kəndʒʌ́ŋkʃən]	명 연합, 결합, 연계, 접속사
034	**conspicuously**	[kənspíkjuəsli]	부 두드러지게, 현저히
035	**continent**	[kántənənt]	명 대륙 / 형 극기의, 절제의
036	**contumacious**	[kàntjuméiʃəs]	형 반항적인, 응하지 않는
037	**copy**	[kápi]	동 베끼다, 복사하다 / 명 복사본, 한 부
038	**countermand**	[kàuntərmǽnd]	동 (명령, 주문 등을)취소하다, 철회하다 / 명 철회, 취소
039	**criteria**	[kraitíəria]	criterion의 복수 / 명 기준, 표준, 척도
040	**curt**	[kəːrt]	형 퉁명스러운, (말이)짤막한, (문체가)간결한
041	**decease**	[disíːs]	명 사망 / 동 사망하다
042	**defect**	[díːfekt, difékt]	명 결함, 결점 / 동 탈주하다, 이탈하다
043	**deify**	[díːəfài]	동 신격화하다, 신으로 받들다
044	**demand**	[dimǽnd]	명 수요, 요구, 부담 / 동 요구하다, 요청하다
045	**deplore**	[diplɔ́ːr]	동 한탄하다, 개탄하다, 슬퍼하다
046	**desert**	[명,형:dézərt 동,명:dizə́ːrt]	명 사막, 황무지 / 형 사막의 / 동 버리다, 탈영하다, 비우다 / 명 보답
047	**detente**	[deitάːnt]	명 긴장 완화
048	**devotion**	[divóuʃən]	명 헌신, 정성
049	**digressive**	[daigrésiv]	형 지엽적인, 주제를 벗어난, 본론을 떠난
050	**discern**	[disə́ːrn, -zə́ːrn]	동 식별하다, 분간하다, 알아차리다
051	**discredit**	[diskrédit]	명 불신, 치욕 / 동 의심하다, ~의 평판을 떨어뜨리다
052	**disincline**	[dìsinkláin]	동 싫증나게 하다, 마음이 안 내키다
053	**dispirit**	[dispírit]	동 ~을 낙담하게 하다, ~의 기를 꺾다
054	**distemper**	[distémpər]	명 견온역(개 등의 전염병), 디스템퍼(벽화용 물감) / 동 탈나게 하다, 디스템퍼를 만들다
055	**diverting**	[divə́ːrtiŋ, dai-]	divert(전환시키다)의 현재분사·동명사 / 형 기분 전환이 되는 / 명 기분을 전환시킴
056	**doughty**	[dáuti]	형 대담한, 용맹하고 과감한
057	**dutiful**	[djúːtifəl]	형 충실한, 본분을 지키는, 공손한

#	단어	뜻
058	**educate** [édʒukèit]	동 교육하다, 가르치다, 기르다, 훈련하다
059	**elegiac** [èlidʒáiək]	형 애가(哀歌)의 / 명 만가 형식의 시, 애가체의 시
060	**embellish** [imbéliʃ]	동 ~을 장식하다, 윤색하다, ~을 아름답게 꾸미다
061	**encumber** [inkʌ́mbər]	동 방해하다, 거치적거리게 하다
062	**enlarge** [inlɑ́ːrdʒ]	동 확대하다, 확장하다, 커지다
063	**enumerate** [injúːmərèit]	동 열거하다
064	**equivalence** [ikwívələns]	명 등가, 동량, 상당물
065	**estate** [istéit]	명 재산, 소유권, 사유지
066	**exacting** [igzǽktiŋ]	exact(강요하다)의 현재분사·동명사 / 형 엄격한, 혹독한, 강요하는 / 명 강요함
067	**exemplify** [igzémpləfài]	동 보여 주다, 예시하다, 모범이 되다
068	**expeditiously** [èkspədíʃəsli]	부 신속하게, 빠르게, 날쌔게
069	**extenuate** [iksténjuèit]	동 경감하다, 정상을 참작하다
070	**extrapolate** [ikstrǽpəlèit]	형 (기존의 자료에 의하여) 추정하다, 추론하다
071	**famed** [feimd]	fame(유명해지다)의 과거·과거분사 / 형 저명한, 이름난
072	**favorable** [féivərəbl]	형 유리한, 호의적인, 좋은
073	**fervent** [fɔ́ːrvənt]	형 열렬한, 뜨거운, 강렬한
074	**flag** [flæg]	명 깃발, 서표, (음표의)꼬리, (창포 등의)잎, 판석 / 동 기를 세우다, 시들해지다
075	**foil** [fɔil]	명 포장지, 포일, (금,은)박 / 동 좌절시키다, 박을 입히다
076	**forgiven** [fərgívən]	forgive(용서하다)의 과거분사 / 형 용서된
077	**fragrant** [fréigrənt]	형 향기로운, 달콤한
078	**frosty** [frɔ́ːsti]	형 서리가 내린, 몹시 추운, 차가운
079	**genuine** [dʒénjuin]	형 진실된, 진짜의, 순수한, 성실한
080	**gourd** [gɔːrd]	명 박과 열매, 호리병박 열매
081	**greed** [griːd]	명 탐욕, 욕심
082	**halcyon** [hǽlsiən]	형 물총새의, 평온한, 풍요한 / 명 할시온(그리스신화의 새)
083	**haughty** [hɔ́ːti]	형 오만한, 거만한, 건방진
084	**heretic** [hérətik]	명 이단자, 이교도
085	**hoax** [houks]	명 짓궂은 장난, 날조 / 동 장난질을 하다
086	**hybrid** [háibrid]	명 잡종, 혼합물
087	**ignoble** [ignóubl]	형 비열한, 천한

#	단어	뜻
088	**immaculately** [imǽkjulətli]	튀 얼룩 하나 없이 깨끗하게, 순결하게
089	**imperceptible** [ìmpərséptəbl]	형 미세한, 근소한
090	**impoverished** [impávəriʃt]	impoverish(가난하게 하다)의 과거·과거분사 / 형 빈곤한, 저하된
091	**in contrast to**	숙 ~에 대한, ~와 대조되는
092	**incessantly** [insésntli]	부 끊임없이
093	**inculcate** [inkÁlkeit]	동 주입시키다, 타이르다
094	**indirect** [ìndərékt]	형 간접적인
095	**inertia** [inə́ːrʃə]	명 관성, 타성
096	**inform** [infɔ́ːrm]	동 알리다, 통보하다, 정보를 제공하다
097	**innate** [inéit]	형 타고난, 선천적인, 천성의
098	**insouciance** [insúːsiəns]	명 태평, 무관심, 근심 없음
099	**insult** [insÁlt]	동 모욕하다, 욕보이다 / 명 모욕, 무례함
100	**interchangeable** [ìntərtʃéindʒəbl]	형 교체할 수 있는, 호환성이 있는
101	**intolerance of**	숙 ~에 대한 편협함
102	**inversion** [invə́ːrʒən]	명 거꾸로 하기, 전도, 도치, 역전
103	**irrational** [irǽʃənl]	형 비이성적인, 비합리적인
104	**jockey** [dʒáki]	명 (경마)기수, 조종자 / 동 기수로서 타다, 속이다
105	**labor** [léibər]	명 노동, 일, 노동자, 분만 / 형 노동자의 / 동 일하다, 상세히 설명하다
106	**laughable** [lǽfəbl]	형 우스운, 우스꽝스러운, 재미있는
107	**lethal** [líːθəl]	형 치명적인, 치사의
108	**literacy** [lítərəsi]	명 읽고 쓰는 능력, 교양이 있음
109	**lovely** [lÁvli]	형 사랑스러운, 귀여운, 멋진 / 명 미인, 아름다운 것
110	**magniloquence** [mægnílǝkwəns]	명 과장, 호언장담, 허풍
111	**manifest** [mǽnəfèst]	동 나타내다, 분명해지다 / 명 승객 명단, 화물 목록 / 형 분명한
112	**mean** [miːn]	동 ~를 의미하다 / 형 인색한, 비열한, 평균의 / 명 중간, 중용, 중도
113	**memorize** [mémǝràiz]	동 암기하다, ~을 기억하다
114	**metonymy** [mitánəmi]	명 환유(어떤 단어 대신에 그것을 의미하는 다른 단어를 쓰는 비유)
115	**mirth** [məːr]	명 환희, 명랑, 유쾌한 법석
116	**mistrust** [mìstrÁst]	동 불신하다, 믿지 않다 / 명 불신
117	**monolithic** [mànəlíθik]	형 단일체의, 하나의 암석으로 된, 한 덩어리로 뭉친 / 명 모놀리식 집적 회로

#	단어	의미
118	**motor** [móutər]	명 전동기, 발동기, 모터 형 움직이는, 모터가 달린 동 차를 타고 다니다
119	**mutilated** [mjuːtréit]	mutilate(인체를 훼손하다)의 과거·과거분사 형 손발이 잘려진
120	**nefarious** [niféəriəs]	형 사악한, 극악한, 범죄의
121	**no rights to**	숙 ~에 대한 권리가 없는
122	**nuance** [njúːɑːns]	명 미묘한 차이, 음영
123	**observable** [əbzɔ́ːrvəbl]	형 관찰할 수 있는, 식별할 수 있는
124	**offend** [əfénd]	동 불쾌하게 하다, 성나게 하다
125	**opponent** [əpóunənt]	명 상대, 적, 경쟁자 형 반대의
126	**organized** [ɔ́ːrgənàizd]	organize(조직하다)의 과거·과거분사 형 조직화된, 정리된
127	**outmode** [àutmóud]	동 시대에 뒤떨어지게 하다
128	**pacification** [pæ̀səfikéiʃən]	명 화해, 평온, 평정
129	**paramount** [pǽrəmàunt]	형 최고의, 주요한 명 최고권자, 군주
130	**patience** [péiʃəns]	명 인내, 참을성, 끈기
131	**penchant for**	숙 ~에 대한 기호
132	**perjury** [pə́ːrdʒəri]	명 위증, 위증죄, 위서
133	**pertinent** [pə́ːrtənənt]	형 적절한, 관계가 있는
134	**picturesque** [pìktʃərésk]	형 그림같이 아름다운, 생생한
135	**playful** [pléifl]	형 장난스러운, 쾌활한, 놀기 좋아하는, 명랑한
136	**polish** [páliʃ]	동 윤을 내다, 세련되다 명 윤 내기, 광택 형 폴란드의
137	**postmortem** [poùstmɔ́ːrtəm]	형 사후의, 죽은 뒤의, 검시의 명 검시
138	**precedent** [présədənt]	명 선례, 전례, 판례 형 앞의, 이전의, 선행하는
139	**preface** [préfis]	명 서문 동 서문을 달다
140	**presumptive** [prizʌ́mptiv]	형 추정의 근거가 되는
141	**probable** [prábəbl]	형 있음직한, 거의 확실한 명 있음직한 일, 유력한 후보자
142	**profusion** [prəfjúːʒən]	명 풍부함, 흥청망청
143	**promulgate** [práməlgèit]	동 보급하다, 선포하다, 세상에 알리다
144	**protozoan** [proùtəzóuən]	명 원생 동물
145	**pugnacious** [pʌgnéiʃəs]	형 싸움하기 좋아하는, 호전적인
146	**quarrel over**	숙 ~에 대해 언쟁하다
147	**rank** [ræŋk]	명 지위, 계급 동 순위를 매기다 형 너무 무성한, 썩은

#	단어	뜻
148	**rebuild** [ribíld]	동 재건하다, 다시 세우다, 복구하다
149	**recrudescence** [rìːkruːdésns]	명 재발, 재연
150	**refined** [rifáind]	refine(정제하다)의 과거·과거분사 형 정제된, 제련된, 고상한
151	**registration** [rèdʒistréiʃən]	명 등록, 접수
152	**release from**	숙 ~에서 석방하다
153	**remote control** [rimóut kəntróul]	리모컨, 원격 조종 장치
154	**repetitive** [ripétətiv]	형 반복적인, 되풀이하는
155	**request** [rikwést]	동 요청하다, 요구하다 명 요청, 요구
156	**respect** [rispékt]	명 존경, 경의, 측면 동 존경하다
157	**retaliate** [ritǽlièit]	동 보복하다, 복수하다, 응수하다
158	**revival** [riváivəl]	명 부활, 부흥, 회복, 소생
159	**rival** [ráivəl]	명 경쟁자, 적수 동 ~에 필적하다
160	**sacred** [séikrid]	형 신성한, 종교적인
161	**sarcasm** [sáːrkæzm]	명 비꼼, 풍자, 빈정거림
162	**scarce** [skɛərs]	형 부족한, 희귀한, 적은
163	**secularize** [sékjuləràiz]	동 ~을 종교에서 분리하다, ~을 세속화하다
164	**sentient** [sénʃənt]	형 지각 있는
165	**ship** [ʃip]	명 배, 선박 동 수송하다, 선적하다
166	**silky** [sílki]	형 비단의, 광택 나는
167	**slide** [slaid]	동 미끄러지다, 하락하다 명 미끄러짐, 하락
168	**solipsistic** [sàlipsístik]	형 유아·독존적인
169	**specify** [spésəfài]	동 명시하다, 구체화하다, 상술하다
170	**spurious** [spjúəriəs]	형 가짜의, 사생아의
171	**state** [steit]	명 국가, 주, 정부, 상태 형 정부의, 주립의 동 진술하다, 분명히 말하다
172	**stoically** [stóuikəli]	부 금욕적으로, 냉정하게, 태연하게
173	**sturdy** [stə́ːrdi]	형 튼튼한, 견고한, 단단한, 불굴의
174	**succeed** [səksíːd]	동 성공하다, 뒤를 잇다, 계승하다
175	**supply** [səplái]	동 공급하다, 보완하다, 대리하다 명 공급, 보급품
176	**swiftness** [swíftnis]	명 빠름, 민첩함, 신속함
177	**talented** [tǽləntid]	형 재능 있는, 뛰어난, 유능한, 실력 있는

#	단어	뜻
178	**temerity** [təmérəti]	명 무모함, 무분별, 저돌적임
179	**testimony** [téstəmòuni]	명 증언, 증거, 입증
180	**tiresome** [táiərsəm]	형 피곤한, 지겨운
181	**tradition** [trədíʃən]	명 전통, 관습
182	**translucence** [trænslú:sns]	명 반투명
183	**trivial** [tríviəl]	형 사소한, 하찮은
184	**unable** [ʌnéibl]	형 ~할 수 없는, ~하지 못하는
185	**unconcerned** [ʌ̀nkənsə́:rnd]	형 관계하지 않는, 개의치 않는, 태연한
186	**undiscouraged** [ʌ̀ndiskʌ́ridʒd]	형 낙심하지 않은, 태연한
187	**unheralded** [ʌnhérəld]	형 널리 알려지지 않은, 뜻밖의, 무명의
188	**unmarred** [ʌ̀nmá:rd]	형 상처가 나지 않은, 손상되지 않은
189	**unscientific** [ʌ̀nsàiəntífik]	형 비과학적인, 과학적 지식이 없는
190	**upgrade** [명,동:ʌ́pgrèid 형,부:ʌ́pgréid]	명 오르막, 향상, 증가 동 개선하다, 승진시키다 형 치받이의 부 치받이에
191	**valid** [vǽlid]	형 유효한, 타당한, 근거 있는
192	**veneration** [vènəréiʃən]	명 존경, 숭배, 존경심
193	**vicariously** [vaikέəriəsli]	부 대신에, 대리로
194	**vision** [víʒən]	명 시력, 시야, 전망, 환상 동 환상을 보다, 상상하다
195	**voracious** [vɔːréiʃəs]	형 식욕이 왕성한, 탐욕적인
196	**wavering** [wéivəriŋ]	waver(흔들리다)의 현재분사·동명사 형 흔들리는 명 흔들림
197	**willingly** [wíliŋli]	부 기꺼이, 자진해서, 고의적으로
198	**wrest** [rest]	동 ~을 비틀다, 비틀어 떼다 명 비틀기

John Grisham
DAY 37

001 **abridge** [əbrídʒ]	동 요약하다, 단축하다, 줄이다
002 **accidental** [æksədéntl]	형 우발적인, 우연한, 사고로 인한
003 **acquiescence in**	숙 ~를 묵묵히 따름
004 **adjudication** [ədʒùːdəkéiʃən]	명 판결, 선고, 파산 선고
005 **adventure** [ædvéntʃər, əd-]	명 모험, 도전 동 위험을 무릅쓰고 하다
006 **aggravation** [ægrəvéiʃən]	명 악화, 심화, 중대화
007 **alimentation** [æləməntéiʃən]	명 자양, 부양, 영양 공급
008 **amalgam** [əmǽlgəm]	명 아말감, 혼합물, 결합물
009 **analogue** [ǽnəlɔ̀(ː)g]	명 아날로그, 유사물
010 **antagonism** [æntǽgənìzm]	명 적대, 적의, 길항 작용
011 **aplomb** [əplám]	명 침착, 태연
012 **apprenticeship** [əpréntisʃip]	명 견습 기간, 도제살이
013 **aristocratic** [ərìstəkrǽtik]	형 귀족의, 상류계급의
014 **asinine** [ǽsənàin]	형 나귀의, 어리석은, 우둔한
015 **athletic** [æθlétik]	형 운동의, 체육의, 강건한
016 **aura** [ɔ́ːrə]	명 발산, 기운, 분위기, 매력
017 **averse** [əvə́ːrs]	형 싫어하는, 반대하는
018 **befuddle** [bifʌ́dl]	동 정신 못 차리게 하다, 어리둥절하게 하다
019 **benefit from**	숙 ~의 덕을 보다, ~의 도움을 받다
020 **blandishment** [blǽndiʃmənt]	명 감언, 아첨, 부추김
021 **botch** [batʃ]	동 ~을 망쳐 놓다 명 종기, 망친 일
022 **buffoon** [bəfúːn]	명 어릿광대 동 놀리다, 익살부리다
023 **canonize** [kǽnənàiz]	동 성자의 반열에 올리다, ~을 시성하다
024 **caustic** [kɔ́ːstik]	형 부식성의, 가성의, 신랄한 명 부식제
025 **charitable** [tʃǽritəbl]	형 관대한, 자비로운, 자선을 위한
026 **circumscribe** [sə́ːrkəmskraib]	동 ~을 제한하다, 주위에 경계선을 긋다
027 **climb** [klaim]	동 오르다, 등반하다, 승진하다 명 오르기, 등반

028 **colleague** [kɑ́liːg]	명 동료	043 **deign** [dein]	동 마지못해 하다, 하사하다
029 **committee** [kəmíti]	명 위원회	044 **demanding** [dimǽndiŋ]	demand(요구하다)의 현재분사 · 동명사 형 요구가 지나친 명 요구함
030 **complaint** [kəmpléint]	명 불만, 불평, 고소	045 **deploy** [diplɔ́i]	동 배치하다, 알맞게 사용하다
031 **concentratedly** [kɑ́nsəntrèitidli]	부 집중되게, 밀집하게	046 **deserted** [dizə́ːrtid]	desert(버리다)의 과거 · 과거분사 형 버려진, 황폐한
032 **confident of**	숙 ~을 신뢰하는	047 **deter** [ditə́ːr]	동 단념시키다, 방해하다, 저지하다
033 **conjunction with**	숙 ~와 함께	048 **devotion to**	숙 ~에의 헌신
034 **conspirator** [kənspírətər]	명 공모자, 음모자	049 **dilapidate** [dilǽpidèit]	동 황폐케 하다, 파손하다, 탕진하다
035 **contingency** [kəntíndʒənsi]	명 만일의 사태, 우발 사건	050 **disenable** [dìsenéibl]	동 ~의 능력을 없애다, 자격을 박탈하다
036 **contusion** [kəntjúːʒən]	명 타박상, 좌상, 멍듦	051 **discreet** [diskríːt]	형 신중한, 분별력 있는, 사려 깊은
037 **cordially** [kɔ́ːrdʒəli]	부 진심으로, 성심껏, 정성껏	052 **disinfected** [dìsinféktid]	disinfect(소독하다)의 과거 · 과거분사 형 소독된
038 **countryman** [kʌ́ntrimən]	명 동포, 같은 나라 사람, 시골 사람	053 **displace** [displéis]	동 ~을 대신하다, 추방하다
039 **critical** [krítikəl]	형 비판적인, 중요한, 중대한, 결정적인	054 **distend** [disténd]	동 팽창시키다, 부풀다, 넓히다
040 **curtail** [kəːrtéil]	동 단축하다, 삭감하다, 줄이다	055 **divinity** [divínəti]	명 신성, 신
041 **deceased** [disíːst]	decease(사망하다)의 과거 · 과거분사 형 사망한	056 **dour** [duər]	형 뚱한, 음침한
042 **defend** [difénd]	동 방어하다, 지키다, 옹호하다, 변호하다	057 **duty** [djúːti]	명 의무, 임무, 관세, 직무, 세금

#	단어	뜻	#	단어	뜻
058	**educated** [édʒukèitid]	educate(교육하다)의 과거·과거분사 / 형 교육을 받은	073	**fervid** [fə́:rvid]	형 열렬한, 열정적인
059	**elegy** [élədʒi]	명 비가, 애가, 만가	074	**flail** [fleil]	동 ~을 도리깨질하다, 마구 움직이다 / 명 도리깨
060	**embellishment** [imbéliʃmənt]	명 장식, 수식, 윤색	075	**foliage** [fóuliidʒ]	명 잎, 나뭇잎
061	**endanger** [indéindʒər]	동 ~을 위험에 빠뜨리다, 위태롭게 하다	076	**forgo** [fɔːrgóu]	동 ~없이 지내다, 포기하다, 그만두다
062	**enlighten** [inláitn]	동 계몽하다, 교화하다, 설명하다	077	**frailty** [fréilti]	명 허약함, 약점, 의지 박약
063	**envelop** [invéləp]	동 싸다, 봉하다, ~을 덮다	078	**frown upon**	숙 ~에 눈살을 찌푸리다
064	**equivocal** [ikwívəkəl]	형 애매한, 분명치 않은, 수상쩍은	079	**geographic** [dʒì:əgrǽfik]	형 지리학의, 지리학적인
065	**estimable** [éstəməbl]	형 존경할 만한, 평가할 수 있는	080	**gourmand** [gúrma:nd]	명 대식가
066	**exaggerate** [igzǽdʒərèit]	동 과장하다	081	**greedy** [gríːdi]	형 탐욕스러운, 욕심 많은
067	**exemption** [igzémpʃən]	명 면제, 면세품, 공제	082	**hale** [heil]	형 정정한, 기운찬, 튼튼한 / 동 세게 잡아당기다
068	**expedite** [ékspədàit]	동 신속히 처리하다, 촉진시키다	083	**haven** [héivn]	명 항구, 피난처, 안식처 / 동 (배를)피난시키다
069	**exterior** [ikstíəriər]	명 외부, 외면 / 형 외부의	084	**heretical** [hərétikəl]	형 이단자의, 이단의, 이교의
070	**extravagance** [ikstrǽvəgəns]	명 낭비, 사치, 지나침	085	**hobbit** [hábit]	명 호빗('톨킨'의 작품에 나오는 난쟁이족)
071	**familial** [fəmíljəl]	형 가족의, 집안의, 집안에 전해지는	086	**hygiene** [háidʒi:n]	명 위생학, 위생
072	**favored** [féivərd]	favor(호의를 베풀다)의 과거·과거분사 / 형 호의를 받는, 혜택을 받는	087	**ignominious** [ìgnəmíniəs]	형 창피한, 불명예스러운, 경멸할 만한

#	단어	뜻
088	**immediacy** [imí:diəsi]	명 직접성, 신속성
089	**imperil** [impérəl]	동 위태롭게 하다, 위험에 빠뜨리다
090	**impoverishment** [impávəriʃmːənt]	명 빈곤화, 피폐
091	**inaccuracy** [inækjurəsi]	명 부정확, 정밀하지 않음
092	**incidence** [ínsədəns]	명 발생률, 발생 범위
093	**inculpable** [inkʌ́lpəbl]	형 죄 없는, 결백한
094	**indiscreet** [ìndiskrí:t]	형 무분별한, 지각 없는, 경솔한
095	**inescapable** [ìneskéipəbl]	형 회피할 수 없는, 불가피한
096	**informal** [infɔ́:rməl]	형 형식에 얽매이지 않는, 편안한
097	**innocuous** [inάkjuəs]	형 해가 없는, 악의 없는, 재미없는
098	**insouciant** [insú:siənt]	형 태평한, 무관심한, 무심한
099	**insulted** [insʌ́ltid]	insult(모욕하다)의 과거·과거분사 형 모욕당한
100	**interchangeably** [ìntərtʃéindʒəbli]	부 교환 가능하게
101	**intolerant** [intάlərənt]	형 편협한, 옹졸한, 견딜 수 없는
102	**invert** [동:invə́ːrt 명,형:ínvəːrt]	동 거꾸로 하다, (음악)전회하다, (화학)전회하다 명 전화, 성도착자 형 전화한
103	**irredeemable** [ìridí:məbl]	형 바로잡을 수 없는, 상환될 수 없는
104	**jocular** [dʒάkjulər]	형 익살스러운, 유쾌한
105	**labored** [léibərd]	labor(애쓰다)의 과거·과거분사 형 무리한, 부자연스러운
106	**laughter** [lǽftər]	명 웃음, 웃음소리
107	**lethargic** [ləθά:rdʒik]	형 무기력한, 둔감한
108	**literally** [lítərəli]	부 말 그대로, 문자 그대로, 사실상
109	**lower** [lóuər]	동 낮추다, 줄이다 형 아래 쪽의(low의 비교급) 명 (아랫 니옷)틀니, (열차의)하단 침대
110	**magnitude** [mǽgnətjù:d]	명 규모, 중요성, (별의)광도
111	**manufacture** [mæ̀njufǽktʃər]	명 제조, 생산 동 제조하다, 지어내다
112	**meander** [miǽndər]	동 굽이쳐 흐르다, 정처없이 거닐다 명 구불구불함
113	**menacing** [ménisiŋ]	menace(위협하다)의 현재분사·동명사 형 위협적인 명 위협함
114	**microcosmic** [màikrəkάzmik]	형 소우주의, 축소판의
115	**mirthful** [mɔ́:rθfəl]	형 즐거운, 유쾌한, 웃고 떠드는
116	**misunderstanding** [mìsʌ̀ndərstǽndiŋ]	misunderstand(오해하다)의 현재분사·동명사 명 오해, 착오 형 오해하는
117	**monologue** [mάnəlɔ̀:g]	명 독백, 긴 이야기, 장광설

#	단어	뜻
118	**mountebank** [máuntəbæŋk]	명 야바위꾼, 협잡꾼 / 동 사기치다
119	**myriad** [míriəd]	형 수많은, 무수한 / 명 무수히 많음
120	**negate** [nigéit]	동 ~을 무효로 하다, ~을 부인하다
121	**nobly** [nóubli]	부 고귀하게, 귀족으로서, 위엄 있게
122	**nubile** [njú:bil]	형 결혼 적령기의, (젊은 여자가)성적 매력이 있는
123	**observance** [əbzə́:rvəns]	명 (법률, 규칙 등의)준수, (종교, 전통 등의)의식, 관습
124	**offense** [əféns]	명 범죄, 공격, 위반, 침해
125	**opportune** [ὰpərtjú:n]	형 적절한, 시의에 맞는, 시기가 좋은
126	**organizer** [ɔ́:rgənàizər]	명 조직자, 설립자, 창설자
127	**outweigh** [àutwéi]	동 ~보다 뛰어나다, 우세하다
128	**pacifism** [pǽsəfìzm]	명 평화주의, 전쟁 반대
129	**paramour** [pǽrəmùər]	명 애인, 가장 사랑하는 사람
130	**patriarch** [péitrià:rk]	명 족장, 가장, 장로
131	**peninsula** [pənínsjulə]	명 반도
132	**permanent** [pə́:rmənənt]	형 영구적인, 정규직의, 상설의
133	**perturb** [pərtə́:rb]	동 혼란시키다, ~을 당황하게 하다
134	**pierce** [piərs]	동 뚫다, 꿰뚫다, 꽂다
135	**plea** [pli:]	명 탄원, 애원, 항변, 진술
136	**polished** [pálist]	polish(윤을 내다)의 과거·과거분사 / 형 윤이 나는, 세련된
137	**postpone** [poustpóun]	동 연기하다, 미루다, 지연시키다
138	**precinct** [prí:siŋkt]	명 구역, 선거구
139	**preferable** [préfərəbl]	형 바람직한, 선호하는, 나은, 더 좋은
140	**presumptuous** [prizʌ́mptʃuəs]	형 주제넘은, 뻔뻔스러운, 건방진
141	**probity** [próubəti]	명 성실, 고결, 청렴결백
142	**progenitor** [proudʒénətər]	명 조상, 선조, 선배
143	**prone** [proun]	형 ~의 경향이 있는, ~하기 쉬운
144	**protract** [proutrǽkt]	동 ~을 연장하다, 오래 끌게 하다, 내뻗다
145	**pugnacity** [pʌgnéisəti]	명 싸움을 좋아함, 호전적임
146	**quell** [kwel]	동 진압하다, 감정을 가라앉히다
147	**rapidity** [rəpídəti]	명 속도, 급속, 민첩

#	단어	뜻
148	**rebuke** [ribjúːk]	동 비난하다, 꾸짖다, 명 질책
149	**recruit** [rikrúːt]	동 채용하다, 모집하다, 명 신병, 신입사원
150	**refinement** [rifáinmənt]	명 세련, 정제, 순화
151	**regress** [동:rigrés 명:ríːgres]	동 회귀하다, 역행하다 명 후퇴, 퇴행
152	**released** [rilíːzd]	release(풀어 주다)의 과거·과거분사 형 해방된, 풀어진
153	**remorse** [rimɔ́ːrs]	명 후회, 가책, 반성
154	**repine** [ripáin]	동 안달하다, 불평하다, 투덜거리다
155	**require** [rikwáiər]	동 필요하다, 요구하다
156	**respectful** [rispéktfəl]	형 존경하는, 예의바른
157	**retaliatory** [ritǽliətɔ́ːri]	형 보복적인, 앙갚음의
158	**revive** [riváiv]	동 소생시키다, 되살아나다
159	**roast** [roust]	동 굽다, 볶다 명 구운 고기 형 구운
160	**sacrifice** [sǽkrəfàis]	명 희생, 제물 동 희생시키다
161	**sarcastic** [sɑːrkǽstik]	형 비꼬는, 빈정대는, 냉소적인
162	**scarcity** [skɛ́ərsəti]	명 부족, 결핍
163	**security** [sikjúərəti]	명 안전, 보안, 보증, 증권
164	**sentimental** [sèntəméntl]	형 감상적인
165	**shirk** [ʃəːrk]	동 회피하다, 게을리하다, 꾀부리다 명 책임 회피
166	**silly** [síli]	형 어리석은, 바보 같은, 어처구니없는
167	**slight** [slait]	형 작은, 약한, 경미한 동 무시하다, 경시하다 명 모욕, 무시
168	**solitary** [sálətèri]	형 혼자의, 고립하여 명 은둔자
169	**specimen** [spésəmən]	명 표본, 견본
170	**spurn** [spəːrn]	동 거절하다, 일축하다, 쫓아 버리다 명 일축, 멸시
171	**static** [stǽtik]	형 정지하고 있는, 정적인, 정전기의 명 잡음, 전파 방해
172	**stoker** [stóukər]	명 (기차, 기선 등의 용광로에 연료를 공급하는 장치)화부
173	**stymie** [stáimi]	동 ~을 방해하다 명 방해, (골프에서)방해구
174	**succeed with**	숙 잘 실행하다, 성공하다
175	**support** [səpɔ́ːrt]	동 지지하다, 지원하다, 뒷받침하다 명 지지, 부양, 뒷받침, 원조
176	**swindle** [swíndl]	동 사취하다, 사기치다 명 사기
177	**talisman** [tǽlismən]	명 부적, 수호부

#	단어	뜻
178	**temper** [témpər]	명 성품, 성격, 기분 동 누그러뜨리다
179	**texture** [tékstʃər]	명 직물, 질감, 조직 동 (피륙을)짜다
180	**tiresomely** [táiərsəmli]	부 지루하게, 성가시게
181	**traditional** [trədíʃənl]	형 전통적인, 구식의, 고풍의
182	**translucent** [trænslúːsnt]	형 반투명의, 반투명인
183	**trivialize** [tríviəlàiz]	동 하찮게 만들다, 시시하게 만들다
184	**unadorned** [ʌnədɔ́ːrnd]	형 간소한, 꾸밈 없는
185	**unconquerable** [ʌnkánkərəbl]	형 정복하기 어려운, 극복할 수 없는
186	**undisputed** [ʌndispjúːtid]	형 의론의 여지가 없는, 명백한, 당연한
187	**unification** [jùːnəfikéiʃən]	명 통일, 통합, 단합
188	**unmemorable** [ʌnmémərəbl]	형 기억에 남지 않는, 기억할 만하지 않은
189	**unscrupulous** [ʌnskrúːpjələs]	형 비양심적인, 파렴치한
190	**upheaval** [ʌphíːvl]	명 격변, 융기, 대변동
191	**validate** [vǽlədèit]	동 ~을 유효하게 하다, ~을 비준하다, 입증하다
192	**veneration of**	숙 ~에 대한 숭배
193	**viciously** [víʃəsli]	부 부도덕하게, 심술궂게, 매정하게
194	**visionary** [víʒənèri]	형 예지력 있는, 환영의 명 예지자, 공상가
195	**vote on**	숙 ~를 가결하다
196	**weak** [wiːk]	형 약한, 침체된, 허약한
197	**willingness** [wíliŋnis]	명 의지, 의사, 기꺼이 ~하려는 마음
198	**wretched** [rétʃid]	형 비참한, 비열한, 끔직한

John Grisham
DAY 38

001	**abrogate** [ǽbrəgèit]	동 폐지하다, 폐기하다, 무효화하다
002	**acclaim** [əkléim]	동 환호하다, 갈채를 보내다 / 명 찬사, 칭찬
003	**acquit** [əkwít]	동 무죄를 선고하다, 석방하다
004	**adjunct** [ǽdʒʌŋkt]	명 부속물, 부가사 / 형 부속하는, 종속하는
005	**adversarial** [ædvərséəriə]	형 대립 관계에 있는, 반대의
006	**aggressive** [əgrésiv]	형 공격적인, 적극적인
007	**alimony** [ǽləmòuni]	명 이혼 수당, 별거 수당
008	**amalgamate** [əmǽlgəmèit]	동 합병시키다, 합동하다, 융합하다
009	**analogy** [ənǽlədʒi]	명 비유, 유추, 유사
010	**antagonist** [æntǽgənist]	명 적대자, 악역
011	**apocalypse** [əpákəlips]	명 세상의 종말, 대재앙
012	**apprise** [əpráiz]	동 통지하다, 알리다
013	**armadillo** [à:rmədílou]	명 아르마딜로
014	**askance** [əskǽns]	부 곁눈으로, 비스듬히, 의심하는 마음으로
015	**atom** [ǽtəm]	명 (물리, 화학에서)원자
016	**auspicious** [ɔ:spíʃəs]	형 길조의, 상서로운
017	**avid** [ǽvid]	형 열렬한, 열심인, 몹시 탐내는
018	**beg** [beg]	동 구걸하다, 부탁하다, 탄원하다
019	**benevolence** [bənévələns]	명 자비심, 선행, 선의
020	**blanket** [blǽŋkit]	명 담요, 뒤덮는 것 / 형 전면적인, 포괄적인 / 동 뒤덮다
021	**bountiful** [báuntifəl]	형 풍부한, 관대한, 아낌없이 베푸는
022	**bugaboo** [bʌ́gəbù:]	명 무서운 것, 요괴
023	**cantankerous** [kæntǽŋkərəs]	형 심술궂은, 성미 고약한
024	**cauterize** [kɔ́:təràiz]	동 (상처를)지지다, 소작하다, 뜸을 뜨다
025	**charlatan** [ʃá:rlətn]	명 허풍선이, 사기꾼, 돌팔이 의사
026	**circumscribed** [sə́:rkəmskraibd]	circumscribe(제한하다)의 과거 · 과거분사 / 형 국한의, 외접한, 제한된
027	**cloister** [klɔ́istər]	명 회랑, 수도원 생활 / 동 고립시키다, 회랑을 갖추다

#	단어	뜻
028	**collegial** [kəlíːdʒiəl]	형 대학생 특유의, 대학생용의
029	**common** [kámən]	형 흔한, 공통의, 일반적인 / 명 공유지, 공원, 공용권
030	**complaisant** [kəmpléisnt]	형 고분고분한, 사근사근한
031	**concept** [kánsept]	명 개념, 생각, 구상
032	**confidential** [kànfədénʃəl]	형 기밀의, 비밀의
033	**conjure up**	숙 상기시키다
034	**constancy** [kánstənsi]	명 불변, 항구성, 지조
035	**contingent** [kəntíndʒənt]	형 ~여부에 따라, 우연한 / 명 대표단, 파견단, 분담금, 우연한 일
036	**conundrum** [kənÁndrəm]	명 수수께끼, 어려운 문제
037	**courageously** [kəréidʒəsli]	부 용감하게
038	**criticism** [krítəsìzm]	명 비난, 비판, 비평
039	**curt** [kəːrt]	형 퉁명스러운
040	**custodian** [kʌstóudiən]	명 관리인, 보관자, 보호인
041	**deceive** [disíːv]	동 속이다, 기만하다, 현혹시키다
042	**defended** [diféndid]	defend(방어하다)의 과거·과거분사 / 형 방비된
043	**deject** [didʒékt]	동 ~의 기를 꺾다, 낙담시키다
044	**demarcation** [dìːmɑːrkéiʃən]	명 구분, 경계 설정, 분리
045	**deport** [dipɔ́ːrt]	동 추방하다, 강제 이송하다, 처신하다
046	**desiccate** [désikèit]	동 건조하다, 건조시키다
047	**deterioration** [ditìəriəréiʃən]	명 악화, 저하, 퇴보
048	**devoutly** [diváutli]	부 독실하게, 헌신적으로
049	**dilatory** [dílətɔ̀ːri]	형 꾸물거리는, 지체하는, 더딘
050	**discernibly** [disə́ːrnəbli, -zə́ːrn-]	부 구별할 수 있게, 인식할 수 있게
051	**discrepancy** [diskrépənsi]	명 불일치, 차이, 모순, 괴리
052	**disingenuous** [dìsindʒénjuəs]	형 부정직한, 솔직하지 않은, 음흉한
053	**disposed** [dispóuzd]	dispose(배치하다)의 과거·과거분사 / 형 배치된, ~할 마음이 있는
054	**distended** [disténdid]	distend(팽창시키다)의 과거·과거분사 / 형 넓어진, 팽창한
055	**division** [divíʒən]	명 분할, 부문, 부서, 나눗셈, 투표, (군대의)사단
056	**dourness** [dúərnis]	명 시무룩함, 음침함, 재미없음
057	**dwell** [dwel]	동 거주하다, 생각하다, 설명하다, 머무르다

058 **educational** [èdʒukéiʃənəl, èdju-]	형 교육의
059 **element** [éləmənt]	명 구성 요소, 원소, 환경
060 **embezzle** [imbézl]	동 횡령하다, 착복하다, 유용하다
061 **endear** [indíər, en-]	동 사랑받게 하다
062 **enliven** [inláivən]	동 활기 띠게 하다, 더 즐겁게 만들다
063 **envelope** [énvəlòup]	명 봉투
064 **equivocate** [ikwívəkèit]	동 속이다, 모호하게 말하다, 얼버무리다
065 **estimate** [éstəmèit]	동 추정하다, 평가하다 명 추정, 평가, 견적서
066 **exaggeration** [igzædʒəréiʃən]	명 과장, 과장법
067 **exhaustive** [igzɔ́:stiv]	형 철저한, 빠짐없는, 완전한
068 **expend** [ikspénd]	동 쏟다, 쓰다
069 **extinct** [ikstíŋkt]	형 멸종한, 사라진
070 **extreme** [ikstrí:m]	형 극단적인, 극심한, 극도의 명 극단, 양극단의 한 쪽
071 **familiarity** [fəmìliǽrəti]	명 친밀함, 잘 알고 있음
072 **fearful** [fíərfəl]	형 두려워하는, 무서운, 우려하는
073 **fervor** [fɔ́:rvər]	명 열정, 열렬, 백열
074 **flamboyant** [flæmbɔ́iənt]	형 화려한, 현란한, 대담한 명 봉황목
075 **foliate** [형:fóuliət 동:fóulièit]	형 잎의, 잎 모양의, 동 잎 모양으로 만들다, 박을 입히다
076 **forgoing** [fɔ:rgóuiŋ]	forgo(포기하다)의 현재분사 ·동명사 형 포기하는, 무시하는 명 포기함
077 **frangible** [frǽndʒəbl]	형 부서지기 쉬운, 약한
078 **frugality** [fru:gǽləti]	명 검약, 검소, 절약
079 **germane** [dʒərméin]	형 적절한, 밀접한 관계가 있는
080 **gourmet** [gúərmei]	명 미식가, 식도락가, 미식 형 미식가의
081 **greeting** [grí:tiŋ]	greet(맞이하다)의 현재분사 ·동명사 명 인사 형 인사하는
082 **hallow** [hǽlou]	동 신성하게 하다, 숭배하다 명 성인, 성물
083 **hazardous** [hǽzərdəs]	형 위험한, 모험적인, 위태로운
084 **hermetic** [hə:rmétik]	형 밀봉한, 연금술의, 밀폐된
085 **holiday** [hálədèi]	명 휴일, 명절, 휴가, 공휴일, 축제일 형 휴일의, 휴가의
086 **hyperbole** [haipɔ́:rbəli]	명 과장법, 과장적 서술
087 **ignominy** [ígnəmìni]	명 불명예, 굴욕, 치욕

#	단어	뜻
088	**immediate** [imíːdiət]	형 즉각적인, 시급한, 직접적인
089	**imperious** [impíəriəs]	형 오만한, 고압적인, 도도한
090	**impracticability** [impræktikəbíləti]	명 실행 불가능함, 통행 불가능
091	**inaccurate** [inǽkjərit]	형 정확하지 않은, 확실하지 않은
092	**incidentally** [ìnsədéntəli]	부 그런데, 부수적으로, 우연히
093	**inculpate** [inkʌ́lpeit]	동 비난하다, 죄를 뒤집어씌우다
094	**indisputable** [ìndispjúːtəbl]	형 명백한, 논쟁의 여지가 없는, 부정할 수 없는
095	**inestimable** [inéstəməbl]	형 헤아릴 수 없는, 무수한
096	**informative** [infɔ́ːrmətiv]	형 유익한, 지식을 주는, 정보를 주는
097	**innocuousness** [inάkjuəsnis]	명 무해, 무독, 지루함
098	**inspector** [inspéktər]	명 조사관, 감독관, 시찰자, 경위
099	**insure** [inʃúər]	동 보험에 가입하다, 보장하다
100	**interdependent** [ìntərdipéndənt]	형 서로 의지하는, 상호 의존의
101	**intonation** [ìntounéiʃən, -tə-]	명 억양, 인토네이션, 어조
102	**inverted** [invɔ́ːrtid]	invert(뒤집다)의 과거·과거분사 형 반대의, 반전된, 거꾸로인
103	**irrefutable** [ìrifjúːtəbl, iréfjətəbl]	형 반박할 수 없는
104	**joint** [dʒɔint]	명 접합 부분, 관절, 고깃덩이 형 공동의 동 접합하다, (마디로) 고기를 자르다
105	**labyrinth** [lǽbərìnθ]	명 미로, 미궁, 미로 무늬
106	**lawlessness** [lɔ́ːlisnis]	명 무법 상태
107	**lethargy** [léθərdʒi]	명 무기력, 권태, 기면
108	**literary** [lítərèri]	형 문학의
109	**loyal** [lɔ́iəl]	형 충성스러운, 충실한, 지지하는
110	**maim** [meim]	동 불구로 만들다, 쓸모없게 하다
111	**mar** [mɑːr]	동 망쳐 놓다, 흠가게 하다, 훼손하다
112	**meandering** [miǽndəriŋ]	meander(구불구불하다)의 현재 분사·동명사 형 곡류하는, 서성거리는 명 구불구불한 길, 만담
113	**mendacious** [mendéiʃəs]	형 허위의, 거짓의
114	**migrate** [máigreit]	동 이동하다, 이주하다
115	**mirthless** [mɔ́ːrθlis]	형 즐거움이 없는, 우울한
116	**misuse** [명:mìsjúːs, 동:mìsjúːz]	명 악용, 오용, 남용 동 남용하다
117	**monotonously** [mənάtənəsli]	부 단조롭게, 변화 없이

118	**mournful** [mɔ́:rnfəl]	형 애도하는
119	**mysterious** [mistíəriəs]	형 신비의, 불가사의한, 미지의
120	**negation** [nigéiʃən]	명 부정, 거부, 부인
121	**nomadic** [noumǽdik]	형 유목의, 유목민의
122	**nucleus** [njú:klias]	명 핵심, (원자의)핵, 세포핵
123	**observant** [əbzɔ́:rvənt]	형 잘 지키는, 관찰력 있는
124	**official** [əfíʃəl]	형 공식적인, 공무상의 명 (고위)공무원, 임원
125	**opportunely** [ὰpərtjú:nli]	부 시기 적절하게
126	**orient** [ɔ́:riənt, -ènt]	명 동양, 동쪽, (광택이 뛰어난)진주 형 윤나는, 동양의 동 지향하게 하다
127	**ovation** [ouvéiʃən]	명 박수갈채
128	**pacify** [pǽsəfài]	동 달래다, 평정하다, 진정시키다
129	**parasite** [pǽrəsàit]	명 기생충, 식충, 기생 동물
130	**patriarchal** [pèitriά:rkəl]	형 가부장제의, 가부장적인, 원로의
131	**penitence** [pénitəns]	명 후회, 참회, 속죄
132	**permit** [동:pərmít 명:pɔ́:rmit]	동 허용하다, 허가하다, 용납하다 명 허가, 허가증, 면허장
133	**peruse** [pərú:z]	동 ~을 통독하다, 숙독하다
134	**pilfer** [pílfər]	동 좀도둑질하다, 슬쩍 훔치다
135	**plea bargaining**	숙 양형 거래(미국 법에서 유죄 인정 시 감형해 준다는 합의)
136	**politician** [pὰlitíʃən]	명 정치가
137	**postponement** [poustpóunmənt]	명 연기, 미룸
138	**precipitate** [동:prisípitèit 형,명:-pətit, -tèit]	동 촉발시키다, 몰아넣다 형 느닷없는 명 침전물
139	**preference** [préfərəns]	명 선호, 특혜, 우선권
140	**presumptuousness** [prizÁmptʃuəsnis]	명 주제넘음, 건방짐
141	**problematic** [prὰbləmǽtik]	형 문제의, 의문의, 의심스러운
142	**progeny** [prάdʒəni]	명 자손, 결과
143	**prone to**	숙 ~을 잘 하는, ~의 경향이 있는
144	**protracted** [proutrǽktid]	protract(오래 끌다)의 과거·과거분사 형 오래 끈, 연장된
145	**punctual** [pÁŋktʃuəl]	형 시간을 잘 지키는, 시간을 엄수하는
146	**querulous** [kwérjuləs]	형 불만이 많은, 짜증 내는
147	**rapprochement** [ræprouʃmά:ŋ]	명 (두 나라 사이의)관계 개선, 관계 회복

#	단어	뜻
148	**recalcitrant** [rikǽlsitrənt]	형 고집 센, 저항하는, 당할 수 없는 명 고집 센 사람
149	**rectify** [réktəfài]	동 수정하다, 고치다, 바로잡다
150	**reflect** [riflékt]	동 반영하다, 반사하다, 나타내다, 숙고하다
151	**regressive** [rigrésiv]	형 회귀하는, 후퇴하는, 퇴락의
152	**relegate** [réləgèit]	동 좌천시키다, ~을 강등시키다
153	**remote** [rimóut]	형 외딴, 먼, 원격의, 희박한 명 현장 중계
154	**replace** [ripléis]	동 대체하다, 교체하다, 대신하다, 바꾸다
155	**required** [rikwáiərd]	require(요구하다)의 과거·과거분사 형 필수의, 요구된
156	**respectfully** [rispéktfəli]	부 공손하게, 정중하게, 예의바르게
157	**retard** [ritɑ́ːrd]	동 지체시키다 명 지연, (비속어)저능아
158	**revoke** [rivóuk]	동 폐지하다, 취소하다 명 취소, 폐지
159	**role** [roul]	명 역할, 배역, 임무
160	**sacrilegious** [sæ̀krəlídʒəs]	형 신성을 더럽히는, 교회를 침범하는
161	**sardonic** [sɑːrdɑ́nik]	형 조롱하는, 비웃는, 냉소하는
162	**scatter** [skǽtər]	동 뿌리다, 분산시키다, 흩어지다 명 흩어짐
163	**sedentary** [sédntèri]	형 앉아서 하는, 앉은 자세의, (동물이)정주하는
164	**sequence** [síːkwəns]	명 연속, 차례, 결과, 수열 동 차례로 나열하다
165	**shoddy** [ʃɑ́di]	명 재생 털실, 모조품 형 모조품의, 조잡한, 천한
166	**similar** [símələr]	형 비슷한, 유사한, 흡사한, 닮은
167	**slothful** [slɔ́ːθfəl]	형 나태한, 게으른, 느린
168	**solution** [səlúːʃən]	명 해결책, 방안, 해답, 용액
169	**specious** [spíːʃəs]	형 그럴 듯한, 허울 좋은, 겉만 번드르르한
170	**squalid** [skwɑ́lid]	형 누추한, 비열한, 지저분한
171	**stationary** [stéiʃənèri]	형 정지된, 고정된 명 움직이지 않는 사람
172	**stolen** [stóulən]	steal(훔치다)의 과거분사 형 도난 당한, 도둑맞은
173	**subconscious** [sʌ̀bkɑ́ːnʃəs]	형 잠재의식의 명 잠재의식
174	**successor** [səksésər]	명 후계자, 후임자
175	**supportive of**	숙 ~을 지지하는
176	**swipe** [swaip]	명 후려치기 동 휘둘러 치다, 카드를 대고 통과하다, 슬쩍하다
177	**talkative** [tɔ́ːkətiv]	형 말이 많은, 이야기하기 좋아하는, 수다스러운

#	단어	뜻
178	**temperate** [témpərət]	형 온건한, 절제하는, 온화한
179	**theatricality** [θiætrəkǽləti]	형 연극조, 과장된 언동
180	**tiring** [táiəriŋ]	tire(피곤하다)의 현재분사·동명사 형 피곤한, 피곤하게 만드는 명 피곤함
181	**traduce** [trədjúːs]	동 비방하다, 중상하다
182	**transmit** [trænsmít]	동 전송하다, 전염시키다, 전달하다
183	**tropical** [trápikəl]	형 열대의
184	**unambiguously** [ʌnæmbígjuəsli]	부 명백하게
185	**unconscious** [ʌnkáːnʃəs]	형 무의식의, 의식을 잃은 명 무의식
186	**undone** [ʌndʌ́n]	undo(풀다)의 과거분사 형 풀린, 미완성의
187	**uniform** [júːnəfɔ̀ːrm]	명 제복, 교복, 유니폼 형 균일한, 획일적인
188	**unmoved** [ʌnmúːvd]	형 동요되지 않는, 냉정한
189	**unseasoned** [ʌnsíːznd]	형 경험 없는, 양념하지 않은, 미숙한
190	**uphold** [ʌphóuld]	동 떠받치다, 지지하다, 확정하다
191	**validation** [væ̀lədèiʃən]	명 비준, 확인
192	**venereal** [vəníəriəl]	형 성병의, 성교에 의해서 감염되는
193	**victim** [víktim]	명 희생자, 피해자
194	**visiting** [vízitiŋ]	visit(방문하다)의 현재분사·동명사 형 방문하는, 객원의 명 방문객
195	**vouchsafe** [vautʃséif]	동 주다, 허용하다
196	**weaken** [wíːkən]	동 약화시키다, 약해지다
197	**wilt** [wilt]	동 시들다, 시들게 하다 명 무기력, 시들기
198	**wrinkle** [ríŋkl]	명 주름, 묘안, 지혜 동 주름을 잡다, 찡그리다

John Grisham
DAY 39

001 **abrupt** [əbrʌ́pt]	형 갑작스러운, 퉁명스러운
002 **acclimate** [ǽkləmèit, əkláimət]	동 순응시키다, 적응하다
003 **acrimony** [ǽkrəmòuni]	명 신랄함, 매서움, 통렬함 형 반대하는, 적의
004 **adjuration** [ædʒuəréiʃən]	명 간청, 엄명, 탄원
005 **adversary** [ǽdvərsèri]	명 적, 상대
006 **aggressively** [əgrésivli]	부 난폭하게, 적극적으로, 공격적으로
007 **alive** [əláiv]	형 살아 있는, 생기에 넘치는
008 **amateur** [ǽmətʃùər, -tər]	명 비전문가, 아마추어 형 아마추어의, 취미로 하는
009 **analyze** [ǽnəlàiz]	동 분석하다, 조사하다, 검토하다
010 **antecedent** [æntəsíːdnt]	명 선조, 전례, 선행사 형 앞서는, 선행하는
011 **apocryphal** [əpákrəfəl]	형 저자가 불분명한, 꾸며 낸
012 **approach** [əpróutʃ]	동 접근하다, 다가오다 명 접근, 진입
013 **aromatic** [ærəmǽtik]	형 향기로운 명 방향성 물건, 향기로운 것
014 **askew** [əskjúː]	부 비스듬히, 경멸적으로 형 삐뚤어진
015 **atop** [ətáp]	형 ~의 꼭대기의, 정상의 부 정상에 전 ~의 정상에
016 **austere** [ɔːstíər]	형 엄격한-, 검소한, 꾸밈없는
017 **avocation** [ævəkéiʃən]	명 부업, 취미, 여가
018 **begrudging** [bigrʌ́dʒiŋ]	begrudge(시기하다)의 현재분사 형 떨떠름한, 내키지 않는 명 시기함
019 **benevolent** [bənévələnt]	형 자비심이 많은, 친절한
020 **blaze** [bleiz]	명 섬광, 불길 동 눈부시게 타다, 번쩍 빛나다
021 **bovine** [bóuvain, -viːn]	형 소의, 우둔한, 미련한 명 솟과의 동물
022 **bulwark** [búlwərk]	명 방어벽, 방어물 동 방비하다
023 **capital** [kǽpətəl]	명 수도, 자본, 대문자 형 주요한, 우수한, 원금의
024 **cavil at**	숙 ~에 대해 트집을 잡다
025 **charm** [tʃɑːrm]	명 매력, 부적, 주문 동 매혹하다
026 **circumspect** [sə́ːrkəmspèkt]	형 신중한-, 조심성 있는, 용의주도한
027 **clump** [klʌmp]	명 덤불, 흙덩어리, 쿵 하는 소리 동 떼를 짓게 하다, 쿵쿵 밟다

028	**collegiate** [kəlíːdʒət]	형 대학의, 대학생용의
029	**commonplace** [kɑ́ːmənpleɪs]	형 평범한, 보통의, 진부한 / 명 평범한 일, 진부한 문구
030	**complete** [kəmplíːt]	형 완전한, 완벽한 / 동 완료하다, 끝마치다
031	**conception** [kənsépʃən]	명 (정자와 난자의)수정, 개념, 계획
032	**confidently** [kɑ́nfədəntli]	부 자신 있게, 확신을 갖고
033	**connection** [kənékʃən]	명 연결, 접속, 관련성
034	**constitutional** [kɑ̀nstətjúːʃənəl]	형 체질의, 구조상의, 헌법의, 입헌적인
035	**continual** [kəntínjuəl]	형 계속적인, 끊임없는, 빈번한
036	**convenience** [kənvíːnjəns]	명 편리, 편의
037	**eclectic tastes**	숙 다방면의 취미
038	**courteous** [kə́ːrtiəs]	형 예의 바른, 정중한, 친절한
039	**criticize** [krítəsàɪz]	동 비난하다, 비판하다, 비평하다
040	**customary** [kʌ́stəmèri]	형 관습상의, 관례적인, 일반적인
041	**deception** [disépʃən]	명 기만, 사기, 속임
042	**defender** [diféndər]	명 방어자, 수비 선수
043	**dejected** [didʒéktid]	deject(낙담시키다)의 과거·과거분사 / 형 낙담한
044	**demean** [dimíːn]	동 행동하다, 처신하다, 품위를 떨어뜨리다
045	**deprave** [dipréiv]	동 부패시키다, 나쁘게 만들다
046	**designed** [dizáind]	design(도안하다)의 과거·과거분사 / 형 계획적인, 본을 뜬
047	**determinant** [ditə́ːrmənənt]	명 결정 요인 / 형 결정하는
048	**dexterity** [dekstérəti]	명 손재주, 민첩함, 능숙함
049	**diligent** [dílədʒənt]	형 부지런한, 근면한
050	**discernible** [disə́ːrnəbl, -zə́ːrn-]	형 인식할 수 있는, 알아볼 수 있는
051	**discursive** [diskə́ːrsiv]	형 산만한, 종잡을 수 없는
052	**disintegration** [disìntəgréiʃən]	명 붕괴, 분해, 분열
053	**dispossess** [dìspəzés]	동 추방하다, 빼앗다, 몰수하다
054	**distention** [disténʃən]	명 팽창 작용, 확장하기, 확장 상태
055	**divisive** [diváisiv]	형 분열을 일으키는
056	**downcast** [dáunkæst]	형 눈을 내리뜬, 풀이 죽은 / 명 눈을 내리깔기, 우울한 표정
057	**dwindle** [dwíndl]	동 점점 작아지다, 줄어들다, 쇠퇴하다

058 **effect** [ifékt]	명 영향, 효과, 결과 동 (결과를)가져오다
059 **elevate** [éləvèit]	동 올리다, 승진시키다
060 **embezzlement** [imbézlmənt]	명 횡령, 착복, 유용
061 **endeavor** [indévər]	명 노력, 시도 동 시도하다, 노력하다
062 **enmity** [énməti]	명 적의, 증오, 원한
063 **enviable** [énviəbl]	형 부러운, 샘나는, 선망의 대상이 되는
064 **equivocator** [ikwívəkèitər]	명 애매한 말을 쓰는 사람, 모호한 말로 속이는 사람
065 **estrangement** [istréindʒmənt]	명 반목, 불화
066 **exasperate** [igzǽspərèit]	동 악화시키다, 분노케 하다
067 **exhibit** [igzíbit]	명 전시, 전시회 동 보여 주다, 설명하다
068 **expensive** [ikspénsiv]	형 비싼, 돈이 많이 드는, 고가의
069 **extinction** [ikstíŋkʃən]	명 소멸, 멸종
070 **extremity** [ikstréməti]	명 극한, 맨 끝, 말단
071 **familiarize** [fəmíljəràiz]	동 친숙하게 하다, 정통하게 하다
072 **fearlessness** [fíərlisnis]	명 대담성, 겁 없음
073 **fetlock** [fétlàk]	명 구절(말발굽 위의 돌기)
074 **flash** [flæʃ]	명 섬광, 번쩍임, 광채, 빛 동 번쩍이다, 발끈하다 형 값싸고 번드르르한
075 **folly** [fáli]	명 어리석음, 바보짓
076 **forlorn** [fərlɔ́:rn]	형 고독한, 버림받은, 쓸쓸한
077 **frank** [fræŋk]	형 솔직한, 터놓은 동 우편 요금 납부인을 찍다 명 우편 요금 납부인
078 **fruitful** [frú:tfəl]	형 결실 있는, 유익한
079 **gerrymander** [dʒérimændər, gér-]	동 선거구를 자기 정당에 유리하게 변경하다 명 (당리를 위한)선거구 변경
080 **governor** [gʌ́vərnər]	명 주지사, 총재
081 **gregarious** [grigέəriəs]	형 사교적인, 무리의, 군집성의
082 **hallucination** [həlù:sənéiʃən]	명 환각, 환상, 망상
083 **healthful** [hélθfəl]	형 건강에 좋은, 건전한
084 **hermit** [hə́:rmit]	명 은둔자
085 **holocaust** [háləkɔ̀:st]	명 유태인 대학살, 인종 청소, 참사
086 **hypochondriac** [hàipəkándriæk]	명 건강 염려증 환자 형 건강 염려증의
087 **ignorance** [ígnərəns]	명 무지, 무식, 무시

088 **immensity** [iménsəti]	명 광대함, 방대함, 막대함	103 **irregular** [irégjulər]	형 비정규의, 불규칙의 명 불규칙적인 것
089 **impermissible** [ìmpərmísəbl]	형 허용할 수 없는	104 **joke** [dʒouk]	명 농담, 장난, 재담 동 농담하다, 놀리다
090 **impractical** [impræktikəl]	형 비현실적인, 비실용적인	105 **lachrymose** [lǽkrəmòus]	형 눈물을 잘 흘리는
091 **inactivity** [ìnæktívəti]	명 무활동, 휴지, 활동하지 않음	106 **lawsuit** [lɔ́ːsùːt]	명 소송, 고소
092 **incineration** [insìnəréiʃən]	명 소각	107 **levitate** [lévitèit]	동 공중에 떠오르다, 부양시키다
093 **incumbent** [inkʌ́mbənt]	명 재직자 형 재직자의, 재임 중인	108 **literate** [lítərət]	형 읽고 쓸 줄 아는, 학식 있는 명 학식 있는 사람
094 **indistinct** [ìndistíŋkt]	형 희미한, 뚜렷하지 않은, 불명료한	109 **loyalty** [lɔ́iəlti]	명 충성, 성실, 의리
095 **inevitable** [inévətəbl]	형 불가피한, 피할 수 없는, 필연적인	110 **majesty** [mǽdʒəsti]	명 폐하, 위엄, 웅장함
096 **infrequent** [infríːkwənt]	형 드문, 부정기적인	111 **maraud** [mərɔ́ːd]	동 약탈하다, 습격하다
097 **innovative** [ínəvèitiv]	형 혁신적인, 독창적인, 획기적인	112 **meaningless** [míːniŋlis]	형 무익한, 의미가 없는, 가치 없는
098 **inspiration** [ìnspəréiʃən]	명 영감, 자극	113 **mendicancy** [méndikənsi]	명 구걸, 탁발, 거지
099 **insurgence** [insə́ːrdʒəns]	명 폭동, 반란, 모반	114 **mild** [maild]	형 온화한, 가벼운, 순한, 부드러운
100 **interest** [íntərəst, -tərèst]	명 흥미, 관심, 이자, 이익 동 흥미를 갖게 하다	115 **misanthrope** [mísənθròup]	명 염세가, 사람을 싫어하는 사람
101 **intransigent** [intrǽnsədʒənt]	형 타협하지 않는, 완고한, 협조하지 않는 명 비타협적인 사람	116 **mitigate** [mítəgèit]	동 누그러뜨리다, 완화하다, 가볍게 하다
102 **investigate** [invéstəgèit]	동 조사하다, 수사하다, 살피다	117 **monotony** [mənátəni]	명 단조로움, 단음, 한결같음

#	단어	뜻
118	**moving** [múːviŋ]	move(움직이다)의 현재분사 · 동명사 ⓗ 감동시키는, 가슴 뭉클한 ⓝ 움직임
119	**mysteriously** [mistíəriəsli]	ⓐ 수수께끼 같이, 신비롭게, 비밀스럽게
120	**negative** [négətiv]	ⓗ 부정의, 반대의, 소극적인 ⓝ 부정, 거부, 부정문 ⓥ 거부하다, 반박하다
121	**nominal** [námənl]	ⓗ 명목상의, 이름의. ⓝ 명사군
122	**nullify** [nʌ́ləfài]	ⓥ ~을 무효로 하다, 파기하다
123	**observe** [əbzə́ːrv]	ⓥ 관찰하다, 보다, 준수하다
124	**offset** [동:ɔːfsét 명,형:ɔ́ːfsèt]	ⓥ 상쇄하다, 벌충하다, 오프셋 인쇄하다 ⓗ 오프셋 인쇄의 ⓝ 벌충하기, 분파
125	**opportunist** [ɑ̀pərtjúːnist]	ⓝ 기회주의자 ⓗ 기회주의적인
126	**originality** [ərìdʒənǽləti]	ⓝ 독창성, 진품
127	**overawe** [òuvərɔ́ː]	ⓥ 위압하다
128	**page** [peidʒ]	ⓝ 페이지, 쪽, 면 ⓥ 호출하다, 페이지를 넘기다
129	**parasitic** [pæ̀rəsítik]	ⓗ 기생충에 의한, 기생적인
130	**patrician** [pətríʃən]	ⓗ 귀족의, 귀족적인 ⓝ 귀족
131	**penmanship** [pénmənʃìp]	ⓝ 서법, 서체, 습자
132	**pernicious** [pərníʃəs]	ⓗ 치명적인, 유해한, 사악한
133	**pervade** [pərvéid]	ⓥ 널리 퍼지다, ~에 스며들다
134	**pillage** [pílidʒ]	ⓝ 약탈, 약탈품 ⓥ 약탈하다
135	**pleasant** [plézənt]	ⓗ 즐거운, 좋은, 유쾌한, 쾌적한
136	**pollute** [pəlúːt]	ⓥ 오염시키다
137	**postposition** [pòustpəzíʃn]	ⓝ 뒤에 둠, 후치된 단어, 후치사
138	**precipitate in**	ⓢ ~로 빠지게 하다
139	**prejudice** [prédʒudis]	ⓝ 편견, 선입관 ⓥ 편견을 갖게 하다, 해를 끼치다
140	**presuppose** [prìːsəpóuz]	ⓥ 예상하다, 전제하다, 추측하다
141	**process** [práses]	ⓝ 과정, 절차, 처리 ⓥ 가공하다, 처리하다, 행진하다
142	**prognostication** [pragnɑ̀stikéiʃən]	ⓝ 예지, 전조, 예언
143	**pronouncement** [prənáunsmənt]	ⓝ 선언, 발표, 판결
144	**proven** [prúːvən]	prove(증명하다)의 과거분사 ⓗ 입증된, 증명된
145	**pundit** [pʌ́ndit]	ⓝ (인도의)학자, 전문가, 권위자
146	**question** [kwéstʃən]	ⓝ 질문, 문제, 의문 ⓥ 질문하다, 심문하다
147	**rarefy** [réərəfài]	ⓥ 희박하게 하다, 순화하다

#	단어	뜻
148	**recall** [rikɔ́ːl]	동 상기하다, 기억하다, 소환하다, 회수하다 명 소환, 취소, 불량 제품의 회수
149	**rectitude** [réktitjùːd]	명 정직, 성실, 청렴
150	**reflecting** [rifléktiŋ]	reflect(반사하다)의 현재분사·동명사 형 반사하는, 반영하는 명 반사함
151	**regrettable** [rigrétəbl]	형 유감스러운, 애석한, 슬픈
152	**relenting** [riléntiŋ]	relent(누그러지다)의 현재분사·동명사 형 누그러지는, 동의하는 명 동의함
153	**removal** [rimúːvəl]	명 제거, 철거, 파면, 철수
154	**replaceable** [ripléisəbl]	형 바꿀 수 있는, 대신할 수 있는
155	**requirement** [rikwáiərmənt]	명 요건, 조건, 자격, 필수품
156	**resplendent** [rispléndənt]	형 빛나는, 찬란한, 눈부신
157	**retelling** [riːtéliŋ]	retell(다시 이야기하다)의 현재분사·동명사 형 개작하는 명 개작된 이야기
158	**revolt** [rivóult]	동 반란을 일으키다, 반발하다 명 반란, 저항, 반감
159	**romance** [roumǽns]	명 로맨스, 연애 동 이야기를 꾸미다, 로맨틱한 시간을 보내다
160	**sacrosanct** [sǽkrousæŋkt]	형 신성 불가침의, 신성한
161	**sardonically** [sɑːrdánikəli]	부 냉소적으로, 빈정대듯이
162	**scenic** [síːnik]	형 경치 좋은, 무대 장치의
163	**seditious** [sidíʃəs]	형 선동적인, 반동적인, 치안 방해의
164	**sequester** [sikwéstər]	동 격리하다, 몰수하다
165	**shoreline** [ʃɔ́ːrlain]	명 해안선
166	**similarity** [sìməlǽrəti]	명 유사점, 비슷함, 공통점
167	**sluggard** [slʎgərd]	명 게으름뱅이
168	**somatic** [soumǽtik]	형 신체의, 몸의
169	**spectacle** [spéktəkl]	명 광경, 장관, 구경거리, 안경
170	**squalor** [skwálər]	명 더러움, 누추함, 지저분함
171	**statue** [stǽtʃuː]	명 동상, 조각상
172	**stolid** [stálid]	형 무신경의, 둔감한, 멍청한
173	**subject** [sʎbdʒikt, -dʒekt]	명 주제, 과목, 대상, 주어 형 지배 아래 있는 동 복종시키다, 맡기다
174	**succinct** [səksíŋkt]	형 간결한, 간명한
175	**suppress** [səprés]	동 억압하다, 억제하다, 진압하다, 감추다
176	**sybaritic** [sìbərítik]	형 쾌락의, 호색의, 사치스러운
177	**tame** [teim]	동 길들이다, 억제하다 형 길들여진, 재미없는

#	단어	뜻
178	**tempestuous** [tempéstʃuəs]	형 사나운 비바람의, 세찬, 격렬한
179	**theoretical** [θìːərétikəl]	형 이론상의
180	**titan** [táitən]	명 타이탄(그리스신화에 나오는 거인), 지혜로운 사람
181	**tragically** [trǽdʒikəli]	부 비참하게
182	**transmute** [trænsmjúːt]	동 변화시키다, 바꾸다, 변질하다
183	**tropics** [trápiks]	명 회귀선, 열대
184	**unanimity** [jùːnəníməti]	명 만장일치
185	**unconsciously** [ʌnkánʃəsli]	부 부지불식간에, 무의식적으로
186	**undubitably** [ʌndjúːbitəbli]	부 의심할 여지 없이
187	**unilateral** [júːnilǽtərəl]	형 일방적인, 한쪽만의
188	**unnerve** [ʌnnə́ːrv]	동 ~의 용기를 잃게 하다, ~을 무기력하게 하다
189	**unseemly** [ʌnsíːmli]	형 꼴사나운, 부적당한
190	**uplift** [ʌ́plift]	동 ~을 들어올리다 / 명 향상, 들어올리기, 고양
191	**validity** [vəlídəti]	명 타당성, 유효성, 정당성
192	**venial** [víːniəl]	형 용서할 수 있는, 죄가 가벼운, 사소한
193	**vie for**	숙 ~을 향하여 경쟁하다
194	**vista** [vístə]	명 전망, 경치
195	**voyeur** [vwaːjə́ːr]	명 관음증인 사람
196	**wealth** [welθ]	명 부, 재산, 부유함, 자원
197	**wily** [wáili]	형 교활한, 잔꾀를 부리는, 책략이 풍부한
198	**xenophobe** [zénəfòub]	명 외국 배척주의자, 외국인을 싫어하는 사람

John Grisham
DAY 40

001	**absence** [ǽbsəns]	명 결석, 공백, 부족
002	**accommodating** [əkɑ́mədèitiŋ]	accommodate(수용하다)의 현재분사·동명사 형 다루기 쉬운, 친절한 명 수용함
003	**acrobatically** [æ̀krəbǽtikəli]	부 곡예를 하듯
004	**adjust** [ədʒʌ́st]	동 조정하다, 적응하다, 조절하다
005	**adverse** [ædvə́ːrs, ǽdvəːrs]	형 부정적인, 반대의, 불리한
006	**aggrieve** [əgríːv]	동 괴롭히다, 고통을 주다, 억누르다
007	**alkaline** [ǽlkəlàin]	형 알칼리성의, 알칼리를 함유하는
008	**amazed** [əméizd]	amaze(놀라게 하다)의 과거·과거분사 형 놀란, 경악한
009	**anarchy** [ǽnərki]	명 무정부 상태, (정치적, 사회적)혼란
010	**antediluvian** [æ̀ntidilúːviən]	형 (성경에서)노아의 대홍수 이전의, 구시대적인 명 아주 구시대적인 사람
011	**apologist** [əpɑ́lədʒist]	명 옹호자, 변론인
012	**approbation** [æ̀prəbéiʃən]	명 승인, 시인, 칭찬
013	**arraign** [əréin]	동 (법정에서)죄의 진위 여부를 심문하다
014	**aspersion** [əspə́ːrʃən]	명 중상, 비방, 비난
015	**atrocity** [ətrɑ́səti]	명 잔학 행위, 참극
016	**authentic** [ɔːθéntik]	형 진짜의, 진정한, 실제의
017	**avow** [əváu]	동 공언하다, 맹세하다
018	**begrudgingly** [bigrʌ́dʒiŋli]	부 마지못해, 하는 수 없이
019	**benign** [bináin]	형 상냥한, 친절한, 온화한
020	**blemish** [blémiʃ]	명 결점, 흠 동 더럽히다, 손상하다
021	**boycott** [bɔ́ikat]	동 배척하다, 거부하다 명 불매 운동
022	**bumper** [bʌ́mpər]	명 충격 완화 장치 형 엄청나게 많은 동 (술을)가득 따르다, 건배하다
023	**capitalism** [kǽpətəlìzm]	명 자본주의
024	**cease** [siːs]	동 그만두다, 그치다, 끝나다 명 중지, 정지
025	**charter** [tʃɑ́ːrtər]	명 헌장, 선언문, 설립 허가장 형 특권을 가진 동 전세 내다, 설립하다
026	**circumstantial** [sə̀ːrkəmstǽnʃəl]	형 정황의, 주위의 사정에 따른,
027	**cluster** [klʌ́stər]	명 무리, 집단, 다발 동 한 덩어리로 만들다

#	단어	뜻
028	**colloquial** [kəlóukwiəl]	형 구어체의, 구어의, 일상 회화의
029	**communal** [kəmjúːnəl]	형 공동체의, 공용의
030	**complex** [동,형:kəmpléks, kɔm- 명:kámpleks, kám-]	형 복잡한, 뒤얽힌, 종합의 명 복합 건물 단지 동 복잡하게 하다
031	**concession** [kənséʃən]	명 양보, 인정, 할인, 혜택, 영업권
032	**confirmation** [kùnfərméiʃən]	명 확인, 확증, 입증
033	**connive** [kənáiv]	동 공모하다, 묵인하다 음모를 꾸미다
034	**constrain** [kənstréin]	동 강요하다, 제약하다, 제한하다
035	**continually** [kəntínjuəli]	부 계속해서, 지속적으로, 끊임없이
036	**convenient** [kənvíːnjənt]	형 편리한, 간편한, 손쉬운, 알맞은
037	**ostentatious** [ùstəntéiʃəs]	형 대단히 비싼, 과시하는
038	**courtroom** [kɔ́ːrtrùːm]	명 법정
039	**critique** [kritíːk]	명 비평, 평론 동 비평하다
040	**cut down**	숙 줄이다, 타도하다, 베어 쓰러뜨리다
041	**decimate** [désəmèit]	동 (전쟁, 질병 등이)많은 사람을 죽이다
042	**defense** [diféns]	명 방어, 수비, 방위
043	**delay** [diléi]	명 지연, 연기 동 연기하다, 늦추다
044	**dement** [dimént]	동 미치게 하다
045	**depraved** [dipréivd]	deprave(타락시키다)의 과거·과거분사 형 타락한, 부패한
046	**desirable** [dizáiərəbl]	형 바람직한
047	**determined** [ditə́ːrmind]	determine(결심하다)의 과거·과거분사 형 단호한, 완강한
048	**dexterous** [dékstərəs]	형 솜씨 좋은, 손재주가 있는
049	**diligently** [dílədʒəntli]	부 부지런히, 열심히, 근면하게
050	**discipline** [dísəplin]	명 훈육, 규율, 징계, 수련법 동 훈련하다, 징계하다
051	**discussion** [diskáʃən]	명 논의, 토론, 심의
052	**disinterest** [disíntərist]	명 무관심, 냉담 동 관심 없게 만들다
053	**disproportionate** [dìsprəpɔ́ːrʃənət]	형 불균형인, 어울리지 않는
054	**distillation** [dìstəléiʃən]	명 증류, 정수
055	**divulge** [diváldʒ]	동 누설하다, 폭로하다
056	**dozen** [dázn]	명 12개짜리 한 묶음 형 12의
057	**effective** [iféktiv]	형 효과적인, 효력 있는, 효율적인, 유효한

#	단어	뜻
058	**elicit** [ilísit]	동 이끌어 내다, 유도해 내다
059	**emblazon** [imbléizn]	동 장식하다, 새기다, 칭찬하다
060	**endemic** [endémik]	형 지방 특유의, 풍토적인, 고유의 / 명 풍토병, 고유종
061	**enrapture** [inrǽptʃər]	동 황홀하게 하다, 크게 기뻐하다
062	**envious** [énviəs]	형 부러워하는, 시기하는
063	**eradicate** [irǽdəkèit]	동 근절하다, 전멸시키다
064	**eternal** [itə́ːrnəl]	형 영원한, 불멸의, 무한한
065	**exasperation** [igzæ̀spəréiʃən]	명 악화, 분개, 격분
066	**exhibitionist** [èksəbíʃənist]	명 과시욕이 강한 사람, 노출증 환자
067	**expert** [ékspəːrt]	명 전문가, 숙련된 달인 / 형 전문가의
068	**extinguish** [ikstíŋgwiʃ]	동 끄다, 진화하다, 소멸시키다
069	**extricate** [ékstrəkèit]	동 해방하다, ~을 구출하다
070	**famished** [fǽmiʃt]	famish(굶주리게 하다)의 과거·과거분사 / 형 굶주린
071	**fearsome** [fíərsəm]	형 무서운, 굉장한, 엄청난
072	**fettle** [fétl]	명 상태
073	**fledgling** [flédʒliŋ]	명 어린 새, 풋내기, 신출내기 / 형 신생의
074	**foment** [foumént]	동 유발하다, ~을 조장하다
075	**formal** [fɔ́ːrməl]	형 공식적인, 정식의, 정규의 / 명 정식 무도회
076	**frantic** [frǽntik]	형 제정신이 아닌, 굉장한, 미친 듯한
077	**frustrate** [frʌ́streit]	동 좌절시키다, 방해하다
078	**gesture** [dʒéstʃər]	명 몸짓, 손짓, 몸동작 / 동 제스처를 하다
079	**graceful** [gréisfəl]	형 우아한, 얌전한, 기품 있는
080	**gripping** [grípiŋ]	grip(꽉 잡다)의 현재분사·동명사 / 형 사로잡는, 매혹적인 / 명 꽉 잡음
081	**hallucinatory** [həlúːsənətɔ̀ːri]	형 환각의, 환각을 일으키는
082	**hearsay** [híərsei]	명 풍문, 소문
083	**heroic** [hiróuik]	형 영웅적인, 위대한, 비장한 / 명 영웅 시, 과장된 표현
084	**holographer** [hálə græfər]	명 홀로그램 촬영자
085	**hypocrisy** [hipákrəsi]	명 위선
086	**ignorance of**	숙 ~에 대한 무지
087	**immerse** [imə́ːrs]	동 담그다, 몰두하다 / ~에게 침례를 베풀다

#	단어	뜻
088	**impersonal** [impə́ːrsənəl]	형 비인간적인, 냉담한, 비인칭의
089	**imprecate** [ímprikèit]	동 저주하다, 재앙을 빌다
090	**inadequacy** [inǽdikwəsi]	명 부적당, 불충분, 부족
091	**incisive** [insáisiv]	형 예리한, 통렬한, 신랄한
092	**incur** [inkə́ːr]	동 초래하다, 발생시키다
093	**individualism** [ìndəvídʒuəlìzm]	명 개인주의, 개성
094	**inexcusable** [ìnikskjúːzəbl]	형 용서할 수 없는, 변명할 수 없는
095	**infuriate** [infjúərièit]	동 격앙시키다, 격분시키다
096	**innovator** [ínəvèitər]	명 혁신자, 도입자
097	**inspirational** [ìnspəréiʃənəl]	형 영감을 주는
098	**insurgent** [insə́ːrdʒənt]	형 반란을 일으킨 명 반란자
099	**interlocutor** [ìntərlákjutər]	명 대화자, 교섭 상대
100	**intrepid** [intrépid]	형 대담한, 두려움을 모르는
101	**investigation** [invèstəgéiʃən]	명 조사, 수사, 감사, 연구
102	**irregularity** [irègjulǽrəti]	명 불규칙, 변칙
103	**jovial** [dʒóuviəl]	형 즐거운, 쾌활한, 명랑한
104	**lackadaisical** [lækədéizikəl]	형 활기 없는, 나태한
105	**laxity** [lǽksəti]	명 느슨함, 단정치 못함, 모호함
106	**lexicographer** [lèksəkágrəfər]	명 사전 편집자, 사전 편찬자
107	**litigate** [lítəgèit]	동 소송하다, 법정에서 다투다
108	**lubricity** [luːbrísəti]	명 매끄러움, 불안정, 불확실, 음탕
109	**major** [méidʒər]	형 중요한, 전공의, 장조의 명 성인, (육군)소령, 장조 동 전공하다
110	**marginal** [máːrdʒinl]	형 가장자리의, 경계의, 변두리의
111	**measurable** [méʒərəbl]	형 측정할 수 있는, 눈에 띄는
112	**mendicant** [méndikənt]	명 거지 형 구걸하는, 탁발을 하는
113	**milder** [máildər]	mild의 비교급 형 한층 관대한
114	**misapply** [mìsəplái]	동 ~을 오용하다, ~을 잘못 사용하다
115	**mitigation** [mìtəgéiʃən]	명 완화, 경감, 경감하는 것
116	**montage** [mantáːʒ]	명 몽타주, 짜깁기
117	**muddle** [mʌ́dl]	명 혼란, 난잡 동 뒤죽박죽으로 만들다

#	단어	의미
118	**mysteriousness** [mìstíəriəsnis]	몡 기이, 불가사의, 현묘
119	**negatively** [négətivli]	倶 부정적으로, 소극적으로
120	**nominally** [námənəli]	倶 명목상, 명사로서
121	**numerical** [njuːmérikəl]	톙 수의, 숫자로 나타내는
122	**obsession** [əbséʃən]	몡 강박 관념, 집착, 들러붙음
123	**oily** [ɔ́ili]	톙 기름기가 있는
124	**opportunistic** [ɑ̀pərtjuːnístik]	톙 기회주의적인, 기회 감염성의
125	**originate** [ərídʒəneit]	동 유래하다, 발생하다, 발명하다
126	**overbearing** [òuvərbέəriŋ]	overbear(위압하다)의 현재분사·동명사 톙 고압적인 톙 고압적임
127	**pain** [pein]	몡 고통, 괴로움 동 고통스럽게 하다
128	**parental** [pəréntl]	톙 부모의
129	**patronizing** [péitrənàiziŋ]	patronize(깔보다)의 현재분사·동명사 톙 거들먹거리는 몡 잘난 체
130	**pensioner** [pénʃənər]	몡 연금 수령자
131	**perpetrate** [pə́ːrpətrèit]	동 저지르다, 범하다, 함부로 하다
132	**pervasive** [pərvéisiv]	톙 퍼지는, 스며드는, 만연하는
133	**pilot** [páilət]	몡 조종사, 비행사, 안내인 동 조종하다, 안내하다 톙 안내의, 예비의, 실험적인
134	**pleasantry** [plézəntri]	몡 농담, 사교적인 인사
135	**pollution** [pəlúːʃən]	몡 오염, 공해
136	**postprandial** [pòustprǽndiəl]	톙 식후의, 만찬 후의
137	**precipitous** [prisípətəs]	톙 가파른, 험한, 깎아지른 듯한, 갑작스러운
138	**prelude** [préljuːd]	몡 전주곡, 서막, 서곡 동 전조가 되다
139	**pretentious** [priténʃəs]	톙 허세 부리는, 가식적인, 자만하는
140	**proclaim** [proukléim]	동 선언하다, 공표하다, 증명하다
141	**program** [próugræm]	몡 프로그램, 계획, 예정 동 프로그램을 짜다
142	**proof** [pruːf]	몡 증거, 증명, 입증 톙 견디는, 보장된 동 내구력을 부여하다
143	**provident** [právədənt]	톙 미래를 대비하는
144	**punish** [pʌ́niʃ]	동 처벌하다, 벌을 주다, 응징하다, 체벌하다, 혼내다
145	**questionable** [kwéstʃənəbl]	톙 의심스러운, 수상한 의문의 여지가 있는,
146	**rarely** [réərli]	倶 드물게, 거의 ~하지 않는,
147	**recant** [rikǽnt]	동 철회하다, ~을 부인하다, 취소하다

148	**recumbent**	[rikÁmbənt]	형 드러누운, 기댄, 나태한
149	**reflective**	[rifléktiv]	형 반사하는, 내성적인, 사려 깊은
150	**regulate**	[régjulèit]	동 규제하다, 조절하다, 규정하다
151	**relentless**	[riléntlis]	형 사정없는, 가혹한, 가차 없는
152	**remuneration**	[rimjùːnəréiʃən]	명 보상, 보수, 급료
153	**replete**	[riplíːt]	형 가득한, 충분한, 포식한
154	**requiring**	[rikwáiəriŋ]	require(요구하다)의 현재분사·동명사 형 요구하는 명 요구함
155	**respond**	[rispánd]	동 응답하다, 반응하다, 대처하다
156	**reticence**	[rétisəns(i)]	명 과묵, 조심스러움
157	**revolutionary**	[rèvəlúːʃənèri]	형 혁명의, 혁신적인 명 혁명주의자
158	**rosy**	[róuzi]	형 장밋빛의, 낙관적인
159	**sadist**	[séidist, sæd-]	명 가학성 변태 성욕자, 잔학한 일을 즐기는 사람
160	**sartorial**	[sɑːrtɔ́ːriəl]	형 재봉의, 재봉사의, 의복의
161	**schedule**	[skédʒuːl]	명 예정, 일정, 계획, 시간표 동 예정표를 만들다
162	**sedulous**	[sédʒuləs]	형 근면한, 부지런한, 공들이는
163	**seraph**	[sérəf]	명 치품 천사(가장 높은 천사), 천사
164	**shortage**	[ʃɔ́ːrtidʒ]	명 부족, 결핍
165	**simile**	[síməli]	명 직유, 직유법
166	**sluggish**	[slʌ́giʃ]	형 느린, 부진한, 게으른
167	**sonorous**	[sənɔ́ːrəs]	형 울려 퍼지는, 낭랑한, 듣기 좋은
168	**spectacular**	[spektǽkjulər]	형 장관의, 화려한, 환상적인 명 화려한 쇼
169	**squander**	[skwándər]	동 낭비하다, 헤프게 쓰다 명 낭비
170	**staunch**	[stɔːntʃ]	형 충실한, 확고한, 견실한
171	**storied**	[stɔ́ːrid]	story(이야기하다)의 과거·과거분사 형 유명한, 잘 알려진, ~층의, 역사적 장면을 그린
172	**subjection**	[səbdʒékʃən]	명 복종, 종속
173	**succinctness**	[səksíŋktnis]	명 간결, 간단명료
174	**surfeit**	[sɔ́ːrfit]	명 과다, 과식 동 지겹게 하다, 과식시키다
175	**sycophancy**	[síkəfənsi]	명 아첨, 일러바침, 아부
176	**tan**	[tæn]	동 햇볕에 타다, (가죽을)무두질하다 명 황갈색 형 황갈색의
177	**temporary**	[témpərèri]	형 임시의, 일시적인 명 임시 고용인

#	단어	뜻
178	**theorize** [θíːəràiz]	동 학설을 세우다, 이론을 세우다
179	**titillate** [títəlèit]	동 ~을 간질이다, 흥을 돋우다, 흥분시키다
180	**traipse** [treips]	동 정처 없이 걷다, 터벅터벅 걷다
181	**transoceanic** [trænsòuʃiǽnːk]	형 대양 저편의, 대양을 횡단하는
182	**truce** [truːs]	명 휴전, 정전 동 휴전하다
183	**unappealing** [ʌ̀nəpíːliŋ]	형 호소력이 없는, 매력이 없는
184	**unconstrained** [ʌ̀nkənstréind]	형 구속되지 않은, 자유로운, 자발적인
185	**unearned** [ʌ̀nə́ːrnd]	형 과분한, 일하지 않고 얻은
186	**unimpeachably** [ʌ̀nimpíːtʃəbli]	부 비난의 여지가 없이, 의심할 여지 없이
187	**unobtrusive** [ʌ̀nəbtrúːsiv]	형 삼가는, 야단스럽지 않은
188	**unsentimental** [ʌ̀nsentəméntəl]	형 감상적이 아닌
189	**urbane** [əːrbéin]	형 세련된, 도시의, 우아한
190	**valor** [vǽlər]	명 용기, 용맹, 무용
191	**veracious** [vəréiʃəs]	형 정직한, 진실한, 정확한
192	**vied** [vaid]	vie(겨루다)의 과거·과거분사 형 겨루는, 경쟁하는, 맞서는
193	**vital** [váitl]	형 생명의, 활기찬, 없어서는 안될
194	**vulgar** [vʌ́lgər]	형 저속한, 천박한, 점잖지 못한
195	**wealthy** [wélθi]	형 부유한, 부자인
196	**windfall** [wíndfɔːl]	명 바람에 떨어진 과실, 뜻밖의 횡재
197	**xenophobia** [zènəfóubiə]	명 외국인 혐오증

미드를 보게 되면 존 그리샴에서 썼던 단어가 무척 많이 나오는구나 하고 느낄 수 있을 거예요. 알아듣는 단어가 많으면 듣기가 날개를 달아요. 뉴스나 시사적인 것들은 특히 차원 높은 단어가 필요하거든요. 그래서 존 그리샴 단어가 필요한 거예요. 존 그리샴 단어를 해결해 두면 여러모로 유용해요. 여러모로 쓰이거든요. 무얼 해도 이 단어들이 듬직하게 버티고 있어 줄 거예요.

존 그리샴 단어를 확실하게 해결하기 위해 할 일이 있어요. 그건 30번을 쓰는 거예요.

30번을 쓰라니! 생각지도 못한 일이지요? 제정신으로 할 수 있을까 싶어요. 그런데 다 하고 나면 너무 좋아요.

30번을 쓰려고 들면 다른 해야 할 것들이 눈앞에 삼삼하실 거예요. 이렇게 무식하게 30번 써서 무슨 의미가 있을까, 끝이 나기는 하는 걸까 별 생각이 다 드실 거예요. 그러나 그 일이 끝나면 아시게 될 거예요. 꼭 필요한 일이었다는 걸.

30번 쓰려면 3~4달은 필요할 거예요. 어학에 있어서 3~4달은 어학을 위한 시간 중의 아주 조그만 부분이고요, 그 시간 동안 역사가 일어나기는 힘들어요. 물론 가만히 있는 것보단 훨씬 나아요. 어쨌든 시간과 양이 쌓여야 어학은 결판이 나니까요. 그리고 그 시간이라는 게 어찌나 길고 어마어마한지 영원과도 같이 느껴지기 십상이에요.

그러나 이 시점에서 눈 딱 감고 존 그리샴 단어를 죽어라 쓰면 지금까지 한 영어 공부와 맞물려 새로운 역사가 일어나요. 딱히 영어가 순식간에 좋아진다고 할 수는 없어요. 그러나 앞으로의 영어 공부가 모든 방면으로 다양하게 훨씬 편안해질 것이며, 단어 정복의 순간도 성큼 다가온다는 건 확언할 수 있어요.

단어를 무식하게 쓰는 일보다 더 중요하게 느껴지고 눈에 확 띄는 공부가 있을지도 몰라요. 그러나 어떻게 해도 어학은 절대 하루아침에 좋아지지 않고요, 영어를 정복하려면 단어는 반드시 잡고 가야 하는데 사전만큼 좋은 단어장이 없어요. 그 어마어마한 사전을 잡기 위한 바로 전 단계가 존 그리샴 단어 30번 쓰기지요.

존 그리샴 단어가 자리 잡히고 나아가서 사전까지 가벼워지면 영어가 행복해진답니다. 단어가 단단히 자리 잡은 영어의 세상을 상상해 보세요. 독해도 그렇고. 듣기도 그렇고, 문법도 그렇고, 작문도 그렇고 모두 다 즐거움이 될 거예요.

참고 자료

다음 사전 http://dic.daum.net/
네이버 사전 http://dic.naver.com/
『민중서림 에센스 영한 사전 제 11판』
『Random House Kernerman Webster's College Dictionary』, 2010
『Collins English Dictionary – Complete and Unabridged』, 12th Edition 2014
『American Heritage® Dictionary of the English Language』, Fifth Edition